Frick

Was uns antreibt und bewegt

Verlag Hans Huber

Psychologie Sachbuch

Von Jürg Frick sind im Verlag Hans Huber außerdem erschienen:

Jürg Frick
Die Droge Verwöhnung
Beispiele, Folgen, Alternativen
208 S. (ISBN 978-3-456-94878-2

Jürg Frick
Die Kraft der Ermutigung
Grundlagen und Beispiele zur Hilfe und Selbsthilfe
374 S. (ISBN 978-3-456-95022-8)

Jürg Frick
Ich mag dich – du nervst mich!
Geschwister und ihre Bedeutung für das Leben
352 S. (ISBN 978-3-456-94704-4)

Jürg Frick

Was uns antreibt und bewegt

Entwicklungen besser verstehen, begleiten und beeinflussen

Mit einem Geleitwort von Franz Petermann

Verlag Hans Huber

Anschrift des Autors:
Prof. Dr. Jürg Frick
Pädagogische Hochschule Zürich
Zentrum für Beratung – ZfB
Birchstrasse 95
Postfach
CH-8090 Zürich
juerg.frick@phzh.ch

Lektorat: Tino Heeg, Gaby Burgermeister
Herstellung: Yaiza Iglesias
Illustrationen: Donat Bräm
Umschlagillustration: Claude Borer, Basel
Umschlaggestaltung: Claude Borer, Basel
Druckvorstufe: Claudia Wild, Konstanz
Druck und buchbinderische Verarbeitung: AZ Druck und Datentechnik, Kempten
Printed in Germany

Bibliografische Information der Deutschen Nationalbibliothek
Die Deutsche Nationalbibliothek verzeichnet diese Publikation in der Deutschen Nationalbibliografie; detaillierte bibliografische Daten sind im Internet über http://dnb.d-nb.de abrufbar.

Anregungen und Zuschriften bitte an:
Verlag Hans Huber
Lektorat Psychologie
Länggass-Strasse 76
CH-3000 Bern 9
Tel: 0041 (0)31 300 45 00
Fax: 0041 (0)31 300 45 93
verlag@hanshuber.com
www.verlag-hanshuber.com

1. Auflage 2011

(E-Book-ISBN 978-3-456-94981-9)
ISBN 978-3-456-84981-2

Inhalt

Geleitwort

Das vorliegende Buch von Jürg Frick beschreibt facettenreich die Entwicklung von Kindern und Jugendlichen. Der Autor verbindet dabei entwicklungspsychologische und ganz weit gefasste humanwissenschaftliche Konzepte miteinander, mit denen es gelingt, die Risiken und Potenziale menschlicher Entwicklungen zu beschreiben und zu analysieren. Zur Einordnung solcher Konzepte wird seit zwei Jahrzehnten eine bio-psychosoziale Sichtweise gefordert, die meist in sehr abstrakter Form in Fach- und Lehrbüchern behandelt wird. Ganz anders wird in dem vorliegenden Buch verfahren: Alltagsbeispiele, historische Irrtümer, praxisnahe Übersichten und Materialien (im Anhang zu diesem Buch) eröffnen der Leserschaft einen anschaulichen Zugang zur Thematik.

Jürg Frick nimmt bei der Bearbeitung dieser komplexen Problematik eine optimistische Grundhaltung ein, die das Buch für einen großen Leserkreis besonders attraktiv macht. Eine entwicklungsorientierte Sichtweise verdeutlicht, wie Fertigkeiten aufgrund der Bewältigung von Anforderungen sich sukzessive herausbilden. Entwicklungsmodelle helfen uns zu begreifen, wie es nach einem misslungenen Start ins Leben dennoch zu einem optimalen «Entwicklungsergebnis» kommt. Unser modernes Verständnis von Risiko- und Schutzfaktoren gibt Eltern, Pädagogen und Psychotherapeuten eine Richtschnur, um zu erfassen, welche Klippen und Chancen unser Leben beinhaltet. Aus den Erfahrungen im Entwicklungsverlauf formt sich schrittweise unsere Identität.

Das in diesem Buch ausgeführte moderne Verständnis von «Entwicklung» vermittelt Kinderpsychologen, Pädagogen und Bezugspersonen, wann und wie man Kinder aktiv fördern kann, wann ein «Zuwarten» in der Entwicklung ratsam ist und wie man Begrenzungen im Entwicklungsprozess akzeptieren soll. Vor dem Hintergrund der Entwicklungspsychopathologie muss man viele Befunde (z.B. die Ergebnisse der Anlage-Umwelt-Debatte) differenzierter bewerten. Diese

Sichtweise trägt dazu bei, günstige und problematische Entwicklungsbedingungen frühzeitig zu erkennen und die Lebensbedingungen von Kindern und Jugendlichen angemessen umzugestalten.

Die entwicklungsorientierte Sichtweise hilft uns auch dabei, besser zu begreifen, wann Kinder, Jugendliche und Erwachsene scheitern, wann sie Probleme noch gut bewältigen, wann man aus Grenzerfahrungen im Kontext der Problembewältigung psychisch robuster (resilienter) wird. Viele Erfolge und Misserfolge in der Schule und im Beruf kann man auf der Basis dieser Sichtweise neu bewerten. Häufig gelingt es auch – unter Heranziehung gesicherter Erkenntnisse aus der Klinischen Kinderpsychologie – die Beratung und Therapie von Kindern und ihren Familien zu verbessern. In diesem Kontext werden aus den Fallbeispielen und theoretischen Materialien dieses Buches verschiedene Zielgruppen sehr profitieren. Die prägnanten Darstellungen ermöglichen einen gelungenen Zugang zu diesem komplexen Problemgebiet.

Bremen, im Februar 2011 Franz Petermann

Vorwort

Menschsein lässt sich wohl am treffendsten mit dem Begriff «sich entwickeln» umschreiben: Wir kommen als mehr oder weniger doch recht hilflose Wesen auf die Welt, bringen zwar einige Reflexe, verschiedene erstaunliche Kompetenzen sowie vor allem eine enorme Lernbereitschaft und -fähigkeit mit; dennoch müssen wir das meiste für das Leben Notwendige in einem lange Jahre andauernden Prozess erwerben, lernen, vertiefen, trainieren, modifizieren. Was treibt uns dazu an? Dazu hilft uns im günstigen Fall eine angemessene Umgebung (liebevolle Eltern usw.) und eine gute biologische Basis (mehr dazu in Kap. 2).

Das Thema Entwicklung beschäftigt alle Menschen im Laufe ihres Lebens immer wieder, besonders wohl nach oder in Krisen. Warum entwickeln sich die einen Menschen in diese, andere in eine gänzlich andere Richtung? Was treibt sie an? Welche Ziele, Motive verfolgen sie? Von welchen Bedürfnissen werden sie gesteuert? Einige Gründe (und Hintergründe) sollen in den verschiedenen Kapiteln ausgeleuchtet werden. Die Ausführungen sollen dazu beitragen, die eigene Entwicklung und/ oder die Entwicklung anderer Menschen besser verstehen zu können und – wenn von beiden Seiten gewünscht – zu unterstützen sowie zu beeinflussen.

Mit dem Thema, was Menschen in ihrer Entwicklung antreibt, was sie beeinflusst, beschäftige ich mich seit vielen Jahren, besonders als langjähriger Dozent und Seminarleiter für Entwicklungspsychologie in der früheren seminaristischen LehrerInnenbildung in der Schweiz sowie seit 2002 an der Pädagogischen Hochschule Zürich, seit den 1990er-Jahren zusätzlich auch als psychologischer Berater. Zudem bin ich seit Jahren als Berater von Lehrkräften im Schulfeld mit den verschiedenen Facetten von Entwicklung – der Entwicklung von SchülerInnen wie von Lehrkräften – vertraut. Aus all den erwähnten Wirkungsfeldern fließen in dieses Buch wissenschaftliche Erkenntnisse, Beratungs- und Supervisionserfahrungen, ausgewählte und veränderte

Vorlesungs- und Seminarunterlagen sowie veranschaulichende Texte von Studierenden und Berufsleuten zum Thema Entwicklung ein.

An einem Buch sind letztlich immer sehr viele Menschen auf verschiedenen Ebenen beteiligt. Ich möchte an dieser Stelle namentlich folgenden Personen meinen Dank aussprechen: Kathrin Frick, Therese Prochinig, Jürg Rüedi sowie Michael Ricklin haben verschiedene Teile des Manuskripts kritisch durchgelesen und dazu wichtige Anregungen, Kommentare und Hinweise gegeben, die zur Klärung und Verbesserung dieses Buches geführt haben. Trotzdem trägt natürlich der Verfasser die Verantwortung für den ganzen Text mit allen verbliebenen Unzulänglichkeiten und allfälligen Fehlern. Die erfrischenden und anregenden Cartoons stammen von meinem Kollegen Donat Bräm, ebenfalls Dozent an der Pädagogischen Hochschule Zürich sowie begabter Zeichner. Danken möchte ich auch allen Menschen, die mich in meiner eigenen beruflichen wie privaten Entwicklung in irgendeiner positiven Art und Weise unterstützt und somit meine Antriebskräfte gestärkt haben! Ein spezielles Dankeschön geht ferner an Franz Petermann für sein freundliches Geleitwort.

Mein Dank geht schließlich auch an angehende und amtierende Lehrkräfte meiner diversen Lehrveranstaltungen, Seminare und Weiterbildungskurse sowie an verschiedene Lehrpersonen, die mir aus Studienarbeiten und Beratungen im Laufe vieler Jahre für dieses Buch auch anschauliche schriftliche Texte und Aufsätze zur Verfügung gestellt haben. Für die drei farbigen Bilder (Kap. 12) danke ich ebenfalls einer ehemaligen Studentin ganz herzlich.

Monika Eginger und Gaby Burgermeister vom Verlag Hans Huber unterstützten mich wie gewohnt auf optimale Weise; Gaby Burgermeister lektorierte das Manuskript sorgfältig und redigierte die hilfreichen Sach- und Personenregister.

In allen Fallbeispielen wurden die Namen ausgewechselt und in einigen wenigen Fällen zudem geringfügige Details verändert, um die Betroffenen zu schützen.

Ich hoffe, dass Sie als Leserin oder als Leser aus der Lektüre und den Beispielen positive Anregungen und Denkanstöße für sich finden sowie daraus fruchtbare, positive Einsichten entwickeln: um die eigene oder die Entwicklung anderer Menschen besser verstehen zu können, die eigenen Antriebskräfte zu erkennen und positiv zu beeinflussen.

Jedes Kapitel schließt mit einem Kasten, der weiterführende Fragen sowie Denkanstöße zur weiteren Vertiefung enthält; Literaturhinweise zu Büchern, die verschiedene Aspekte des Themas weiter verfolgen oder ergänzen, runden die einzelnen Kapitel ab.

Ich freue mich auf Rückmeldungen, eigene Beispiele, Verbesserungsvorschläge, Fragen usw.

Zürich, Februar 2011 Jürg Frick

1 Einführung

«Man kann das Leben nur rückwärts verstehen, aber man muss es vorwärts leben.»
(leicht verändert nach Sören Kierkegaard)

Im vorliegenden Buch möchte ich einige mir persönlich besonders wichtige Themen der Psychologie – nicht nur der Entwicklungspsychologie, sondern auch der klinischen oder pädagogischen Psychologie –, die mit der menschlichen Entwicklung zu tun haben, beispielhaft und konkret in abgeschlossenen Kapiteln darstellen. Aus der Fülle von Möglichkeiten wähle ich bewusst einige Schwerpunkte von Entwicklungsprozessen und -themen aus – es wären natürlich noch viele weitere möglich – und versuche, sie verständlich und anschaulich darzustellen. Dabei mussten natürlich viele weitere spannende Themen, die den Menschen antreiben oder die zu seiner Entwicklung beitragen, weggelassen werden: Allerdings liegen etwa zu Neid, Hass, Wut, Aggression, Freude und Lust schon verschiedene empfehlenswerte psychologische Bücher vor, und zur Rolle und Bedeutung von Geschwistern kann ich interessierte Leserinnen und Leser auf ein anderes Buch von mir verweisen.[1] Mit jeder Auswahl wird selbstverständlich zugleich immer eine Abwahl getroffen – Leben wie Schreiben bedeuten immer, eine kleine Auswahl vorzunehmen. Das ist gut so! Ob dies hier gelungen ist, mögen die Leserinnen und Leser entscheiden.

Alle Themen stehen in einem engen Bezug zu meinen eigenen Erfahrungen in Lehre und Beratung. Ein besonderes Anliegen sind mir die

1 Frick, Jürg (2009): Ich mag dich – du nervst mich. Geschwister und ihre Bedeutung für das Leben. 3. Auflage. Bern: Verlag Hans Huber.

Anschaulichkeit, Verständlichkeit, Konkretheit sowie die Möglichkeit, eigene Bezüge und weiterführende Gedanken zu entwickeln, Anregungen weiter zu verfolgen.

Das Buch soll dazu beitragen, mehr Verständnis für die komplexen, individuellen Wege, die Menschen im Laufe ihres Lebens einschlagen, und für die vielfältigen Antriebskräfte, die sie bewegen, zu wecken sowie Verständnis für ihre Umwege wie auch Abwege zu fördern: Das Leben verläuft nie geradlinig, problemlos – zum Glück!

Zum Aufbau dieses Buches

In jedem Kapitel werden ausgewählte Aspekte (ohne jeden Anspruch auf Vollständigkeit!) zum Thema erörtert, wo möglich mit konkreten Beispielen, Cartoons, kurzen oder ausführlicheren Texten, Aufsätzen oder einem Interview veranschaulicht. Am Ende eines jeden Kapitels finden sich ein Kasten «Fragen und Denkanstöße», der zur weiteren persönlichen Vertiefung mit der Thematik einlädt, sowie spezifische Hinweise zur weiterführenden Lektüre.

Nachfolgend zur schnellen Orientierung eine kurze Übersicht:

- In *Kapitel 2* stehen verschiedene Auffassungen und Modelle (oder Typen) von Entwicklung im Zentrum: Es ist von entscheidender Bedeutung, von welchen Annahmen Menschen über ihre oder die Entwicklung anderer Personen ausgehen – das wird unter anderem an zwei ziemlich gegensätzlichen Bespielen erörtert.
- Das 3. *Kapitel* behandelt in einem ersten Teil die drei wesentlichen Faktoren der Persönlichkeitsentwicklung, beschreibt ihre komplexe Interaktion und belegt an zwei kurzen Aufsätzen von Kindern beispielhaft die rasante grafomotorische und kognitive Entwicklung in diesem Altersabschnitt. Wichtige Grundbedürfnisse oder Lebensmotive stellen wichtige treibende Kräfte der bio-psychosozialen Entwicklung des Menschen dar und werden hier näher beschrieben. Anhand des anschaulichen Prioritätenmodells von Schottky und Schoenaker lassen sich Vor- und Nachteile von Verhaltenstendenzen sowie deren Entwicklungswege besser verstehen und einordnen. Sie erhalten als LeserIn und MitdenkerIn Anregungen, eigene Prioritätensetzungen (oder von anderen Personen) zu reflektieren. Zudem

zeige ich an einem erweiterten Modell der 28 Lebensstiltypen mögliche Vor- und Nachteile von solchen Grundorientierungen des Menschen. Ein anschauliches zusammenfassendes Modell der Persönlichkeitsentwicklung rundet das Kapitel ab.

- Das sogenannte «Entwicklungspfadmodell» im *4. Kapitel* lehrt uns, Entwicklungsverläufe in verschiedenen Abschnitten als veränderbar, in alle Richtungen offen, zu verstehen: Frühe ungünstige beziehungsweise günstige Entwicklungen müssen nicht a priori den weiteren Verlauf in die gleiche Richtung vorantreiben. Am Beispiel zweier Schwestern soll dies unter anderem näher veranschaulicht werden.
- Wer jüngere Kinder beobachtet, stellt rasch fest: Diese möchten groß und stark sein. Warum eigentlich? Diese Frage wird aus verschiedenen psychologischen Perspektiven (Individualpsychologie, Entwicklungspsychologie, Sozialpsychologie, Selbstwirksamkeitspsychologie usw.) im *5. Kapitel* beleuchtet, beschrieben und begründet.
- Ängste gehören zur Grundausstattung des Menschen. Warum Ängste wichtig sind, in welchen vielfältigen Formen sie in den verschiedenen Alters- und Entwicklungsabschnitten zum Ausdruck kommen (und meistens auch wieder verschwinden), wann sie für Heranwachsende (und Eltern) zum echten Problem werden – und was sich dagegen alles tun lässt, wird in *Kapitel 6* besprochen. Schließlich darf auch eine ausführliche Auflistung möglicher Auslöser oder Ursachen sowie eine Darstellung erziehungsbedingter Einflussfaktoren für die Entstehung von Ängsten nicht fehlen: Ängste entwickeln sich vor allem in zwischenmenschlichen Beziehungen! Wie konstruktiv der Umgang mit Ängsten sein kann, demonstrieren der kleine Francesco und – im Rückblick – eine Studentin in zwei separaten Texten.
- *Kapitel 7* widmet sich dem Übergang Kindergarten-Schule: Der Schuleintritt, bei dem verschiedenste Faktoren, Personen und Akteure beteiligt sind, wird hier als psychologische Herausforderung an das Kind verstanden. Angst, Zweifel, aber auch Freude und Hoffnung wechseln sich in individueller Ausprägung in den Kindern ab. Ein transkribiertes längeres Interview mit Kommentar veranschaulicht die vielfältigen Anforderungen und Entwicklungsaufgaben, aber auch die gegensätzlichen Gefühle in dieser wichtigen Übergangszeit. Kurze Erinnerungstexte von Drittklässlern an ihre ersten Schultage ergänzen und belegen die abschließende kurze

Zusammenfassung einer Studie über das Wohlbefinden in der ersten Schulwoche.

- Der Darstellung der enormen Bedeutung von Peers und Freunden für die Heranwachsenden ist das *Kapitel 8* gewidmet: Wie entwickeln und differenzieren sich Freundschaftsbegriffe und Freundschaften, was unterscheidet sie zum Beispiel im Vorschul- und im Oberstufenbereich? Was gewinnt man alles durch Freunde? Kann elterliches Verhalten Freundschaftsbeziehungen fördern oder stören – und gibt es Möglichkeiten für Lehrkräfte in der Schule? Die Darstellung der acht wichtigsten Freundschaftsfaktoren rundet das Kapitel ab.

- Das *9. Kapitel* beschreibt die allgemeinen sowie spezifischen Entwicklungsaufgaben von Heranwachsenden. Wie und welche Konflikte dabei auftreten und worüber sich Jugendliche in dieser Zeit besonders Gedanken machen, wie sie selber das Erwachsensein definieren, welche Gefühle sie beschäftigen: Dies erfahren Sie unter anderem anhand verschiedener kurzer Aussagen sowie anhand von zwei ausführlicheren Aufsätzen von Jugendlichen. Im letzten Teil werden verschiedene – günstige und weniger günstige – Bewältigungsstrategien (Coping-Strategien) vorgestellt und kurz erörtert.

- *Kapitel 10* widmet sich dem Thema Selbstkonzept: Wie entwickelt sich dieses, welche Bereiche des Selbstkonzepts haben ForscherInnen entdeckt und welche Bedeutung haben positiv oder negativ gefärbte Selbstkonzepte für die weitere Entwicklung? Eine 14-jährige Jugendliche beschreibt anschließend ihre eigenen Selbstkonzeptanteile – differenziert und durchaus selbstkritisch! Kurze Hinweise über innere Stimmen als Ausdruck des Selbstkonzepts und zur möglichen Veränderung des Selbstkonzepts beschließen das Kapitel.

- Die Entwicklung eines jeden Menschen wird immer von Risiko- und Schutzfaktoren beeinflusst, der Weg des Lebens ist letztlich immer auch eine Interaktion von Risiko und Resilienz. Beide Aspekte kommen in *Kapitel 11* zur Sprache, besonders aber die Schutzfaktoren: Neben wichtigen Risikofaktoren wird gezeigt, dass wir genau genommen von Resilienzen (statt von Resilienz) sprechen müssten und diese auch in der anschließenden Zusammenstellung von wichtigen Schutzfaktoren berücksichtigen sollten. Neben den wichtigen unbestreitbaren Chancen des Resilienzkonzepts dürfen auf der anderen Seite mögliche Gefahren (und Missbräuche) nicht verschwiegen werden.

- Das *12. Kapitel* möchte zeigen, welche Zeichen und Warnsignale auf eine erhöhte Suizidgefahr bei Jugendlichen hindeuten können. Anschauungsmaterial für die Not wie auch die noch übrig gebliebene Hoffnung auf ein anderes, besseres Leben belegen drei farbige Bilder einer Oberstufenschülerin sowie verschiedene Texte (Gedicht, Aufsatz, Abschiedsbrief). Die aufgeführten Merkpunkte zur Krisenintervention können dazu beitragen, Jugendliche in dieser schwierigen psychischen Situation besser zu verstehen, zu begleiten oder allenfalls auch zu unterstützen.
- Was ist eigentlich Souveränität, wie wird man souveräner? Das Interview erläutert, was souveräne Menschen auszeichnet, wie sich das im Alltag ausdrückt, was Souveränität bei anderen auslöst – und woraus sich diese Fähigkeit speist, wie sie sich entwickelt, wie sie allenfalls gefördert werden kann. Diese und weitere Fragen (und Antworten darauf) stehen im Zentrum des Interviews in *Kapitel 13.*
- Im Interview im *14. Kapitel* erfahren Interessierte, was Selbstvertrauen genau ist, wie es wirkt, warum es für das Leben wichtig ist, wie es entsteht, wie es gestärkt – aber auch wodurch es geschädigt werden kann.
- Wer nicht gelernt hat, adäquat nein zu sagen, kommt im Leben letztlich zu kurz: die Kunst des Neinsagens, die Gründe, warum viele Menschen das Nein zu sehr scheuen und was sie damit verpassen, ja verlieren, steht im Zentrum des Interviews in *Kapitel 15.* Am Schluss offeriere ich Ihnen elf – aus meiner Sicht – hilfreiche Punkte zum Neinsagen.
- Ausgehend von Erkenntnissen der Psychologie und der Philosophie biete ich im *16. Kapitel* den LeserInnen ein vielfältiges ABC des Lebens an: bedenkenswerte und – so hoffe ich – nützliche kurze Aussagen, die zum Nachdenken einladen und die für eine günstige Entwicklung und für Lebensfreude wichtig sein können.
- Aphorismen und Sprüche vermögen unter günstigen Umständen Entwicklungsschritte im Leben eines Menschen zu initiieren oder zu unterstützen: *Kapitel 17* enthält dazu 85 kurze mögliche Belege zu unterschiedlichsten Themen wie etwa «Menschenkenntnis», «der übersehene Preis des Hasses», «Eitelkeiten», «Der wirkliche Gewinner», «Wo setze ich den Schwerpunkt?», «Genau hinschauen», «Die Wirkung der Nörgler» oder «Die Wahrheit des Pessimisten».

- **Anhang A** soll allen interessierten Laien, aber auch Fachpersonen die Möglichkeit bieten, sich mit den 28 «Lebensstiltypen» des 3. Kapitels noch genauer und vertiefter auseinanderzusetzen sowie eigenen Lebensstilelementen mit ihren Vor- und Nachteilen auf die Spur zu kommen. Vielleicht möchte die eine oder andere Leserin, der eine oder andere Leser daraufhin bei sich etwas verändern?
- Mit einem anschaulichen und einfachen Modell, dem «persönlichen Entwicklungspanorama», das wir an der Pädagogischen Hochschule Zürich in einer veränderten Form seit Jahren mit Erfolg mit jungen Lehrkräften einsetzen, kann in **Anhang B** das eigene Leben als Entwicklung verstanden und in eine grafische Darstellung gebracht werden. Dank gezielten Fragen und Hinweisen zu wichtigen Entwicklungsaspekten gelingt es, eigenen wichtigen Themen auf die Spur zu kommen, sie aus einer anderen Perspektive zu entdecken und zu überdenken, vielleicht auch neu zu gewichten.
- Der kleine Entwicklungsfragebogen in **Anhang C** ergänzt und vertieft die Auseinandersetzung mit der eigenen persönlichen Entwicklung.
- Wer sich mit einem bestimmten Thema noch etwas weiter auseinandersetzen möchte, findet in den jeweiligen Literaturhinweisen am Ende der einzelnen Kapitel sowie im Literaturverzeichnis am Schluss des Buches verschiedene Hinweise auf weiterführende und vertiefende Fachliteratur.

Das Buch ist so konzipiert, dass eine gewinnbringende Lektüre nicht der Reihe nach erfolgen muss, als LeserIn können Sie sich nach Lust und Laune auch nur einzelne Kapitel zu Gemüte führen. Trotzdem empfiehlt es sich, das 3. Kapitel («Was treibt den Menschen an?») vorgängig zu lesen, weil es wesentliche Grundlagen für die weiteren Themen enthält.

Angesichts der Breite des Themas «Entwicklung» können aus meiner Sicht Menschen verschiedenster Berufsgruppen und Interessenfelder im vorliegenden Buch Anregungen finden; namentlich aufgeführt seien hier:

- Personen, die an Entwicklungen von Menschen generell interessiert sind
- LeserInnen, die ihre eigene Entwicklung, ihre Antriebskräfte besser verstehen – und daraus vielleicht auch Konsequenzen ziehen – möchten

- LeserInnen, die Entwicklungswege anderer Menschen – Heranwachsende wie auch Erwachsene – besser verstehen möchten und sie vielleicht auch in irgendeiner Form unterstützen oder beeinflussen möchten
- Lehrpersonen aller Stufen
- SpielgruppenleiterInnen und KleinkinderzieherInnen
- PsychologInnen und PsychotherapeutInnen
- SozialarbeiterInnen und SozialpädagogInnen
- Ärzte, Pflegefachpersonen und weitere Angehörige von Heil-, Pflege- und Medizinalberufen
- PatientInnen, KlientInnen, Hilfesuchende, die mit psychologischen BeraterInnen oder PsychotherapeutInnen und anderen Angehörigen helfender Berufe zu tun haben, kurz: Menschen, die irgendeine Form von Beratung, Unterstützung oder Therapie beanspruchen
- Eltern und andere Erziehende
- speziell an Entwicklungsproblemen interessierte ZeitgenossInnen.

Das vorliegende Buch soll also Menschen ansprechen, die an der Entwicklung von Menschen, vorliegenden Schwierigkeiten, Klippen, Hindernissen und an möglichen günstigen Lebenswegen und -haltungen interessiert sind. Aus dieser Perspektive kann man dieses Buch durchaus (auch) als Unterstützung verstehen, die Anregungen zum besseren Verständnis von Mitmenschen oder sich selber (Selbsterkenntnis) zur Verfügung stellt. Ob diese Versprechen eingelöst werden, mögen die LeserInnen entscheiden. Die Lektüre und Auseinandersetzung mit einem Buch ersetzt allerdings nie, das sei hier unmissverständlich festgehalten, eine allfällige Beratung oder Therapie.

Schließlich soll das Buch auch durch die verschiedenen Beispiele und Denkanstöße LeserInnen anregen, sich über ihre eigenen Entwicklungswege und Antriebskräfte klarer zu werden sowie Chancen und Potenziale neuer Sichtweisen und Haltungen besser zu erkennen und zunehmend auch anzuwenden. Das Leben ist eine offene Veranstaltung: Der Mensch entwickelt und verändert sich bis zu seinem letzten Atemzug! Leben heißt sich entwickeln.

2 Wie wirken und wie beeinflussen uns Entwicklungsmodelle?

Die ersten Menschen konnten auch nicht lesen und schreiben. Warum sollen das die Tiere nicht auch noch lernen? *(Antje, 8 Jahre)*[2]

Zur Einführung: Acht Auffassungen über Entwicklung

Alle Personen, auch schon Kinder, schaffen sich, ob bewusst oder unbewusst, im Laufe ihres Werdegangs eine persönliche Vorstellung über die Entwicklung des Menschen – sogar auch über die Tiere, wie das obige Beispiel anschaulich zeigt! –, und zwar sowohl über ihre eigene wie auch über diejenige der Menschen und der Menschheit als Ganzes. Viele dieser Vorstellungen oder Bilder sind ihren ErzeugerInnen und TrägerInnen nicht oder nur teilweise bewusst. Wir sprechen deshalb auch von impliziten (unausgesprochenen, unbewussten) und expliziten (ausgesprochenen, bewussten) Entwicklungsvorstellungen. In den folgenden Aussagen drücken sich ganz unterschiedliche Auffassungen von Erwachsenen aus – und zwar sowohl über die Entwicklungsmöglichkeiten des Menschen als auch über die Bedeutung der Erziehungseinflüsse.

1. Dem Menschen wächst der Verstand ebenso wie ihm die Haare wachsen, und er bekommt Gedanken und Sprache ebenso, wie er Zähne bekommt. (*Ludwig Gurlitt, Reformpädagoge, 1855–1931*)[3]
2. Gebt mir ein Dutzend gesunder, wohlgebildeter Kinder und meine eigene Umwelt, in der ich sie erziehe, und ich garantiere, dass ich jedes nach dem Zufall auswähle und es zu einem Spezialisten in irgendeinem Beruf erziehe, zum Arzt, Richter, Künstler, Kaufmann oder zum Bettler und Dieb, ohne Rücksicht auf seine Begabungen, Neigungen, Fähigkeiten, Anlagen und die Herkunft seiner Vorfahren. (*John Watson, Zoologe und Psychologe, 1878–1958*)[4]

---

2 zitiert nach: Brüning, Barbara (2008) (Hrsg.): Kinder sind die besten Philosophen. Leipzig: Buchverlag für die Frau, S. 70.

3 zitiert nach: Merz, Fritz (1993): Macht oder Ohnmacht des Erziehers. Von pädagogischen Optimisten, Pessimisten, Realisten. Bad Heilbrunn: Klinkhardt, S. 176.

4 zitiert nach: Merz (1993), S. 180.

3. Ruhig und langsam die Natur sich selbst helfen lassen und nur sehen, dass die umgebenden Verhältnisse die Arbeit der Natur unterstützen, das ist Erziehung. (*Ellen Key, Reformpädagogin, 1849–1926*)[5]

4. Erziehung vermag alles. […] Die Erziehung macht uns zu dem, was wir sind. (*Claude Adrien Helvétius, Philosoph, 1715–1771*)[6]

5. Ich darf wohl sagen, dass von zehn Menschen, denen wir begegnen, neun das, was sie sind, gut oder böse, nützlich oder unnütz, durch ihre Erziehung sind. Sie ist es, welche die großen Unterschiede unter den Menschen schafft. Die kleinen oder nahezu unmerklichen Eindrücke auf unsere zarte Kindheit haben sehr bedeutende und dauernde Folgen: Es ist wie mit den Quellen mancher Flüsse, wo ein behutsames Anlegen der Hand die lenksamen Wasser in Kanäle leitet, die ihnen einen ganz anders gerichteten Lauf geben. […] Ich stelle mir vor, dass der kindliche Geist wie das Wasser ebenso leicht in diese oder jene Richtung gelenkt werden kann. (*John Locke, Philosoph, 1632–1704*)[7]

6. Es ist ausgemacht, dass die schlechte Erziehung der Frauen viel mehr Unheil anrichtet als die der Männer. (*François Fénelon, Philosoph, 1651–1715*)[8]

7. In Wirklichkeit sind Kinder von Natur aus weder gut noch schlecht. Mit Reflexen und ein paar Instinkten kommen sie auf die Welt. Unter dem Einfluss der Umgebung bilden sich Gewohnheiten, die entweder gesund oder krank sind. (*Bertrand Russell, Philosoph und Mathematiker, 1872–1970*)[9]

---

5 Key, Ellen (1978): Das Jahrhundert des Kindes. Königstein: Athenäum, S. 49 (EA 1900).

6 Helvétius, Claude Adrien (1972): Vom Menschen, seinen geistigen Fähigkeiten und seiner Erziehung. Hrsg. von G. Mensching. Frankfurt: Suhrkamp, S. 446 f.

7 Locke, John (1980): Gedanken über Erziehung. Stuttgart: Reclam, S. 7 f. (EA 1693).

8 zitiert nach: Fénelon, François (1963): Über Mädchenerziehung (EA 1687), Reprint der Übersetzung von Eduard von Sallwürk aus dem Jahre 1886, hrsg. von Charlotte Richartz, Bochum: Kamp, S. 9.

9 Russell, Bertrand (1948): Erziehung, vornehmlich in frühester Kindheit. Düsseldorf: Meridian, S. 26 (EA 1927).

8. Die Menschen sind, was die Umstände aus ihnen machen, doch werden sie, was sie aus den Umständen machen. (*Manès Sperber*)[10]

Welche dieser Aussagen sprechen Sie an, welche lehnen Sie ab? Warum? Wie erklären Sie sich das? Die Antwort hat mit Ihrem Menschenbild, Ihren Auffassungen von Entwicklung sowie Ihrer eigenen persönlichen Lebensgeschichte zu tun.

Haupt-Typen von Entwicklungsmodellen

Die obigen Aussagen lassen sich letztlich mehr oder weniger einem bestimmten Typus eines Entwicklungsmodells (vgl. Tab. 2-1) zuordnen oder sind Mischungen: Einige der Aussagen betonen stärker endogene Faktoren wie Biologie und Genetik, andere legen das Gewicht vor allem auf die Umwelterfahrungen (exogener Faktor) oder auf die Selbstgestaltung des Individuums (autogener Faktor). Immer sind damit letztlich auch Einschätzungen, ja Wertungen verbunden, wie die Behauptung von Fénelon (6.) dies deutlich zum Ausdruck bringt: Mädchen seien als schwache Lebewesen gefährdeter für negative Einflüsse als Jungen! Nur nebenbei: Erst um 1845 konnte in Deutschland die allgemeine Schul- und Unterrichtspflicht auch für Mädchen eingeführt werden, in Preußen wurde 1908 die Zulassung zum Abitur und zum Studium für Mädchen auch gesetzlich verankert, 1920 die Habilitationsmöglichkeit für Frauen an deutschen Universitäten eingeführt (Kleinau/Opitz 1996 b) – und in der Schweiz wurde das Frauenstimmrecht sogar erst 1971 (!) eingeführt: Diese vier Beispiele zeigen, wie Entwicklungsvorstellungen – hier über das weibliche Geschlecht – weitreichende Folgen auch auf die Bildungsmöglichkeiten und -angebote ausüb(t)en! Die Positionen 2. und 4. belegen einen extremen pädagogischen und Entwicklungsoptimismus, die Position 5. betont ebenfalls – in etwas geringerer Ausprägung – den Umweltfaktor. Die Aussagen von Russell und Sperber (7. und 8.) verbinden sozusagen zwei Modelle: Sie sprechen den Umweltfaktoren eine sehr bedeutsame Rolle zu (Umwelttheorie), lassen dem einzelnen Menschen aber einen großen Spielraum, eine Entwicklung sowie Verantwortung mit vielen Möglichkeiten offen (Selbstgestal-

10 Sperber, Manès (1987): Die Tyrannis und andere Essays aus der Zeit der Verachtung: München: dtv, S. 161.

Tabelle 2-1: Vier Haupt-Typen von Entwicklungsmodellen

- **Dispositions- oder endogenistische Modelle** (biologisch-reifungstheoretische Ansätze):
  Entwicklung als weitgehende natürliche Entfaltung eines biogenetisch angelegten Planes. Der Einfluss der Umwelt ist gering (Modell der Pflanze).
- **Umwelt- oder exogenistische Modelle** (behavioristische Ansätze):
  Der Mensch und seine Entwicklung sind weitgehend oder fast ausschließlich durch äußere Reize/Einflüsse bestimmt, kontrollierbar, manipulierbar (Modell der Milieutheorie: Aufklärung, Locke, Watson, Behaviorismus).
- **Interaktionsmodelle:**
  Mensch und Umwelt bilden ein (bio-psychosoziales) Gesamtsystem, in dem die Aktivitäten und Veränderungen sowie Beeinflussungen beider Teile miteinander untrennbar verschränkt sind (auch ökopsychologische Modelle: Bronfenbrenner 1981).
- **Selbstgestaltungstheorien** (handlungstheoretische, konstruktivistische Ansätze):
  Der Mensch beeinflusst und gestaltet seine eigene Entwicklung weitgehend durch ziel- und zukunftorientiertes Handeln (z. B. Piaget 1985, teilweise auch Frankl 1985).

tungstheorie). Der Biologie vertrauen und gute Rahmenbedingungen schaffen (Position 3., teilweise auch 1.) betont vor allem Ellen Key.

Entwicklungsmodelle wie Entwicklungstheorien sind nicht in einem Neutrum, quasi im luftleeren Raum entstanden. Das gilt ebenfalls für wissenschaftliche Theorien: Obwohl diese strengen Kriterien unterworfen sind, liegen auch ihnen letztlich immer identifizierbare Menschenbilder zugrunde, und sie werden in konkreten Gesellschaften mit bestimmten kulturellen und politischen Rahmenbedingungen geschaffen und wirken wiederum auf diese zurück, wie wir das etwas später an Beispielen erkennen werden. Diese Aussage ist besonders auch deshalb von zentraler Bedeutung, weil das Menschenbild erstens in einem hohen Ausmaß bestimmt, worauf die Theorie ihr Augenmerk richtet, weil zweitens darin schon Interpretationstendenzen angelegt sind, und drittens bestimmt das Menschenbild schon zumindest teilweise voraus, was – Schwerpunkt, Ziel – mit einer bestimmten Theorie untersucht und geleistet werden kann und soll (Flammer 2009): Damit sind wir wieder bei Interessen und Absichten. Dazu gleich mehr.

In der umfangreichen Darstellung von Flammer (2009) werden rund 16 Haupt-Entwicklungstheorien vorgestellt. Noch stärker vereinfacht lassen sich in der Tabelle 2-1 vier Hauptmodelle (oder Typen) psychischer Entwicklung zusammenfassend darstellen.

Ich lasse hier weitere Entwicklungsmodelle wie etwa jenes der humanistischen Psychologie (Maslow 2002/1943, Rogers 1977) oder ausschließlich neurobiologisch basierte Konzepte weg. Entwicklung kann überdies auch als Fertigkeitsleistung eines Individuums (Fischer 1980), als Sozialisation (Wygotski 1977/1934) als Problemlöseprozess, als Pendeln zwischen Assimilation und Akkomodation (Piaget 1988/1926), als kompensatorischer Prozess zur Überwindung eigener Unzulänglichkeiten (Adler 1973e/1912) oder als ein Weg der Beobachtung (Rogoff 2003) verstanden werden. Alle diese (und weitere) Theorien beleuchten Teilaspekte, liefern wichtige Bausteine und Hinweise, die für eine umfassende Entwicklungstheorie berücksichtigt werden können.

Wir könnten, salopp ausgedrückt, Folgendes festhalten: Lege mir deine Entwicklungsvorstellungen oder dein Entwicklungsmodell dar, und ich sage dir, wie du dich und andere siehst und behandelst! So wie Menschen im Sinne von Watzlawick und Kollegen (2000) nicht *nicht* kommunizieren können, so können sie ebenso wenig keine Theorie zur menschlichen Entwicklung haben: Sie gehen immer, bewusst, halbbewusst oder unbewusst, von bestimmten Annahmen aus und leben mehr oder weniger gemäß diesen Leitlinien – und beeinflussen damit ebenso ihre eigene Entwicklung wie andere Personen. Diese Theorien können der Realität angemessener sein – oder eben nicht. Trotzdem zeigen sie immer Folgen! Zwei Beispiele sollen das im Folgenden belegen.

Das erste Beispiel dokumentiert die verheerenden Folgen eines extrem ausgeprägten endogenetisch-biologistischen Entwicklungsmodells auf Schule, Gesellschaft und Politik; im zweiten Beispiel finden sich stark ressourcenorientierte und umweltbetonte Ansätze im Grundverständnis wieder.

Wenn arme und schwarze Kinder von Natur aus dümmer sind[11]

Der seinerzeit berühmte (und später berüchtigte) amerikanische Psychologe Cyril Burt (1883–1971) arbeitete zeitweilig als Chefpsychologe der Londoner Schulen und engagierte sich als beamteter Psychologe des London County Council (1913–1932), Schüler in Rangfolgen einzuordnen. Zudem war er von 1924 bis 1931 Professor für Pädagogische Psychologie am London Day Training College (Institut für Pädagogik) der University of London und von 1931 bis 1951 Professor für Psychologie am University College London. Seine Forschungen über Vererbung und seine Überzeugungen flossen in die Schulstruktur Englands ein (z. B. Zuweisung zu Sonderschulen). Für seine Leistungen wurde er 1946 sogar geadelt. Burt forschte vor allem zur Erblichkeit der Intelligenz und zu Persönlichkeitsmerkmalen, nutzte dazu die Zwillingsforschung und legte dar, dass die Intelligenzquotienten eineiiger Zwillinge stärker korrelierten als bei zweieiigen. Aus weiteren Untersuchungen folgerte er, dass sich Intelligenz zu mindestens 85 % vererbe, während das Milieu nur geringen Einfluss auf die Intelligenz ausübe. Burt ging von der fixen Idee aus, dass angeborene Dummheit die Hauptursache der Armut sei. Sein Fazit: Da Arbeiterkinder aufgrund ihrer genetischen Ausstattung für den Besuch von höheren Schulen ungeeignet sind, soll das Schulsystem vor allem die intelligenten Kinder fördern und kein Geld für wenig(er) begabte verschwenden. Für ihn stellte die Einkommensverteilung in England ein exaktes Abbild der Verteilung von ererbten Fähigkeiten dar. Diese Auffassung zeitigte verheerende Folgen: Burt gewann als Regierungsberater großen Einfluss auf das Schulsystem, denn mit der 1944 beschlossenen Aufteilung der Schulen in drei qualitativ unterschiedliche Modelle wurden diese Einschätzungen sozusagen staatlich zementiert und Förderprogramme für ärmere Kinder als nutzlos erachtet. Außerdem forschte er zu Persönlichkeitsfaktoren, Milieueinflüssen auf das Verhalten und zu Kriminellen. Für seine Verdienste um die pädagogische Psychologie und das englische Bildungssystem erhielt er 1971 den Thorndike-Preis der American Psychological Association (APA). Burt starb im selben Jahr als hoch geachteter Wissen-

11 Vgl. auch die ausgezeichnete und detaillierte Darstellung zu Burt und Jensen in: Gould, Stephen Jay (1983): Der falsch vermessene Mensch. Basel: Birkhäuser (EA 1981).

schaftler. Bald darauf kamen allerdings erhebliche Zweifel an seinen Daten auf, die schließlich zu folgendem ernüchterndem Schluss führten: Burt hatte seine Daten gefälscht sowie zwei nicht existierende Mitarbeiterinnen schlichtweg erfunden, seine Originalarbeiten waren nicht mehr auffindbar und nachprüfbar.[12] Sein Beispiel zeigt, wie ein Mensch mit einer A-priori-Überzeugung beginnt und dann unter Umständen sogar als Wissenschaftler nicht zurückschreckt, mit allen Mitteln seine aus heutiger Sicht rassistischen Vorstellungen zu verbreiten. Sein Menschenbild zeigte sich schon früh: So befürchtete er 1909, dass «unbegründete Humanitätsduselei und Menschenfreundlichkeit unter Umständen die natürliche Ausmerzung schlechten Blutes aufhebt.»[13]

Trotzdem importierten andere Psychologen wie Arthur R. Jensen (*1923) Burts Gedankengut in die USA und behaupteten, dass schwarze Kinder über eine geringere Intelligenz verfügten als weiße – eben infolge der Vererbung. Ferner stellte Jensen in verschiedenen Artikeln (1969) und Büchern (1972) die These auf, dass kompensatorische Erziehung zwecks Steigerung des IQ zwar in geringem Maß möglich sei, aber letztlich eine Geldverschwendung darstelle. Arbeiterkinder und Schwarze hätten eben von Natur aus einen niedrigeren IQ. Fast nicht zu glauben: Im Jahre 2003 (!) erhielt Jensen den angesehenen Kistler-Preis, der nach dem schweizerisch-amerikanischen Physiker, Erfinder und Philanthropen Walter P. Kistler benannt ist und seit 1999 jährlich vergeben wird, um wichtige Beiträge «zum Verständnis der Verbindung von menschlicher Vererbung und menschlicher Gesellschaft» auszuzeichnen. Jensen wurde neben einem Preisgeld von 100 000 US-Dollar auch eine 200 Gramm schwere Goldmedaille verliehen. Auch Jensens Entwicklungsmodell stützte jahrelang konservative und rassistische Schulpolitiker in ihren Vorurteilen – zum Nachteil der schwarzen und minderbemittelten Schülerinnen und Schüler.

Das von 1911 bis 1994 herrschende rassistische Apartheid-Regime Südafrikas hat im Übrigen sein politisches sowie sein Schul- und Bildungssystem ganz ähnlich gerechtfertigt. Die Folgen: Getrennte Wohngebiete in jeder Stadt, jedem Dorf, separierte Schulsysteme und entspre-

---

12 vgl. dazu auch die vorzügliche Darstellung in: Ernst, Heiko (1977): Wer Daten fälscht oder nachmacht oder gefälschte oder nachgemachte in Umlauf bringt. *Psychologie Heute, 4*, S. 51–57.

13 zitiert nach: Gould, Stephen Jay (1983): Der falsch vermessene Mensch. Basel: Birkhäuser, S. 303.

chend unterschiedlich qualifizierte Lehrer sowie ein ausschließlich den privilegierten Weißen vorbehaltendes Wahlrecht (= Große Apartheid). Der Alltag der Kleinen Apartheid beinhaltete die rassische Trennung im Dienstleistungsbereich wie auch etwa das Verbot des Betretens von öffentlichen Parks für Schwarze, separate Abteile in öffentlichen Verkehrsmitteln oder getrennte Schulen. Regelungen und Verbote zur Trennung wurden durch unmissverständliche Schilder signalisiert: So hatten Krankenhäuser, Postgebäude, Rathäuser, Banken und Toiletten meist zwei durch Schilder gekennzeichnete Eingänge. Grundlage für das Ganze bildeten ein Menschenbild und ein daraus abgeleitetes Entwicklungsmodell, das von der natürlichen genetischen Ungleichheit der Menschen – und damit bio-psychosozialer Minderwertigkeit bestimmter Menschengruppen – ausgeht.

Unterstützen statt aufgeben: Der «Märtplatz»

Ein sozusagen konträres Beispiel zu Burts negativer Sichtweise zur Bildbarkeit einer bestimmten Population bietet uns der Schweizer Pädagoge Jürg Jegge. Das Erstlingswerk «Dummheit ist lernbar» (1976) des damaligen Kleinklassenlehrers und Autors und späteren Begründers des «Märtplatzes» wurde zu einem Bestseller und ist ein wichtiger Denkanstoß für eine ressourcenorientierte Pädagogik ohne Zwänge. Bis heute ist Jegge ein vehementer Kritiker des Schulsystems geblieben, dem er vorwirft, alle Kinder über einen Leisten zu schlagen und den Finger zu stark auf ihre Schwächen zu legen. Er vertritt als grundlegende These, dass Ausbildungsprogramme dem Menschen und seinen individuellen Stärken angepasst werden sollen und nicht umgekehrt. Seit 1985 leitet er in Rorbas, in der Nähe des Flughafens Zürich, die Stiftung «Märtplatz» (Marktplatz), eine berufliche Eingliederungs- und Ausbildungsstätte für junge Menschen mit «Startschwierigkeiten» aus der ganzen Schweiz. Hier absolvieren rund 27 sogenannte «schwierige» junge Menschen ohne viele Vorschriften ihre Berufslehren. Neun verschiedene Werkstätten stehen zur Verfügung. Ein großer Vorteil des «Märtplatzes» besteht darin, dass nicht unter Zeitdruck und wirtschaftlichem Profitstress gearbeitet werden muss. Das erlaubt es den LehrmeisterInnen, sich ausschließlicher, individueller und intensiver mit den einzelnen Lernenden auseinanderzusetzen. Nach einigen kleinen Anpassungen sieht die Struktur noch heute gleich aus. Der «Märtplatz» arbeitet intensiv mit der Schweizerischen Invaliden-Versicherung und verschiedenen Jugendstaatsanwaltschaften zusammen. Trotzdem ist die Stiftung bei einem Umsatz von rund 3,2 Millionen Franken im Jahr auf jährlich etwa 10 % des Umsatzes in Form von Spenden angewiesen, die Finanzierung also nicht definitiv gesichert.

Das Menschen- und Entwicklungskonzept von Jegge kommt im folgenden Text – einer Zusammenfassung eines Interviews mit Katrin Hafner im *Tages-Anzeiger* (18. September 2009, leicht gekürzt und redigiert von J. F.) – treffend zum Ausdruck:

> Ich würde also [dem Lernenden] möglichst genau seine Lernerfolge beschreiben und damit schließlich aufzuzeigen versuchen, was das Kind kann. Man sollte für den einzelnen Menschen ein Gleis durch diese Welt finden und dabei Umwege in Kauf nehmen. Heute gibt es mehr Möglichkeiten denn je, einen Berufsabschluss zu machen. Nur leider wissen oft nicht einmal die Lehrmeister oder die Leute vom Berufsbildungsamt davon. Wir [die Gesellschaft – J. F.] haben das Vertrauen verloren. Es geht um den Glauben, dass das Leben in seinem eigenen Tempo wächst – und nicht per se schadhaft ist, sodass man es möglichst früh flicken müsste. […] Lassen wir doch das Kind wieder Kind sein, lassen wir ihm Zeit, statt die kleinste vermeintliche Abweichung als abnormal abzustempeln und es umso heftiger auf Effizienz zu trimmen. Wichtig ist, das Individuum für sich zu betrachten. Die sogenannte gesunde Konkurrenz ist gesund für das obere Drittel der Gesellschaft. Der Rest leidet darunter, wird entmutigt und verzweifelt gefördert.

Der «Märtplatz» lässt sich ungefähr wie folgt in unser Entwicklungsschema einordnen: Seine Leiter gehen von einer positiven Grundvoraussetzung (Jegge 2009 b) des Individuums, einem positiven Menschenbild aus (der Mensch will und kann lernen und ist auf gelingende Beziehungen angelegt), das viele (bisher unerschlossene oder verschüttete) Ressourcen, Kräfte und Möglichkeiten in sich hat (positive endogene Kräfte). Mit optimaler Unterstützung durch die Umgebung (wichtiger exogener Faktor) und genügend Zeit kann der Mensch in den meisten Fällen seine Möglichkeiten und Wege schließlich finden (Selbstgestaltungsfaktor). Oder in den Worten Jegges:

> Ich bin jetzt seit über vierzig Jahren beruflich unterwegs und ich bin mehr denn je überzeugt: Die meisten «unterdurchschnittlichen Leistungen» sind ganz normale Begabungen und Fähigkeiten, die nie ausreichend Zeit bekamen, sich zu entwickeln. *(Jegge 2009 b)*[14]

Und weiter:

> Wir versuchen so konsequent wie möglich der Vielfalt unserer jungen Menschen, ihrer Geschichte, ihrer Herkunft, ihren unterschiedlichen Fähigkeiten, Fertigkeiten, Begabungen und Interessen Rechnung zu tragen.
> *(Jegge 2009 b)*[15]

Wer wie der «Märtplatz» von solchen Voraussetzungen ausgeht, der traut den Heranwachsenden etwas – genauer: viel – zu und ermutigt sie dementsprechend! Die bisherigen Erfolge der AbsolventInnen geben den «Märtplatz»-Leitungspersonen Recht. Die Abbruchquote ist tief, die Integrationszahl erfreulich hoch: Rund 50 % der ehemaligen TeilnehmerInnen, die häufig mit massiven psychischen und sozialen Problemen (Depression, Schizophrenie, Drogen) in den «Märtplatz» gekommen sind, leben heute ohne jede Unterstützung durch die öffentliche Hand; weitere 35 % nehmen mit einer Teilzeitarbeit am Erwerbsleben teil (Jegge 2009 b).

Der Vergleich der zwei Beispiele (Burt/Jensen vs. «Märtplatz»/Jegge) zeigt in aller Deutlichkeit: Das zugrunde liegende Menschenbild schafft ganz unterschiedliche Auffassungen und Entwicklungskonzepte und zeitigt je nach gesellschaftlichen und politischen Umständen und Rahmenbedingungen entsprechende Wirkungen.

---

14 Jegge, Jürg (2009 b): Fit und fertig. Gegen das Kaputtsparen von Menschen und für eine offene Zukunft. Zürich: Limmat, S. 186.

15 Jegge (2009 b), S. 164.

Fragen und Denkanstöße

- Was denken Sie zu den acht Auffassungen von Entwicklung am Anfang dieses Kapitels? Warum denken Sie so?
- Welche Annahmen liegen Ihrem Entwicklungsmodelle zugrunde? Wie sind Sie zu diesem Modell gekommen? Wer und was hat Sie beeinflusst?
- Wie würden Sie Ihr Entwicklungsmodell bezeichnen? Möchten Sie dieses Modell eventuell überprüfen, hinterfragen oder gar verändern?
- Zu welchem Haupt-Typ von Entwicklungsmodellen (vgl. Tabelle 2-1) neigen Sie persönlich? Wie erklären Sie sich diese Bevorzugung? Welche Vor- und Nachteile erkennen Sie dabei?
- Wie sehen Entwicklungsmodelle von anderen Menschen aus (PartnerIn, Freunde, Bekannte, BerufskollegInnen usw.)? Was könnten Sie daraus lernen?
- Wie wirkt das «Märtplatz»-Projekt auf Sie? Warum ist das so? Welche Schlüsse ziehen Sie daraus?

Literaturhinweise

Baumgart, Franzjörg (Hrsg.) (2001): Entwicklungs- und Lerntheorien. Erläuterungen, Texte, Arbeitsaufgaben. Bad Heilbrunn: Klinkhardt.

Bronfenbrenner, Urie (1981): Die Ökologie der menschlichen Entwicklung. Stuttgart: Klett-Cotta.

Chorover, Stephan L. (1985): Die Zurichtung des Menschen. Von der Verhaltenssteuerung durch die Wissenschaft. Frankfurt: Fischer.

Flammer, August (2009): Entwicklungstheorien. Psychologische Theorien der menschlichen Entwicklung. 4. Auflage. Bern: Verlag Hans Huber.

Gould, Stephen Jay (1983): Der falsch vermessene Mensch. Basel: Birkhäuser.

Hobmair, Hermann (1997) (Hrsg.): Psychologie. Köln: Stam.

Jegge, Jürg (2009 a): «Lassen wir das Kind wieder Kind sein». Interview mit Katrin Hafner im *Tages-Anzeiger* vom 18. September 2009.

Jegge, Jürg (2009 b): Fit und fertig. Gegen das Kaputtsparen von Menschen und für eine offene Zukunft. Zürich: Limmat.

Keller, Heidi (Hrsg.) (1998): Entwicklungspsychologie. Bern: Verlag Hans Huber.

Merz, Fritz (1993): Macht oder Ohnmacht des Erziehers. Von pädagogischen Optimisten, Pessimisten, Realisten. Bad Heilbrunn: Klinkhardt.

Oerter, Rolf; Montada, Leo (2008) (Hrsg.): Entwicklungspsychologie. 6. Auflage. München: Beltz PVU.

Petermann, Franz; Niebank, Kay; Scheithauer, Herbert (2004): Entwicklungswissenschaft. Entwicklungspsychologie, Genetik, Neuropsychologie. Berlin: Springer.

Sieland, Bernhard (2000): Hast Du heute schon gelebt? Impulse zur Selbstentwicklung. Lüneburg: Edition Erlebnispädagogik.

3 Was treibt den Menschen an?

Einleitung

Verschiedene Auffassungen über die Entwicklung der menschlichen Persönlichkeit sowie ihre Antriebskräfte bildeten über Jahrhunderte einen teilweise heftigen Streitpunkt in der Theologie, der Philosophie, der Pädagogik und später der Psychologie. Die aktuelle Entwicklungswissenschaft lehnt extreme Auffassungen sowohl reifungstheoretischer Herkunft (unveränderbare angeborene Persönlichkeitsmerkmale) wie reine Umwelttheorien (der Mensch als leeres, zu beschreibendes Blatt) ab (vgl. dazu auch Kap. 2). Im Vordergrund steht heute das sogenannte interaktionistische Modell[16], das ich anschließend mit Aspekten der Selbstgestaltungstheorie[17] verknüpfen und anreichern möchte – dazu gleich mehr.

Ein Modell der Persönlichkeit: Entwicklungsfaktoren[18]

Was treibt den Menschen an? Es sind dies zum einen Entwicklungsfaktoren. Nach Hobmair (1997) sind Entwicklungsfaktoren verschiedene Bedingungen, die Entwicklung(en) auslösen und in Gang halten. Alle Bedingungen, die Entwicklung(en) verursachen, lassen sich letztlich zusammengefasst drei Gruppen von Faktoren zuordnen. Es sind dies:

1. die endogenen Faktoren (d.h. von «innen» verursacht, aus den Anlagen entstanden)
2. die exogenen Faktoren (d.h. von «außen» verursacht, aus Umwelteinflüssen entstanden)
3. die autogenen Faktoren (d.h. von «sich selbst» verursacht, aus eigener Kraft des Individuums entstanden. Es bedeutet die Fähigkeit des Individuums zur Selbststeuerung).

---

16 Anlage, Umwelt und individuelle Strebungen stehen in einem dauernden sich gegenseitig beeinflussenden Wechselwirkungsprozess (vgl. dazu auch Kap. 2).

17 Aus dieser Perspektive vollzieht sich Entwicklung vor allem durch die eigenen Bemühungen des Individuums (vgl. dazu auch Kap. 2).

18 Ich stütze mich bei der Beschreibung der Entwicklungsfaktoren im Wesentlichen auf die ausgezeichnete Darstellung von Hobmair, Hermann (Hrsg.) (1997): Psychologie. Köln: Stam, S. 199–210.

Endogene Faktoren

Eine normale bio-psychosoziale Entwicklung kann nur zustande kommen, wenn bestimmte genetische Bedingungen erfüllt sind (Hobmair 1997). Eine Schädigung oder gar Zerstörung des genetischen Materials verunmöglicht Entwicklung oder hemmt das Entwicklungsgeschehen leicht bis schwer (individuell-genetische Anlagen), wie wir das etwa bei behinderten Kindern deutlich erkennen können (z. B. angeborene Taub- oder Blindheit, Herzkrankheiten usw.). Mit «endogenen Faktoren werden die bei der Geburt vorhandenen, innerhalb des Organismus liegenden Kräfte bezeichnet, die Entwicklungsprozesse auslösen und Entwicklung in Gang halten» (Hobmair 1997, S. 199). Endogene Faktoren bewirken zudem, dass bestimmte Veränderungen tendenziell in einer bestimmten Reihenfolge ablaufen (strukturelle Reifung): Jedes Kind sitzt beispielsweise zuerst, bevor es stehen kann, lallt, bevor es einzelne Wörter spricht. Endogene Faktoren schaffen zudem zu jeweils bestimmten Zeitpunkten optimale Lernbedingungen für die Entstehung von bestimmten Verhaltensweisen (z. B. beim Spracherwerb). Es handelt sich also um bestimmte, relativ begrenzte Zeitabschnitte in der Entwicklung, in denen spezifische Verhaltensweisen erworben werden können (sensible Phasen).

Allerdings ist die sogenannte neuronale Plastizität des Gehirns, also die Fähigkeit, z. B. auch bei Beeinträchtigungen durch Krankheiten, Behinderungen oder Unfälle andere Gehirnareale zu aktivieren, viel größer, als die Forschung das noch vor wenigen Jahren angenommen hat (vgl. Petermann et al. 2004).

Zudem zeigen die Fortschritte der Molekularbiologie, dass die Gene keineswegs so dominante und starre Gebilde sind, wie lange Zeit angenommen wurde: Sie reagieren vielmehr auf verschiedenste, auch kleinste Reize der Umwelt. An vielen Stellen im Erbgut haben ForscherInnen molekulare Schalter entdeckt, die wie Scharniere zwischen der Innen- und der Außenwelt arbeiten. So wissen wir heute, dass Gefühle, Beziehungen, Nahrungsstoffe und Umweltgifte sowie der Lebensstil die Arbeitsweise der Gene dauerhaft verändern können, die Gene also chemisch verändern und sie auf diese Weise an- und abschalten (vgl. Blech 2010 a und b)[19]: Der Lebensstil des Menschen steuert die Gene mit und

19 vgl. Blech, Jörg (2010 a): Gene sind kein Schicksal. Wie wir unsere Erbanlagen und unser Leben steuern können. Frankfurt: Fischer, sowie: Blech, Jörg (2010 b): Das Gedächtnis des Körpers. In: *Der Spiegel, Nr. 32,* 9. August 2010, S. 110–131.

entscheidet in erheblichem Ausmaß mit, welche seelischen und körperlichen Eigenschaften entstehen – und welche nicht. Nach Blech (2010 b) kann der persönliche Lebensstil die Aktivität von mehr als 500 Genen verändern: Erfahrungen aktivieren oder deaktivieren bestimmte Gene. Körperliche Aktivität, aber auch zwischenmenschliche Beziehungen sowie soziale Faktoren prägen und steuern teilweise sozusagen das Erbgut, das also weniger als bisher angenommen Entwicklungen festlegt: neue und faszinierende Erkenntnisse!

Um eine Vorstellung von den erstaunlichen Möglichkeiten des menschlichen Gehirns als quasi neuronale Basis für die bio-psychosoziale Entwicklung des Menschen zu bekommen, führe ich im Folgenden nur einige Zahlen und Beispiele[20] an:

- Ein Neugeborenes besitzt rund 100 Milliarden Nervenzellen, die noch klein und wenig vernetzt sind. Ein Neuron kann bis zu 20 000 Kontakte mit anderen Nervenzellen herstellen. Würden die Verbindungsstücke sämtlicher Neuronen aneinandergereiht, ergäbe das eine Kette von rund 180 000 Kilometern!
- In den ersten drei Lebensjahren findet eine rasante Zunahme der Synapsenbildung (Synapse = Kontakt-, Umschaltstelle zwischen Nervenfortsätzen), der Verknüpfungen zwischen den Nervenzellen (mit 1000 bis 10 000 Synapsen pro Nervenzelle) statt.
- Bei einem zweijährigen Kind beträgt die durchschnittliche Synapsenzahl wie bei einem Erwachsenen etwa 100 Billionen (1 Billion = 1000 Milliarden!).
- Mit drei Jahren steigt die Synapsenzahl auf rund 200 Billionen. Das Gehirn eines dreijährigen Kindes ist doppelt so aktiv wie dasjenige eines Erwachsenen, aber die neuronale Geschwindigkeit ist geringer. So nimmt die neuronale Geschwindigkeit zwischen Geburt und Adoleszenz etwa um das Sechzehnfache zu! Die Ausbildung von doppelt so vielen Synapsen wie letztlich benötigt werden ist ein Zeichen für die enorme Plastizität des Gehirns!

20 vgl. dazu z. B. Spitzer, Manfred (2002): Lernen. Gehirnforschung und die Schule des Lebens. Heidelberg: Spektrum; Herschkowitz, Norbert; Chapman Herschkowitz, Elinore (2009): Das vernetzte Gehirn. Seine lebenslange Entwicklung. 4. Auflage. Bern: Verlag Hans Huber. Die Zahlen schwanken je nach Autoren etwas. Kein Wunder, angesichts der enormen Mengen!

- Zwischen dem Alter von zehn Jahren und dem Jugendalter wird die Synapsenzahl auf jene der Erwachsenenzahl reduziert.
- Der Energieverbrauch des Gehirns beträgt beim Erwachsenen rund 18 %, beim Kleinkind rund 50 %!
- Die Gehirnentwicklung bei Kindern heißt: Nicht gebrauchte Synapsen werden abgebaut, und benötigte Bahnen zu Neuronen werden intensiviert. Die Umwelterfahrungen bestimmen weitgehend die Struktur des Gehirns, wiederholte Eindrücke, Wahrnehmungen und Erfahrungen verstärken bestimmte Bahnen und festigen diese.
- Etwa ab dem Alter von zehn Jahren gilt: Use it or lose it! Je vielfältiger und breiter die in der Kindheit ausgeprägte Struktur des Gehirns ist, desto mehr Bereiche gibt es, in denen das Kind Fortschritte machen kann.

Beispiele für endogene Faktoren sind: körperliche Gestalt, Körpergröße, Dispositionen, Temperament, Trisomie 21, Augen- und Haarfarbe, Vulnerabilität (Verletzlichkeit). Allerdings unterliegen auch diese Faktoren wie schon oben erwähnt einem (unterschiedlich) großen Einfluss von autogenen und exogenen Faktoren: Alle Faktoren beeinflussen einander permanent. So wird etwa die Körpergröße ebenso durch die Ernährung und den Lebensstil des Individuums bestimmt wie durch die Gene.

Exogene Faktoren

Umwelteinflüsse bilden eine wesentliche Grundlage – für eine gesunde Entwicklung wie auch für Entwicklungsstörungen (z. B. Sprachstörungen) oder andere psychische Störungen (z. B. Depressionen). Als exogene Faktoren werden alle Einflüsse auf das Individuum bezeichnet, die außerhalb des Individuums, also in der Umwelt liegen, und die Entwicklungsprozesse auslösen bzw. die Entwicklung in Gang halten – sie sind sozusagen die Schrittmacher der Entwicklung. Exogene Faktoren spielen als Hemmer (Beispiel: negativer Einfluss eines brutalen, unberechenbaren Vaters) oder Förderer (Beispiel: positiver Einfluss einer liebevoll-ermutigenden Mutter) bei der Selbststeuerung des Individuums eine wichtige Rolle.

Beispiele für exogene Faktoren sind: Eltern, Geschwister, Nachbarn, Verwandte, Freunde, Lehrkräfte und die Schule, Peers, Kultur, Medien, Migration, Ernährung usw.

Autogene Faktoren

Jedes Kind setzt sich von Geburt an aktiv mit seiner Umwelt auseinander, es erforscht von sich aus unablässig seine Umgebung. Als ein nicht nur reaktives, sondern besonders aktives Wesen (Konstruktivismus)[21] führt der Mensch selber bestimmte Entwicklungsprozesse herbei und nimmt somit starken Einfluss auf seine Entwicklung (Hobmair 1997): Wir bezeichnen das als Selbststeuerung. Autogene Faktoren dienen der Befriedigung von Bedürfnissen, der schöpferischen Expansion – z. B. Neugierdeverhalten – und der Anpassung an vorgegebene Lebensbedingungen, der Einflussnahme auf diese Umweltbedingungen und deren Veränderung.

Autogene Faktoren sind auch verantwortlich für die Herstellung eines Gleichgewichtszustandes. Gerät das Individuum in ein Ungleichgewicht, so wird es von sich aus aktiv, um dieses zu beseitigen. Autogene Faktoren können zudem, wie erwähnt, die Wirkung endogener und exogener Faktoren verstärken oder auch beeinträchtigen, sie können die eigene Entwicklung sowohl hemmen (z. B. via selbstschädigendes Verhalten: Drogenkonsum) als auch fördern (z. B. dank kompensatorischer Funktionen: Ein Blinder lernt differenzierter, Geräusche zu unterscheiden und zu klassifizieren, als ein normal Sehender).

Beispiele für autogene Faktoren sowie analoge Begriffe sind: Individuelle a) bewusste Selbststeuerung (Arbeitshaltung, Motivationen, Lebensziele, Lebenspläne) und b) unbewusste dynamische Prozesse (individuelle subjektive Verarbeitung, Lebensziele). Viele autogene Faktoren sind Menschen also nicht bewusst, andere schon.

Ein Beispiel[22]

Die gehörlose Helene Jarmer (38), vertritt seit 2009 als Abgeordnete der Grünen im österreichischen Parlament die Anliegen behinderter Menschen. Jarmer verlor im Alter von zwei Jahren durch einen Unfall

---

21 Konstruktivismus: ein Sammelbegriff für unterschiedliche ausgeprägte erkenntnistheoretische, philosophische und psychologische Positionen, die davon ausgehen, dass das subjektive Erleben und Erkennen der Wirklichkeit keine einfache Eins-zu-eins-Widerspiegelung der äußeren Realität ist, sondern vom Individuum gestaltet, erschaffen, konstruiert wird.

22 Haiden, Christine; Rainer, Petra (2009): Trotzdem. Menschen mit besonderem Lebensmut. St. Pölten: Residenz, S. 42–49

das Gehör. Ihre Entwicklung lässt sich als interessantes Beispiel für die Interaktion von endogenen, exogenen und autogenen Faktoren verstehen: Ansonsten organisch gesund, aktiv, offen und temperamentvoll, erhielt sie schon sehr früh eine optimale elterliche Unterstützung. Beide Elternteile sind selber gehörlos, selbstständig, erfolgreich im Beruf (Bildhauer, Modedesignerin), wurden früh zu ihren Vorbildern – und sie haben ihr ein starkes, überzeugendes Modell vorgelebt, so dass sie sich selber bald gesagt hat: Warum soll ich es denn nicht schaffen? Der nachhaltig wirkende ermutigende Einfluss der Eltern zeigte sich auch in der wiederholten Äußerung des Vaters: «Komm, du schaffst das! Du musst ein Ziel im Auge behalten und ignorieren, was die Leute sagen.» So erkämpfte sie sich schließlich einen Platz in der Mittelschule, war die erste Gehörlose, die in Wien studierte und ist heute Abgeordnete im österreichischen Parlament. Ihr Motto: Gehörlose können alles – außer hören. Jarmer ist ein Beispiel dafür, wie eine erhebliche organische Schwäche (endogener Faktor mit exogener Verursachung: Unfall) unter günstigen Umständen (exogene Faktoren) und dank einer großen Beharrlichkeit, mit enormem Einsatz und ausgeprägter Motivation (autogener Faktor: Selbststeuerung) kompensiert und ein gelingendes Leben trotz oder vielleicht sogar gerade wegen einer Behinderung möglich wird!

Die moderne Entwicklungswissenschaft fasst Entwicklung (vgl. Petermann et al. 2004) – wie im obigen Beispiel kurz angedeutet – als einen äußerst komplexen, fortschreitenden multikausalen Prozess von *Wechselwirkungen* zwischen den unzähligen *Umwelteinflüssen* (Eltern, Geschwister, Freunde, Lehrpersonen, soziale, gesellschaftliche und kulturelle Einflüsse), den *individuell-genetischen Anlagen* (z. B. körperliche Gestalt, Geschlecht, allfällige Organschwächen), der *strukturellen Reife* (Altersreife) und – häufig übersehen – *der individuellen Selbststeuerung* (bewusste Selbststeuerung wie Motivation, unbewusste dynamische Prozesse wie Leitbilder, Ziele) auf. Nochmals: Die Entwicklung der menschlichen Persönlichkeit wird also von drei Hauptursachen ausgelöst und in Gang gehalten: den *exogenen Umwelteinflüssen*, den *endogenen Anlagen und Dispositionen* sowie den *autogenen Strebungen* (individuell-subjektive Selbstverarbeitung). Umwelt, Anlage und aktive Selbststeuerung des Individuums bedingen und beeinflussen sich damit wechselseitig und permanent, stehen in einem dauernden interaktiven Prozess: So sind beispielsweise die Intelligenzentwicklung oder die musikalische Kompetenz stark von Anregungen der Umwelt und den Anstrengungen des Individuums (Motivation!) abhängig, ja sogar eine angeborene Behinderung – erstaunlich viele wichtige Maler waren beispielsweise sehschwach! – kann durch eine starke Selbststeuerung (Motivation, Training) in vielen Belangen kompensiert, gelegentlich überkompensiert werden. Gleiche endogene Voraussetzungen und ähnliche exogene Bedingungen wirken aufgrund von autogenen Faktoren in unterschiedlicher Weise: So können eineiige Zwillinge, die identische endogene Voraussetzungen haben und beide sehr streng (oder lasch) erzogen werden (was allerdings nicht heißt, dass sie genau gleich erzogen oder behandelt wurden!), aufgrund der Selbststeuerung durchaus unterschiedliche Rollen und Persönlichkeitsmerkmale entwickeln. Der autogene Faktor – nicht zu verwechseln mit dem «freien Willen» der Theologie! – wurde lange Zeit in der Psychologie als persönlichkeitsbildender Faktor unterschätzt. Das Kind entwickelt schon in den ersten Lebensjahren aufgrund seiner biologischen Voraussetzungen und Möglichkeiten, seiner Situation sowie seiner Erlebnisse und Erfahrungen mit den wichtigsten Bezugspersonen bestimmte Gefühle, Meinungen, Tendenzen, Neigungen, Ziele, Lebensgrundsätze und schließlich zunehmend konstantere Haltungen, Verhaltensweisen. Diese dem Kind unbewussten Leitlinien verfestigen oder modifizieren sich im Laufe der Jahre unter dem Einfluss der Umwelterfahrungen und mit den biologischen Möglichkeiten und bilden schließlich den *individuellen Lebensstil* (Adler 1973b), die Persönlichkeit des Menschen. Einige Aspekte dieses Lebensstils sind den Menschen durchaus bewusst (z. B. «Ich bin zuverlässig.»), andere – die große Mehrheit – aber bleiben unbewusst (z. B. «Ich muss der/die Beste sein.» oder «Ich komme am besten durchs Leben, wenn ich zu allen freundlich bin.»)

Im Laufe der menschlichen Entwicklung muss jeder Mensch eine Vielzahl von *Entwicklungsaufgaben* bewältigen, so etwa die Schule, den Beruf, die Geschlechterrolle, die Ablösung vom Elternhaus, die Partnerschaft/Liebe, die Selbstständigkeit, den Ruhestand, das Alter, das Sterben, die Endlichkeit des Lebens (vgl. dazu auch Kap. 9).

Der prägenden Rolle der Kindheit sowie der Erziehung für die Entwicklung der Persönlichkeit waren und sind sich wichtige gesellschaftliche und politische Instanzen bewusst. Die möglichst frühzeitige Unterweisung (wohl häufig treffender: Manipulation) und Beeinflussung der Kinder, beispielsweise durch nationalsozialistische (in den Jahren von 1933 bis 1945) oder kirchliche Instanzen (vom Mittelalter bis in die Neuzeit), soll(te) so die reinrassige, gesunde deutsche Persönlichkeit beziehungsweise den demütigen, möglichst sündenfreien, gehorsamen Gläubigen hervorbringen und damit die ideologische und politische Herrschaft von bestimmten Interessengruppen absichern. Das ist zum Glück häufig nicht gelungen und heute kaum ein Erziehungsziel mehr, zumindest in von Säkularisierung und Moderne geprägten Gesellschaften.

Eine möglichst optimale Entwicklung der Persönlichkeit setzt entsprechende Rahmenbedingungen sowohl familiärer (Stichwort: gute Eltern!) wie familienergänzender (z. B. kindergerechte Krippen, Horte) und gesellschaftlicher (z. B. Sicherheit, Spielplätze, Absenz von Diskriminierung) Art voraus: Kinder brauchen zuerst einmal zuverlässige, verständnisvolle sowie kompetente Bezugs- bzw. Bindungspersonen, die sie angemessen fördern, fordern, anregen und auf eine ausgeglichene Befriedigung ihrer Grundbedürfnisse achten, ihnen individuell helfen, Sicherheit, Verlässlichkeit, Bindung und Anregungen bieten, ihnen angepasste Regeln und Grenzen auf hilfreiche Art und Weise vermitteln, sie unterstützen und bei Schwierigkeiten sowie Rückschlägen immer wieder ermutigen! So sind etwa entsprechend gestaltete und geführte Krippen, Kindergärten, Horte und Schulen mit genügend und geschultem Personal sowie ausreichende und gefahrlose Freiräume für Spiel und Freizeit wichtig (vgl. Fuhrer 2007).

Die psychosoziale Entwicklung des Menschen verläuft zudem gleichzeitig auf verschiedenen Ebenen; wir können eine – nicht vollständige – Auflistung nach Entwicklungsbereichen treffen (s. Tab. 3-1).

Alle diese Ebenen (und noch weitere!) entwickeln sich im individuellen Tempo teilweise parallel, gleichzeitig, teilweise zeitlich verschoben. Dabei sind Entwicklungstand und Ausprägung von Mensch zu Mensch unterschiedlich: In einigen Bereichen beispielsweise sind Mädchen tendenziell gegenüber Jungen im Vorsprung (Beispiel Sprachen), in anderen Entwicklungsbereichen finden wir eine klare Reihenfolge (Beispiel Sprache: vom Lallen über Einwort- bis zu Mehrwortsätzen) in Richtung Komplexität. Oder ein weiteres Beispiel: Die moralische Entwicklung ist deutlich später ausgereift als die fein- und grobmotorische – und auch hier finden wir erneut sehr große individuelle Unterschiede zwischen einzelnen Menschen. Für alle Entwicklungsbereiche gilt: Die Entwicklung ist nie abgeschlossen! Erst der Tod setzt allem ein Ende.

Die rasanten frühen grafomotorischen Veränderungen, die sich in der Entwicklung des Schreibens wie im Schriftbild zeigen, dokumen-

Tabelle 3-1: Ebenen der menschlichen Entwicklung

kognitive Entwicklung
emotionale Entwicklung
soziale Entwicklung
motivationale und voluntative (Willens-) Entwicklung
moralische Entwicklung
fein- und grobmotorische Entwicklung
sprachliche Entwicklung
musikalische Entwicklung
Intelligenzentwicklung
(Selbst-) Kontrollfähigkeitsentwicklung (Selbststeuerung)

tiere ich nachfolgend mit zwei kurzen Beispielen: Dominik, der die erste Grundschulklasse besucht, lädt mich zu seinem Geburtstag zum Kuchenessen ein (s. **Abb. 3-1**). Wie wir deutlich erkennen, bereitet ihm – durchaus altersentsprechend! – das Schreiben auf den Zeilen noch erhebliche Mühe, ebenso die Rechtschreibung. Die für ihn wichtigen Informationen – er lädt zu seinem Geburtstag ein, und es gibt Kuchen – sind im Text enthalten.

Nur ein Jahr später – bei einem anderen Kind – zeigt sich ein grafomotorisch sozusagen höherklassiges Bild: deutlich erhöhte Leserlichkeit, Text auf den Zeilen, erheblich gesteigerte Ausführlichkeit, längere und differenziertere Beschreibungen und Sätze usw. Gleichzeitig bietet der Text (s. **Abb. 3-2**) ein schönes Beispiel für die moralische Entwicklung im Grundschulalter. Das Kind hat Titel und Inhalt für diesen Aufsatz selber (!) so gewählt. Spätestens in der Mittelstufe wird sich kaum ein Kind mehr über die Unterhosen der Mutter in einem Schulaufsatz ausbreiten!

Elf Grundbedürfnisse des Menschen

Was treibt den Menschen weiter an? Bei der Entwicklung der menschlichen Persönlichkeit und ihres Lebensstils spielen neben den erwähnten Entwicklungsfaktoren (endogene, exogene, autogene) ebenso Bedürfnisse und Motive, die Antriebsstruktur sowie die Leistungsbereitschaft eine weitere zentrale Rolle. Alle Bestrebungen des Menschen entwickeln

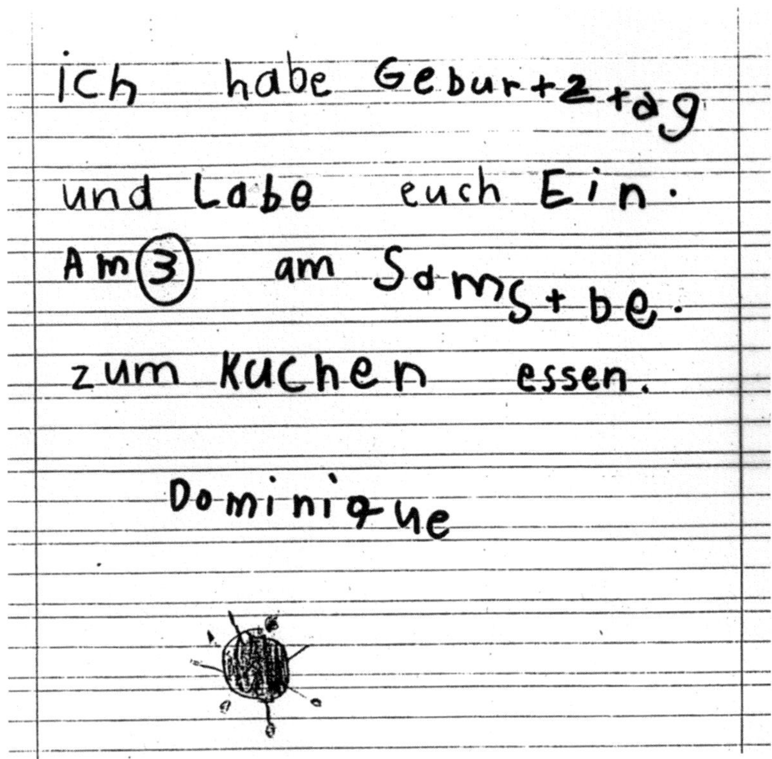
ich habe Geburtztag
und Labe euch Ein.
Am 3 am Samstbe.
zum Kuchen essen.
Dominique

Abbildung 3-1: Einladung zum Geburtstag (1. Grundschulklasse)

und verfestigen sich immer auch auf dem Hintergrund von verschiedenen Grundbedürfnissen, die wiederum in ihrer Ausprägung von Mensch zu Mensch individuell variieren – aber alle müssen für ein befriedigendes Leben in einem höheren Ausmaß erfüllt werden. Zudem sind auch über das ganze Leben verteilt diese Bedürfnisse für den einzelnen Menschen unterschiedlich wichtig, die spezifische Ausprägung ist also individuell. In Anlehnung an verschiedene Autoren[23] lassen sich elf psychologische Grundbedürfnisse oder Lebensmotive identifizieren, die in Tabelle 3-2 zusammengefasst sind und die sich letztlich nicht gänzlich trennscharf aufführen lassen.

Jeder Mensch strebt danach, Lust zu gewinnen und Unlust (z. B. Schmerzen) zu vermeiden, ebenso besteht ein Bedürfnis nach einer zunehmen-

23 nach Grawe 1998; Adler 1973 e; Maslow 2002/1943; Bischof 1989; Bowlby 1986; Deci und Ryan 2000; Frankl 1985; Reiss 2009 ergänzt und erweitert

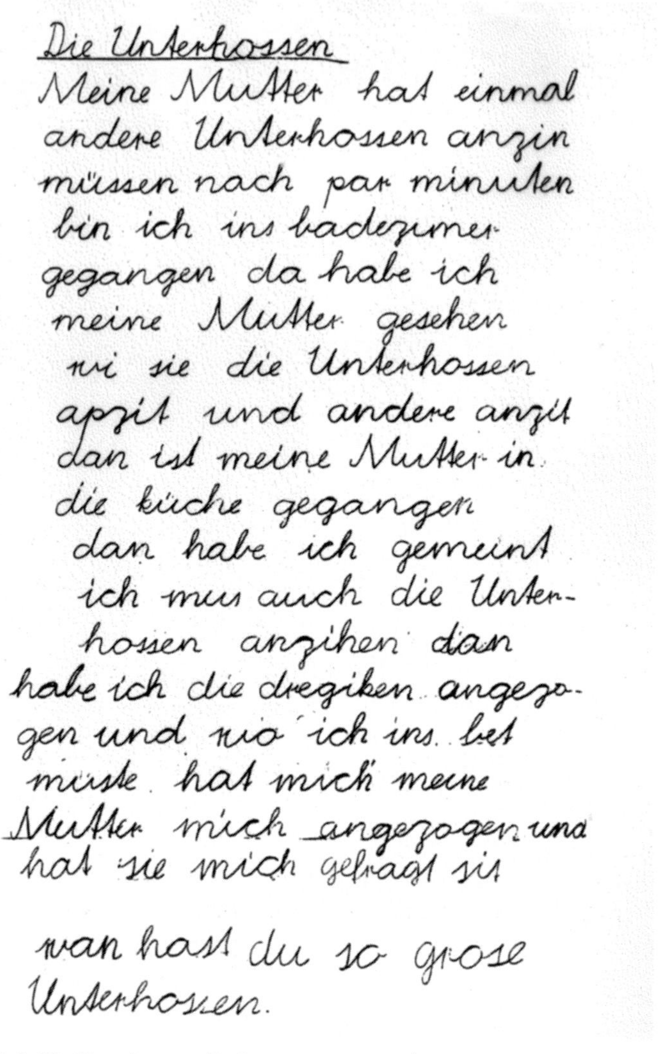

Die Unterhossen

Meine Mutter hat einmal
andere Unterhossen anzin
müssen nach par minuten
bin ich ins badezimer
gegangen da habe ich
meine Mutter gesehen
wi sie die Unterhossen
apzit und andere anzit
dan ist meine Mutter in
die küche gegangen
dan habe ich gemeint
ich mus auch die Unter-
hossen anzihen dan
habe ich die dregiken angezogen und wo ich ins bet
müste hat mich meine
Mutter mich angezogen und
hat sie mich gefragt sis

wan hast du so grose
Unterhossen.

Abbildung 3-2: Die Unterhossen (2. Grundschulklasse)

den relativen Selbstständigkeit, Selbstbestimmung sowie Unabhängigkeit von anderen Personen. Eine absolute Autonomie ist nie möglich, als soziale Wesen sind wir auf andere Personen bezogen und ein Stück weit immer auch abhängig (Kind zu Mutter und Vater, Partner zu Partnerin usw.). Menschen benötigen im Weiteren für eine gedeihliche Entwicklung ebenso Klarheit und Orientierung über ihr Umfeld und seine

Tabelle 3-2: Elf Grundbedürfnisse des Menschen

1. Lustgewinn beziehungsweise Unlustvermeidung
2. (relative) Autonomie und Selbstbestimmung
3. Orientierung und Klarheit
4. Neugier, Interesse, Offenheit
5. Kontrolle, Kompetenz
6. Sicherheit, Bindung, soziale Zugehörigkeit und Verbundenheit
7. Fairness, Gerechtigkeit
8. Selbstwerterhöhung beziehungsweise Selbstwertstabilisierung
9. Resonanz, Bedeutung, Selbstwirksamkeit
10. Respekt, Anerkennung und Wertschätzung
11. Sinn

Regeln und Werte: Was gilt? Was ist unerwünscht? Wie sehen mich die anderen? Schon Neugeborene verfügen über eine ausgeprägte Neugier, ein Interesse und eine Offenheit: wichtige Verhaltenweisen, die unabdingbar zur menschlichen Entwicklung beitragen. Auf der anderen Seite benötigen Menschen ein Gefühl der Kontrolle, der Kompetenz, um Neues zu erlernen und zu verfestigen. Dabei helfen ihnen gute Bindungen, ein Gefühl der Zugehörigkeit, der sozialen Sicherheit und Verbundenheit. Dieses tiefe Bedürfnis nach gegenseitiger Hilfe und Zugehörigkeit hat übrigens schon 1902 der russische Geograf und Schriftsteller Kropotkin in einem heute noch lesenswerten Buch erkannt und beschrieben.[24] Menschen zeigen zudem ein starkes Bedürfnis nach Fairness und Gerechtigkeit, wie das schon bei kleinen Kindern zu beobachten ist (vgl. Oser und Althof 1997), aber auch in der öffentlichen Empörung über exzessive Boni und Gehälter von CEOs der Finanzbranche zum Ausdruck kommt. Alles menschliche Verhalten kann zudem unter dem Aspekt von Selbstgestaltung, Selbstwertstabilisierung beziehungsweise Selbstwerterhöhung verstanden werden: Alles, was wir tun, soll dazu beitragen, uns gut zu fühlen, uns sicherer, kompetenter, stärker wahrzunehmen. Wenn das menschliche Selbstwertgefühl bedroht ist, kommen – neben Anstrengungsbemühungen (Coping-Strategien),

24 Kropotkin, Peter (1975): Gegenseitige Hilfe in der Tier- und Menschenwelt. Berlin: Kramer (EA 1902).

wie in Kapitel 9 beschrieben – häufig Abwehrmechanismen ins Spiel, um diese Gefahr abzuwehren: Wer eine Aufnahmeprüfung ans Gymnasium nicht besteht, sieht dann die Schuld selten bei sich, sondern in einer zu schwierigen Prüfung, einer unfairen Bewertung – oder er sagt sich, er sei ganz froh, die Prüfung nicht bestanden zu haben, weil er ja eigentlich gar nicht ans Gymnasium wollte!

Eine andere Möglichkeit der Selbstwertstabilisierung besteht darin, sich in einer schwierigen Situation mit einer Person zu vergleichen, der es noch schlechter geht – um so wieder besser dazustehen (vgl. Segerstrom 2010). Das Gefühl, auf andere Menschen eine Wirkung zu erzielen (Resonanz), eine Bedeutung für sie zu haben sowie auf Ereignisse und Anforderungen im eigenen Leben positiven Einfluss nehmen zu können (Selbstwirksamkeit), stellt eine weitere wichtige Weiche für die persönliche Entwicklung dar. Alle Menschen wünschen sich Respekt, Anerkennung und Wertschätzung ihrer Person, ihres Handelns.[25] Und schließlich suchen Menschen in ihrem Leben immer wieder Antworten auf die Frage nach dem Sinn: Wozu leben sie? Was möchten und sollen sie erreichen? Wozu ist das gut? Warum sind wir auf der Welt? Wo ist mein Platz in der Welt? Warum muss ich/müssen andere leiden? Oder ein Oberstufenschüler fragt sich: Wozu soll ich diesen Stoff lernen, weshalb überhaupt noch in die Schule gehen?

Die 16 Lebensmotive nach Reiss

Eine weitere Möglichkeit, die Antriebskräfte zu beschreiben, stellen die sogenannten Lebensmotive dar. Der Motivationspsychologe Steven Reiss (2009)[26] nennt in seinem Profil, mit dem man nach seiner Aussage fast alles Verhalten von Menschen erklären kann, sechzehn Motive, die allen Menschen gemeinsam sind und von denen sich einige mit der obigen Darstellung (sowie den späteren Ausführungen in diesem Kapitel)

25 In zwei großen Untersuchungen bei MitarbeiterInnen in Unternehmen konnte dies erneut bestätigt werden: van Quaquebeke et al. (2009) und van Quaquebeke und Eckloff (2010) stellen fest, dass – neben einer interessanten Arbeit – Respekt, Wertschätzung und Anerkennung durch die Vorgesetzten sowie die Mitarbeitenden im Vordergrund der Wünsche am Arbeitsplatz stehen – weit vor dem Gehalt oder den Karrieremöglichkeiten.

26 Reiss, Steven (2009): Wer bin ich und was will ich wirklich? Mit dem Reiss-Profil die 16 Lebensmotive erkennen und nutzen. München: Redline.

überschneiden. Das Reiss-Modell finde ich nützlich, interessant, anregend und bedenkenswert, allerdings scheinen mir einige Formulierungen unglücklich gewählt (z. B. Macht, Rache). Zudem ist zweifelhaft, ob tatsächlich *alle* Menschen nach Reichtum, Titel, Sieg, Rache, Kampf, Aggression, Vergeltung oder Abrechung streben: Hier liegen wohl eher individuell erworbene als universell vorhandene Bestrebungen und Präferenzen vor.[27] Ähnliches gilt für das Bedürfnis nach der Anhäufung materieller Güter: Ein Mindestmaß solcher Güter benötigt jeder Mensch, die Ausprägung dabei erweist sich wiederum als individuell – das räumt auch Reiss ein. So finden wir Menschen, die diesbezüglich sehr genügsam, bescheiden sind – ihnen sind andere Werte wie gute Beziehungen oder künstlerische Tätigkeiten viel wichtiger. Die persönlichen Lernerfahrungen eines Individuums spielen hier also eine zentrale Rolle – in der Ausprägung wie teilweise auch im Vorkommen eines Motivs. Nach Reiss variiert die Intensität der Ausprägung bei allen 16 Lebensmotiven (vgl. Tab. 3-3), je nach Individuum und konkretem Lebensmotiv: In der Gesamtbilanz ergibt das dann ein individuelles Motivprofil.[28] Trotz dieser Einschränkungen bietet Reiss in seiner anschaulichen Übersicht wichtige Anstöße: Mehrere und über längere Zeit unbefriedigte Bedürfnisse, ob selber verhindert oder durch institutionelle Zwänge wie etwa das Zölibat in der katholischen Kirche hervorgerufen, schaden dem Einzelnen und letztlich auch den mit ihm verbundenen Menschen. Angestellte, die kaum Anerkennung in der Firma erhalten, die Ehefrau, die von ihrem Mann immer wieder gedemütigt wird – beide leiden und sind in ihrem Lebensgenuss massiv eingeschränkt.

Sowohl die elf Grundbedürfnisse wie auch die 16 Lebensmotive entwickeln und verändern sich in ihrer Ausprägung im komplexen interaktiven Wechselspiel von endogenen, exogenen und autogenen Faktoren während des ganzen Lebens.

27 Reiss (2009) schreibt, dass sich seine Untersuchungen auf Amerikaner, Kanadier und Japaner beschränken und er die Auswirkungen auf Menschen in anderen Kulturen nicht abschätzen könne.

28 Mit einem Fragebogen mit dazugehöriger Auswertung können Interessierte eine eigene persönliche Bilanz mit Motivprofil erstellen (in Reiss 2009, S. 343–356).

Tabelle 3-3: Die 16 Lebensmotive nach Reiss

1. **Macht** – das Bedürfnis nach Erfolg, Leistung, Führung, Kompetenz, andere beeinflussen
2. **Unabhängigkeit** – das Bedürfnis nach Freiheit, nach Eigenverantwortlichkeit
3. **Neugier** – das Bedürfnis nach Wissen, Erkenntnis und Wahrheit
4. **Anerkennung** – das Bedürfnis nach sozialer Akzeptanz, Zugehörigkeit und positivem Selbstwert, positivem Selbstbild
5. **Ordnung** – das Bedürfnis nach Stabilität, Reinlichkeit, Klarheit und guter Organisation
6. **Sparen/Sammeln** – das Bedürfnis nach dem Anhäufen materieller Güter, Besitz
7. **Ehre** – das Bedürfnis nach Loyalität und charakterlicher Integrität
8. **Idealismus** – das Bedürfnis nach sozialer Gerechtigkeit und Fairness
9. **Beziehungen** – das Bedürfnis nach Freundschaft, Gesellschaft und Spaß
10. **Familie** – das Bedürfnis nach eigenen Kindern, nach einer Familie
11. **Status** – das Bedürfnis nach Prestige, sozialer Anerkennung, Titel, Aufmerksamkeit, Auszeichnungen, Reichtum
12. **Rache/Wettbewerb** – das Bedürfnis nach Konkurrenz, Vergleich, Sieg, Aggression, Kampf, Vergeltung, Abrechnung
13. **Sinnlichkeit** – das Bedürfnis nach erotischem Leben, Sexualität und Schönheit
14. **Essen** – das Bedürfnis nach Nahrungsaufnahme
15. **körperliche Aktivität** – das Bedürfnis nach Muskelbetätigung, Fitness
16. **innere Ruhe** – das Bedürfnis nach emotionaler Gelassenheit, Entspannung, Sicherheit

Die vier Prioritäten des Menschen nach Schottky und Schoenaker

Persönlichkeitspsychologen haben verschiedene Modelle entwickelt, um die vielfältigen Aspekte der Persönlichkeit zu beschreiben und abzubilden. Im individualpsychologischen Konzept von Schottky und Schoenaker (2008)[29], das sich als sehr anschaulich, nützlich und hilfreich

29 Schottky, Albrecht; Schoenaker, Theo (2008): Was bestimmt mein Leben? Wie man die Grundrichtung des eigenen Ich erkennt. 12. Auflage. Bocholt: RDI. vgl.

auch in der beraterischen Arbeit erwiesen hat, lassen sich menschliche Bestrebungen, die ich kurz vorher in Form von Zielen, Grundbedürfnissen oder Lebensmotiven beschrieben habe, in vier typische Hauptverhaltensweisen, also Persönlichkeitstendenzen, unterscheiden. Im Buch von Schottky und Schoenaker (2008) findet sich für Interessierte der Prioritäten-Test (mit Auswertungsskala) zum Selber-Ausfüllen. Der Mensch ist im individualpsychologischen Verständnis ein zielorientiertes Wesen (Finalität): Er strebt danach, Erwünschtes und Begehrtes zu erreichen (z. B. die Abschlussprüfung zu bestehen, eine Liebespartnerin zu finden) beziehungsweise Bedrohliches oder Beschämendes zu verhindern (z. B. eine Blamage, Niederlage zu vermeiden, einer Bedrohung zu entgehen). Alles menschliche Streben und Verhalten wird in diesem Konzept in vier Hauptstrebungen, Prioritäten, verdichtet. Zwar strebt jeder Mensch alle vier Bereiche an – alle sind für das Leben wichtig! –, aber in individuell sehr unterschiedlicher Priorisierung: Priorität kann man hier mit Vorrang gleichsetzen, d. h. jeder Mensch entwickelt im Laufe seines Lebens, vor allem in seiner Kindheit, ein individuelles Profil seiner Prioritäten. Die Bezeichnung «Vorrang» bringt zum Ausdruck, dass es nicht um absolute Setzungen geht, sondern um Schwerpunkte, letztlich immer um ganz persönliche Gewichtungen.

Die beiden Autoren möchten Prioritäten überdies nicht im Sinne von bewertenden oder pathologisierenden Typologien verstehen – es geht vielmehr um eine vereinfachte und übersichtliche Darstellung von Wünschen und Bedürfnissen, die allen Menschen gemeinsam sind – sowie um Möglichkeiten, Stärken, Chancen wie Gefahren. In Tabelle 3-4 finden sich vier Prioritäten.

Diese Wünsche sind wohl bis zu einem gewissen Grad urmenschlich, aber – wie schon erwähnt – in ihrer individuellen Rangordnung und Ausprägung sehr unterschiedlich. Während beispielsweise für Frau Müller die Bequemlichkeit im Vordergrund stehen kann, ist es bei Herrn Meier der Wunsch, gefallen zu wollen, bei anderen Menschen gut anzukommen: Die Prioritäten entsprechen also (in der Regel unbewussten) Vorlieben, Möglichkeiten oder Grundhaltungen, sie sind zwar typisch für einen Menschen und relativ stabil verankert, aber nicht zwangsläufig lebenslänglich und gänzlich unveränderbar, quasi «eingebrannt»: Ein starker Leidensdruck und/oder eine Beratung oder Thera-

---

auch: Schoenaker, Theo (1996): Mut tut gut. Das Encouraging-Schoenaker-Training. 5. Auflage. Stuttgart: Medias.

Tabelle 3-4: Die vier Prioritäten*

Priorität 1: **Bequemlichkeit** Ich möchte es angenehm haben, möchte behaglich genießen, ich will nicht gestört werden, in Ruhe gelassen werden, ich will nicht «müssen».
Priorität 2: **Gefallen wollen** Die anderen Menschen sollen mich mögen und gerne haben, mich akzeptieren und nett finden, jedenfalls nicht gegen mich sein.
Priorität 3: **Kontrolle** Ich wünsche mir Sicherheit, überschaubare Verhältnisse, Ordnung, Schutz vor erwarteten und unerwarteten Bedrohungen und Gefahren.
Priorität 4: **Überlegenheit** Ich will etwas darstellen, der/die Stärkste, der/die Reichste, der/die Klügste sein, ich will gewinnen.

* leicht veränderte Darstellung nach Schoenaker, Theo (1996): Mut tut gut. Das Encouraging-Schoenaker-Training. 5. Auflage. Stuttgart: Medias, S. 98.

pie vermögen hier unter Umständen eine Änderung herbeizuführen. Zudem können die priorisierten Verhaltenstendenzen je nach Situation (z. B. bei einem Verkehrsunfall) und der momentanen persönlichen Verfassung (z. B. in den Ferien oder wenn man frisch verliebt ist) sowie je nach Kontext und Einbettung (z. B. Jugendliche in einer Peer-Gruppe) variieren: Eine Jugendliche, die sonst sehr kontrolliert ist, betrinkt sich in einer Peer-Gruppe, um dabei zu sein, um bei den anderen anzukommen. Ihre sonstige Lebens-Priorität «Kontrolle» gibt sie in dieser Situation zugunsten der Priorität «Gefallen wollen» auf. Damit wird ein weiterer Aspekt erkennbar: Jede Priorität bietet Vor- und Nachteile, wie aus **Tabelle 3-5** ersichtlich wird.

Jede Priorität beinhaltet also immer Vor- und Nachteile: So bezahlt sozusagen jede Person ihren Preis für ihre individuelle Priorität – und gewinnt damit immer auch etwas. Dabei gilt es jedes Mal zu berücksichtigen, wie viel Mut, Selbstvertrauen, Motivation und Bereitschaft bei den betreffenden Personen vorhanden sind, wenn ihr prioritäres Verhalten zum Ausdruck kommt – und wie weit diese Eigenschaften für Veränderungswünsche bezüglich der eigenen Prioritäten (z. B. in einer neuen Liebesbeziehung oder in einer Beratung oder Therapie) vorhanden sind.

Die dargestellten Prioritäten können als wertneutrale Potenzen oder Kompetenzen betrachtet werden. Sie bergen sowohl positive wie negative Entwicklungstendenzen in sich und sind in einem mittleren Aus-

Tabelle 3-5: Typische Verhaltensweisen bei den vier Prioritäten*

Priorität	«Vorteile» und tendenzielle Folgen bei genügend sozialer Bezogenheit	«Nachteile» und tendenzielle Folgen bei unangemessener sozialer Bezogenheit
Bequemlichkeit	umgänglich; schafft gemütliche Umgebung; friedliebend, diplomatisch, kann gut zuhören; beschäftigt sich mit eigenen Angelegenheiten; leicht mit sich selbst zufrieden; ruhig; kann mit allen Sinnen genießen, kann gut delegieren, kann gut loslassen.	Will in Ruhe gelassen werden; stellt andere in seinen Dienst; drückt sich vor Verantwortung; auf der Flucht; blockiert Veränderungsmöglichkeiten; will kurzfristige Befriedigung.
Gefallen wollen	Kann harmonisieren, Frieden stiften, helfen, Erwartungen erfüllen; ist freundlich, tolerant, flexibel, nicht aggressiv, kann sich gut in andere Menschen einfühlen und stellt leicht Kontakte her; wird in der Regel gut von den anderen akzeptiert; arbeitet gerne in Teams.	Kann nicht «nein» sagen und sein «Ja» nicht halten; richtet sich in der Meinungsbildung nach anderen; nimmt keine Risiken auf sich; stellt indirekt hohe Anforderungen an den Partner; sucht ständig die Bestätigung des Geliebt- oder Angenommenseins («liebst du mich noch?»); gibt, um zu bekommen; meint «ich habe keine Chance»; hat zu wenig Selbstrespekt und erwartet zu wenig Respekt von anderen; wird manchmal übervorteilt.
Kontrolle	Hat Führungsqualitäten; Gefühl für Zeit und Ordnung; ist zuverlässig, produktiv, genau, standhaft, strebsam; macht gerne «Gesetze und Vorschriften»; kann durchhalten, schafft Ordnung, trägt Verantwortung, ist ein «Selbststarter».	Engt andere durch Vorschriften und Kontrolle ein; hält Gedanken und Gefühle zurück (= Verlust von Spontaneität); blockiert Annäherungsversuche; Ordnung und Pläne sind wichtiger als menschliche Beziehungen; kann sich nicht gut anvertrauen; bestimmt das Tempo der Annäherung; vermeidet starke Gefühle von Glück und Traurigkeit; Selbstzentrierung.

Priorität	«Vorteile» und tendenzielle Folgen bei genügend sozialer Bezogenheit	«Nachteile» und tendenzielle Folgen bei unangemessener sozialer Bezogenheit
Überlegenheit	aktiv; bringt neue Ideen; kann andere begeistern; dynamisch; arbeitet für Ideale; weiß, was er/sie will; hat hohe moralische Werte; kann sich aufopfern.	Wertet andere ab und sich selbst auf; ist lieber schlecht, als durchschnittlich; weckt Schuldgefühle; sieht in anderen rasch die Beurteiler seines/ihres Verhaltens; denkt in Kategorien von «oben und unten», «mehr und weniger», «gut und schlecht»usw.

* veränderte Darstellung nach Schoenaker, Theo (1996), S. 100–101.

prägungsgrad alle gleichberechtigt. Allerdings ist jede auf ihre Art immer auch einseitig und weist in ihrer Dominanz Schwächen und Mängel auf. Die positiven Aspekte und Potenzen der Prioritäten kommen bei genügend ausgeprägtem Selbstvertrauen und angemessener sozialer Bezogenheit (Aktivität und Mut) zur Geltung (Tab. 3-5, Spalte «Vorteile»). Andernfalls führt die Angst zu Vermeidungsverhalten oder zum Wunsch, es allen recht zu machen (Passivität, Einengung, Tab. 3-5, Spalte «Nachteile»).

Schwierig wird es bei sehr einseitig und stark ausgeprägten Prioritäten, wie das in **Tabelle 3-6** ersichtlich wird: Hier läuft der Mensch Gefahr, in eine Sackgasse zu geraten, die einen häufig (sehr) hohen Preis kostet und seiner Lebensqualität meistens nicht zuträglich ist. Auch hier geht es wiederum darum, das Sinken des Selbstwertgefühls zu verhindern, eine Selbstwertstabilisierung zu erreichen, wie ich das schon weiter oben ausgeführt habe. Um (vermeintlich) nicht abgelehnt zu werden, versucht Frau Meier es allen Personen in ihrer Umgebung recht zu machen, möchte gefallen und ankommen; nur so glaubt sie (unbewusst), geliebt, gemocht und akzeptiert zu sein. Sie zahlt dafür einen hohen Preis. Also: Je stärker eine Priorität alle anderen beherrscht, desto mehr müssen andere ebenso berechtigte Prioritäten in den Hintergrund treten. Das Ganze könnte man vereinfacht vielleicht mit einer einseitigen Ernährung vergleichen. Psychologisch gesund wäre die Ausgewogenheit und Angepasstheit der Prioritätensetzung sowohl an die Bedürfnisse des Individuums wie auch an die Anforderung der aktuellen Situation oder Aufgabe.

Tabelle 3-6: «Sackgasse» mit Preis bei den Prioritäten*

Priorität	«Sackgasse»	Preis	Vermeiden von
Bequem-lichkeit	Druck, Stress, Verantwortung	verminderte Produktion, Leistung	Belastung und Verantwortung
Gefallen wollen	Ablehnung, unerwünscht sein	verzögerte Persönlichkeitsentwicklung	Kritik und Ablehnung
Kontrolle	unerwartetes, schwer kontrollierbares Ereignis; lächerlich sein, ausgeliefert sein	sozialer Abstand, Distanz, Verminderung der Spontaneität	Ausgeliefert sein, Einflusslosigkeit, Bloßstellung
Überlegenheit	Bedeutungslosigkeit, durchschnittlich sein	Überverantwortlichkeit, Überlastung	Bedeutungslosigkeit

* leicht veränderte Darstellung nach Schoenaker, Theo (1996): Mut tut gut. Das Encouraging-Schoenaker-Training. 5. Auflage. Stuttgart: Medias, S. 99 und Schottky, Albrecht; Schoenaker, Theo (2008): Was bestimmt mein Leben? Wie man die Grundrichtung des eigenen Ich erkennt. 12. Auflage. Bocholt: RDI, S. 23.

Bei diesem Modell stellen sich natürlich sofort spannende und wichtige Fragen wie etwa: In welchem Verhältnis stehen die Prioritäten, welche sind zu gering oder zu stark ausgeprägt und warum? An welchen Prioritätsausprägungen leidet der betreffende Mensch? Wie geht er mit diesen Ausprägungen um? Möchte er sie verändern? Weiteres dazu ist am Schluss dieses Kapitels im Kasten «Fragen und Denkanstöße» aufgeführt. Und wem dieses Modell zu vereinfacht und reduktionistisch erscheint – was es letztlich natürlich ein Stück weit durchaus ist –, der wird sich vielleicht besser mit den nachfolgend beschriebenen Lebensstiltypen anfreunden können.

Quellen und Entwicklungswege der Prioritäten

Die Quellen und ersten Entwicklungswege dieser Prioritäten[30] finden wir in der frühen Lebensgeschichte eines Menschen, Verfestigungen dann im Jugend- und besonders im Erwachsenenalter:

30 Ich stütze mich bei dieser Darstellung weitgehend auf Schoenaker (1996), S. 101–102.

Ausgeprägte Bequemlichkeit

Bei der ausgeprägten Priorität «*Bequemlichkeit*» hat der Mensch durch eine verwöhnende, überfürsorgliche Erziehung (Frick 2011) erfahren, wie andere Personen wie Eltern, Geschwister usw. nicht nur die Arbeit machen, sondern auch alles besser können als er. Wenn *er* die Initiative ergriff, wurde er entmutigt und kam so nicht zu Erfolgen. Allmählich zeigte er immer weniger Initiative, und seine Passivität wuchs. Schließlich wurden unter erhöhtem Druck von ihm Handlungen verlangt mit der moralischen Maxime, «ja nicht faul zu sein». Es ist nun dieser Druck, den er zu vermeiden sucht und gegen den er jeweils starke Widerstände entwickelt: Er will nicht «müssen».

Ausgeprägtes Gefallen-Wollen

Der Mensch mit der ausgeprägten Priorität «*Gefallen wollen*» hat durch Ablehnung, hohe Ansprüche oder durch eine inkonsequente Erziehung, die ihm nie klar werden ließ, dass er so, wie er ist, liebenswert ist, folgende Lektion gelernt: Liebe, Zuwendung sowie Bestätigung können nur durch ständige Anpassung oder Leistung erkauft werden. So versucht dieser Mensch, mit seinem Verhalten die befürchtete Ablehnung soweit wie möglich zu vermeiden.

Ausgeprägte Kontrolle

Der Mensch mit der ausgeprägten Priorität «*Kontrolle*» weiß durch frühkindliche, wiederholte schmerzliche Erfahrungen, dass das Leben und die Menschen tendenziell bedrohlich, gefährlich, schlecht, gemein, unberechenbar sind. Aus diesem Gunde sichert er sich ab und bleibt lieber möglichst von anderen Personen unabhängig, zum Teil auch auf Distanz: Die ausgeprägte Kontrolle bietet ihm Sicherheit und Berechenbarkeit.

Ausgeprägte Überlegenheit

Der Mensch mit der ausgeprägten Priorität «*Überlegenheit*» hat als Kind erfahren, dass er nur dann einen Wert besitzt, wenn er besser ist als andere. Gut sein ist nicht und nie gut genug. Die schmerzlichen, frühkindlichen Erfahrungen der Wertlosigkeit versucht dieser Mensch mit seinem vielfältigen Überlegenheitsstreben zu vermeiden, zu übertünchen, zu kompensieren.

In vielen, ja den meisten Fällen pflegen Menschen im Laufe ihres weiteren Lebens diese in der Kindheit erworbenen und verfestigten Verhaltenstendenzen (Prioritäten) sowie ihren Lebensstil in individuell unterschiedlicher Stärke unbewusst weiter: Das gibt ihnen bei allen allfälligen Nachteilen immer auch den Vorteil der inneren Sicherheit: Was man kennt, was man gewohnt ist, beruhigt, ist vertraut.

Die 28 Lebensstiltypen nach Mosak/Frick

Menschen werden in ihrem Leben immer auch von Zielen – bewussten und noch häufiger unbewussten – angetrieben, die sich schließlich in bestimmten Verhaltensweisen, Haltungen, eben Lebensstilen verfestigen und manifestieren. In der individualpsychologischen Beratung und Therapie spielt die Erfassung und Veränderung des Lebensstils bekanntlich eine zentrale Rolle: Der Lebensstil gilt als wesentlicher Antreiber des Menschen; er entwickelt sich in den ersten Lebensjahren unter dem Einfluss von Eltern, Geschwistern und dem unmittelbaren Umfeld des Kindes und verfestigt beziehungsweise modifiziert sich dann später. Der Lebensstil kann als Versuch des Menschen verstanden werden, sich im Leben zurechtzufinden und zu behaupten: Er ist die individuelle Antwort des Heranwachsenden im Laufe der Entwicklung auf die Aufgaben, Herausforderungen und Situationen des Lebens – und ist den «TrägerInnen» kaum je bewusst. Und: Jeder Lebensstil weist Vor- und Nachteile auf!

Eine weitere hilfreiche Möglichkeit, den eigenen Lebensstil zu ergründen und zu verstehen, bietet das Modell der 14 Lebensstiltypen nach Harold H. Mosak (einem amerikanischen Individualpsychologen), das in zwei Versionen vorliegt: in der ursprünglichen Variante von Mosak[31] und in einer modifizierten Form von Schoenaker/Hamm[32]. Da aufgrund meiner Erfahrung in den beiden erwähnten Klassifikationen zudem insbesondere einige «positive» Lebensstiltypen fehlen, habe ich darauf aufbauend eine dritte, von mir veränderte und mit 14 zusätz-

31 genauer beschrieben in: Nikelly, Arthur G. (1978): Neurose ist eine Fiktion. Die Behandlung von Verhaltensstörungen nach Alfred Adler. München: Kindler, S. 96 f.

32 genauer beschrieben in: Schoenaker, Theo (2007): Das Leben selbst gestalten. Mut zur Unvollkommenheit. 2. Auflage. Bocholt: RDI, S. 270–274.

lichen Typen (1./7./8./10./13./14./16./17./23. bis 28.) erweiterte Version mit 28 Lebensstiltypen entwickelt (vgl. Tab. 3-7) – ohne Anspruch auf Vollständigkeit!

Tabelle 3-7: Die 28 Lebensstiltypen nach Mosak/Frick

1. der sachlich-vernünftige Mensch
2. der/die «NehmerIn» (andere Personen gerne in den eigenen Dienst stellen, beanspruchen)
3. der/die AntreiberIn, der/die Getriebene (ständig in Bewegung, Aktivität)
4. der/die KontrolliererIn (alles unter Kontrolle behalten)
5. Recht haben und Recht behalten wollen (sich über die anderen stellen)
6. überlegen sein müssen (besser sein, im Mittelpunkt stehen)
7. der bescheiden-anständige, tendenziell sich unterschätzende Mensch
8. der ängstlich-vermeidende, sehr vorsichtige Mensch
9. gefallen wollen und es anderen Personen recht machen müssen (Alle müssen mich mögen.)
10. besonders, speziell, ungewöhnlich sein wollen (auffallen wollen)
11. gut und perfekt sein müssen (hohe moralische Maßstäbe)
12. sich allem widersetzen (häufig negativ eingestellt sein)
13. der Kampf (mit allen Menschen kämpfen müssen, ihnen ihr Unrecht beweisen)
14. der/die zähe KämpferIn (sich für Ziele beharrlich einsetzen)
15. das Opfer (der Pechvogel)
16. der pessimistische Mensch
17. der optimistische Mensch
18. der Märtyrer, die Märtyrerin (leidet für ein höheres Ziel)
19. mit Charme und Witz durchs Leben gehen
20. zwei linke Hände haben (unbeholfen, ungeschickt sein)
21. Gefühle meiden und spontane Reaktionen zurückhalten (Furcht, Kontrolle zu verlieren)
22. hasst Routine und sucht Abwechslung (sucht Action und ständig neue Erfahrungen)
23. der/die VermittlerIn, DiplomatIn (in Konflikten und Streitsituationen)
24. der/die Kooperative (kann gut zusammenarbeiten und unterstützen)
25. der zupackende, übernehmende Mensch
26. der Spaßvogel, der/die Humorist/in (nimmt es locker, lebt den Humor)
27. Gefühl, zu kurz zu kommen (ständig Angst haben, zu kurz zu kommen)
28. der gemütlich-gemächliche Mensch

Eine Beschreibung und Erläuterung der 28 Lebensstiltypen findet sich in *Anhang A* dieses Buches, ebenso eine kurze Anleitung zu einem möglichen sinnvollen Umgang damit. Selbstverständlich stellen diese Stichworte nur ungefähre, unvollständige, ja grobe Beschreibungen von letztlich komplexen Lebensstilen dar, und bei sehr vielen Menschen lassen sich wohl Kombinationen oder Mischungen von solchen Lebensstilen und Orientierungen beobachten. Adler schreibt dazu treffend: «Das Einmalige des Individuums lässt sich nicht in eine kurze Formel fassen, und allgemeine Regeln [...] sollen nicht mehr als Hilfsmittel sein.»[33]

Ich führe die Lebensstiltypen hier trotzdem auf, weil sie zumindest zum Nachdenken über mögliche eigene Rollen und Muster mit allen Vor- und Nachteilen Anstöße geben können. Wir müssen uns als Menschen ja bewusst sein, dass unsere Persönlichkeit, unsere «Typologie-Struktur», immer ein subjektives Produkt ist, mit *verschiedenen Vor- und Nachteilen, Stärken und Schwächen.* Typologien sind so in gewisser Hinsicht auch ein Versuch zur Gesamteinschätzung, eine Möglichkeit einer Globalübersicht über sich selber – und das ist bei allen Schwierigkeiten in der praktischen Ausführung ein wichtiges Ziel!

In der Schematherapie von Young und Kollegen (Young et al. 2005) beschreiben die AutorInnen teilweise ganz ähnliche Schemata, die teilweise den obigen Lebensstilen ähneln. Wiederum gilt: Es geht *nicht* um Etikettierungen oder moralische Beurteilungen oder gar Aburteilungen menschlicher Reaktionstendenzen, sondern um ein mögliches besseres Verstehen der eigenen Antriebe und Verhaltensweisen, besonders auch wenn ein Leidensdruck vorhanden ist und Veränderungen gewünscht sind. Warum muss ich beispielsweise alles (oder fast alles) unter Kontrolle behalten, oder weshalb bereitet es mir Mühe, Gefühle zuzulassen, auch einmal weinen zu dürfen? Warum ist es mir so wichtig, den anderen gefallen zu müssen, ihren Beifall zu erhalten? Wieso fühle ich mich immer wieder als Opfer? Welchen Preis zahle ich für dieses Verhalten? Was erhalte ich dafür, was nützt mir dieses Verhalten? Wie und wo in meiner Kindheit und in welchen Beziehungen habe ich diesen Lebensstil (oder diese Lebensstil-Elemente) entwickelt? Das sind wichtige und spannende Fragen, um im Leben persönlich weiterzukommen. Vielleicht kann dazu eine Beratung bei einer psychologischen Fachperson nützlich sein.

---

33 Adler, Alfred (1973 a): Der Sinn des Lebens. Frankfurt: Fischer, S. 22 (EA 1933).

Schematische Darstellung der Entwicklung der Persönlichkeit

Tabelle 3-8: Schematische Darstellung der Entwicklung der Persönlichkeit

Geburt	Dispositionen/Anlagen/endogene Faktoren mit: • sozialer Ausgerichtetheit • enormer Lernfähigkeit (Gehirn!) • Biologie: Geschlecht, Potenzialen, Dispositionen sowie • vor- und nachgeburtlichen Einflüssen ↓
Frühe Kindheit	Urvertrauen vs. Urmisstrauen frühe Beziehungs- und Bindungserfahrungen mit den Bezugspersonen (meistens: Eltern), Geschwistern usw. Bildung innerer affektiv-kognitiver Schemata ↓ zahllose persönliche Erlebnisse und Erfahrungen in und mit der Umwelt ↓ Kind entwickelt/verfestigt unbewusste Meinungen über sich, die anderen Menschen und die Welt auf persönliche und subjektive Art und Weise ↓ weitere Umwelteinflüsse (Bekannte, SpielkameradInnen usw.) ↓
5 bis 8 Jahre	Lebensentwurf (Persönlichkeit): zunehmend individuell verarbeitete und verfestigte Erfahrungen («persönliche Schablone», Lebensstil) ↓ erweiterte Umwelteinflüsse (Kindergarten, Schule, Peers, Medien usw.) und subjektive persönliche Verarbeitung ↓
Jugendalter	Weitere Erfahrungen (Peers, Berufswahl usw.) erweitern, bauen um, modifizieren, verfestigen die Persönlichkeit. ↓
Erwachsenenalter	weitere Verfestigung des Lebensstils, allfällige Modifikationen (z. B. Therapie, einschneidende Erfahrungen) ↓
Späteres Lebensalter	Lebensstil wird weicher oder verhärtet.

Kehren wir zum Anfang dieses Kapitels zurück: Was treibt uns an? Wie entwickeln wir uns? Abschließend soll deshalb versucht werden, die komplexe Entwicklung der menschlichen Persönlichkeit in einem übersichtlichen Modell vereinfacht darzustellen (vgl. Tab. 3-8). Letztlich ist diese Entwicklung nie abgeschlossen, sondern immer im Fluss: Das gilt für alle erwähnten Bereiche (Entwicklungsfaktoren, Entwicklungsbereiche, Ziele, Grundbedürfnisse, Prioritäten, Lebensmotive), nicht nur bezüglich der Persönlichkeit. In allen Alters- sowie Lebensbereichen spielen zudem unterschiedliche Risiko- und Schutzfaktoren (Wustmann 2004) eine wichtige Rolle (vgl. Kap. 11) wie Gewalt in der Familie (Beispiel für Risikofaktor) oder sichere verlässliche Bindungen zu den Eltern (Beispiel für Schutzfaktor).

Wie schon erwähnt, lässt sich jegliche menschliche Entwicklung sowie eine allfällige Modifizierung nach dem Prinzip der Selbstwertregulation und Selbstwertstabilisierung beobachten: Dies bleibt oberstes (meistens unbewusstes) Ziel jeglichen Verhaltens.

Fragen und Denkanstöße

- Wie würden Sie bei sich ihre endogenen, exogenen sowie autogenen Faktoren beschreiben?
- Welche dieser Faktoren waren aus Ihrer Sicht wann besonders wichtig, prägend?
- Wie sehen Sie bei sich die Entwicklung Ihrer elf Grundbedürfnisse?
- Was wirkte sich günstig, was eher ungünstig auf die Befriedigung der Grundbedürfnisse aus? Warum?
- Wie gewichten Sie persönlich die elf Grundbedürfnisse? Welche sind Ihnen wichtiger, welche zweitrangig? Warum? Wie war das früher?
- Welche Lebensmotive nach Reiss sind für Sie besonders wichtig (vgl. Tab. 3-3)? Warum?
- Haben sich diese während Ihres Lebens verändert? Wie erklären Sie sich allfällige Veränderungen?
- Wie sieht Ihr persönliches Prioritätenprofil (vgl. Tab. 3-4) aus?

- Wie sind Sie dazu gekommen?
- Welche Vor- und Nachteile sehen Sie selber in diesem Profil? (vgl. dazu Tab. 3-5 und Tab. 3-6).
- Möchten Sie etwas ändern oder sind Sie damit zufrieden?
- Wie würden Sie Ihren Lebensstil bezeichnen oder umschreiben? (vgl. dazu Tab. 3-7). Benützen Sie dazu Anhang A am Schluss dieses Buches mit der Beschreibung der Lebensstiltypen.
- Welche Vor- und Nachteile sind damit verbunden?
- Vorschlag: Skizzieren Sie gemäß Tabelle 3-8 die Entwicklung Ihrer Persönlichkeit und tauschen Sie sich mit einer vertrauten Person darüber aus.

Literaturhinweise

Flammer, August (2009): Entwicklungstheorien. Psychologische Theorien der menschlichen Entwicklung. 4. Auflage. Bern: Verlag Hans Huber.

Fuhrer, Urs (2007): Erziehungskompetenz. Was Eltern und Kinder stark macht. Bern: Verlag Hans Huber.

Hobmair, Hermann (Hrsg.) (1997): Psychologie. Köln: Stam.

Kefir, Nira (1987): Impass-Priority-Therapie. In: Corsini, Raymond J. (Hrsg.): Handbuch der Psychotherapie. Band 1. München: Psychologie Verlags Union, S. 368–389.

Laskowski, Annemarie (2000): Was den Menschen antreibt. Entstehung und Beeinflussung des Selbstkonzepts. Frankfurt: Campus.

Missildine, W. Hugh (1990): In dir lebt das Kind, das du warst. Stuttgart: Klett-Cotta.

Oerter, Rolf; Montada, Leo (Hrsg.) (2008): Entwicklungspsychologie. 6. Auflage. München: Beltz PVU.

Petermann, Franz; Niebank, Kay; Scheithauer, Herbert (2004): Entwicklungswissenschaft. Entwicklungspsychologie, Genetik, Neuropsychologie. Berlin: Springer.

Reiss, Steven (2009): Wer bin ich und was will ich wirklich? Mit dem Reiss-Profil die 16 Lebensmotive erkennen und nutzen. München: Redline.

Schoenaker, Theo (1996): Mut tut gut. Das Encouraging-Schoenaker-Training. Stuttgart: Medias.

Schottky, Albrecht; Schoenaker, Theo (2008): Was bestimmt mein Leben? Wie man die Grundrichtung des eigenen Ich erkennt. 12. Auflage. Bocholt: RDI.

Sieland, Bernhard (2000): Hast Du heute schon gelebt? Impulse zur Selbstentwicklung. Lüneburg: Edition Erlebnispädagogik.

Stavemann, Harlich H. (2010): Im Gefühlsdschungel. Emotionale Krisen verstehen und bewältigen. Weinheim: Beltz.

4 Mit dem «Entwicklungs-pfadmodell» Lebenswege besser verstehen

Einleitung

Entwicklung ist – glücklicherweise – kein kontinuierlicher, einfach geradlininig-linearer Prozess, der sozusagen von einer «unfertigen» zu einer «fertigen» Person, von einem Minus zu einem Plus, von null Fertigkeiten oder vollkommener Hilflosigkeit zu absoluter Souveränität führt. Im Verlauf der menschlichen Entwicklung lassen sich oftmals Diskontinuitäten, Brüche – aber auch Entwicklungssprünge oder ein Verlust von bestimmten Fertigkeiten erkennen (Petermann 2008): Ein Kind beginnt plötzlich zu sprechen; ein anderes fällt nach der Geburt eines Geschwisters vorübergehend wieder in eine schon längst überwundene Verhaltensweise zurück (z. B. Einnässen); die 84-jährige Großmutter vergisst zunehmend kürzlich vergangene Ereignisse; der schwer verunfallte Mopedfahrer kämpft über Monate mit plötzlich auftretenden Gedächtnislücken und muss viele fein- und grobmotorische Fähigkeiten wieder trainieren, die er vorher wie im Schlaf beherrscht hat; eine 40-jährige Frau blüht nach der vollzogenen Scheidung von ihrem sie entwertenden Ehemann so richtig auf und fühlt sich schließlich in einer neuen Liebesbeziehung zum ersten Mal in ihrem Leben als liebenswerte, kompetente, attraktive und selbstbewusste Frau, die neue, bisher unbekannte Seiten des Lebens entdeckt und genießt.

Entwicklungsverläufe sind in der Realität auf allen Ebenen (geistig, emotional, körperlich) immer Mischungen aus Kontinuität (z. B. ein steter Zuwachs oder Abbau von Fertigkeiten oder Kompetenzen) und Diskontinuität (z. B. ein plötzlicher Rückfall bzw. Zuwachs oder ein rascher vorübergehender oder definitiver Verlust bzw. Zuwachs von Fertigkeiten und Kompetenzen). Wer Entwicklung so versteht, bleibt dem Leben offener gegenüber, versteht Ereignisse besser einzuordnen – und kann überdies wiederholt auftauchende Chancen besser nutzen.

Entwicklungspfade und Entwicklungsbaum nach Sroufe

Die Entwicklungspsychologie wie auch die Entwicklungspsychopathologie (hier stehen Entwicklungsabweichungen im Zentrum) beschäftigen sich schon lange mit den Entwicklungswegen von Menschen, von der Geburt bis zum Tod.

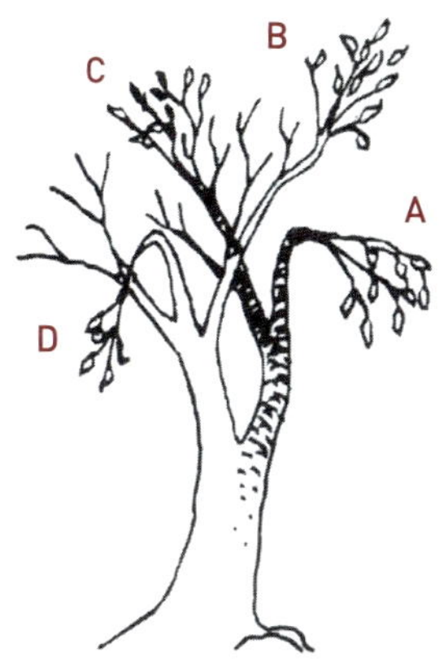

Erklärung:

Kontinuität
A) kontinuierliche Fehlanpassung
– ↘ – Folge: Störung
B) kontinuierliche positive Anpassung
+ ↗ + normale Entwicklung

Diskontinuität
C) zunächst Fehlanpassung, dann
positive Veränderung – ↗ +
D) zunächst positive Anpassung,
dann negative Veränderung + ↘ –

Die Darstellung von Sroufes Modell folgt – leicht verändert –
Petermann et al. (2004): Entwicklungswissenschaft. Berlin: Springer, S. 281.

Abbildung 4-1: Entwicklungspfade mit Entwicklungsbaum

Im Konzept der sogenannten Entwicklungspfade lassen sich nach Sroufe (1997) stark vereinfacht vier generelle Entwicklungsverläufe unterscheiden – letztlich sind natürlich die meisten Verläufe komplexer und Mischungen davon –, aber sein Modell als Baum mit unterschiedlichen Entwicklungsausgängen zeigt in seiner Vereinfachung recht anschaulich, wie man sich verschiedene Wege besser vorstellen kann. Der «Entwicklungsbaum» (vgl. Abb. 4-1) wächst mit zunehmendem Alter des Menschen von unten nach oben und differenziert sich in seinen Verästelungen auf den in Kapitel 3 beschriebenen Ebenen: Kognitionen, Emotionen, Beziehungen, Motivation, Willen, Moral, Fein- und Grobmotorik, Sprache, Musikalität, Selbststeuerung.

Das Entwicklungspfadmodell liefert zudem einige weitere wichtige Erkenntnisse, die erhebliche Folgen für die Betrachtung der menschlichen Entwicklung im Allgemeinen wie für Therapie und Beratung im Speziellen haben:

1. Unterschiedliche Pfade können zu einem ähnlichen manifesten Entwicklungsausgang führen. In der Psychologie spricht man dann von Äquifinalität. Was heißt das? Menschen, die ganz verschiedene Voraussetzungen aufweisen, können später ähnliche Zustandsbilder zeigen: Sie sind dann Jahre später ähnlich depressiv, selbstsicher, beruflich erfolgreich oder gehemmt, obwohl sie ganz unterschiedliche Voraussetzungen hatten und zudem verschiedene Entwicklungs-

wege zurücklegten. Sowohl ein in ärmlichen und bedrückenden Verhältnissen aufgewachsenes Kind kann später wie sein begüterter und privilegierter Nachbar im Leben scheitern – oder erfolgreich sein.

2. Unterschiedliche Entwicklungswege können auf den gleichen oder zumindest ähnlichen ursprünglichen Ausgangspunkt zurückzuführen sein. Zunächst übereinstimmende Entwicklungsverläufe können später zu unterschiedlichen Ergebnissen gelangen. Dann ist in der Psychologie von Multifinalität die Rede. Das lässt sich beispielsweise in einer Familie beobachten: In der Familie Krause entwickelt sich das eine Kind zu einer sozial engagierten und erfolgreichen Ärztin, während der knapp ein Jahr jüngere Sohn als Mörder in einem Gefängnis endet.
3. Veränderungen sind zu vielen Zeitpunkten möglich! Das Beispiel der zwei Schwestern unter dem Titel «Der Entwicklungsverlauf zweier Schwestern» (s. S. 75 ff.) wäre ein Beleg für diese Tatsache. Auch Erfahrungen aus Beratung und Psychotherapie zeigen, wie sich Menschen bei entsprechender Motivation und Bereitschaft in vielen Bereichen noch verändern können. Zunehmend studieren heute Menschen noch im Alter von 50 und mehr Jahren an der Universität oder lernen erstmals mit 60 Jahren – oder noch später! – ein Musikinstrument spielen. Die aktuellen Erkenntnisse der Neurobiologie über die Plastizität des menschlichen Gehirns bis ins höhere Alter (Herschkowitz und Chapman Herschkowitz 2009) zeigen, wie und warum das möglich ist.
4. Veränderungen werden durch vorangegangene Anpassungsprozesse eingeschränkt, aber nicht definitiv verunmöglicht oder gar determiniert! Wir Menschen werden zwar durch Lern- und Gewöhnungsprozesse in bestimmte Bahnen gelenkt, aber vieles ist immer noch möglich. Es ist zwar schwierig, im Alter von 55 Jahren noch eine Sprache mit dem exakt korrekten Dialekt zu erlernen: Lernen Sie in diesem Alter noch absolut echtes kantonesisches Chinesisch zu sprechen! Das wird wohl kaum jemandem gelingen, aber das kantonesische Chinesisch mit europäischem Akzent kann bei genügend Ausdauer und Motivation durchaus noch erlernt werden.

Entwicklungspfadmodell «Wanderung»

Eine weitere, meines Erachtens noch präzisere, differenziertere, offenere und anschaulichere Variante eines Entwicklungspfadmodells könnte man sich mit der Metapher einer Wanderung vorstellen.

Schon vor dem Start treffen wir auf unterschiedliche Voraussetzungen: so etwa bezüglich der körperlichen Fitness, der Motivation, der inneren Gestimmtheit, der Ausrüstung (Schuhwerk, Kleidung, Karten) oder der Planung der TeilnehmerInnen. Mit dem Start, dem eigentlichen Aufbruch, ist dann ein Entscheid für einen Ausflug getroffen worden – zulasten eines Entscheides für eine andere Unternehmung wie ein Kinobesuch, das Schwimmen im Hallenbad oder See oder der Einkauf im Kleidergeschäft. Jeder Weg, jede Abzweigung, jede Abkürzung oder Verlängerung, die man anschließend auf der Wanderung wählt, bietet Chancen, Vorzüge wie auch Hindernisse, Probleme, Herausforderungen usw. und beinhaltet Erwartetes wie Unerwartetes: Ich muss etwa einen riesigen Wassertümpel umgehen und werde dabei unter Umständen nass, komme dafür aber an einen schwieriger zu erreichenden wunderschönen Aussichtspunkt. Ich kann bei einem Passübergang über eine schmale, gefährlich rutschige Stelle stürzen und mich verletzen – oder den anvisierten Gipfel problemlos bewältigen und mich dabei als

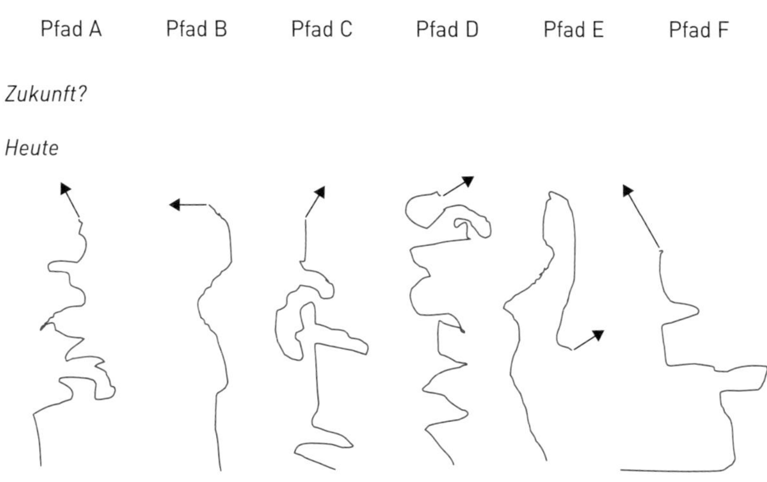

Abbildung 4-2: Entwicklungspfadmodell «Wanderung»

gewandt und kompetent erleben. Oder ich begegne überraschend einem ehemaligen Mitschüler, komme mit ihm ins Gespräch – und daraus wird später eine langjährige, enge berufliche Zusammenarbeit. Vielleicht spricht mich unterwegs bei einem Wegweiser eine junge Frau an und fragt mich, welcher Weg nach Z. zu empfehlen sei – und da sie aufgrund meiner Auskunft denselben Weg wählt, begleite ich sie, wir tauschen unsere Telefonnummern aus und daraus wird schließlich eine Liebesbeziehung usw. Einige Schwierigkeiten lassen sich mit einer guten Planung erleichtern oder verhindern, andere müssen durch unvorhergesehene Ereignisse wie einen plötzlichen Wetterumsturz bewältigt werden, ebenso zwingen weitere Umstände – etwa eine eingestürzte Brücke oder ein überschwemmter Weg – zu einem ungeplanten und unverhofften Umweg mit unvorhergesehenen und möglicherweise unerwünschten Folgen. Eine wichtige Rolle spielt auch die Wanderbegleitung: Verstehen sich die TeilnehmerInnen, sind sie in einer guten Stimmung – oder streiten sich die WeggenossInnen beim dritten Wegweiser über die angeblich oder tatsächlich richtige Abkürzung? Sogar nachdem das Ziel erreicht worden ist, sind unterschiedliche Empfindungen möglich: Stolz auf das Erreichte, Unzufriedenheit wegen dem verpassten Zug infolge eines unnötigerweise begangenen Umweges usw. Immer findet eine Interaktion zwischen den Erfahrungen und Ereignissen auf der Wanderung (exogener Faktor) mit der Denk- und Erlebensweise der TeilnehmerInnen (autogener Faktor) sowie den biologischen Möglichkeiten des Individuums (endogener Faktor) wie etwa der körperlichen Kondition usw. statt.

Ähnliches geschieht im Verlauf des Lebens, zum Beispiel beim Schuleintritt: Damit erweitert sich die Welt des Kindes, es betritt eine neue Welt, sein Weltbild, seine Lebenswelt, verändert sich, es lernt viel Neues, findet Freunde, wird aber vielleicht auch von den Peers ausgeschlossen. Die Eltern entscheiden sich für einen Schulwechsel (oder nicht), es kämpft in einigen Fächern für eine genügende Note oder erreicht problemlos ausnahmslos gute Zensuren usw. Jeder Schritt, jeder Entscheid im Laufe des Lebens, hat Folgen und verändert wiederum in unterschiedlichem Ausmaß die Meinungen und Einschätzungen des Individuums über sich, die anderen, die Welt und seine Zukunft. Die Metapher der Wanderung zeigt meines Erachtens auch anschaulich die möglichen Hochs und Tiefs dabei, die häufig divergierenden Einschätzungen während eines Wegabschnittes (mühsam, ungünstig gewählte Route usw.).

Mit diesem Modell lassen sich viele Lebensgeschichten von Menschen (vgl. dazu die Literaturhinweise am Ende des Buches zu Biografien) anschaulicher und differenzierter verstehen. Jede Abzweigung, jeder begangene Weg verändert den Menschen ein bisschen, ermöglicht neue Chancen, Ausblicke, bietet neue Gefahren oder Nachteile – wie eben das ganze Leben. Dieses eine Leben bleibt fast bis zum Lebensende immer wieder eine offene Veranstaltung – mit manchmal unglaublichen Wendungen und Möglichkeiten. Definitive, sichere Prognosen sind letztlich schwierig.

Der Entwicklungsverlauf zweier Schwestern

Im Folgenden schildere ich die stark gekürzte Entwicklungsgeschichte zweier Schwestern.

Sandra und ihre vier Jahre jüngere Schwester Laura wachsen in einem kleinbürgerlichen Haushalt gemeinsam auf. Der Vater führt einen Kleinbetrieb, die Mutter bleibt Hausfrau und betreut die beiden Töchter; eine weitere Tochter stirbt kurz nach der Geburt an einem schweren Herzfehler. Beide Elternteile sind streng mit sich und den Töchtern, vor allem der Vater muss seine Überlegenheit immer wieder unter Beweis stellen, sein Erziehungsstil ist autoritär, und er verfügt über wenig Verständnis und Einfühlungsvermögen. Beide Schwestern entwickeln große Angst vor dem Vater und sind tendenziell brav, die ältere bewundert ihn gleichzeitig sehr und identifiziert sich mit ihm, während sich die jüngere von seinem harten und rücksichtslosen Wesen abgestoßen fühlt und sich innerlich immer stärker von ihm distanziert und abwendet. Sie sucht vor allem den Kontakt mit der etwas zugänglicheren, ein wenig milderen Mutter, die ältere Tochter richtet sich zunehmend stärker auf den Vater aus. Laura fühlt sich klein, der älteren pfiffigen Schwester unterlegen. Aus der Schule bringt Sandra gute Noten nach Hause, die jüngere Laura sackt immer mehr ab und muss schon nach zwei Jahren eine Klasse wiederholen, was sie in ihrem Gefühl, dumm zu sein, noch bestärkt. Der Vater, in der eigenen Jugend selber mit erheblichen Schulproblemen konfrontiert, befürchtet in den Schwierigkeiten seiner jüngeren Tochter eine Wiederholung seiner eigenen Problematik. Das gemeinsame Lösen der Hausaufgaben mit Laura artet fast täglich in Streit, Weinen, Drohungen und Schlägen durch den Vater aus, Laura verzweifelt immer mehr und fühlt sich dumm, wertlos und unfähig. Sandra hingegen bleibt eine gute Schülerin und entwickelt sich zu einem hübschen und beliebten Teenager. Als Schutzfaktor bei Laura lässt sich ihre soziale, freundliche und zugängliche Art im Umgang mit den Gleichaltrigen aufführen, was dazu führt, dass sie trotz weiterhin ungenügender Leistungen und eines schlechten Verhältnisses zum Vater stabile Freundschaften in der Schule pflegt. Einer Klassenkollegin, die ebenfalls Schwierigkeiten in der Schule hat, schließt sie sich enger an, und die beiden werden gute Freundinnen: eine Freundschaft, die bis heute anhält.

Die ältere Schwester absolviert nach der obligatorischen Schule eine Ausbildung zur Krankenschwester, die sie erfolgreich abschließt. Laura, die ihre ältere Schwester nach wie vor wegen der guten Leistungen in der Schule und aufgrund ihres Äußeren bewundert, möchte ebenfalls diesen Beruf erlernen, wird aber an der Aufnahmeprüfung abgewiesen. Ein schwerer Schlag. Noch immer nimmt sich Laura ihre ältere Schwester als Vorbild. Nach zwei Zwischenjahren in einer privaten kaufmännischen Schule, an der sie erstmals zu schulischen Erfolgen kommt und die Lehrpersonen sie sogar ermuntern, wagt sie einen zweiten Anlauf und besteht schließlich das Aufnahmeverfahren knapp.

In der Zwischenzeit hat die ältere Schwester einen Mann kennengelernt, der dem Vater in vielem ähnelt: streng, autoritär, besserwisserisch, ichbezogen. Sie heiratet ihn, arbeitet aber weiterhin teilzeitlich in ihrem gelernten Beruf. In wenigen Jahren, sie wird rasch Mutter von vier Kindern, kühlt sich das Verhältnis zum Ehemann stark ab, häufiger Streit und Beleidigungen von seiner Seite sind an der Tagesordnung. Trotzdem bleibt sie, unterzieht sich ihm, kämpft sich unglücklich durchs Leben, verbittert zusehends, frisst ihre Probleme in sich hinein, wird übergewichtig. Der Stellenverlust (das Spital entlässt aus Spargründen mehrere «teure» Mitarbeiter) wirft sie vollends aus der Bahn, und sie wird depressiv, manchmal auch aggressiv, beklagt sich, ihr Leben sei eigentlich gescheitert. Lange kämpft sie mit ihren negativen Erfahrungen und Gefühlen. Erst der überraschende Weggang des Mannes – er geht eine länger verheimlichte neue Liebesbeziehung mit einer zwanzig Jahre jüngeren Frau ein und zieht aus dem gemeinsamen Haus aus – eröffnet ihr neue Wege: Nach einem tiefen Fall in ein Loch mit Depressionen findet sie für sich überraschend eine neue Teilzeitstelle in einem Altersheim. Mit Männern will sie zwar – zumindest in nächster Zeit – nichts mehr zu tun haben, aber die Arbeit gefällt ihr, und sie erhält ein positives Echo ihrer Chefin. Trotzdem hadert sie weiter mit ihrem Schicksal.

Laura beginnt nach der abgeschlossenen Ausbildung, die sie noch einmal massiv mit ihrem Lernproblem konfrontierte, im Spital zu arbeiten, lernt dort auch einen feinfühligen, verständnisvollen Mann kennen, der ihre positiven Seiten zu schätzen weiß, und heiratet. Gleichzeitig will sie ihre vergangene Geschichte noch besser verstehen und verarbeiten und absolviert während einiger Zeit eine Psychotherapie, die ihr sehr hilft, sie stärkt, ihr vieles verständlicher werden lässt. Sie blüht immer mehr auf und bekommt von den PatientInnen immer wieder tolle Feedbacks; auch im Team ist sie beliebt und gilt als äußerst kompetent. Das Verhältnis zu ihrem Mann hilft ihr, sich von ihrem alten Männerbild aus der Kindheit vollends zu befreien: Sie kann sich selber akzeptieren und schätzen, fühlt sich immer mehr als liebenswerte Person und freut sich über ihre Erfolge. Laura ist mit ihrem Leben sehr zufrieden und merkt, wie weit sie sich von den schwierigen Verhältnissen in ihrer Kindheit und Jugendzeit auch emotional lösen konnte.

Obwohl anfänglich die Voraussetzungen bei der älteren Schwester deutlich günstiger ausfallen, die jüngere Schwester schwere Schul- und Selbstwertprobleme aufweist, entwickeln sich die beiden Schwester tendenziell in umgekehrter Richtung: Die jüngere fängt sich auf und wird zu einer selbstbewussteren Frau, die ältere hingegen gerät in eine negative Abwärtsspirale, der sie erst nach einem tiefen Fall wieder schrittweise entkommen kann.

Ungünstiger und günstiger Entwicklungsverlauf

Obwohl die meisten Entwicklungspfade nicht linear, eindimensional verlaufen, finden sich doch immer wieder solche Beispiele, besonders wenn in ungünstigen Fällen sämtliche Signale der Beteiligten übersehen werden.

In Tabelle 4-1 zeigt sich ein mehrheitlich ungünstiger Entwicklungsverlauf (Variante A nach Sroufe, vgl. Abb. 4-1). Der Verlauf ergab sich aus einer Beratung des Lehrers von Peter.

Peters Beispiel zeigt, wie in solchen Fällen viel zu spät die Umgebung, wichtige Personen auf die Not und Schwierigkeiten eines Heranwachsenden reagieren, die Probleme gar nicht oder zu wenig deutlich wahrnehmen. Deshalb wäre die Sensibilisierung für Nöte von Heranwachsenden bei allen Beteiligten eine wichtige Aufgabe, um Leid zu verhindern oder zumindest zu lindern.

Tabelle 4-1: Entwicklungspfad eines Heranwachsenden: Ein ungünstiger Verlauf

Einschätzung der Situation			
sehr ungünstig	**ungünstig**	**günstig**	**sehr günstig**

↓ ungewollte Schwangerschaft der Mutter
↓ Die Eltern sind finanziell benachteiligt, haben ein schlechtes Eheverhältnis, viel Streit.
↓ häufiger Umzug (Sozialwohnungen)
↓ Peter findet vorübergehend einen Jungen, mit dem er sich anfreundet.
↓ ängstliche, zurückgezogene und autoritäre Eltern
↓ strenge, lieblose, abschirmende Erziehung. Peter hat kaum Sozialkontakte.
↓ Peter bleibt Einzelkind, ist ein guter Bastler, fantasievoll, still, stottert.
↓ Der Vater verunglückt, wird teilinvalid, ist gewalttätig gegenüber Peter und der Mutter.
↓ Die Mutter entwickelt Depressionen, zieht sich von Peter noch mehr zurück.
↓ Nach anfänglichen Schwierigkeiten geht Peter gerne in den Kindergarten.
↓ Schulprobleme ab Beginn, verstärktes Stottern, Rückzug von Peter
↓ wird noch mehr Außenseiter, schulische Leistungen völlig ungenügend
↓ Peter macht in der Oberstufe Andeutungen, dass das Leben für ihn keinen Sinn hat.
↓ Die Umgebung nimmt die Signale nicht wahr.
↓ erster Suizidversuch
↓ Jetzt endlich zeigen sich Reaktionen von Eltern, Schule …

Das nächste Beispiel (Tab. 4-2), ebenfalls aus meiner Beratungspraxis, zeigt eine Mischform von günstigen, ungünstigen und wiederum günstigen Entwicklungswegen – mit einem eindeutigen Trend in eine positive Richtung. Wiederum wird deutlich, wie individuell und nicht-linear menschliche Entwicklungswege verlaufen.

Entwicklungspfade als Muster

Die Entwicklungspfade A bis F in Abbildung 4-2 (S. 73) und die Tabellen 4-1 und 4-2 aus Beratungen zeigen: Wege und Umwege, Rückschläge, Schlaufen, Stagnation(en) und Fortschritte. Sie zeigen erneut: Die menschliche Entwicklung verläuft selten geradlinig! Und: Jeder Entwicklungsweg eines Menschen ist ganz individuell, einmalig!

Tabelle 4-2: Entwicklungspfad einer Lehrerin: Ein günstiger Verlauf

Einschätzung der Situation
sehr ungünstig **ungünstig** **günstig** **sehr günstig**
↓ unterstützende, bejahende Eltern
↓ glückliche Volksschulzeit, tragende Freundschaften, gutes Selbstwertgefühl
↓ Gymnasium: Krise, labiles Selbstwertgefühl, stark verunsichert, ein Jahr Unterbruch
↓ Gymnasium erfolgreich beendet, Stabilisierung des Selbstwertgefühls
↓ Ausbildung zur Primarschullehrperson an der Pädagogischen Hochschule
↓ Berufseinstieg: guter Start in die 4. Grundschulklasse
↓ nach zwei Jahren: Partnerschaftskrise, Selbstzweifel
↓ disziplinarische Schwierigkeiten mit einzelnen Schülern sowie Reklamationen von Eltern
↓ Stützung durch Schulleitung und Team, externe Beratung für Lehrerin, Stabilisierung
↓ weitere Stabilisierung, beginnt wieder regulär eine neue 4. Klasse: Läuft sehr gut!
↓ Die Lehrerin übernimmt nun zusätzliche Aufgaben im Team, stützt eine junge Kollegin
↓ Während der nächsten Jahre findet eine weitere Konsolidierung statt: Frau A. erarbeitet sich den Ruf als empathische, stabile und innovative Lehrerin.
↓ Die Lehrerin engagiert sich als Praxislehrerin für die Pädagogische Hochschule.
↓ Die Lehrerin plant eine Ausbildung zur Schulleiterin.
↓ Die Lehrerin schließt die Ausbildung zur Schulleiterin erfolgreich ab.
↓ Übernahme einer Ko-SchulleiterInnenstelle im bisherigen Team
↓ Team, Schulbehörde und Eltern schätzen die Arbeit der Lehrerin/Schulleiterin.
↓ *Wie geht es wohl weiter?*

Das Entwicklungspfadmodell lehrt uns zudem, mit etwas mehr Gelassenheit die verschiedenen Wege und Umwege des Menschen zu betrachten: Da die Entwicklung eines Menschen ja kaum je linear und geradlinig verläuft, sind fast immer (wieder) neue Wege, Abzweigungen, ja sogar Sprünge möglich.

Indikatoren für ungünstige Entwicklungsverläufe

In den verschiedenen Altersbereichen lassen sich unterschiedliche Risikoindikatoren für eine mögliche ungünstige Entwicklung identifizieren.

In der frühen Kindheit sind das vor allem ein den kindlichen Bedürfnissen unangemessenes elterliches Verhalten («schlechte Kind-Eltern-Passung»); chronische Disharmonie in der Familie, ein gestörtes Bindungs- und Erkundungsverhalten; eine negative Einstellung dem Kind gegenüber; keine oder kaum Ermutigung; Misshandlung und Missbrauch; ein niedriger sozioökonomischer Status und beengte Wohnverhältnisse; ungünstige Temperamentsmerkmale («Schreibabys»); wiederholte und anspruchsvolle Krankheiten des Kindes und Eltern, die damit nicht klarkommen.

Im Vorschulalter kommen dann ergänzend weitere Faktoren hinzu: eine fehlende Anregung durch die Umgebung; Vernachlässigung und Misshandlung; starke Verwöhnung; eine geringe kognitive und soziale Kompetenz des Kindes; eine niedrige Leistungsmotivation; eine geringe Interessensbreite; frühes aggressives Verhalten.

Beim Schuleintritt sind es zusätzlich die Ablehnung durch Peers; eine schlechte Passung von LehrerInnen- und SchülerInnenverhalten; schlechte Schulleistungen; ein geringes Selbstbewusstsein; hohe Aggressivität; erhöhte Ängstlichkeit.

Beim Schulübertritt zeigt sich dann eine weitere Verstärkung der erwähnten negativen Effekte; zudem ein drastischer Leistungsabfall.

Im Jugendalter manifestiert sich ein labiles, unrealistisches Selbstkonzept; ein schlechtes Fähigkeitskonzept; ein geringes Selbstwertgefühl; die Entwicklungsaufgaben können nicht bewältigt werden; eine geringe Peer-Akzeptanz; mehrheitlich negative Intimerfahrungen; gefühlte Einsamkeit sowie eine problematische Devianz (z.B. starker Drogenkonsum).

Im frühen Erwachsenenalter lässt sich eine Stabilisierung von Devianz und/oder Aggressivität oder Depressivität beobachten; ebenso eine mangelnde oder keine angepasste Zukunftsorientierung. Die berufliche

Tätigkeit ist unbefriedigend; die Beziehung zu den Mitmenschen (PartnerIn, Eltern, Bekannte, Arbeitsplatz) mehrheitlich negativ.

Indikatoren für günstige Entwicklungsverläufe

In den verschiedenen Altersbereichen lassen sich unterschiedliche Indikatoren für eine mögliche günstige Entwicklung identifizieren.

In der frühen Kindheit sind dies günstige Temperamentsmerkmale; eine gute Erwachsenen-Kind-Interaktion («Kind-Eltern-Passung»); ein die Bedürfnisse des Kindes berücksichtigendes Erziehungs- und Familienklima; eine ermutigende Grundhaltung zum Kind; ein positives Bindungs- und Erkundungsverhalten des Kindes.

Im Vorschulalter kommen dann weitere Aspekte hinzu: optimale Anregungen durch die Umgebung; eine hohe kognitive, soziale und emotionale Kompetenz des Kindes; eine angemessen hohe Leistungsmotivation, Wissbegier, Interesse, Offenheit des Kindes.

Beim Schuleintritt zeigen sich positive Peer-Kontakte; eine gute Passung von LehrerInnen- und SchülerInnenverhalten; gute Schulleistungen; ein positives Selbstkonzept, soziale Kompetenz sowie prosoziales Verhalten des Kindes als hilfreich.

Beim Schulübertritt zeigt sich dann eine weitere Verstärkung der erwähnten günstigen Effekte sowie kein oder nur ein geringer Leistungsabfall.

Im Jugendalter manifestiert sich ein nicht zu stark schwankendes Selbstwertgefühl – gewisse Schwankungen sind besonders in diesem Altersabschnitt normal und angesichts der Entwicklungsaufgaben, die enorm viel Energie binden, quasi unabdingbar; ein über weite Strecken mehr oder weniger realistisches Selbstkonzept; der Aufbau eines positiven Fähigkeitskonzeptes; die Zugehörigkeit zu einer nicht destruktiven Peer-Gruppe; mehrheitlich günstige intime Erfahrungen tragen dazu bei, dass die Entwicklungsaufgaben meist bewältigt werden können.

Im frühen Erwachsenenalter lässt sich eine Stabilisierung der obigen Merkmale beobachten; das positive Selbstkonzept hat sich verfestigt;

eine hilfreiche Zukunftsorientierung ist vorhanden; die berufliche Tätigkeit ist befriedigend; die Beziehungen zu den Mitmenschen (PartnerIn, Eltern, Bekannte, Arbeitsplatz) sind mehrheitlich positiv. Die Person fühlt sich im Leben aufgehoben und hat ihren Weg gefunden und mehr oder weniger befriedigende, konstruktive Lösungen bei ihren Entwicklungsaufgaben/Lebensaufgaben erarbeitet.

Ergänzender Hinweis

Wie schon mehrfach erwähnt vollzieht sich die menschliche Entwicklung natürlich in einer permanenten Interaktion verschiedener Faktoren, und so lassen sich in der Regel selten ausschließlich günstige oder ungünstige Entwicklungsindikatoren im Leben eines Heranwachsenden identifizieren. Trotzdem geben die erwähnten Indikatoren wichtige Hinweise, was eher als hilfreich/günstig beziehungsweise als schädlich/ungünstig im Lebensgang eines jungen Menschen zu beobachten ist.

Fragen und Denkanstöße

- Wie würde Ihre eigene persönliche Entwicklung nach dem Entwicklungspfadmodell gemäß Tabelle 4-1 oder Tabelle 4-2 aussehen? Wo und warum gibt es Kontinuitäten beziehungsweise Brüche? Wie sind diese aus Ihrer Sicht zu sehen?
- Versuchen Sie Ihren eigenen persönlichen Entwicklungspfad gemäß dem Modell der «Wanderung» darzustellen. Was fällt Ihnen dabei auf? Was haben Sie aus den Wegen und Umwegen für sich gelernt?
- Stellen Sie die Entwicklung einer Ihnen bekannten Person (Kind, Jugendliche, Erwachsene) nach einem der beiden Modelle (Entwicklungspfad oder Entwicklungspfadmodell «Wanderung») dar. Was fällt Ihnen auf? Könnten Sie aus Ihren Beobachtungen dieser Person – sofern von ihr erwünscht! – nützlich sein, sie unterstützen?
- Lesen Sie Biografien und Autobiografien unter dem Aspekt der Entwicklungspfadmodelle.

Literaturhinweise

Baumgart, Franzjörg (Hrsg.) (2001): Entwicklungs- und Lerntheorien. Erläuterungen, Texte, Arbeitsaufgaben. Bad Heilbrunn: Klinkhardt.

Bronfenbrenner, Urie (1981): Die Ökologie der menschlichen Entwicklung. Stuttgart: Klett-Cotta.

Flammer, August (2009): Entwicklungstheorien. Psychologische Theorien der menschlichen Entwicklung. 4. Auflage. Bern: Verlag Hans Huber.

Hobmair, Hermann (Hrsg.) (1997): Psychologie. Köln: Stam.

Keller, Heidi (Hrsg.) (1998): Lehrbuch Entwicklungspsychologie. Bern: Verlag Hans Huber.

Oerter, Rolf; Montada, Leo (Hrsg.) (2008): Entwicklungspsychologie. 6. Auflage. München: Beltz PVU.

Petermann, Franz; Niebank, Kay; Scheithauer, Herbert (2004): Entwicklungswissenschaft. Entwicklungspsychologie, Genetik, Neuropsychologie. Berlin: Springer.

Petermann, Franz (Hrsg.) (2008): Lehrbuch der Klinischen Kinderpsychologie. 6. Auflage. Göttingen: Hogrefe.

Sroufe, L. Alan (1997). Psychopathology as an outcome of development. *Development and Psychopathology, 9,* pp. 251–268.

5 Warum möchten Kinder groß sein?

Drei Szenen

«Ich bin Superman!», schreit der fünfjährige Kevin und stürmt durch den Kindergarten. In der Puppenecke schminkt sich Laura. Stolz präsentiert sie sich ihrer Erzieherin: «Jetzt sehe ich wie meine Mutter aus, stimmt's Frau Brunner?» Fast alle Kinder möchten größer, stärker, schneller, attraktiver, mächtiger sein, als sie es tatsächlich sind. Der gut zweieinhalbjährige Jan erzählt mit leuchtenden Augen all seinen Bekannten stolz, laut und deutlich, er gehe in den Kindergarten – und reagiert dann fast beleidigt, wie sie an seiner Aussage zweifeln. Jan darf zurzeit im Kinderspital den PatientInnen-Kindergarten besuchen. Kindergarten ist für ihn ein Zauberwort und bedeutet so viel wie größer zu sein und Dinge erfahren zu können, die sonst älteren Kindern vorbehalten sind: Er hingegen geht schon in den Spitalkindergarten – und gehört damit zu den Größeren!

Was bedeuten die drei Szenen?

Kleine Kinder fühlen sich unterlegen

Der Drang der Kinder, groß zu werden, lässt sich individualpsychologisch besonders anschaulich erklären. Die Theorie dazu hat Alfred Adler (1870–1937) entwickelt: Aus seinen langjährigen Beobachtungen leitete er ab, dass sich jeder Mensch, sobald er sich mit anderen Menschen, die größer, stärker usw. sind, vergleichen kann, minderwertig fühle – man könnte auch von einem «Minus-Gefühle» sprechen, denn das Kind macht schon früh Erfahrungen der Unselbstständigkeit, Abhängigkeit und Unterlegenheit. Insbesondere negative, entwertende Reaktionen der Erwachsenen stacheln dieses Minderwertigkeitsgefühl an. Aus diesen Beobachtungen und vielen Erfahrungen mit PatientInnen entwickelte Adler unter anderem seine Minderwertigkeitstheorie. Heute würden wir wohl eher von «sich unterlegen» oder «sich klein fühlen» sprechen als von Minderwertigkeitsgefühlen.

Das kleine Kind sieht sich einer Welt gegenüber, die groß, stark, mächtig, komplex, zum Teil unverständlich und unheimlich, aber auch äußerst attraktiv und voller Überraschungen ist, eine Welt, die fast ausschließlich auf Erwachsene ausgerichtet ist und von Erwachsenen gestaltet und bestimmt, dominiert wird. Deshalb sind für Kinder schnelle und leistungsstarke Autos wie Maserati oder gigantische und mächtige Tiere wie Dinosaurier so faszinierend! Im Spiel damit fühlen sie sich so größer, stärker, mächtiger, kompetenter – und zudem natürlich erwachsener.

Für den Dreikäsehoch ist die Türklinke noch unerreichbar, und er sieht und erlebt auch sonst, wie der starke Vater und die mächtige Mutter (vermeintlich) alles können und dürfen: Erwachsene fahren Auto, treffen Entscheidungen, sprechen und verstehen komplizierte Dinge (Telefonieren, Computerarbeiten, Diskussionen über abstrakte Themen usw.), gehen ins Bett wann sie wollen, und sind auch körperlich groß und stark – zumindest erwecken sie für das Kind diesen Eindruck. Klein zu sein ist zudem in vielen Gesellschaften verbunden mit weniger wert zu sein, übergangen oder nicht recht ernst genommen zu werden. Das kleine Kind erlebt so, wie das Groß-Sein, das Erwachsensein mit Macht, Ansehen, Stärke, Privilegien, Kompetenzen und vielen nur Erwachsenen vorbehaltenen Möglichkeiten verbunden ist. Adler (1973 a/1933) ging sogar so weit, dieses natürliche «Minus-Gefühl» des Kindes zu verallgemeinern, und meinte: «Mensch sein heißt, ein Minderwertigkeitsgefühl zu besitzen, das ständig nach seiner Überwindung drängt.»[34] Mensch sein heißt in diesem Verständnis, sich minderwertig zu fühlen. So sah Adler unter anderem auch in kulturellen Anstrengungen und Leistungen den Versuch des Menschen, seine relative Schwäche und Unspezialisiertheit zu überwinden und zu kompensieren: Jedes Raubtier ist stärker und schneller, Katzen sehen nachts viel besser, Hunde verfügen über ein ungleich differenzierteres Riechorgan als der Mensch. Das Gefühl des Kindes: «Ich kann es noch nicht.», wird aus individualpsychologischer Perspektive aber gleichzeitig als positiver Anreiz, als Chance und Motor verstanden, die eigene Situation zu verbessern, aus dem Gefühl der Inkompetenz zur Kompetenz, aus der Position der Schwäche zur Stärke, von der Abhängigkeit zur Unabhängigkeit, aus einer Minus- in eine Plussituation zu gelangen.

34 Adler, Alfred (1973 a): Der Sinn des Lebens. Frankfurt: Fischer, S. 55 (EA 1933).

Sich stark fühlen über eigenes Tun

Das Gefühl des Kleinseins verlangt also nach Kompensation, die am besten durch das Überwinden von Schwierigkeiten gelingt, zum Beispiel, durch geschicktes Üben eine Fertigkeit zu beherrschen (z. B. Schreiben, Lesen, Klettern, Balancieren usw.). Die moderne Psychologie bezeichnet das Resultat solcher Erlebnisse dann treffend als Selbstwirksamkeitserfahrung (Bandura 1997): Es ist ein wichtiges Erlebnis für ein Kind, eine Hürde, ein Problem selber (oder weitgehend selbstständig) bewältigt zu haben. Deshalb fördert die Erfahrung, vieles noch nicht zu können oder zu dürfen, den Drang nach Weiterentwicklung. Dazu kommt als anthropologisches Grundbedürfnis das natürliche Geltungsstreben: Jeder Mensch möchte als Individuum anerkannt und geschätzt sein, geliebt, bestätigt und bekräftigt werden. Dies gelingt vor allem über das eigene Tun. Deshalb zeigen Kinder etwa stolz, was sie schon alles gebastelt haben, wie toll sie gemeinsam tanzen, wie einfach sie die Video-Anlage ihrer Eltern oder die eigene Playstation bedienen können, wie geschickt sie mit LEGO®-Steinen Türme errichten oder wie sie eine Burg zu einer uneinnehmbaren Festung mit allen erdenklichen Schutzmaßnahmen umgebaut haben. Oder sie wollen mit ihrer Hilfsbereitschaft oder sozialen Unterstützung ihr Können zeigen.

Anforderungen und Hindernisse bewältigen zu können, ruft bei Kindern wie Erwachsenen Freude und häufig sogar Lust-, ja gar Flow-Gefühle (Csikszentmihalyi 1987), Emotionen von ausgeprägtem Glück hervor. Bei Kindern lässt sich das besonders gut beobachten, wenn sie Spiele und Handlungen unzählige Male wiederholen und ritualisieren. Wiederholung macht Freude, gibt Bestätigung und Sicherheit. Die Erfahrung des Könnens schafft unter anderem emotionale Sicherheit und ein Gefühl der Kompetenz. Das Streben des Kindes, groß zu werden, ist mehr oder weniger identisch mit dem Wunsch, so (oder ähnlich) zu werden wie die bewunderten Großen, eben die Erwachsenen. Zuerst sind das die Eltern sowie andere Erwachsene aus dem engeren Beziehungskreis des Kindes, später bieten die Kindergärtnerin oder die Lehrperson zusätzliche oder alternative Modelle, nachher nehmen diese Rolle dann beispielsweise Stars aus der Musik-, Film- oder Model-Szene ein. Bei einem schwierigen Verhältnis zu den Erwachsenen, beispielsweise den Eltern, kann allerdings durchaus das Gegenteil auftreten: Das Kind distanziert sich von deren Verhalten.

Bei Kindergarten-Kindern finden Übergänge in der Wahrnehmungsentwicklung von den teilweise noch kleinkindlichen Fantasien, von der Ich-Bezogenheit (nicht Egoismus!) zur stärker werdenden Realitätsbezogenheit und Umweltzentrierung statt; die beiden letzteren lassen die Diskrepanz zwischen Wunsch (nach Größe, Stärke, Bedeutung) und Wirklichkeit (eine Mischung aus Können und Nicht-Können) noch akzentuierter erscheinen.

Je stärker das vom Kind subjektiv empfundene Gefühl des Kleinseins ist, desto ausgeprägter entwickelt sich der Wunsch, dieses unangenehme Gefühl zu kompensieren oder – in pathologischen Fällen – zu überkompensieren (Adler 1973b/1927). Allerdings sind kindliche Größenfantasien durchaus etwas Normales und nicht mit pathologischem Größenwahn gleichzusetzen.

Die pathologische Entwicklung erkennen wir später deutlich bei Erwachsenen, wie die Geschichte an vielen Beispielen von massivem Größenwahn zeigen kann (Napoleon, Stalin, Mussolini, Hitler, Ceaușescu u. v. a.). Der natürliche Antrieb zum Großwerden wird dann durch das übersteigerte Streben nach absoluter Größe, Stärke und Macht ersetzt oder verherrlicht. Das innerlich unsichere Kind kann über die Jahre unter bestimmten Umständen megalomane (größenwahnsinnige) Wünsche entwickeln, die zur (unbewussten) Über-Kompensation des quälenden Unterlegenheitsgefühls dienen. Alle potenziellen «Niederlagen», also alle Gefahren und Anforderungen, die ein Nicht-Können offenlegen und damit das Selbstwertgefühl bedrohen könn(t)en, werden in der harmlosen Variante möglichst «cool» oder unauffällig umschifft, negiert oder mit Protest abgewehrt; begangene «Fehler» werden nun schon als Gefahr, als Bedrohung erlebt. Hier kommt Eltern eine wichtige unterstützende und verstehende Begleitung zu. Bei schwerwiegenderen Varianten können sich allerdings ernsthafte psychische Störungen und Fehlentwicklungen ergeben.

Zusätzlich sind Eltern, die im Kind etwas Besonderes sehen, ein Risikofaktor für problematisches und übertriebenes kindliches Streben nach Größe und Macht: Indem sie in ihrem Kind einen zukünftigen großen Staatsmann oder Wissenschaftler sehen, peitschen sie unter Umständen das Minderwertigkeitsgefühl des Kindes zur Kompensation oder vielmehr Überkompensation an.

Überkompensation kann allerdings durchaus auch gesund sein, wie die vielfältigen Leistungen von behinderten Menschen immer wieder zeigen: blinde Menschen beispielsweise, die sich erstaunlich souverän durchs Leben bewegen, körperlich schwer behinderte Menschen, die trotzdem (oder erst recht) Beharrungsvermögen und Lebenskompetenzen entwickelt haben (vgl. Frick 2007) und weitgehend selbstständig den Alltag bewältigen.

Entwicklungspsychologisch lässt sich der Wunsch, groß zu werden, auch als Drang nach Entwicklung, der jedem Menschen innewohnt, verstehen – Großwerden bedeutet nicht nur Kompetenzen zu besitzen, sondern damit auch Ansehen und Bestätigung zu erlangen und einen sicheren und anerkannten Platz, eine eigene Rolle zu finden. EntwicklungspsychologInnen gehen heute davon aus, dass uns Menschen ein angeborenes Orientierungsmuster für Bindung und Zuwendung als Voraussetzung für solche Schritte zur Verfügung steht (Bowlby 1995). Das angeborene Interesse für Menschen und Beziehungen fördert die beschriebenen Prozesse.

In der Peer-Gruppe die Identität entwickeln

Schließlich gilt es auch sozialpsychologische Prozesse einzubeziehen (vgl. dazu auch Kap. 8): Gleichaltrige werden im Spielgruppen- und Kindergartenalter noch wichtiger (Schmidt-Denter 2005); das Kind spürt Konkurrenz und beginnt, sich zu messen. In der Auseinandersetzung mit den anderen Kindern spiegeln sich seine Fähigkeiten, seine Stärken und Schwächen, sein Selbstbild, und es entwickelt und stabilisiert damit ein Stück weit seine Identität. Eine wichtige Rolle in der Entwicklung zum Großwerden spielen auch Geschwister (Frick 2009) und Nachbarskinder oder später Jugendliche, die als Vorbilder, Freunde, Rivalen, Über- oder Unterlegene den Prozess der Persönlichkeitsbildung vorantreiben helfen. Die SpielgefährtInnen (Schmidt-Denter 2005) beispielsweise übernehmen wichtige Funktionen beim zunehmenden Interesse für die weitere Welt, sie verhelfen zu Erlebnissen des Großseins, des Gut- und Besserseins: «Ich bin Sieger. Ich bin die Schnellste. Ich habe Freunde. Ich bin witzig. Ich bin gut! Die anderen mögen mich!» Akzeptanz, Anerkennung und Unterstützung sind hier von großer Bedeutung. Die Identifikation mit den unterschiedlich ausgestalteten Rollen der Großen verleiht Macht, Bedeutung und Geltung und stärkt das Selbstwertgefühl. Das Kind kann so besonders im Spiel Wünsche und Haltungen ausleben, die es in der Wirklichkeit meistens nicht realisieren darf oder kann.

Das «Langzeit-Ziel» Großwerden weckt bei jeder Erfahrung auch neue Bedürfnisse, die wieder – durch eigenes Tun – befriedigt werden müssen. Kaum ist dem Kind die als schwierig empfundene Aufgabe, zum Beispiel ein einfaches Legespiel, gelungen, will es sich das nächste, kompliziertere Legespiel vornehmen, oder es legt das gleiche zur Selbstbestätigung mehrmals nach – und zeigt es dann stolz der Mutter, der Kindergärtnerin oder den anderen Kindern in der Spielecke. Nur stark entmutigte und/oder verwöhnte Kinder geben die Anstrengungen schon früher auf, resignieren oder erwarten die Anstrengung, die Leistung oder Lösung der Anforderung von anderen, meistens der Eltern oder Lehrpersonen. Die Freude am Erfolg treibt das Kind im Regelfall immer weiter an im Sinne eines selbstverstärkenden Kreises: Der Selbst-Ermutigungskreislauf etabliert sich (Frick 2007).

Das Bedürfnis nach Selbstständigkeit als weiterer wichtiger Aspekt lässt sich schon bei ganz kleinen Kindern deutlich erkennen: Das Selbermachen führt zum wichtigen Gefühl der eigenen Wirksamkeit (Bandura 1997), der Selbstkontrolle, der Selbstbestimmung: Wenn das Kind das Ergebnis seiner Handlung mit der eigenen Tätigkeit verknüpfen kann («Ich habe diese tolle Zeichnung gemacht!» oder «Mir ist der Kopfsprung ins Wasser gut gelungen!»), ist es gefühlsmäßig wieder ein Stück größer, stärker, sicherer, kompetenter, unabhängiger, erwachsener geworden. Identitätspsychologisch ausgedrückt erarbeiten Kinder so Anteile für eine eigene stabilere Identität. ErzieherInnen in Spielgruppen und KindergärtnerInnen nehmen bei der Förderung dieser Prozesse zur Selbstständigkeit, zur Kompetenz sowie zur schrittweisen, partiellen Autonomie eine sehr zentrale Rolle wahr.

Bedürfnisse nach Abgrenzung von den Erwachsenen oder die Revolte, der Widerstand gegenüber einengenden Vorschriften durch Autoritätspersonen gehören ebenso zum Prozess des Großwerdens!

Schließlich bedeutet «groß zu werden» auch die Ablösung von der kleinkindhaften Abhängigkeit von Bezugspersonen, den Aufbau einer neuen, reiferen Beziehung zu den Eltern (und weiteren Bezugspersonen) sowie den Erwachsenen generell und damit die Entwicklung zur Selbstständigkeit. Auf diesem spannenden und herausfordernden Weg helfen verlässliche Beziehungen zu Bezugspersonen, neue kognitive, fein- und grobmotorische und emotionale Kompetenzen, auch erhöhte Fähigkeiten zur Selbstkontrolle oder Selbststeuerung, vertieftere Freundschaften zu anderen Kindern und die natürliche Neugier sowie der Mut des Kindes.

Fragen und Denkanstöße

- Was sind Ihre eigenen Erinnerungen als Kind bezüglich «Groß-sein»?
- Wann fühlten Sie sich groß, stark und kompetent? Mit welchen Gefühlen war das verbunden?
- Wer oder was verhalf Ihnen zu solchen Erfahrungen – und wer oder was hemmte Sie dabei eher?
- Welche Muster beobachten Sie bei heutigen Kindern auf dem Weg, «groß sein» zu wollen?
- Wie könnten Sie Heranwachsende (Kinder und Jugendliche) auf diesem Weg konstruktiv unterstützen?

Literaturhinweise

Adler, Alfred (1973 a): Der Sinn des Lebens. Frankfurt: Fischer (EA 1933).

Adler, Alfred (1973 b): Menschenkenntnis. Frankfurt: Fischer (EA 1927).

Bandura, Albert (1997): Self-Efficacy. The Exercise of Control. New York: W.H. Freeman.

Bowlby, John (1995): Elternbindung und Persönlichkeitsentwicklung. Therapeutische Aspekte der Bindungstheorie. Heidelberg: Dexter.

Csikszentmihalyi, Mihaly (1987): Das Flow-Erlebnis: Jenseits von Angst und Langeweile. Im Tun anfangen. Stuttgart: Klett-Cotta.

Flammer, August (2009): Entwicklungstheorien. Psychologische Theorien der menschlichen Entwicklung. Bern: Verlag Hans Huber.

Schmidt-Denter, Ulrich (2005): Soziale Beziehungen im Lebenslauf. 4. Auflage. Weinheim: Beltz PVU.

6 Ängste im Kindes- und Jugendalter

Der tapfere Mensch ist nicht der, der keine Ängste verspürt, sondern der, der diese Ängste zu überwinden versucht.
(Nelson Mandela 1997[35], verändert)

Zum Einstieg: Einige Äußerungen über die Angst

Die nachfolgenden Aussagen in Kurzauszügen stammen aus Interviews, die StudentInnen im Rahmen von entwicklungspsychologischen Lehrveranstaltungen in meinem Auftrag durchgeführt haben.

Wenn ich etwas Böses träume, dann bekomme ich Angst. *(Nathalie, 5 J.)*

Angst ist Luft, nicht aus Glas. *(Patrick, 7 J.)*

Wenn man Angst hat, dann schlägt das Herz ganz fest, es kribbelt so. *(Andrea, 9 J.)*

Wenn ich abends im Zimmer bin und ein komisches Geräusch höre, dann habe ich Angst. Angst kann auch Einbildung sein. Man wird bleich, weint und schwitzt. *(Pascal, 11 J.)*

Angst zeigt man sicher nicht unter Kollegen, Mann, sonst ist man uncool, ein Feigling oder so, Mann! *(Diego, 15 J.)*

Die vier Bespiele zeigen unterschiedliche, dem Alter wie der Entwicklung entsprechende Einsichten und Denkniveaus über das Phänomen Angst. Bei der letzten Aussage wird die Bedeutung des Umfeldes besonders deutlich.

Einleitung

Der Begriff «Angst» leitet sich vom lateinischen Wort «anxius» ab: gemeint ist ein Gefühl der Enge, der Beklemmung. Angst beinhaltet empfundene Zustände wie beengen, zusammendrücken, beunruhigen. Wir verspüren bei Angst einen inneren Spannungszustand mit allgemeiner körperlicher Erregung.

35 Mandela, Nelson (1997): Der lange Weg zur Freiheit. Frankfurt: Fischer, S. 832

In der klinischen Literatur werden unter dem Sammelbegriff «Angststörungen» zusammengefasst und beschrieben: Störungen mit Trennungsangst, verschiedene Phobien, generalisierte Angststörung, Panik, Zwangsstörung und posttraumatische Belastungsstörung. Ich werde im Absatz über Angststörungen nur kurz darauf eingehen, mich im Folgenden aber auf «normale», leichtere und nicht unbedingt therapiebedürftige Ängste beziehen. Es finden sich selbstverständlich auch Kinder und Jugendliche, die von der Angst gelähmt sind, schwer in ihrer Lebensqualität beeinträchtigt und/oder deswegen zudem sogar – hier eher Jugendliche als Kinder – suizidal sein können. Interessierte LeserInnen finden im faktenreichen Überblicksband von Essau (2003) sowie im Ratgeber von Du Bois (2007) viele wichtige und nützliche vertiefende Informationen und Hinweise.

Angst ist natürlich und notwendig

Angst ist grundsätzlich etwas absolut Lebensnotwendiges und Natürliches: Ohne Angst könnten wir nicht überleben, sie ist ein evolutionärer Schutz, der uns vor möglichen Gefahren warnt, uns vorsichtiger werden lässt, kurzfristige Aufmerksamkeits- und Leistungssteigerungen erlaubt und uns letztlich so das Überleben sichert. Die Angst stellt ein Warn- und Alarmsystem, eine notwendige physiologische, intellektuelle und emotionale Vorbereitung auf eine (tatsächlich oder vermeintlich) gefährliche und bedrohliche Situation dar. Sie macht uns Menschen auf reale und irreale Bedrohungen von außen und innen aufmerksam und drängt nach Lösung. Angst mahnt uns aber auch zur Vorsicht. Flucht, Angriff oder Erstarren sind Bewältigungsarten, die wir bei Angst einsetzen. Angst beeinflusst unsere Gefühle, unser Denken und unsere Konzentration, die Physiologie und die Motorik. Dass die Angst ein Grunderlebnis des Menschen ist, kann man daran erkennen, dass der ganze Körper davon betroffen ist. Ohne Angst hätte die Menschheit im Laufe der Evolution nicht überlebt. Alle Menschen zeigen – in unterschiedlichem Ausmaß – in bestimmten Lebenssituationen und Lebensabschnitten Angst: Ängste gehören also zum Leben. Die eigene konstruktive Verarbeitung und Bewältigung von Ängsten ist für die Ausbildung von Ich-Identität und Selbstvertrauen von zentraler Bedeutung: Erst an Ängsten kann der Mensch wachsen (Dick 2010)! Eine gänzlich angstfreie Entwicklung ist deshalb nicht möglich.

Weitere wichtige Funktionen der Angst sind: die Abwehr (z.B. von Gefahren), der Schutz (z.B. Aufsuchen der Mutter bei Bedrohung, das Anlehnen an den Partner), das Kräftesammeln und das Senden von Signalen an andere Menschen (z.B. Hilfeappell)! Die Angst dient also dem Überleben des Individuums. Ängste fordern uns Menschen heraus, können sogar schöpferische Kräfte mobilisieren, stark und lebenstüchtig machen: An Ängsten wachsen wir! Auch deshalb ist eine angstfreie Welt eine Illusion und wäre sogar schädlich. Allerdings: Zu viel Angst hemmt oder schädigt die gesunde Entwicklung des Heranwachsenden.

Angst und Entwicklungsabschnitte

Ein Mensch erlebt im Laufe seiner Entwicklung viele verschiedene Ängste, und dies in unterschiedlicher Ausprägung und Dauer. Das Auftreten von Ängsten ist 1. oft mit einer bestimmten Stufe der emotionalen und geistig-seelischen Entwicklung sowie 2. mit Entwicklungsaufgaben verbunden, die ein Mensch zu bewältigen hat. Zu 1.: Ein dreijähriges Kind zum Beispiel verspürt kaum die Angst vor einem Atomkrieg, dafür zeigt es häufig nächtliche Ängste. Zu 2.: Der Schuleintritt löst bei vielen – aber nicht allen! – Kindern Ängste aus, bei den meisten immerhin ambivalente (widersprüchliche) Gefühle. Die nachfolgend aufgeführten Ängste sind zwar entwicklungsbedingt, in ihrer Ausprägung aber stark von der Umgebung (Eltern, Geschwister, Freunde usw.) beeinflussbar: entwicklungs- und erziehungsbedingte Ängste lassen sich häufig nicht streng voneinander trennen.

Säuglingszeit

Angstreaktionen bei plötzlich auftretenden lauten Geräuschen, Bewegungen und Lichtblitzen, Schmerzen. Die meisten dieser Ängste nehmen mit dem Älterwerden ab.

Ab zirka achtem Monat

Trennungsangst: zwischen bekannten und unbekannten Personen unterscheiden, «Fremdeln».

Ab dem zweiten Lebensjahr

Angst vor Naturerscheinungen sind häufig: Gewitter, Sturm, Blitz, Dunkelheit, Angst vor fremden Tieren. Angst vor dem Verlassenwerden. Mangelndes Verständnis führt zu Angst, zum Beispiel in der Dusche oder im WC weggespült zu werden.

Alter der Ich-Abhebung

(Früher hieß das «Trotzphase»!)
Verstärkte Angst vor dem Verlassenwerden durch Bezugspersonen.

Ab vier Jahren

Das Kind hat ein Bewusstsein vom eigenständigen unabhängigen Ich: Blutende Wunden können Panik auslösen. Angst vor dem Einschlafen («böse Träume»), vor Tieren.

Vorschulalter

Neben der weiterhin bestehenden Angst vor Liebesverlust und Trennung ängstigen sich die Kinder vor ihren eigenen und via Medien und Erzählungen wahrgenommenen Fantasiegestalten oder «-Produkten», vor bösen Geistern, Räubern, Hexen, Monstern, Einbrechern. Körperliche oder seelische Spannungen treten auf, deren Ursache das Kind nicht kennt. Weil unbestimmte Gefühle schwer zu ertragen sind, schafft sich das Kind unter anderem böse Gestalten oder abscheuliche Ungeheuer. Plötzlich «weiß» nun ein Kind, dass unter seinem Bett ein Krokodil lauert. Die unbestimmte und unklare Angst bekommt so einen Namen. Bei einem Kind mit einer andauernden konflikthaften Beziehung zu einer Bezugsperson oder bei einem unverarbeiteten, die Bewältigungskapazitäten überfordernden Fernsehfilm manifestiert sich die Angst häufig auch in einer gefährlichen Fantasiegestalt oder in einem bösen Traum. Konflikte mit den Eltern manifestieren sich häufig in den oben aufgeführten Fantasiegestalten.

Schulalter

Am Ende des Vorschulalters kann das Kind Fantasie und Wirklichkeit besser trennen; es verfügt nun über ein differenzierteres Realitätsbewusstsein. Die Realität wird dafür zu einer neuen möglichen Angstquelle: Die Wirklichkeit ist kompliziert, unübersichtlich, neue Themen und Anforderungen (z. B. Schule) stehen an. Das Kind merkt auch, es muss mit der Welt zunehmend allein zurechtkommen: Verunsicherung, Schlaflosigkeit, Albträume können verstärkt auftreten.

Im Schulalter werden die Ängste nun realistischer, Ungeheuer und Fantasiewesen verlieren an Bedeutung, dafür rücken nun neue Ängste stärker in den Vordergrund: Es geht um Leistungsängste, soziale Ängste – und die Angst, den Erwartungen der Eltern nicht zu genügen. Kinder beginnen zudem, sich Ängste vorzustellen: Einfache konkrete Angstquellen treten gegenüber den erdachten in den Hintergrund (Tod, sitzenbleiben, ausgelacht werden …). Soziale Ängste, zum Beispiel Versagensängste, stehen jetzt im Vordergrund: Das Kind/der Jugendliche wird im ungünstigen Fall mutlos, wagt nichts mehr, wird passiv, flüchtet in Tag- oder Omnipotenzträume oder wird aggressiv.

Jugendalter

Hier stehen besonders soziale und reale Ängste (Blamage, Auslachen, Gesicht verlieren, von den Peers ausgeschlossen werden, keine Lehrstelle finden, Stellenverlust, Statusverlust usw.) im Zentrum. Diese Ängste ähneln nun stark den Erwachsenenängsten. Zudem befürchten viele Jugendliche, nicht genug männlich oder weiblich zu sein.

Erscheinungsformen der Angst

Die Ängste des Menschen manifestieren sich in unterschiedlichsten Formen und Ausprägungen: Wie reagieren Kinder, Jugendliche und Erwachsene, wenn sie Angst bekommen, sich bedroht fühlen? In Tabelle 6-1 finden sich die häufigsten Reaktionen und Erscheinungsformen zusammengefasst.

Ängste bei Heranwachsenden zeigen sich also in vielfältigen und verschiedensten Varianten. Jeder Mensch kennt solche Ängste: Problema-

Tabelle 6-1: Erscheinungsformen der Angst

- ausweichendes, vermeidendes Verhalten gegenüber bestimmten Situationen oder Personen
- Angst vor Blamage, vor dem Versagen, vor dem Ausschluss (soziale Angst)
- Kontakthemmung, Kontaktmeidung, Rückzug (Introversion), Passivität
- Unsicherheit, Schüchternheit, Schreckhaftigkeit
- Traurigkeit, Depression
- Trennungsangst, Anhänglichkeit
- Unselbstständigkeit, Passivität, Überangepasstheit
- psychosomatische Symptome wie z. B. Bauchschmerzen vor/nach dem Kindergarten/der Schule, Appetitlosigkeit, Schlafstörungen, Bettnässen und Stottern: Beim Bettnässen sollte man allerdings vor dem Ende des vierten Lebensjahres besser von einer noch nicht abgeschlossenen Kontrollfähigkeit der Schließmuskulatur sprechen. Zu weiteren körperlichen Reaktionen siehe auch den Abschnitt über die Körpersprache der Angst.
- Einschlafängste, Angst vor/in der Nacht. Einschlafängste sind in der frühen Kindheit normal. Kinder nehmen vom Tag und den Familienmitgliedern Abschied und müssen sich ganz allein dem Schlaf anvertrauen. Während des Einschlafens verliert das Kind die Kontrolle über das, was passiert – das kann Angst auslösen.
- zwanghaftes, manchmal auch forderndes Verhalten, Pedanterie
- Grübeln, besonders abends im Bett sowie beim frühen Aufwachen
- Vernichtungsangst, Todesangst (Kriegsängste sind Vernichtungsängste!). Bis etwa zum sechsten Lebensjahr verbinden Kinder mit dem Tod noch nicht das absolute Ende (Rogge 1997). Mit dem Beginn des Schulalters rückt die Endgültigkeit des Todes langsam in ihr Blickfeld.
- Schulangst, Versagensangst, Leistungsangst
- Regression (Rückfall in überwundene, «kindliche» Verhaltensweisen wie Bettnässen, Nägelkauen usw.)
- Denkblockaden («Blackouts»)
- Nervosität, Zittern, Wärme- oder Kälteschübe
- Stottern
- gesteigerte Aggressionen, Wut
- Intoleranz gegenüber anderen Menschen (bei Jugendlichen und Erwachsenen)

tisch wird es für den Einzelnen erst, wenn die Ängste sehr intensiv, anhaltend und in mehrfacher Form auftreten.

Nicht jede Angst eines Kindes zeigt sich dem Erwachsenen offensichtlich. Ängste können sich oft hinter einer Vielzahl von Reaktionen verstecken. Sind unsichere, zurückgezogene, depressive, kontaktgehemmte, schüchterne oder überangepasste Kinder (und Jugendliche) noch leichter als ängstlich zu identifizieren (z. B. Angst vor Fehlern; Angst, nicht angenommen zu sein oder sich zu blamieren), so kann es leicht passieren, bei Distanzlosigkeit, Aggression, Intoleranz, Orientierungslosigkeit, Nervosität oder Zwanghaftigkeit die möglichen Angstanteile zu übersehen.

Kleinkinder rufen bei Ängsten um Hilfe, suchen Nähe zu erwachsenen Personen, sie schließen ganz einfach die Augen und verjagen so die Angst (was man nicht sieht, existiert nicht!). Andere Kinder beobachten die Mutter, um abzuschätzen, ob sie Angst haben müssen. Im Kleinkind- und Vorschulalter fließen Wirklichkeit und Fantasie noch stark ineinander, Erlebtes und Erdachtes werden häufig nicht getrennt (Finger 2004). Was ein Kind in diesem Alter nicht oder nicht genügend verstehen kann, deutet es dann auf seine individuelle Weise, Unklares und Unverstandenes wird individuell konkretisiert: Der bewegliche Schatten im Dunkeln ist ein Ungeheuer oder ein Dinosaurier – und nicht der sich bewegende Vorhang, wie das der Vater behauptet! Ein weiteres Beispiel dazu finden Sie in der kurzen Geschichte von Francesco (auf S. 115 ff.). Und die Geburt der Schwester kann beim fünfjährigen Alessandro in der Angst vor einem nächtlichen Gespenst zum Ausdruck kommen: Die Angst vor einem Gespenst, einem bösen Wolf usw. ist für Alessandro leichter zu ertragen als die Angst vor dem (befürchteten) Liebesverlust der Mutter, des Vaters. Das Ungeheuer kann sich Alessandro vorstellen, es hat sozusagen ein Gesicht, doch die Angst vor dem Liebesverlust und die damit verbundenen Gefühle sind für ihn schwerer fassbar. Wiederum wird deutlich: die sozialen Beziehungen sind das Netz, die Basis für Sicherheit – oder eben Angst!

Häufig werden Ängste auch in die drei folgenden Kategorien aufgeteilt (Kohnstamm 2000): in reale, in neurotische und moralische Ängste. Obwohl ich persönlich die Aufteilung und die Begriffe nicht ganz überzeugend trennscharf finde – verschiedene neurotische oder moralische Ängste sind ebenso reale Ängste –, bieten die dazu aufgeführten Beispiele eine weitere Möglichkeit, mehr Verständnis für die Erscheinungsformen von Ängsten zu finden.

Reale Angst entsteht durch objektiv bedrohliche Situationen. Beispiele: Streit der Eltern, Schläge durch Eltern, die Hand am heißen Bügeleisen verbrannt. Reale Ängste lehren uns, aus Angst vor Wiederholung, (mögliche) Gefahren zu meiden, beispielsweise nicht mehr auf zu dünnem Eis Schlittschuh zu laufen, einem großen Hund aus dem Weg zu gehen. Bei kleineren Kindern bilden sich um die reale Angst Verallgemeinerungen, die die eigentliche Quelle der Angst verdrängen können: Es zeigt sich dann in der Angst, in die Nähe des Schrankes zu kommen, in dem das Bügeleisen steht – und der Arzt im weißen Kittel, der Blut nahm, wird nun auch im weiß gekleideten Metzger im Supermarkt gefürchtet und gemieden.

Es ist verständlich, wenn ein kleines Kind vor dem Einschlafen Angst hat, nachdem es einmal im Dunkeln erwacht ist und seine Eltern nicht zu Hause waren. Ein Kind, das unerwartet von einem Hund angesprungen oder gar gebissen wird, wird vor Hunden in Zukunft mit großer Wahrscheinlichkeit stärkere Angst zeigen, sofern es nicht rasch wieder positive korrigierende Erfahrungen mit Hunden machen kann.

Neurotische Ängste treten vermehrt bei Kindern auf, die ihre Gefühle und Gedanken zu wenig angemessen aussprechen können: Es sind Familien, in denen eine konfliktgeladene Familienatmosphäre (z. B. intensive, andauernde elterliche Streitereien) herrscht, wichtige Grundbedürfnisse des Kindes missachtet werden oder wo eine Pseudoharmonie herrscht und «negative» Impulse unterdrückt werden müssen. Vielfach zeigen sich neurotische Ängste solcher Kinder auch in somatisierter Form (Bauchweh, Übelkeit usw.). Diese sind körperlich ausgedrückte Hilferufe. Genau genommen sind eigentlich die familiären Umstände neurotisch, nicht das Kind! Dieses drückt mit seiner Angst als Symptomträger eigentlich nur einen Fehler im System Familie aus! Deshalb sind für viele kindliche Ängste Familien- und Elternberatungen sinnvoll!

Zu einer speziellen Kategorie der neurotischen Ängste (s. auch den Abschnitt «Angststörungen», S. 110 ff.) gehören die *Phobien* (z. B. Tierphobie, soziale Phobie), die *Panikattacken* (wiederkehrende Attacken intensivster Angst: Das Kind hat panische Angst vor dem Kindergartenbesuch und den anderen Kindern und bleibt trotz aller Versuche der Eltern und der Kindergärtnerin wochenlang zu Hause), die *Zwangsstörungen (Zwangshandlungen* und *Zwangsgedanken* wie Kontroll-, Berührungs- oder Zählzwang). *Posttraumatische Belastungsstörungen* sind vermehrt bei Flüchtlings- und Kriegskindern zu beobachten. Alle diese speziellen Formen von Ängsten brauchen eine sorgfältige kinder- oder jugendpsychologische Abklärung und Behandlung unter Einbezug der Eltern.

Moralische Ängste treten auf, wenn ein Kind Angst hat, den Vorstellungen und Normen des Gewissens oder der Autoritätspersonen nicht oder sogar nie zu genügen. Kinder, die sehr streng erzogen werden, leiden gehäuft unter dieser Angstform: Sie haben Angst, bei vermeintlichen oder tatsächlichen Fehlern abgelehnt zu werden, böse zu sein, oder sie dürfen nicht fröhlich sein und Geburtstag feiern – Letzteres lässt sich besonders bei Kindern von religiös-fundamentalistischen Eltern beobachten. Diese Form der Angst kann aber beispielsweise auch hinter einem dominierenden, moralisierend-belehrenden und intoleranten Verhalten des Kindes in der Schule verborgen sein. Erneut gilt: Vielfach muss den Eltern, nicht nur dem Kind, Unterstützung und Hilfe angeboten werden.

An allen drei Angstkategorien wird deutlich: Ängste haben in sehr vielen Fällen mit menschlichen Beziehungen zu tun – und hier muss deshalb auf der Suche nach einer Lösung auch primär angesetzt werden (z. B. Erziehungsberatung).

Die Körpersprache der Angst

Die menschliche Angst manifestiert sich fast immer auf drei Ebenen:

1. als eine innere Vorstellung (bei Kindern häufig unbewusst)
2. ein Gefühl, ein seelisches Befinden (für Kinder manchmal schwer zu benennen) und
3. eine psychomotorische und vegetative Reaktion: Gefühle, Denken und Verhalten gehen sozusagen eine enge Allianz ein.

Angst drückt sich bei allen Menschen, nicht nur bei Kindern und Jugendlichen, auch in körperlichen Beschwerden und Reaktionen aus. Dazu nur kurz einige Hinweise: «Kloß im Hals», Erröten, Kopfschmerzen, Bauchschmerzen, Übelkeit, Magen- und Darmbeschwerden, Bettnässen (z. B. bei der Ankunft eines neuen Geschwisters, bei elterlichen Streitereien), Appetitlosigkeit, Lustlosigkeit. Häufig spricht man dann auch von Angst-Ersatzsymptomen: Das Kind konzentriert sich unbewusst auf den Körper, die Angst kann nicht mehr seelisch gespürt werden, das heißt die Angstsymptome werden somatisch verdeckt, können aber vom Kind nun – besser als die psychischen Symptome – benannt werden. Viele dieser Symptome nimmt ein Kind als seine typischen somatischen Reaktionen auf angstauslösende Ereignisse ins Jugend- oder sogar Erwachsenenalter mit! Eine Kassiererin im Supermarkt verspürt dann beispielsweise bei einem unerwarteten Kontrollgang des Chefs einen ähnlichen Kloß oder Gefühle der Übelkeit wie früher als Kind in angstauslösenden Situationen, etwa in der Schule beim Lehrer, der während des Aufsatzschreibens hinter ihrem Rücken stand, schaute – und dann noch eine abwertende Geste oder Äußerung machte. Gleichzeitig lassen sich dabei zudem häufig Denkblockaden, Konzentrationsschwierigkeiten oder Sprachstörungen (z. B. Stottern) beobachten.

Schulängste

Zu einigen Aussagen von SchülerInnen über ihre Schulängste verweise ich auf das Kapitel 7 (Abschnitt «Erwartungen und Erfahrungen in den ersten Schultagen und Schulwochen», S. 130).

Schulängste können verschiedene Ursachen und Auslöser haben. Im Schulalter steht die Angst vor schlechten Noten, vor der Ablehnung durch die Lehrpersonen und die MitschülerInnen, vor Nichtgenügen, vor Blamage (z. B. durch Schüchternheit), Plagereien, Mobbing sowie die Angst vor dem Abseitsstehen bei Peers usw. im Vordergrund. Eine problematische Beziehung zu Lehrpersonen, die möglicherweise parteiisch oder gar ablehnend auf die SchülerInnen reagieren, sie herabsetzen oder ihnen wenig zutrauen, sind häufige Hintergründe. Hohe oder überhöhte Erwartungen der Eltern (das Kind muss auf jeden Fall ins Gymnasium, um Arzt oder Juristin zu werden!) können eine weitere wichtige Rolle spielen. Allerdings können sich hinter Schulängsten oder Schulphobien auch Trennungsängste verbergen: Aus Angst vor der Trennung von der Mutter (selten vom Vater) entwickeln solche Kinder vielfältige Symptome, deren Funktion darin besteht, das Kind vom Schulbesuch abzuhalten und schließlich zu dispensieren.

Spätestens in der Grundschule stellen Leistungsängste oder Ängste vor der Klasse (bei Vorträgen usw.) weitere Leidenswege für Heranwachsende dar. SchülerInnen entwickeln dann zum Beispiel Schlafstörungen, haben Bauchkrämpfe, Kopfschmerzen, Übelkeitsgefühle, heftige Schweißausbrüche und ähnliche Symptome. Andere SchülerInnen beginnen zu schwänzen oder kommen regelmäßig zu spät. Jedes betroffene Kind weist eine individuelle, persönliche Vorgeschichte und Geschichte der Angst auf, die es genauer zu erfassen und zu verstehen gilt. Vielfach stehen dahinter neben den schon erwähnten Gründen zudem – wie schon angedeutet – überhöhte elterliche Erwartungen (zu hohe Leistungsansprüche) sowie schwierige LehrerInnen-SchülerInnen-Beziehungen. Schließlich vermag auch Überforderung einen Beitrag zur Schulangst zu leisten: Der erst neu zugezogene, fremdsprachige 14-jährige Junge aus Nigeria, der kaum ein Wort versteht, niemanden kennt und keine elterliche Unterstützung erwarten kann, schwänzt nach kurzer Zeit die Schule.

Wie verbreitet sind schulbezogene Ängste? ExpertInnen (z. B. Essau 2003) schätzen, dass zwischen 5 und 20 % der SchülerInnen unter mehr oder weniger starken Schulängsten leiden. Diese Ängste stehen in einem engen Zusammenhang zwischen dem Leistungsdruck, erhöhten Forderungen der LehrerInnen, Verachtung oder gar Bedrohung durch Peers und Erwartungsdruck der Eltern. Schulangst kann also als eine persönliche Reaktion auf eine Überforderung in der Schule verstanden werden – zusätzlich angeheizt durch ein allgemein zu leistungsorientiertes Schulsystem, den schon sehr früh einsetzenden Konkurrenzkampf in unserer Leistungsgesellschaft und die zunehmende Unsicherheit, was die Zukunft anbelangt.

Übergangsobjekte und FantasiegefährtInnen

Ein Übergangsobjekt (Winnicott 2006) ist in der Regel ein weicher Gegenstand, zum Beispiel ein Plüschbär, der eine Hilfs-Ich-Funktion einnimmt: Er ist für das Kind von großer Bedeutung als Tröster, hilfreich bei Angst- und Einsamkeitsgefühlen, dient sozusagen als «Sicherheitsbasis». Der Bär zeigt natürlich wiederum den großen Einfluss der Eltern: Er ist sozusagen der verlängerte Arm, die zusätzliche oder ergänzende Sicherheitsbasis für das Kind in der Nacht oder während der Abwesenheit der Eltern. In der Regel treten Übergangsobjekte innerhalb der ersten drei Lebensjahre auf; die Abnabelung erfolgt meistens zwischen dem dritten und fünften Lebensjahr. Nach Schulz (1999) ist die Verbreitung hoch: 18–80 % der Dreijährigen sind damit ausgestattet. Allerdings legen sich nicht alle Kinder solche «HelferInnen» zu: Die Abwesenheit eines

Übergangsobjektes ist also keineswegs abnormal oder pathologisch. Schulz (1999) hat zudem festgestellt, dass Kinder in Ländern, in denen sie mit mehreren anderen Menschen im gleichen Raum übernachten, ohne solche Übergangsobjekte auskommen.[36]

Eine weitere Unterstützung stellen heimliche HelferInnen dar, sogenannte FantasiegefährtInnen (imaginäre BegleiterInnen), die häufig um das dritte Lebensjahr oder später auftreten – und dann wieder allmählich oder plötzlich verschwinden. Meistens steht ein Kind vor einer – aus seiner Perspektive schwierigen oder unlösbaren – Aufgabe, mit der es allein nicht fertig wird. Jan, vier Jahre alt, ein braves und eher ängstliches Kind, das sich kaum getraut zu widersprechen, erzählt der Mutter seit einigen Tagen überraschend, er müsse nun nicht mehr gehorchen, wenn er nicht wolle – Lappo habe ihm das gesagt! Lappo ist seine Fantasiefigur, die ihm hilft, die als einengend, sehr kontrollierend empfundene Beziehung zur Mutter zu lockern – sozusagen auf legale Weise: Lappo befiehlt ihm ja, das zu tun! Jan kann so im ersten familiären Ablösungs- und Autonomieprozess seinen Widerstand an eine externe Figur delegieren. Er muss jetzt eben nicht mehr immer gehorchen, da ja Lappo ihm dies ausdrücklich befohlen habe. Damit erlangt Jan subjektiv mehr Kontrolle über sich und seine familiäre Umgebung. Fantasievolle Kinder erfinden recht häufig ab dem dritten Lebensjahr eine unsichtbare Begleiterfigur, eine unsichtbare hilfreiche Person, mit der sie sich unterhalten, mit der sie spielen – und die sie manchmal so behandeln, wie wenn sie wirklich leben würde (Finger 2004). Wiederum gilt: In der Regel steht das Kind vor einer – aus seiner Sicht – kaum lösbaren Aufgabe, mit der es allein nicht zu Rande kommt. Die erfundene Begleitperson wird also zur wichtigen vorübergehenden Unterstützung. Wenn das Kind sein Problem gelöst hat, dann verschwindet die Fantasieperson in der Regel wieder. Ungefähr jedes dritte Kind pflegt zeitweise eine Freundschaft, die nur in der Fantasie existiert (Seiffge-Krenke 2010), und sie ist – wie wir oben gesehen haben – eng an die konkrete Lebenssituation des Kindes geknüpft.[37]

---

36 Schulz, Nina (1999): Der erste Besitz von Zwillingen zwischen dem dritten und fünften Lebensjahr. Vortrag auf der 14. Tagung der Fachgruppe Entwicklungspsychologie am Departement Erziehungswissenschaften in Fribourg (Schweiz). Fribourg, 12. bis 16. September 1999.

37 Auch in der Kinderliteratur sind Fantasiegefährten verbreitet, wie wir am Beispiel von Sebastian Nigge, dem imaginären Freund von Medita im gleichnamigen Buch von Astrid Lindgren, sehen (Lindgren 1992).

Übrigens: Wenn Kinder Fantasiefiguren erfinden, dann lügen sie nicht! Sie meinen es ernst! Die unsichtbaren Gefährten übernehmen eine ähnliche «Krückenfunktion» wie die erwähnten Übergangsobjekte nach Winnicott.

Eine spezielle Variante von einem Fantasiegefährten entwickelte der Schriftsteller und Germanist Hanns-Josef Ortheil (geb. 1951). Als fünfter Sohn geboren, wuchs er als Einzelkind auf, da alle vier Geschwister schon tot waren: Zwei Geschwister starben im Krieg, die anderen beiden schon bei der Geburt. Die Mutter verstummte gänzlich ob ihrem Kummer über den Verlust dieser Kinder, und Ortheil begann erst mit sieben Jahren zu sprechen. Die für ihn außerordentlich schwierige familiäre Situation bewältigte er unter anderem, indem er zum zweiten Bruder, den er ja nie persönlich gekannt hatte, eine intensive imaginierte Beziehung entwickelte: Es war für ihn wie eine Beziehung zu einem Lebenden. Ortheil sprach oft mit diesem Bruder, fragte ihn um Rat: «Es ging so weit, dass ich das wirklich zu hören glaubte. Ich hatte das Gefühl, einen sehr engen und sehr guten Freund zu haben. Das ergab ein ganz anderes Lebensgefühl.»[38] Ortheil schuf sich so eine wichtige vorübergehende Stütze in einem belastenden Lebensabschnitt. Eine außerordentliche, originelle, großartige und nützliche Leistung! Nicht jedes Kind findet eine solche Lösung!

Viele mögliche Auslöser und Ursachen von Ängsten

Ängste im Zusammenhang mit anderen Menschen sind außerordentlich vielfältig, wie die Auflistung in Tabelle 6-2 zeigt. (In Klammern stehen einige Hinweise zu möglichen kindlichen Fragen oder Themen, die Kinder beschäftigen können.)

Wie wir der Darstellung in Tabelle 6-2 entnehmen können, stehen viele, ja die meisten unserer Ängste letztlich im Zusammenhang mit anderen Menschen, vielfach uns besonders eng verbundenen Personen: Es sind wie erwähnt belastende Lebensereignisse bzw. Beziehungserfahrungen wie Trennungserfahrungen, Erkrankung oder Verlust von Bezugspersonen durch Tod, Partnerschafts- und Liebesprobleme, die Angst vor dem Alleinsein, davor, alleingelassen oder verstoßen zu wer-

38 Ortheil, Hanns-Josef (2010): Interview mit Almut Engelien in: *Psychologie heute, 10,* S. 32.

Tabelle 6-2: Auslöser und Ursachen von Ängsten

- Alleinsein – alleingelassen zu werden (Ich fühle mich überfordert.)
- zu wenig Unterstützung durch Bezugspersonen (Schaffe ich das alleine?)
- Drohungen der Bezugspersonen/anderer Menschen (Hat man mich noch gerne?)
- Angst, verstoßen zu werden (ganz alleine sein)
- häufiger und heftiger Streit der Eltern (Bin ich schuld am Streit?)
- Trennung der Eltern (Bin ich schuld daran?)
- strenge, autoritäre, überfordernde Bezugspersonen (Was passiert mit mir, wenn ...?)
- angstmachende religiöse Erziehung und Unterweisung («Schuld», «Sünde» usw.)
- unberechenbare Bezugspersonen, inkonsistente, unberechenbare Rückmeldungen auf eigenes Verhalten (Was passiert mir wohl?)
- psychische Krankheit eines/beider Elternteile (Wer hilft mir jetzt? Ich bin allein mit meinen Sorgen, fühle mich überfordert.)
- ängstliche, verwöhnende, überbehütende Bezugspersonen (Ohne die Eltern bin ich verloren.)
- gleichgültige erzieherische Haltung der Bezugspersonen (Ich bin ihnen gleichgültig.)
- Angst vor Liebesverlust der Eltern (Ich bin nicht liebenswert.)
- Tod eines Familienangehörigen/einer bekannten Person (Sterbe ich auch?)
- neue, unbekannte Situationen wie Schuleintritt, Wohnortwechsel
- Angst vor Inkompetenz/Nichtkönnen (Versagensängste)
- begangene Fehler und Reaktion anderer darauf (Beschämungsängste)
- andere Peers (Ausschluss, nicht dazu gehören, Auslachen)
- Geburt oder Adoption eines Geschwisters (Wo bleibe ich? Hat man mich nicht mehr lieb?)
- Andere Personen zeigen Angst und wirken so ansteckend. (Die Welt ist gefährlich.)
- Kindsmisshandlung; sexueller Missbrauch des Kindes oder eines (anderen) Familienmitgliedes (Ich bin schlecht.)
- Situation als Migrantenkind (Sprache, Kultur usw.), Diskriminierung (Ich bin schlecht/anders.)

den. Auch Drohungen oder häufiger Streit der Eltern, strenge, autoritäre, oder aber ängstliche, verwöhnende, überbehütende Bezugspersonen lösen ebenso Ängste aus wie neue, unbekannte Situationen (z. B. der Eintritt in den Kindergarten und die Schule). Aber auch mit religiösen Drohungen arbeitende Eltern und ReligionslehrerInnen vermögen starke Ängste hervorzurufen (vgl. Abschnitt «Gott und die Angst» in diesem Kapitel, S. 112 ff.). Ebenso spielen erste Erfahrungen von Versagen und die Reaktion anderer darauf eine Rolle sowie die Geburt oder Adoption eines Geschwisters oder die sogenannte «Ansteckung» (andere Personen, z. B. ein Elternteil, zeigt Angst), Kindsmisshandlung und sexuelle Misshandlung. Bezugspersonen, die dem Kind kaum Möglichkeiten bieten, etwas auszuprobieren, oder es mit ihren Ansprüchen überfordern oder mit harten Strafen erziehen, lösen ebenfalls Ängste beim Kind aus.

Es ist wie erwähnt von großer Bedeutung, wie wichtige Beziehungspersonen des Kindes selber als Modelle (z. B. bei Problemen, Meinungsverschiedenheiten, im Umgang mit Tieren) reagieren und wie sie Ereignisse wie beispielsweise den Spitaleintritt des Kindes, die Medien (z. B. Fernsehen) oder das Krokodil unter dem Bett wahrnehmen, handhaben und kommentieren. Kinder lernen an Modellen! Die Verarbeitung von Belastungen wird also nicht allein nur durch die Qualität der Familienbeziehungen (Bindungen an Eltern, Geschwister usw.) bestimmt, sondern ebenso durch das Ausmaß, in dem Eltern selber eine Modellfunktion für eine günstige oder eben ungünstige Angstbewältigung zeigen (Steinhausen 2006). Kinder spüren mit ihren feinen Antennen unbewusst die Muster und Ängste ihrer Eltern, deren Grundhaltung: Sind sie selber gegenüber anderen Personen vorsichtig, zurückhaltend oder ängstlich – oder ermutigen sie das Kind zu neuen Kontakten und Taten? Besonders kleine Kinder erleben die Welt primär einmal über die Gefühle zu den Bezugspersonen; das kritische Nachdenken darüber, warum sich die Mutter fast allen Menschen gegenüber so ängstlich zeigt, ist erst Jahre später möglich. Sichere Bindungen zu den Eltern spielen eine ebenso zentrale Rolle bei der Entwicklung von Sicherheit wie bei der Kontaktfähigkeit gegenüber anderen Menschen (Bowlby 1986).

Angst hat aber immer auch eine subjektive und individuelle Seite: Was ein Kind oder einen Erwachsenen ängstigt, macht einem anderen Kind oder einer anderen erwachsenen Person weniger oder gar nichts aus. Menschen können zudem in bestimmten Bereichen recht mutig, in anderen hingegen ängstlich sein. Ferner gilt es noch Folgendes zu beachten: Ereignisse können von Kind zu Kind und je nach Kontext (zu Hause, in der Schule, unter Peers) sehr unterschiedlich erlebt werden und sind bezüglich ihrer Angstwirkung stark vom momentanen Befinden und vom Selbstwertgefühl des Kindes abhängig; Menschen sind nicht einfach immer und überall nur ängstlich oder mutig!

Und schließlich: Einige Ängste der Kinder müssten nicht sein oder ließen sich deutlich reduzieren – wenn die Erwachsenen eine kinder- beziehungsweise menschenfreundlichere Umgebung und Welt postulieren und gestalten würden. Hilfreich wären etwa: autofreie Wohnumgebungen und Spielplätze, weniger Leistungsdruck in der Schule und in der Gesellschaft, die Infragestellung der gesellschaftlichen Tendenz zur Überforderung (z.B. Perfektionismus via Werbung bezüglich Erfolg, Äußerem usw.), deutlich bessere Unterstützung für Familien mit Kindern (Betreuungsplätze, Geld, niederschwellige Erziehungsberatung), keine angstauslösende religiöse Unterweisung usw.

Wann ist Angst normal, wann wird sie problematisch?

Ängste gehören wie eingangs erwähnt zum Leben. Klinisch bedeutsam werden sie nach Steinhausen (2006)[39] erst dann, wenn sie 1. nicht vorübergehend sind (also über Monate andauern), 2. für die entsprechende Entwicklungsphase unangemessen sind, 3. mit deutlichen, anhaltenden Beeinträchtigungen und starkem Leiden verbunden sind, 4. die normale Entwicklung beeinträchtigen (z.B. durch Rückzug kaum mehr Peer-Kontakte stattfinden) und schließlich 5. Probleme im sozialen Umfeld auslösen. Stärkere, krasse Ängste beeinträchtigen oder blockieren die weitere Entwicklung massiv: Wer von Angst gepeinigt ist, verharrt in einer Art Lähmung. Hier ist professionelle Hilfe unabdingbar.

Bei massiverer Angst sind zwei hauptsächliche Reaktionsformen beobachtbar:

1. Das Kind/der Jugendliche zieht sich immer mehr (auch innerlich) zurück, wird gehemmt und flieht gleichsam in sich hinein oder

39 Steinhausen, Hans-Christoph (2006): Psychische Störungen bei Kindern und Jugendlichen. Lehrbuch der Kinder- und Jugendpsychiatrie und -psychotherapie. München: Urban & Fischer, S. 171.

2. es/er versucht, seine Angst durch Aggressivität nach außen abzuleiten und zu überdecken.

Pathologisch sind ferner: die andauernde und intensive Angst, die ein Kind zum Beispiel nicht mehr schlafen lässt, sowie die Unfähigkeit, mit Angst umzugehen, das heißt sie ein Stück weit auch ertragen zu können. In einem gewissen Sinn brauchen Kinder und Jugendliche also Ängste und vonseiten der Erwachsenen ein Vorbild in der Angstbewältigung: Wie gehe ich mit meinen Ängsten um? Wie helfe ich meinen Kindern, mit Ängsten sinnvoll umzugehen? Was kann man beispielsweise tun, wenn man seine Mutter im Einkaufszentrum verliert?

Pathologisch kann auf der anderen Seite auch ein Zuwenig an Angst sein: Ein solches Kind kann Situationen nicht richtig einschätzen: Es kann nicht beurteilen, ob es jemand gut oder böse mit ihm meint; es spürt nicht, wenn es im Umgang mit andern Kindern zu weit gegangen ist; es nimmt regelmäßig Gefahren nicht oder viel zu spät wahr, vertraut sich jeder fremden Person rasch an. Es sind dies besonders stark vernachlässigte Kinder, die kaum Liebe und Zuwendung erfahren haben und diese nun überall suchen.

Angststörungen

Angststörungen können in jedem Lebensalter auftreten, die Häufigkeitsangaben variieren je nach Studien zwischen 6 und 18 % (Steinhausen 2006). Wie der Fragebogen von Steinhausen (2000) mit 68 Punkten (!) – von 1. (Alleinsein) bis 68. (Zukunft) – zeigt, können sich Ängste von Menschen an (fast) alles binden. Eine kleine Auswahl daraus zur Veranschaulichung: 5. Autos, 9. Donner, 20. Friedhöfe, 36. Kritik, 41. Menschenmengen, 48. Schule, 49. Spinnen, 63. Wald, 66. wilde Tiere, 67. Zahnarzt! Damit eine Angst als Angststörung klassifiziert werden kann, muss allerdings unter anderem eine bestimmte Intensität und Dauer damit einhergehen (s. oben, Abschnitt «Wann ist Angst normal, wann wird sie problematisch?») – sonst würden wohl alle Menschen eine Angststörung aufweisen!

Die beiden bekannten Klassifizierungssysteme DSM-IV-TR (= Diagnostisches und Statistisches Manual psychischer Störungen aus den USA) sowie ICD-10 (= Internationale Klassifizierung psychischer Störungen der WHO) gruppieren und bezeichnen die Angststörungen teilweise etwas unterschiedlich. Eine vereinfachte Zusammenfassung mit einer Auswahl der wichtigsten Angststörungen findet sich in Tabelle 6-3.

Dabei gilt es zu beachten, dass hinter den beschriebenen Ängsten meistens Beziehungsängste stecken: Ängste in der Familie, gegenüber den Eltern, den Geschwistern oder den Peers. Dann gilt es, diese Grundangst zu behandeln – und nicht die irrationale, konkrete Platzangst zu beseitigen. Ebenso kann eine Platzangst die Unsicherheit des Kindes vor der Außenwelt, dem Leben bedeuten – ausgelöst und verstärkt zum Beispiel durch eine ängstliche, verwöhnende Erziehungshaltung der Eltern, die es zwar gut meinen, aber ihre eigene Unsicherheit dem Leben gegenüber auf das Kind projizieren.

Die Häufigkeit von Ängsten und von Angststörungen nimmt im Jugendalter ab. In den meisten Studien weisen Mädchen zwei- bis viermal höhere Raten von Angststörungen als Jungen auf (vgl. Essau 2003). Dafür finden sich bei deutlich mehr Jungen Störungen der Aggressivität und Impulsivität. Angststörungen treten zudem am häufigsten zusammen mit Depression auf: Angst und Depression sind eng miteinander verbunden.

Tabelle 6-3: Klassifikation von Angststörungen (Auswahl)

Bezeichnung	Kurzbeschreibung
Störung mit Trennungsangst	übermäßige und wiederkehrende Angst bei der Trennung von einer Bezugsperson
Agoraphobie	Angst vor freien Plätzen, Platzangst
soziale Phobie	ausgeprägte Angst vor sozialen Situationen (z. B. Gruppen)
Panikstörungen	wiederkehrende Panikattacken, die abrupt auftreten
generalisierte Angststörung	sehr starke Angst bei einer Vielzahl von Ereignissen
Zwangsstörung	Zwangsgedanken oder Zwangshandlungen, die das tägliche Leben beeinträchtigen (z. B. Wasch- oder Kontrollzwang)
Postttraumatische Belastungsstörung	Wiedererleben (z. B. wiederholte Albträume), Vermeidung (von neuen Erfahrungen, die an die Belastung erinnern) und Übererregung (z. B. erhöhte Wachsamkeit, erhöhte Schreckhaftigkeit) als Folgen des Erlebens einer extrem traumatischen Situation

Übrigens: Mehr als ein Drittel der Heranwachsenden mit einer Angststörung weisen sogenannte Komorbiditäten mit anderen Angststörungen auf (Steinhausen 2006), das heißt sie leiden zusätzlich noch an einer weiteren Störung.

Gott und die Angst: Religiöse Ängste

Besonders ältere Menschen, die streng traditionell religiös erzogen wurden, aber auch jüngere aus fundamentalistischen religiösen Gruppierungen leiden vielfach unter dem jahrelangen Eindruck eines strengen, strafenden, richtenden Gottes (vgl. Moser 1976)[40]: ein Gott, der alles sieht und alles hört, alle – auch kleinste menschliche «Verfehlungen» streng ahndet, dem gar nichts entgeht – ein solcher Gott wirkt unheimlich, furchtbar, bedrohlich. Besonders am Ende des Lebens stellt sich für religiöse Menschen im besonderen Maß dann zudem die Todesthematik: Wie geht es weiter? Wohin? Was passiert mit mir? Werde ich wohl bestraft? Friedrich Christian Delius, Sohn eines Pfarrers und Enkel eines Missionars, erlebte eine sehr angstbesetzte Erziehung. In seinen Erinnerungen beschreibt er unter anderem, dass es ihm unmöglich war, dem allgegenwärtigen Auge Gottes zu entkommen, weil der ja alles sah:

> Ich konnte versuchen, mich dem Blick [Gottes – J.F.] zu entziehen, aber damit entlastete ich mein Gewissen nicht, denn das Auge Gottes spiegelte sich in den Augen des Vaters, der Mutter, der Großeltern, ihre Augen flankierten und vervielfachten das Gottesauge, zu viele Augen sahen auf mich herab.[41]

Und weiter schreibt er:

> Nie würde ich es schaffen, mich an diesen unberechenbaren Herrn zu gewöhnen mit Beten, Dienen, Danken, Glauben, Singen, aber noch schlimmer war die Vorstellung der Leere, der Verdammnis, der Schuldgefühle, mit denen Gott den verfolgte, der sich seinen Befehlen nicht zu unterwerfen verstand und zum Heiden wurde.[42]

---

40 Moser, Tilmann (1976): Gottesvergiftung. Frankfurt: Suhrkamp.

41 Delius, Friedrich Christian (1994): Der Sonntag, an dem ich Weltmeister wurde. Reinbek: Rowohlt, S. 15.

42 Delius (1994), S. 16.

> Ich entkam den Strafgerichten der Bibel nicht, [...] ich hatte keine Chance vor diesem Gott. Welche Rettung gibt es, wenn alles vorbestimmt ist? Wenn der liebe Gott heimsucht der Väter Missetat an den Kindern bis ins dritte und vierte Glied?[43]

In solchen und ähnlichen religiösen Erfahrungen wird Gott sehr traurig oder ungehalten, wenn sich das Kind «falsch», unzüchtig, ungehorsam, sündig verhält, es kommt für seine angeblichen Verfehlungen in die Hölle oder wird für das Wohlergehen des himmlischen Vaters verantwortlich. Gott leidet dann, weil das Kind so böse ist! Und Delius fragt sich als Elfjähriger angesichts der Isaak-Geschichte gar, wie weit der eigene Vater in einer vergleichbaren Situation gehen würde: Stände ihm Gott näher als der Sohn, würde er ihn mit dem Messer abstechen?[44] Wird der liebe Gott so zum bösen, gefährlichen, lebensbedrohenden Gott, dann hinterlässt das im Heranwachsenden unter Umständen lebenslängliche Leidensspuren, beispielsweise etwa das Gefühl, nicht liebenswert zu sein, nie zu genügen usw. Unzählige Leidensgeschichten legen davon Zeugnis ab (vgl. Frick 1999).

Elterliche, erziehungsbedingte Einflussfaktoren

Eltern bedeuten für das Kind in den ersten Lebensjahren – und über viele weitere Jahre hinaus – die wichtigsten, prägendsten Figuren des Lebens! Ihre Grundhaltung, der Erziehungsstil, ihre eigenen Vorstellungen über die Welt, deren Probleme sowie die Bewältigbarkeit dieser Probleme – all dies und vieles mehr nimmt einen entscheidenden Einfluss auf die Entwicklung des Kindes. Erlebt es die Familie tendenziell als eine sichere, vertrauensvolle, ruhige Basis – oder sind die Eltern eher unberechenbar, gefährlich, wenig Sicherheit und Verlässlichkeit bietend?

In Tabelle 6-4 habe ich die wichtigsten Einflussfaktoren auf die Entstehung und Entwicklung von Ängsten im Kindes- und Jugendalter zusammengestellt.

---

43 Delius (1994), S. 57–58

44 Delius (1994), S. 76

Tabelle 6-4: Erziehungsbedingte Einflussfaktoren

- fehlende gefühlsmäßige Annahme des Kindes (z. B. seltene positive Rückmeldung, häufige negative Rückmeldung wie Tadel, Drohung …)
- Laisser-faire-Haltung in der Erziehung, die das Kind als Gleichgültigkeit wahrnimmt
- ein Erziehungsstil, bei dem Zuckerbrot und Peitsche im Vordergrund stehen und der beim Kind das Gefühl des Ausgeliefertseins, der Unberechenbarkeit, hinterlässt
- autoritäre strenge Erziehung, in der Strafandrohungen und körperliche wie sprachliche Züchtigungen vorherrschen und/oder wo mit Liebesentzug gearbeitet wird
- eine Erwartungshaltung an das Kind, die es intellektuell und emotional überfordert und wichtige Bedürfnisse (z. B. nach Bestätigung und Wertschätzung) uneingelöst lässt; Leistungsdruck, Überforderung, unerreichbare (zu hohe) Ziele
- ein verwöhnender, überbehütender Erziehungsstil (Frick 2011), der dem Kind zu wenig Eigenständigkeit zubilligt, ihm wenig zutraut, es in Abhängigkeit zu den Eltern behält, zu viel (gut gemeinte!) Unterstützung/Hilfestellung beinhaltet. Folge: Entmutigung, Ängstlichkeit, Anspruchshaltung
- häufige Konflikte/schlechte Beziehung zwischen den Elternteilen
- ängstliche, unsichere Eltern (diese wirken als unbewusstes Modell!)
- angstmachende religiöse Erziehung und Unterweisung («Schuld», «Sünde» usw.)

Wichtig sind dabei nicht einzelne, isolierte elterliche Handlungen, sondern die gesamte Grundhaltung der Eltern zum Kind über längere Zeit, der Erziehungsstil und das Erziehungs- und Familienklima. Ebenso spielen das Alter des Kindes, seine persönliche, individuelle und subjektive Verarbeitung (sein Lebensstil – vgl. Kap. 3), die Geschwistersituation, seine Bewältigungsstrategien (sein «Coping», vgl. dazu Kap. 9) und seine Kontrollüberzeugungen («Kann ich diese Angst beeinflussen, bewältigen oder nicht?») eine Rolle. Und schließlich vermögen allfällige kompensatorische oder moderierende Effekte durch andere Personen (Geschwister, Nachbarn, Lehrperson usw.) die Wirkung der Angst zu beeinflussen: Wer beispielsweise einen großen Bruder hat, der einen bei der nächtlichen Angst beruhigen kann, hat einen entscheidenden Vorteil, um mit dieser Angst konstruktiv umgehen zu können.

Wann ist Hilfe nötig?

Grundsätzlich kann als Faustregel gelten: Wenn ein Kind über einen Beobachtungszeitraum von einigen Tagen bis Wochen ausgeprägte Symptome wie Bauchschmerzen vor dem Kindergarten- oder Schulbesuch, Stottern, Schlafstörungen, Gehemmtheit, Beschämungsangst, Rückzug, Aggressivität zeigt, ist als Erstes das vertiefte Gespräch darüber mit dem Kind angezeigt. Wenn dann keine spürbare Besserung eintritt, lohnt es sich, als erste Anlaufstelle eine/n Psychologen/in beizuziehen – beispielsweise für eine erste Information und Beratung ohne Kind. Bezieht sich die Angst auf die Schule, dann sollte unbedingt auch die Lehrperson kontaktiert werden.

Francescos Umgang mit der Angst

In günstigen Fällen finden Kinder Wege und Möglichkeiten, mit ihren (leichteren) Ängsten umzugehen. Rogge (1997) schildert uns in seinem Buch ein originelles Beispiel dafür, wie erfindungsreich und kreativ Kinder sind, um mit ihren Ängsten fertigzuwerden. Der Junge, vermutlich im Vorschulalter, hat Angst vor dem Krokodil unter dem Bett – etwas, das sehr viele Kinder kennen!

«Früher», lacht Francesco, «hatte ich Angst vor Krokodilen. Die lagen unter meinem Bett. Da durfte nichts aus meinem Bett raushängen. Und ich bin dann auch nirgendwo mehr hingegangen. Dann hatte ich aber eine Idee: Ich wusste, die sind ganz gefräßig. Deshalb wollten sie mich ja auch haben. Da hab ich Smarties um mein Bett verteilt. Die sollten sie zuerst essen. Und dann sind sie satt, und dann fressen sie mich nicht mehr. Und am anderen Morgen waren die Smarties immer noch da. Da habe ich gedacht, da sind ja gar keine Krokodile, und habe selber die Smarties gegessen. Aber dann war mir schlecht. Ich habe gedacht, vielleicht haben die Krokodile die nur nicht gegessen, weil sie nicht wollten, dass ihnen schlecht wird. Also habe ich gedacht, da sind doch Krokodile! Am nächsten Tag habe ich dann Schokolade um das

Bett verteilt. Und als die am nächsten Morgen dann auch noch da lag, habe ich gedacht, so wählerisch können die nicht sein. Also gibt es keine Krokodile unter dem Bett.»[45]

Das Beispiel zeigt anschaulich, wie wichtig es ist, dass Kinder eigenständige und eigene, für sie passende Lösungen für ihr Problem suchen und finden. *Sie* müssen überzeugt sein, einen Weg aus der Gefahrenzone zu finden. Dann stärken sie ihr Selbstwertgefühl, festigen ihre Kontrollüberzeugung («ich kann Einfluss nehmen und eine unangenehme Erfahrung bewältigen») und werden wieder einen kleinen Schritt mutiger. Eine wichtige Lektion für das weitere Leben, das sie noch vor sich haben.

Von der Angst zum Mut: Viele Möglichkeiten der Einflussnahme

Besonders die Eltern, daneben zudem ErzieherInnen und Lehrpersonen haben einen großen Einfluss bei der Entstehung wie beim Abbau von Ängstlichkeit bei Kindern, Jugendlichen, SchülerInnen. Die in Tabelle 6-5 zusammengefassten Verhaltensweisen wirken tendenziell Ängstlichkeit entgegen und fördern angstbewältigendes, mutiges Verhalten.

Zentral ist, dass Kinder und Jugendliche das Gefühl bekommen, der Angst nicht hilflos ausgeliefert zu sein. Eltern und Lehrpersonen können zudem hilfreich sein, indem sie die Ängste des Kindes ernst nehmen, zuhören, konkrete Maßnahmen mit dem Kind besprechen, was es gegen die Angst tun kann (z. B. zählen, den Bär ins Bett nehmen) oder das Kind an angstauslösende Situationen schrittweise, individuell, situationsangepasst, ohne Zwang und ermutigend gewöhnen. Hilfreich sind unter anderem auch: Bilderbücher und Geschichten, die dem Kind aufzeigen, was es schon alles kann, oder das Malen eines Angstbildes und anschließend eines Mutbildes, Mutlieder. Wenn Heranwachsende lernen, dass Ängste ganz einfach zum Leben gehören, dass sie damit nicht allein sind, verlässliche Erwachsene zur Seite stehen und dass die

45 Rogge, Jan-Uwe (1997): Kinder haben Ängste. Von starken Gefühlen und schwachen Momenten. Reinbek: Rowohlt, S. 19, leicht verändert.

Tabelle 6-5: Angstminderndes Verhalten durch Erwachsene

- positive und individuelle Rückmeldung (Lob, Bestätigung, Ermutigung)
- autoritativer (nicht autoritärer!) kooperativer Erziehungsstil mit transparenter und kindsangepasster Grenzsetzung
- angemessene, kindgemäße Zielsetzung/Ideale in der Erziehung
- schrittweises Gewöhnen an Angst auslösende Situationen (ohne Zwang!)
- berechenbare/verlässliche/ruhige Führung
- Kinder, die Angst zeigen, nicht auslachen
- dem Kind zuhören, es seine Ängste aussprechen lassen, ihm Ängste nicht vorschnell ausreden wollen
- kindgemäße Erklärungen und Verständnishilfen anbieten (z. B. bezüglich Blitz)
- das Kind erfahren lassen, dass es mit der Angst nicht alleine ist
- Befriedigung der kindlichen Bedürfnisse (Wärme, Zuneigung, Berechenbarkeit ...)
- als Erwachsene ein mutiges – nicht leichtsinniges – Vorbild sein
- als Eltern einen konstruktiven Umgang mit eigenen Ängsten vorleben

meisten Ängste vorübergehend, beeinflussbar und bewältigbar sind, dann sind die wichtigsten Schritte der Angstprophylaxe beziehungsweise der Angstbewältigung gemacht.

Der konstruktive Umgang mit Ängsten: Ein Beispiel

Im folgenden Auszug aus einer Studienarbeit einer Studierenden in Entwicklungspsychologie werden sowohl die Ängste wie auch der konstruktive und gelingende Umgang damit sehr anschaulich beschrieben.

Kinderängste: Rückblick in meine eigene Kindheit

Ich war ein sehr ängstliches Kind. Ich möchte deshalb in diesem Teil einen kurzen Rückblick in diese Zeit unternehmen, um aufzuzeigen, was mich damals ängstigte und wie ich diese Angst bewältigen konnte.

Im Alter von zirka vier bis acht Jahren gehörte ich zu den sehr ängstlichen Kindern. Es gab viele Nächte, in denen ich zu meiner Mutter ins

Bett schlüpfte, weil ich nicht mehr weiterschlafen konnte. Auch das Einschlafen am Abend war oft ein Problem. Meine Zimmertüre musste weit offen stehen, das Licht im Gang [Flur; Anm. des Autors] musste brennen, und wenn möglich musste ich jemanden von meinen Eltern hören können, damit ich beruhigt zu Bett gehen konnte.

In der Nacht wohnte unter meinem Bett eine Hexe oder ein anderes Monster, in meinem Schrank versteckte sich ein Gespenst, und weil zu meinem Zimmer ein Stück Balkon gehörte, auf welchen sogar ich selbst klettern konnte, befürchtete ich zusätzlich, ein Räuber könnte dort in mein Zimmer einsteigen und mich rauben. Wenn ich mitten in der Nacht aufwachte und nicht mehr einschlafen konnte, was in den meisten Fällen so war, dann nahm ich einen riesigen Satz aus meinem Bett heraus. Andernfalls hätte mich die Hexe unters Bett ziehen können. Auch sonst durfte nie ein Zipfel meiner Bettdecke über die Matratze hinaus ragen. Ich getraute mich auch nicht, einen Fuß oder eine Hand über den Bettrand zu halten.

Wenn ich dann endlich aus meinem Zimmer raus war, schlich ich ganz vorsichtig zum Zimmer meiner Eltern und brauchte manchmal bis zu einer halben Stunde, um am Fußende des Elternbettes entlang zu kriechen, auf die Seite, auf welcher meine Mutter schlief. Das Problem meiner nächtlichen Wanderschaften war, dass mein Vater, wenn er erwachte, mich aus Rücksicht auf meine Mutter wieder in mein eigenes Bett stecken wollte. Er war lange Zeit der Ansicht, dass ich bei meinen nächtlichen Bettwechseln meine Mutter wecken würde und sie nicht mehr schlafen könne, wenn ich auch noch in ihrem Bett übernachtete. Das hat er mir einige Male erklärt, und trotzdem konnte ich nicht mehr in meinem eigenen Zimmer bleiben, wenn ich nach einem bösen Traum erwachte. Deshalb bemühte ich mich jedes Mal, so leise wie möglich auf dem Fußboden zu kriechen, so dass mein Vater nichts bemerkte. Ich wusste, dass ich meine Mutter nicht anfassen durfte, wenn sie schlief. Sie hätte ja erschrecken und schreien können, was wiederum meinen Vater auch aufgeweckt hätte. Ich selbst durfte auch nicht sprechen, also habe ich eine andere Taktik entwickelt, um meiner Mutter signalisieren zu können, dass ich gerne bei ihr schlafen wollte.

Weil meine Mutter auf einer extrem weichen Matratze schlief, konnte ich auf der Seite mit beiden Händen so lange draufdrücken, bis sie zur Seite rollte oder es einfach spürte. Ohne Worte hob sie dann ihre Bettdecke hoch und ich schlüpfte hinein. Ich bemühte mich jedes Mal, wenn ich bei ihr schlief, so wenig Platz wie möglich in Anspruch zu nehmen, weil ja mein Vater gesagt hatte, dass sie nicht mehr schlafen könne, wenn ich so viel Platz von ihrem Bett brauchte. Es war also nie so richtig bequem und gemütlich, aber schlafen konnte ich trotzdem ganz gut für die restlichen Stunden der Nacht.

Weil ich meinen Eltern sagte, dass ich mich vor Hexen und vor Gespenstern fürchtete, besorgten sie die Bücher «Das kleine Gespenst» und «Die kleine Hexe» von Otfried Preussler. Jeden Abend vor dem Schlafengehen lasen wir gemeinsam ein Kapitel von diesen Büchern und sprachen noch eine Weile darüber, was für ein herziges und liebes Gespenst beziehungsweise was für eine liebe kleine Hexe das war. Diese Geschichten halfen mir damals, meine Angst vor dem Gespenst in meinem Schrank und der Hexe unter meinem Bett zu überwinden – sicherlich waren «meine Mitbewohner» auch nette Geschöpfe, sonst hätten sie nicht an solch gemütlichen Plätzen wie zwischen meinen Kleidern gewohnt.

Die Hexe unter meinem Bett konnten wir zusätzlich vertreiben. Damit sie da unten keinen Platz mehr hatte, stopften wir alle meine Stofftiere und diejenigen meiner Brüder unter mein Bett – so konnte sie sich dort unten auf keinen Fall mehr verstecken. Bevor das Licht in meinem Zimmer gelöscht werden konnte, kontrollierten meine Eltern gemeinsam mit mir jeden Abend, ob die Stofftiere noch da waren. Das überzeugte mich, und ich konnte beruhigt einschlafen.

Was den Kinder-Räuber vom Balkon anging: Ich mag mich noch gut an diese Nacht erinnern, als ich wieder einmal von meinem Vater in mein eigenes Bett gebracht wurde, weil er mich bemerkte, bevor ich im Bett meiner Mutter war. Ich war verzweifelt und weinte, dass draußen auf dem Balkon ganz sicher ein Mann stehe, der mich rauben will. Wir haben also gemeinsam den Rollladen nach oben gedreht und auf den Balkon geschaut. Da war niemand. Mein Vater erklärte mir dann auch, wie schwierig es wäre, durch den Rollladen und das Fenster einzubrechen. Zuerst müsste der Räuber in den Rollladen ein riesiges Loch machen, was natürlich nicht ohne einen gewaltigen Lärm passieren konnte. Durch das Fenster käme er auch nicht so leicht, weil er sich am kaputten Glas schneiden würde. In dieser Zeit wäre ich gewiss längst aufgewacht und zu meinem Vater gerannt. Der Räuber hätte also überhaupt keine Chance. Diese Erklärung von meinem Vater war sehr ausführlich und leuchtete mir schlagartig ein. Als weiteren Schritt zügelten wir am Tag darauf mein Bett – weg von der Balkontür, ganz nah an die Zimmertür.

Mit der Hilfe und Unterstützung meiner Eltern habe ich gelernt, mit der Angst umzugehen, und habe Wege gefunden, wie ich sie bewältigen konnte. Dieses ganze Angst-Problem lehrte mich aber auch noch einen ganz wichtigen zusätzlichen Aspekt, welchen ich jedoch erst heute erkenne. Meine Eltern brachten mir mit ihren Lösungs-Ansätzen bei, nicht einfach vor einem Problem wegzulaufen, sondern etwas dagegen zu unternehmen. Es gibt immer einen Weg, unangenehme Dinge und Probleme aus der Welt zu schaffen, man muss manchmal nur etwas kreativ sein und den teilweise schwierigen Weg nicht scheuen.

Meine Wege, um die Angst zu besiegen

In meinem Fall halfen mir Geschichten und einleuchtende Erklärungen von meinen Eltern, um meine Angst zu besiegen. Aussagen wie «du brauchst doch keine Angst zu haben» oder «es ist alles nicht so schlimm» können Kinder nicht annehmen. Viel eher fühlen sie sich eben dadurch nicht ernst genommen und verzichten sogar vielleicht darauf, den Eltern ein nächstes Mal von ihrer Angst zu erzählen.

Auf meine eigene Kindheit zurückblickend kann ich sagen, dass meine Eltern (wahrscheinlich eher intuitiv) genau richtig vorgegangen sind. In einem ersten Schritt haben sie sich ernsthaft für meine Angst interessiert und mir auch das Gefühl gegeben, dass sie mir wirklich helfen wollen. Inwieweit sich meine Eltern Gedanken darüber gemacht haben, woher meine Angst kommt, kann ich hier leider nicht beantworten, aber aus meiner Sicht war das eine ganz normale Entwicklungsangst und brauchte deshalb auch keine besondere Behandlungsmethode.

Den zweiten und für mich wichtigsten Schritt haben meine Eltern gezielt so geplant, dass ich selber Ideen und Lösungsansätze bringen musste. Ich glaube wirklich, dass ich noch heute davon profitiere. Damals lernte ich ganz unbewusst, dass ich die Angst besiegen kann, aber dafür muss ich mich zuerst auch etwas getrauen. Von alleine verschwindet die Angst auf jeden Fall nicht. Bis heute gehe ich (oft auch unbewusst) nach dieser Strategie vor, denn auch die Probleme im Erwachsenenalter lösen sich nicht von alleine.

Hilfen zur Angstbewältigung

Für mich ist es auf alle Fälle zentral, dass man Lösungen anbietet, bei welchen das Kind aktiv und kreativ mitwirken kann. So erlebt es, dass es selber etwas gegen die «böse Macht» unternehmen und sie in den

Griff kriegen kann. Mit meinen Plüschtieren unter dem Bett habe ich selbst die Hexe verjagt, sie war schwächer als ich und somit auch keine Bedrohung mehr.

Die Thematisierung der Angst hat für mich einen wichtigen Stellenwert. War ich früher doch so ängstlich, habe ich heute vor fast gar nichts mehr Angst. Dies ist so, weil ich gelernt habe, dass Angst einfach zum Leben dazugehört. Mit geeigneten Strategien kann man die Angst beherrschen und lenken. Wer das einmal verstanden und erlebt hat, der lässt sich nicht mehr so leicht einschüchtern und versucht alles, um die Stolpersteine aus dem Weg zu schaffen.

Letztlich handelt es sich hier um einen gar nicht so ängstlichen Menschen. Wer sich der Angst so stellen kann und dabei auf die wichtige Unterstützung der nächsten Bezugspersonen zählen kann, braucht mit großer Wahrscheinlichkeit keine professionelle Hilfe.

Fragen und Denkanstöße

- Welche Ängste haben Sie als Kind, als Jugendliche gehabt? Wie sind Sie damit umgegangen?
- Welche Ängste haben Sie heute als Erwachsene? Wie gehen Sie mit diesen Ängsten heute um?
- Welche Ängste aus der Kindheit sind geblieben, welche verschwunden, welche neu hinzugekommen?
- Wer/was hat Ihnen bei der Bewältigung der Ängste in der Kindheit geholfen? Mit welchen Mitteln, Handlungen, Haltungen, Überzeugungen?
- Was hilft Ihnen heute gegen die Erwachsenenängste?

Literaturhinweise

Delumeau, Jean (1993): Angst im Abendland. Die Geschichte kollektiver Ängste im Europa des 14. bis 18. Jahrhunderts. Reinbek: Rowohlt.

Du Bois, Reinmar (2007): Kinderängste. Erkennen – verstehen – helfen. 4. Auflage. München: Beck.

Essau, Cecilia A. (2003): Angst bei Kindern und Jugendlichen. München: Reinhardt.

Finger, Gertraud (2004): Brauchen Kinder Ängste? Wie Kinder an ihren Ängsten wachsen. Stuttgart: Klett-Cotta.

Friedrich, Sabine; Friebel, Volker (1996): Trau dich doch! Wie Kinder Schüchternheit und Angst überwinden. Reinbek: Rowohlt.

Krause, Christina (1998): Angst und Angstverarbeitung. In: *Humanismus heute, 3*, S. 51–59.

Krohne, Heinz W.; Hock, Michael (1994): Elterliche Erziehung und Angstentwicklung. Untersuchungen über die Entwicklungsbedingungen von Ängstlichkeit und Angstbewältigung. Bern: Verlag Hans Huber.

Moser, Tilmann (1976): Gottesvergiftung. Frankfurt: Suhrkamp.

Petermann, Franz (Hrsg.) (2008): Lehrbuch der Klinischen Kinderpsychologie. 6. Auflage. Göttingen: Hogrefe.

Rogge, Jan-Uwe (1997): Kinder haben Ängste. Von starken Gefühlen und schwachen Momenten. Hamburg: Rowohlt.

Steinhausen, Hans-Christoph (2000): Seelische Störungen im Kindes- und Jugendalter. Stuttgart: Klett-Cotta.

Steinhausen, Hans-Christoph (2006): Psychische Störungen bei Kindern und Jugendlichen. Lehrbuch der Kinder- und Jugendpsychiatrie und -psychotherapie. München: Urban & Fischer.

Stiftung Pro Mente Sana (Hrsg.) (1996): Angst. Pro Mente Sana aktuell, Heft 1. Zürich: Pro Mente Sana.

Veith, Peter (1987): Eltern machen Kindern Mut. Freiburg: Herder.

7 Welche Bedeutung hat der Schuleintritt?

Der Schuleintritt als psychologische Herausforderung für das Kind

Der Übergang vom Kindergarten in die Schule markiert einen besonders wichtigen Entwicklungsschritt für jedes Kind. Dieser Zeitabschnitt stellt eine bedeutende Entwicklungsaufgabe für ein Kind dar, denn es wird mit verschiedenen neuen Problemen und Herausforderungen konfrontiert – und es bieten sich zugleich neue Chancen. Der Schulanfang verändert die Lebensbedingungen des Kindes erheblich, so dass in der Entwicklungspsychologie von einem kritischen Lebensereignis gesprochen wird. Aus einer ganzheitlichen Sicht[46] kann dieser Übergang als Zusammenwirken aller direkt beteiligten Personen und Institutionen (Kinder, Eltern, Lehrpersonen, Berater und Dienste, Schule) sowie verschiedener Rahmenbedingungen (gesellschaftliche, schulische, familiäre, kindliche usw.) verstanden werden; im Verlauf dieses Übergangs sind vielerlei Kompetenzen aufzubauen und zu vertiefen, die für eine erfolgreiche Bewältigung dieser Entwicklungsaufgabe gebraucht werden. Auf das einzelne Kind fokussiert heißt das aus individualpsychologischer Perspektive gleichzeitig aber auch: Der Schuleintritt stellt eine psychologische Herausforderung dar, ist sozusagen ein Test, wie weit das Kind in den ersten Lebensjahren zu Hause für diesen neuen Lebensabschnitt vorbereitet wurde (vgl. Adler 1973 c/1929) – und wo noch Entwicklungsschritte zu bewältigen sind.

Menschen reagieren auf neue Herausforderungen und Lebensabschnitte in der Regel mit einer individuell und persönlich geprägten Mischung aus Freude und Skepsis, die vorherrschenden Gefühle sind häufig ambivalent und schwanken zwischen Freude, Erwartung und Angst. Das gilt auch für den Übergang vom Kindergarten in die Schule. Auf der einen Seite gehören die SchulanfängerInnen nun zu den Großen: Die Schule bietet einen Prestigegewinn (Statusgewinn), was mit dem Schulranzen und weiteren neuen Schulutensilien auch äußerlich dokumentiert wird. Kleine Kinder möchten ja groß sein (vgl. Kap. 5) und distanzieren sich so gegenüber den noch Jüngeren (Abgrenzungsfunktion). Mit dem Schuleintritt verbreitert sich zugleich auch das kognitive Feld: Neue Angebote und Erkenntnisse, Kulturtechniken, Fächer,

---

46 zum Beispiel gemäß der integrativen Transitionstheorie (vgl. Griebel und Niesel 2002/2004) wie auch dem ökopsychologischen interaktionistischen Modell der «Schulreife» (vgl. Nickel und Schmidt-Denter 1995)

neues Wissen, erweiterte Fähigkeiten – kurz, eine deutliche Kompetenzen-Vertiefung steht an; Lernfelder und Lernmöglichkeiten werden stark erweitert, neue Rollen und Verhaltensmuster erworben und trainiert (Kognitionsgewinn, Horizonterweiterung).

Wie alle Übergänge beinhaltet auch die Schuleintrittsphase eine Zeit der emotionalen Ungewissheit: Es findet ein Loslassen, ein Ablösen von der Kleinkinderrolle sowie der häufig ersten pädagogischen Bezugsperson, der Erzieherin im Kindergarten, statt. Am neuen Ort trifft man auf viele neue, unbekannte Kinder: Die Schule ist ein neues Feld für erweiterte soziale Erfahrungen, man muss sich mit verschiedenen neuen Problemen zurechtfinden (Schulhaus, Pausenplatz, Gebäuden, Regeln und Gepflogenheiten usw.). Nicht wenige Kinder beschäftigt zudem die Angst und Unsicherheit, ob sie neue Freunde (Peers), einen angemessenen Platz beziehungsweise eine Rolle in der Klasse finden (Rollenfindung, Zugehörigkeit) und in der Schule genügen (Leistungsaspekt). Die Kinder und vor allem die Eltern haben meistens klare Erwartungen an die neuen SchülerInnen, nehmen doch Leistungsdruck und Leistungserwartungen in der Schule nun deutlich zu.

SchulanfängerInnen stellen sich zudem auch die Frage, ob die Lehrpersonen sie mögen (Anerkennung), sie müssen sich mit älteren und stärkeren Kindern auf dem Pausenhof auseinandersetzen, ihre Rolle neu finden. In der Schule gelten sowieso neue und mehr Regeln, Pflichten sowie ungeschriebene Gesetze: Man muss mehr stillsitzen, sollte nicht ungefragt im Unterricht reden oder herumlaufen, das Herumtoben wird eingeschränkt usw. Unter Umständen muss auch ein längerer Schulweg bewältigt werden, und das Schulkind bleibt nun in der Regel länger von zu Hause weg (Ablösung). Bindungen können so zusätzlich geprüft werden. Für einige Schulkinder mit einem jüngeren Geschwister (vgl. Frick 2009) zu Hause sind manchmal auch Eifersucht und Ängste *(«Mag die Mutter das jüngere Geschwister lieber? Sie ist nun mehr mit ihm alleine! Und ich?»)* ein Problem, mit dem sie sich auseinandersetzen müssen. Auf der anderen Seite kann der Schuleintritt auch eine Chance zu mehr Selbstständigkeit und Ablösung von einer zu engen Bindung an einen Elternteil darstellen.

Immerhin: Die meisten Kinder freuen sich auf die Schule – vor allem die selbstbewussten und bewältigungs-optimistischen (Mietzel 2002). Nur eine Minderheit zeigt länger anhaltende zwiespältige oder negative Gefühle bis zur ausgeprägten Angst (Schulangst). Ältere Geschwister mit guten oder schlechten Schulerlebnissen wie auch Eltern, die selber eine skeptische oder aber negative Erwartung ausdrücken oder von eigenen schlechten Schulerfahrungen geprägt sind, können die NeueinsteigerInnen unter Umständen stark ungünstig beeinflussen. Bei gehemmten, sozial isolierten sowie bewältigungs-pessimistisch orientierten Kindern überwiegen Angst und Skepsis vor der neuen Institution, in ungünstigen Konstellationen sogar über Jahre.

Am Beispiel von Leon, einem Kind, das zum Zeitpunkt des Interviews noch in den Kindergarten ging und dann einige Monate später in die Schule eintreten sollte, werden einige dieser Themen veranschaulicht und anschließend kurz kommentiert.

Ein Beispiel: Interview mit Leon

Leon war zum Zeitpunkt des Interviews 6,5 Jahre alt. Das Interview fand im Frühjahr statt, der Schulbeginn erfolgt dann ungefähr Mitte August.

Interviewerin: «Nach den Sommerferien gehst du ja im Sommer in die Schule, oder?»
Leon: «Ja, vielleicht.»
Interviewerin: «Freust du dich, in die Schule zu kommen?»
Leon: «Nein.»
Interviewerin: «Warum denn nicht?»
Leon: «Weil, dann muss man rechnen …» *(kurze Überlegungspause)* «… und stillsitzen. Im Kindergarten ist das nicht immer so!»
Interviewerin: «Nicht? Was müsst ihr denn im Kindergarten?»
Leon: «Ja, auch manchmal.»
Interviewerin: «Was, stillsitzen?»
Leon: «Ja, aber nicht immer!»
Interviewerin: «Meinst du, in der Schule muss man dann immer stillsitzen?»
Leon: «Nein, nicht immer – aber viel, denke ich!!»
Interviewerin: «Und rechnen, machst du das nicht gerne?»
Leon: *(überzeugt)* «Nein! Rechnen kann man zu Hause. Zählen kann ich auch!»
Interviewerin: «Was kannst du denn zu Hause rechnen?»
Leon: *(triumphierend)* «Zum Beispiel: eins und eins gibt zwei, drei und drei gibt sechs.»
Interviewerin: «Da kannst du ja schon vieles?»

Leon: «Ja!»
Interviewerin: «Sicher? Was muss man dann sonst noch in der Schule tun, was meinst du?»
Leon: «Spiele machen, Spiele miteinander machen, Verschiedenes.»
Interviewerin: «Könntest du dir denn eine Schule vorstellen, die dir gefallen würde?»
Leon: *(zögert)* «Nein.»
Interviewerin: «Gibt es denn keine Schule, die dir gefallen könnte?»
Leon: *(sehr rasch)* «Nein.»
Interviewerin: «Was müsste denn in der Schule sein, damit es dir dort gefallen würde?»
Leon: «Das Gleiche wie im Kindergarten.»
Interviewerin: «Du möchtest in der Schule das Gleiche wie im Kindergarten?»
Leon: «Ja, oder wie zu Hause.»
Interviewerin: «Was ist denn dort anders als in der Schule?»
Leon: «Ja, so, es hat andere Spielsachen.»
Interviewerin: «Und das findest du besser?»
Leon: *(laut)* «Ja!!»
Interviewerin: «Bist du denn schon einmal in eine Schule gegangen, um zu sehen, wie es dort ist?»
Leon: «Ja!»
Interviewerin: «Sicher?» *(Keine Antwort von Leon, deshalb hakt die Interviewerin nach:)* «Wo denn?»
Leon: *(unsicher)* «Ich glaube in A.?»
Interviewerin: «In A. bist du gewesen?»
Leon: «Ja.»
Interviewerin: «Bei wem denn?»
Leon: «Bei …» *(überlegt)*, «… ja, den Namen weiß ich nicht mehr.»
Interviewerin: «Bei Frau A.?»
Leon: *(jetzt überzeugter)* «Ja.»
Interviewerin: «Hat es dir nicht gefallen?»
Leon: «Nein …» *(kurze Pause)* «… also, also ein wenig schon.»
Interviewerin: «Was hat dir denn gefallen?»
Leon: «Ja …» *(zögert)*, «… zum Anschauen, was die Kinder alles gebastelt haben, was sie gemalt haben, was sie machen und so.»

Interviewerin: «Das hat dir gefallen?»
Leon: «Ja!»
Interviewerin: «Das möchtest du selber nicht machen?»
Leon: *(sehr sicher)* «Nein! …» *(kurze Pause, zögert)*, «… also Basteln, das würde ich schon machen …, aber einfach sonst nicht das machen, was die Kinder machen, also nur Malen und Basteln.»
Interviewerin: «Das würdest du gerne machen?»
Leon: «Ja genau!»
Interviewerin: «Hast du denn auch ein bisschen Angst vor der Schule?»
Leon: *(deutlich)* «Nein!»
Interviewerin: «Das nicht?»
Leon: «Nein!»
Interviewerin: «Du hast einfach keine Lust!?»
Leon: «Ja, aber …»
Interviewerin: «Dann willst du nicht in die Schule gehen?»
Leon: «…, weil ich so viele Freunde habe, die alle im Sommer in die Schule gehen, dann weiß ich auch nicht, was ich dann machen soll …»
Interviewerin: «Aha, jetzt weißt du nicht recht, ob du im Kindergarten bleiben sollst oder doch in die Schule gehen möchtest?»
Leon: «Ja.»
Interviewerin: «Erzählen die anderen denn etwas von der Schule? Hast du denn Angst vor der Schule?»
Leon: *(deutlich)* «Nein! Nicht immer …»
Interviewerin: «Wieso weißt du denn, dass es nicht so schön ist in der Schule?»
Leon: «Eben, weil ich ja einmal in die Schule gegangen bin!»
Interviewerin: «Aber nicht, weil die anderen gesagt haben, es sei nicht schön in der Schule?»
Leon: «Nein.»
Interviewerin: «Gefällt es den anderen in der Schule?»
Leon: «Das weiß ich nicht.»
Interviewerin: «Wenn du einmal Lehrer wärst, was würdest du mit deinen Kindern machen, damit es ihnen gefallen würde in der Schule?»
Leon: «Basteln, Malen, Rechnen und vieles anderes!»

Interviewerin: «Das würdest du machen?»
Leon: «Ja!»
Interviewerin: «Und was denkst du, warum es ihnen dann gefallen würde, wenn du es machen würdest?»
Leon: «Wieso? Weiß ich auch nicht!?»
Interviewerin: «Du denkst, du würdest das einfach ganz spannend machen?»
Leon: «Ja, und einmal einen Film anschauen, einmal in die Ferien gehen, dass es ihnen einfach gefallen würde. Oder eine Reise machen!»
(Kurze Pause)
Interviewerin: «Nun, Leon was meinst du? Denkst du, du könntest ohne Schule durch das Leben kommen?»
Leon: *(überzeugt)* «Nein!»
Interviewerin: «Möchtest du immer im Kindergarten bleiben?»
Leon: «Nein.»
Interviewerin: «Gehst du vielleicht doch in die Schule?»
Leon: *(rasch)* «Ja!»
Interviewerin: «Wann denn?»
Leon: «Im nächsten Sommer!»
Interviewerin: *(überrascht)* «Aha, im Sommer gehst du nun doch in die Schule?»
Leon: *(wieder zögernder)* «Ja, vielleicht.»
Interviewerin: «Weißt du denn schon, was du werden willst?»
Leon: *(überlegt)* «Ja, Feuerwehr.»
Interviewerin: «Feuerwehrmann?»
Leon: *(bestimmt)* «Ja!»
Interviewerin: «Sicher? Was ist denn so schön an diesem Beruf?»
Leon: *(wie aus der Pistole geschossen)* «Dann kann man nachher Feuerwehrhauptmann werden!»
Interviewerin: «Aha, was macht dann der Feuerwehrhauptmann?»
Leon: *(sofort)* «Er sagt eben, was die anderen tun müssen!»

Kurzer Kommentar zu Leon

Zuerst überwiegen Skepsis und Ablehnung gegenüber der Schule mit ihren neuen und für Leon offenbar auch diffusen Aufgaben und Anforderungen. Am liebsten wäre es ihm, wenn in der Schule etwa das Gleiche wie im Kindergarten gefordert und angeboten würde – das würde seine Bedenken senken und gäbe ihm Sicherheit: Was man schon kennt, bietet Sicherheit, bestätigt. Angst vor der Schule verneint Leon zwar, trotzdem sind ambivalente Gefühle deutlich spürbar. So realisiert er, dass seine Freunde in die Schule gehen werden (ein deutlicher Ansporn zugunsten des Schulbesuchs!) und er erkennt ebenso klar die Unausweichlichkeit des Schulbesuchs für sein Leben. Die Schule kann ihm zudem zu seinem Berufswunsch verhelfen: Als Feuerwehrhauptmann ist man groß, stark, hat eine Bedeutung! Der durch die Schule angedrohte Souveränitätsverlust wird offenkundig durch das Berufsziel Feuerwehrhauptmann kompensiert!

Leon ist übrigens problemlos im Sommer in die Schule eingetreten.

Erwartungen und Erfahrungen in den ersten Schultagen und Schulwochen

Wie erleben nun die frischgebackenen ErstklässlerInnen die ersten Tage und Wochen in der neuen Schule? Sehr unterschiedlich, wie aus der Forschung bekannt ist und wie auch die nachfolgenden Beispiele anschaulich zeigen. Diese Texte sind in einem Zürcher Schulhaus in der dritten Klasse – rückblickend auf den Schulanfang – im Rahmen eines Unterrichtsprojektes mit den neuen Erstklässlern entstanden und stellen außerordentlich interessante persönlich-subjektive Einschätzungen der VerfasserInnen zu ihrem ersten Schultag (so der vorgegebene Titel für die Aufsätze) dar. Ich habe die Texte massiv auf die wesentlichen Inhalte gekürzt, geringfügig redigiert und jeweils ganz kurze Kommentare angefügt.

> Mein erster Schultag war sehr schön. Am Anfang hatte ich Angst, dass mich niemand mag. Doch bald hatte ich Freunde und Kollegen. Der erste Schultag war toll. *(Sina)*

Bedenken und Ängste treten zurück, wenn man Freunde findet!

> Ich ging ins Schulhaus. An meinem ersten Schultag war ich sehr nervös. Als ich auf das Klo kam, war es sehr ekelhaft! Ich habe schnell Freunde gefunden. Meine Freunde heißen Peter und Colin. *(José)*

Wiederum spielen Freunde als Einstiegshilfe eine wichtige Rolle!

> An meinem ersten Schultag hatte ich Angst. Ich versteckte mich unter der Bank. Einige Tage später hatte ich nicht mehr Angst. Ich hatte Kollegen gefunden. Sie spielten mit mir Fußball. *(Georges)*

Die Schulangst verflüchtigt sich! Erneut wird der Nutzen der Peers deutlich: Freunde helfen gegen aufkommende Ängste!

> Als ich das erste Mal in die Schule ging, hatte ich Angst vor dem Lehrer. Als er mich etwas gefragt hat, habe ich nichts gesagt. *(Adar)*

Angst kann zu Sprachlosigkeit führen, …

> Vor dem ersten Schultag habe ich die ganze Zeit meine Hände gerieben, weil ich so nervös war. *(Liridona)*

… und die Angst wird auch in Gestik (und Mimik) deutlich erkennbar!

> Als ich erfuhr, dass ich nach den Sommerferien in die 1. Klasse komme, freute ich mich sehr. Doch ich hatte Angst, dass die Kinder nicht so nett zu mir sein würden. Doch dann gab ich mir einen Ruck. Ich ging also in die Schule. Als ich im Schulzimmer war, hatte ich ein gutes Gefühl, weil die Lehrerin sehr freundlich war. Ich war stolz auf die Hausaufgaben. *(Max)*

Die Ambivalenz von Angst und Freude ist offenkundig. Eine freundliche Lehrperson reduziert die Angst. Der Stolz auf Hausaufgaben verschwindet vermutlich später …

> Mein erster Schultag verlief nicht so gut. Die Mitschüler plagten mich. In allen drei Pausen haben sie mich immer geplagt. Als ich einmal ausgerastet bin, habe ich einem Jungen das Nasenbein gebrochen. Aber sie haben mich weiterhin geplagt. Mein Vater hat mit den Eltern und dem Lehrer geredet, aber es brachte nichts. Dann wollte mein Vater nicht mehr, dass ich in dieses Schulhaus gehe. Also ging ich in ein anderes Schulhaus. *(Kevin)*

Geplagt werden kann zu Gewalt führen! Offenbar hat hier auch der Lehrer seine Aufgaben nicht genügend wahrgenommen. Die Schule wurde so leider gleich am Anfang zu einem Ort des Grauens.

> Zwei Tage vor meinem ersten Schultag war ich sehr nervös, aber das besserte sich mit der Zeit. Ich habe immer versucht, nicht an die Schule zu denken, aber ich habe es nicht geschafft. Am letzten Tag fragte ich meinen Vater, ob ich zu Hause bleiben könnte. Mein Vater hat nein gesagt. Ich musste tapfer zur Schule gehen. Am Morgen ging ich mit meiner Mutter in die Schule. Ich sah viele Kinder dort. Plötzlich ist mir was in den Sinn gekommen: Manchmal ist es schwer im Leben, aber man muss tapfer sein, sonst hat das Leben keinen Sinn. Ich ging tapfer in die Klasse. Als meine Mutter mitkam, war ich schon beruhigt. *(Laura)*

Auch eine erstaunlich frühe und reife Einsicht kann helfen!

> An meinem ersten Schultagen war ich nie aufgeregt, aber fast an jedem Tag kam ich zu spät in die Schule. Die Lehrerin und die Kinder waren nett. *(Johannes)*

Pünktlichkeit als Entwicklungsaufgabe bereitet noch Mühe – oder steckt vielleicht doch etwas Angst hinter dem regelmäßig verspäteten Erscheinen?

> Als ich ins Schulzimmer kam, war ich sehr, sehr aufgeregt, weil ich nur ein Kind kannte. Ich dachte, die Klasse mag mich nicht und die Kinder würden mir wehtun. Aber die Kinder taten mir nicht weh, sondern der Lehrer. Ich wusste nicht, wieso er mir wehtat. Die Kinder lachten mich manchmal aus und manchmal trösteten sie mich. Dann habe ich die Schule gewechselt. Ich war nervös, weil ich dort niemanden kannte. Die Lehrerin war sehr, sehr nett und die Kinder auch. Ich fand viele Freunde und war sehr glücklich. *(Dragon)*

Die befürchtete und erfahrene Ablehnung verliert sich erst mit einem Schulwechsel sowie dank neuer positiver Erfahrungen!

> Ich freute mich schon lange auf die Schule und konnte den ersten Schultag kaum erwarten! Wie war ich am ersten Schultag dann stolz! Ich fand meine Freunde vom Kindergarten wieder und ging sofort gerne in die Schule! *(Larissa)*

Ein bewältigungsoptimistisches Kind, das keine Einstiegsprobleme zeigt.

Zwar beginnen nach der großen Untersuchung von Krause und Kollegen (Krause et al. 2004, S. 157) rund 85 % der Kinder ihre Schullaufbahn mit Optimismus und Zuversicht, gleichzeitig findet sozusagen eine tägliche Prüfung des bis dahin entwickelten Selbstwertgefühls statt: In jeder Schulstunde erhalten sie direkte und indirekte Rückmeldungen über sich als Person, über ihre Leistung, ihre Fähigkeiten, ihr Verhalten. Vereinfacht formuliert: Wiederholte Misserfolge, gekoppelt mit einem schwachen Selbstwertgefühl und Selbstkonzept, schwächen das schul- und lernbezogene Selbstbild und Selbstwertgefühl, Erfolge stärken es hingegen. Im Verlauf der Grundschulzeit wird das schul- und lernbezogene Selbstbild schließlich meistens zum zentralen Selbstkonzept, die Einschätzungen werden verallgemeinert («Ich bin schlecht in Mathe.» = «Ich bin dumm, weniger intelligent, weniger begabt …»; «Ich habe Erfolge in Sprache und Mensch/Umwelt.» = «Ich bin gut, intelligent, begabt …»). Diese Verallgemeinerung der Selbsteinschätzung hängt damit zusammen, dass sich Kinder in diesem Alter noch recht global erleben; die Möglichkeit, ihre Fähigkeiten und Eigenschaften differenzierter wahrzunehmen und zu beurteilen, fehlt noch weitgehend. Deshalb fühlen sich schlechte Mathematik-Schüler fast immer als ganze Person schlecht – und Eltern bestätigen ihnen dann manchmal auch mit Vorwürfen oder gar Schlägen dieses globale Empfinden über die eigene Person: ein Teufelskreis. Die Entmutigung in einem Fach oder besonders in mehreren Bereichen kann sich für einen Menschen für das ganze Leben negativ auswirken.

Wie fühlen sich Kinder in der ersten Schulwoche?

Zum Wohlbefinden in der ersten Schulwoche wurden 2001 in einer interessanten Untersuchung 14 Grundschulen in Niedersachsen von Krause und Kollegen (Krause et al. 2004) befragt. Die Zahlen sind aufschlussreich und geben Anlass zum Nachdenken. Die Fragestellung lautete: «Wie ging es dir in der letzten Woche?» (1. Schulwoche der Grundschule). Es waren Mehrfachnennungen möglich. In Tabelle 7-1 sind die Ergebnisse zusammengefasst.

Der Übergang in die Schule wird zwar mehrheitlich positiv erlebt, aber der Belastungsaspekt kommt dennoch offenkundig zum Ausdruck. Die Ergebnisse in Tabelle 7-1 zeigen, dass es in der subjektiven Einschätzung der Kinder den Knaben deutlich besser geht als den Mädchen, und immerhin zwischen 10 und rund 16 % der SchulanfängerInnen über Bauchschmerzen, Einschlafprobleme sowie Appetitlosigkeit

Tabelle 7-1: Wohlbefinden in der ersten Schulwoche (nach Krause et al. 2004, S. 115)

	Mädchen (n = 256)	**Knaben** (n = 348)
Mir ging es gut.	66,3 %	81,4 %
Kopfschmerzen	10,9 %	10,1 %
konnte nicht schlafen	14,6 %	12,1 %
Bauchschmerzen	14,3 %	10,1 %
Mir war schlecht.	7,8 %	3,9 %
Ich war erschöpft.	12,2 %	7,2 %
Ich hatte keinen Hunger.	10,5 %	8,1 %
Ich war krank.	12,2 %	5,2 %

berichteten. Oder können Knaben ihre Probleme weniger offen zugeben? Doppelt so viele Mädchen wie Knaben waren krank.

Trotzdem: Den meisten Kindern gelingt es, diese Anfangsschwierigkeiten zu bewältigen. Der Rollenwandel benötigt etwas Zeit, und die Kinder finden sich schließlich, mit wenigen Ausnahmen, in ihrer neuen Umgebung mehr oder weniger zurecht.

Fragen und Denkanstöße

- Wie haben Sie persönlich den Übergang vom Kindergarten in die Schule in Erinnerung? Wie haben Ihre Eltern auf diesen Übergang reagiert? Eher mit Besorgnis, warnender Stimme, mit Trauer oder mit Freude, Begeisterung usw.?
- Wie haben Sie persönlich den Übergang Ihrer Kinder vom Kindergarten in die Schule in Erinnerung?
- Welche Faktoren haben diesen Übergang erleichtert, welche eher erschwert?
- Welche Konsequenzen hatte das für Sie?
- Wie könnten Sie heute als erwachsene Person Kinder in dieser wichtigen Lebensphase unterstützen? Wenn vorhanden: Welche Erfahrungen haben Sie dazu schon gemacht?

Für Lehrkräfte wichtig:

- Wie gestalte ich die ersten Schultage und Wochen?
- Wie fördere ich Freundschaften unter den Kindern?
- Wie verhelfe ich den Kindern zu ersten Erfolgen?

Für Eltern wichtig:

- Wie kann ich die Kinder für die Schule ermutigen?
- Wie kann ich eine positive Einstellung zur Schule unterstützen?

Literaturhinweise

Adler, Alfred (1973 c): Individualpsychologie in der Schule. Frankfurt: Fischer (EA 1929).

Griebel, Wilfried; Niesel, Renate (2002): Abschied vom Kindergarten – Start in die Schule. München: Don Bosco.

Griebel, Wilfried; Niesel, Renate (2004): Transitionen. Fähigkeit von Kindern in Tageseinrichtungen fördern, Veränderung erfolgreich zu bewältigen. Weinheim: Beltz.

Hopf, Arnulf; Zill-Sahm, Ivonne; Franken, Bernd (2008): Vom Kindergarten in die Grundschule. Weinheim: Beltz.

Kasten, Hartmut (2005): 4–6 Jahre. Entwicklungspsychologische Grundlagen. Weinheim: Beltz.

Krause, Christina; Wiesmann, Ulrich; Hannich, Hans-Joachim (2004): Subjektive Befindlichkeit und Selbstwertgefühl von Grundschulkindern. Lengerich: Pabst Science Publishers.

Nickel, Horst; Schmidt-Denter, Ulrich (1995): Vom Kleinkind zum Schulkind: Eine entwicklungspsychologische Einführung für Erzieher, Lehrer und Eltern. 5. Auflage. München: Reinhardt.

Oerter, Rolf; Montada, Leo (Hrsg.) (2009): Entwicklungspsychologie. 6. Auflage. München: Kohlhammer.

Schmidt-Denter, Ulrich (2005): Soziale Beziehungen im Lebenslauf. 4. Auflage. München: Beltz PVU.

8 Die Rolle von Peers[47] und Freunden in Kindheit und Jugend

47 Mit Peers sind in der Psychologie ungefähr Gleichaltrige, Gleichrangige, Ebenbürtige gemeint.

Von allen Geschenken, die uns das Schicksal gewährt, gibt es kein größeres Gut als die Freundschaft – keinen größeren Reichtum, keine größere Freude. *(Epikur, 341–270 v. u. Z)*[48]

Ein wahrer Freund trägt mehr zu unserem Glücke bei als tausend Feinde zu unserem Unglück. *(Marie von Ebner-Eschenbach, 1830–1916)*[49]

Freunde erschaffen die Welt jeden Tag neu. Ohne ihre Liebe und Fürsorge würden unser Lebensmut und unsere Kraft fürs Leben nicht ausreichen. *(Helen Keller, 1880–1968)*[50]

Einleitung

Menschen sind zutiefst soziale Wesen: Sie können sich ohne die Zugehörigkeit zu einer Gruppe (vgl. dazu auch Kap. 3 und 9) nicht entwickeln, ja nicht überleben und benötigen für ihr Gedeihen regelmäßige Kontakte mit anderen; bei Kindern und Jugendlichen sind das neben den Bezugspersonen insbesondere Gleichaltrige sowie Freunde und Freundinnen, bei Erwachsenen gilt Ähnliches. Die Freundschaft wird schon in der antiken Philosophie, so etwa bei Aristoteles oder Epikur (s. oben), später auch von Montaigne oder Erasmus von Rotterdam zu Recht als zentrale Voraussetzung für ein glückliches Leben erkannt. Ein isoliertes, einsames Leben ohne Freunde gilt in allen Kulturen nicht zufälligerweise als nicht erstrebenswert – und ist aus der Sicht der neueren Forschung zudem als ungesund taxiert, ja als Risikofaktor beschrieben worden (Bauer 2006; Seligman 2007).

Freundschaft wird in der Psychologie definiert als soziale Beziehung, die auf Zuneigung, Sympathie basiert und Zwecken wie der Geselligkeit und der gegenseitigen Hilfe dient (Damon 1989). Freunde zeigen entsprechend deutlich mehr körperliche Nähe, positive Affekte und gegenseitige Imitation als Nicht-Freunde. Freundschaften zeigen sich allerdings in verschiedenen Varianten und Ausprägungen: Sie können sehr eng (intim), aber auch lockerer, weniger tief, sogar sprunghaft sein.

48 zitiert nach: ArsEdition (Hrsg.) (1999): Freunde fürs Leben. München: ArsEdition, S. 15.

49 zitiert nach: ArsEdition (Hrsg.) (1999): Freunde fürs Leben. München: ArsEdition, S. 19.

50 zitiert nach: ArsEdition (Hrsg.) (1999): Freunde fürs Leben. München: ArsEdition, S. 87.

Die Thematik kann hier nicht in ihrer ganzen Bandbreite besprochen werden. Ich beschränke mich deshalb auf einige mir wichtig erscheinende Punkte und verweise interessierte LeserInnen auf weiterführende Lektüre (s. die Literaturhinweise am Ende dieses Kapitels). Besonders über soziale Beziehungen und Freundschaften im mittleren und späteren Erwachsenenalter bietet Schmidt-Denter (2005) viele Erkenntnisse und Einsichten.

Zur Entwicklung des Freundschaftsbegriffs und zur Entwicklung von Freundschaften

Interaktionen wie soziales Spiel und Teilen zwischen Gleichaltrigen und Freunden lassen sich als Teil von Beziehungen auffassen. Eine häufige Form der Beziehung zwischen Kindern und Jugendlichen ist Freundschaft. Im Verlauf der Jahre entwickeln Heranwachsende ein differenziertes Verständnis von Freundschaft als eine überdauernde stabile Beziehung, deren Bedeutung über die unmittelbare Interaktion hinaus reicht.

«Wir sind Freunde, wir spielen immer zusammen!», verkündet fröhlich die drei Jahre alte Vanessa, und Mario, gerade vier Jahre alt geworden, gibt uns seine Definition von Freundschaft: «Lukas ist mein Freund. Warum? Er gibt mir im Kindergarten immer Schokolade.» Für Sandra (fünfjährig) ist «Tanja meine Freundin: Sie spielt immer mit mir und hilft mir gegen die blöden Buben!» Das sind für Vorschulkinder typische Antworten. Als Kontrast sei die Erklärung von Lara wiedergegeben, die nach sorgfältigem Überlegen erklärt, dass eine Freundin jemand sei, mit dem man um Mitternacht auch mit einem verweinten Gesicht noch Geheimnisse austauschen könne.

Lara ist gut 13 Jahre alt und tuschelt wieder mit ihrer engsten Freundin über den Jungen auf der anderen Straßenseite, der offenbar ein Auge auf sie geworfen hat. Freundschaftskonzepte unterscheiden sich, das zeigen die aufgeführten Beispiele deutlich, je nach Alter und Entwicklungsstand der Heranwachsenden beträchtlich.

Die Auffassung von Freundschaft hat mit der Veränderung in der Wahrnehmung von Personen, mit der kognitiven sowie der emotionalen Entwicklung zu tun. Interesse an Gleichaltrigen zeigen schon Babys, und die Empathie-Forschung (vgl. Bischof-Köhler 1998, S. 349) belegt, wie schon gut zweijährige Kinder auf Kummer oder Schmerz eines anderen Menschen mit ersten Ansätzen sozialen Verhaltens wie anschmiegen und trösten (z. B. den eigenen Stoffbären holen und geben) reagieren können. Das frühe Interesse an Gleichaltrigen nimmt weiter zu, erste Freundschaften bahnen sich an, so dass schon im Vorschulalter Freundschaften bei den meisten Kindern zu einem wichtigen Teil ihres Alltags geworden sind.

Drei- bis Sechsjährige bezeichnen ihre Spielgefährten, mit denen sie am häufigsten zusammen sind, wie Nachbarskinder und SchulkameradInnen (Spielgruppe), als Freunde. Sie teilen Süßigkeiten und Spielzeug, sind nett zueinander, sind gerne zusammen und gehen gemeinsamen Aktivitäten nach. Kindergarten-Kinder im Alter von drei bis sechs Jahren gaben auf die Frage, was für sie ein Freund sei, unter anderem folgende Antworten: «Spielt mit mir», «haut mich nicht», «ist so lieb», «lässt mich beim Spielen gewinnen», «wir streiten uns nicht». (Wagner 1994, S. 18). Freundschaften in diesem Altersbereich entstehen vor allem durch die körperliche Nähe und gemeinsame Spielaktivitäten. Diese Freundschaften sind anfänglich nicht auf Dauer angelegt, sie werden leicht geschlossen und vielfach ebenso locker wieder aufgelöst (hohe Fluktuation): Ein gestohlenes Spielzeug, Schläge oder die Weigerung, zu teilen bzw. mitspielen zu lassen, all dies kann eine Freundschaft rasch beenden. Ausnahmen bestätigen auch hier die Regel.

Allerdings sind schon im Vorschulalter (häufig sogar noch früher) die Unterschiede bezüglich des Freundschaftsbegriffs und der Fähigkeit der Freundschaftsgestaltung enorm: Eine zentrale Rolle spielen dabei die Eltern und die Familienkultur. Wie gehen Eltern mit ihren Kindern um (Erziehungsstil, Haltung, Menschenbild usw.)? Dies bestimmt wesentlich mit, ob ein Kind eher offen, zugänglich oder misstrauisch in den Kindergarten kommt und abweisend mit seinen Spielgefährten umgeht.

Dabei lassen sich komplexer werdende Prozesse von Streit und mit den Jahren auch immer mehr von Versöhnung beobachten. Die Erfahrung von Versöhnung nach einem Streit bedeutet für ein Kind einen wichtigen, aber auch anspruchsvollen Lernprozess, da hier nicht – wie zwischen Kind und Erwachsenen – mächtigere oder kompetentere Interaktionspartner beteiligt sind. Auch hier spielen die Eltern eine zentrale Rolle: Leiten sie das Kind an, wie man sich einigen und versöhnen kann, vermitteln sie Fairness – oder eben nicht? Beobachtungen freundschaftlicher Interaktionen von Kindern im Alltag lassen erkennen, dass bereits kleine Kinder häufig gut mit ihren Freunden kommunizieren und dabei ein Klima des Einverständnisses und der gegenseitigen Hilfe schaffen können. Viele Fünf- oder Sechsjährige helfen einander schon, wechseln sich ab und vermögen sich über viele Dinge zu einigen. Die Erwachsenen spielen bei der frühen Festigung dieser Kompetenzen eine wichtige Rolle. Mehr dazu erläutere ich etwas später in diesem Kapitel. Interaktionen zwischen Gleichaltrigen bieten besonders im Rahmen fiktiver Spielszenarien vielfältige Chancen, die Denk- und Handlungsweisen anderer Kinder kennenzulernen, sie zu beeinflussen und somit voneinander zu lernen. Interaktionen in Kindertagesstätten sind für Vorschulkinder zudem ein reichhaltiges Feld, um Fertigkeiten des sozialen Austauschs und Kommunikationsformen zu verbessern, Regeln aufzustellen, abzuändern und einzuhalten oder Kompromisse zu finden. Solche Arten von Konfliktlösungen sind mit Erwachsenen nicht oder nur auf einer anderen Ebene möglich.

Wird Freundschaft im frühen Kindesalter tendenziell noch eher als einseitige Hilfeleistung, als «Einbahnstraße» (ein Freund ist beispielsweise jemand, der die eigenen Ziele fördert) oder «Gut-Wetter-Beziehung» (Freundschaft hält, solange sie mit Annehmlichkeiten für beide verbunden ist) verstanden (Selman 1981 zitiert nach Mietzel 2002, S. 313), gilt bei *Kindern im Schulalter* – und noch verstärkt *bei älteren Kindern* – Freundschaft als zwischenmenschliche Beziehung, in welcher anstelle von Spielsachen Intimes, wie Interessen, Geheimnisse, Gefühle, Gedanken und Probleme, ausgetauscht wird. Der amerikanische Philosoph Ralph Waldo Emerson drückte dies einmal wie folgt aus: «Ein Freund ist ein Mensch, vor dem man laut denken kann.»[51] Die wachsende Fähigkeit, sich in die Lage des anderen zu versetzen (Perspektivenübernahme), ermöglicht die Integration verschiedener Sichtweisen, ohne dass die Freundschaft gleich zerbricht: Die Freundschaft wird zu einer stabile(re)n Vertrauensbeziehung. Das wird durch die beiden nächsten kurzen Äußerungen angedeutet:

> Mit Freunden geht man durch dick und dünn und klettert manchmal mit ihnen auf einen Baum, obwohl man das nicht darf. *(Frederik, 8 Jahre)*[52]

51 In: Puntsch, Eberhard (2003): Zitatenhandbuch für Politiker, Journalisten, Manager, Redner, Wissenschaftler, Erzieher, Studenten. München: Universitas, S. 723.

52 zitiert nach: Brüning, Barbara (Hrsg.) (2008): Kinder sind die besten Philosophen. Leipzig: Buchverlag für die Frau, S. 53.

> Ein Geheimnis ist nur für zwei wichtig, nicht für alle. Freunde müssen deshalb verschwiegen sein.
> *(Dennis, 9 Jahre)*[53]

Freundschaften verstärken sich durch ähnliche Vorlieben und Abneigungen und vertiefen sich dann besonders im Schulalter. Damit werden Freundschaften stabiler, Freunde weniger austauschbar und unverwechselbarer. Freundschaft bedeutet nun eine reziproke Beziehung, das heißt Freunde gehen gegenseitig auf ihre Bedürfnisse ein, sie unterstützen, trösten und helfen einander bei der Lösung von Problemen. Die Schriftstellerin Jane Austen (1775–1817) meinte dazu treffend: «Freundschaft ist sicherlich der beste Balsam für die Wunden einer enttäuschten Liebe.»[54] Freundschaft bildet jetzt ein Muster überdauernder Verantwortlichkeiten und Wertschätzung und geht weit über einzelne Interaktionen (wie den Austausch von Gütern) hinaus. Ältere Kinder sind auch besser in der Lage, Meinungsverschiedenheiten in ihren Freundschaften zu tolerieren sowie Streitigkeiten ohne Beziehungsabbruch zu gestalten: Freundschaft stellt nun eine relativ stabile Dauerbeziehung dar, womit etwa ein Wohnorts- oder Schulwechsel viel seltener zu einem Beziehungsabbruch mit den Freunden führt als etwa im zweiten Lebensjahr.

Nach Joyce Epstein (1989, zitiert nach Oerter/Montada 2008, S. 261) lassen sich die Forschungsergebnisse über die Entwicklung von Freundschaften mit drei besonderen Merkmalen charakterisieren:

1. durch eine zunehmende Stabilität von Freundschaft
2. durch größere Differenziertheit des Verhaltens gegenüber Freunden und
3. durch eine klare Tendenz zur Vermeidung von Wettbewerb und Wettstreit zwischen Freunden.

Die Entwicklung in der Freundschaftsauffassung verläuft zudem von einem eher materiellen oder externen, oberflächlicheren zu einem ausgesprochen psychologisch geprägten Verständnis der Beziehung, wo Beziehungsaspekte ganz vorrangig sind (Damon 1989; Wagner 1994),

53 Brüning (2008), S. 54.
54 zitiert nach: ArsEdition (Hrsg.) (1999): Freunde fürs Leben. München: ArsEdition, S. 105.

oder etwas kürzer und vereinfacht ausgedrückt: Bei jüngeren Kindern stehen eher Spielen und Teilen, bei älteren persönliche Gefühle, Meinungen und Gedanken im Mittelpunkt. In der Tabelle 8-1 finden sich die Freundschaftsbegriffe unterschiedlicher Lebensalter nochmals übersichtlich zusammengefasst.

Der Freundschaftsbegriff eines Heranwachsenden wie auch erwachsener Personen setzt sich allerdings genau genommen aus verschiedenen Komponenten zusammen, die sich nicht einfach zeitlich ablösen, sondern qualitativ verändern. So hat beispielsweise das Teilen in der Adoleszenz oder im Erwachsenenalter eine andere Qualität als im Vorschulalter, es ist gleichsam um eine Dimension erweitert. Ebenso vollzieht sich die gegenseitige Anerkennung der Bedürfnisse in einem vertieften, differenzierteren Beziehungsgeschehen; Gleiches gilt für die Prozesse des Gebens und Nehmens.

Tabelle 8-1: Freundschaftsbegriffe unterschiedlicher Lebensalter (Zusammenfassung)

zirka drei- bis siebenjährige Kinder	zirka acht- bis elfjährige Kinder	zirka ab dem 12. Lebensjahr
Spielpartnerschaft • SpielgefährtInnen als Freunde • Teilen von Spielsachen • Freundschaft in der Regel nicht dauerhaft • örtlich gebundene, eher instabile Beziehung	*Interessenpartnerschaft* • Kooperation • gemeinsame Interessen, Rücksichtnahme • Teilen, gegenseitige Unterstützung und Hilfe, Rücksichtnahme • stabilere Beziehung	*Intimpartnerschaft* • Austausch von Gefühlen, Gedanken, Meinungen, persönlichen Problemen • Vertrauen, sich aufeinander verlassen; Loyalität • stabile, intimere Beziehung • örtlich ungebundener plus alle Punkte der Acht- bis Elfjährigen, aber nun auf einem «höheren», differenzierteren und komplexeren Niveau

Und schließlich: Eine Freundschaft kann zwar – was recht häufig ist – Jahre überdauern, aber dabei ihren Charakter wesentlich verändern (Beispiel: von der Spiel- zur Intimfreundschaft; intim ist hier natürlich bezogen auf die Gefühle).

In der Grundschulzeit – zumindest in unserer Kultur – wird zusätzlich noch die Geschlechtszugehörigkeit zu einem wichtigen Kriterium für die Entstehung einer stabileren Freundschaft. Die deutlich häufigere Bevorzugung gleichgeschlechtlicher Freunde lässt sich während der ganzen Kindheit und der Adoleszenz nachweisen, ihr Anteil an allen Freundschaften liegt gemäß verschiedenen Untersuchungen zwischen 62 und 81 % (Schmidt-Denter 2005, S. 106), wobei bei Vorschulkindern diese Neigung noch deutlich weniger vorhanden ist.

Unterschiede und Gemeinsamkeiten zwischen Peer-Freundschaften und Geschwister-Beziehungen

Nach Gruntz-Stoll (1989)[55] lassen sich verschiedene übereinstimmende wie trennende Merkmale zwischen Peer-Freundschaften und Geschwistergruppen beobachten: Geschwister- wie Freundesgruppen sind meistens überschaubare Kleingruppen. Zeigt sich in der Geschwistergruppe meistens eine größere Heterogenität bezüglich Alter und Geschlecht, so verringern sich diese Unterschiede in einer Freundesgruppe oder -beziehung deutlich. Freundschaften vollziehen sich tendenziell eher zwischen «gleichartigen» und «gleichwertigen» TeilnehmerInnen: Die Beziehungen zwischen altersgleichen Kindern werden auch als symmetrisch, die zwischen nicht gleichaltrigen als asymmetrisch bezeichnet. Geschwistergruppen sind aufgrund gegebener Umstände in der Regel über die Jahre dauerhafter – aber gerade deshalb nicht harmonischer! –, als dies beispielsweise in Vorschulfreundschaften der Fall ist: Freunde sucht und findet man, Geschwister hat man.

Die mehr oder weniger freie Wahl der Freunde stellt einen wichtigen Unterschied zu Geschwistern dar, mit denen man eine Lebens- und Schicksalsgemeinschaft teilt. Geschwisterbeziehungen sind in der Regel auch deutlich ambivalenter (Frick 2009) als Freundschaftsbeziehungen. Freundesgruppen und Geschwistergruppen überschneiden oder ver-

---

55 Gruntz-Stoll, Johannes (1989): Kinder erziehen Kinder. Sozialisationsprozesse in Kindergruppen. München: Ehrenwirth.

mischen sich selten. Geschwister- und Freundesgruppen weisen aber noch weitere Gemeinsamkeiten und Unterschiede auf, worauf ich weiter kurz eingehe.

Sowohl Geschwister wie auch Freunde können wichtige Modelle, Vorbilder und Identifikationsobjekte darstellen (man möchte so sein wie der/die andere). Als Abgrenzungsobjekte auf der einen, als Liebesobjekte auf der anderen Seite des Beziehungsspektrums erweisen sich vor allem Geschwisterbeziehungen, weniger Freundschaftsbeziehungen. Auch in der Rolle von Rivalen und Rivalinnen finden sich vor allem Geschwister. Wenn in Freundschaften die Rivalität zu groß wird, trennen sich die Freunde vielfach und suchen sich neue WeggefährtInnen. Geschwister bieten sich als bequem vorhandene Objekte der Verschiebung von Feindseligkeit und Aggression an; länger andauernde und tiefere Konflikte zwischen Kindern und Jugendlichen hingegen lösen eine Freundschaft meistens auf. Geschwister wie Freunde stellen sich – unfreiwillig wie freiwillig – als wichtige BeziehungspartnerInnen zur Verfügung. An und mit ihnen können wichtige menschliche Grunderfahrungen entwickelt, trainiert und modifiziert werden.

Auf Freunde wie Geschwister können Wünsche, Bilder, positive wie negative Gefühle leicht projiziert werden: Sie dienen dann als Projektionsflächen für positive oder negative Anteile der eigenen Person (beispielsweise blöd, gemein, nett, hilfreich, großzügig usw.). Die negativen Anteile sind bei Freundschaften deutlich seltener und über die Zeit kaum anhaltend, da ihr Überwiegen die Beziehung früher oder später bedroht.

Weitere Merkmale, Bedeutungen und Möglichkeiten von Freundschafts- und Peer-Beziehungen im Kindes- und Jugendalter

Interaktionen zwischen gleichaltrigen Freunden dienen zum Teil anderen Zwecken und werden mit anderen gegenseitigen Erwartungen verbunden als Beziehungen zwischen Heranwachsenden und Erwachsenen – wie ich das zum Teil im vorhergehenden Abschnitt schon skizziert habe. Kinder und Jugendliche sind zusammen, um Geselligkeit, Zuwendung und gemeinsames Vergnügen zu finden, während Beziehungen von Kindern zu Erwachsenen auch stärker im Zusammenhang mit den kindlichen Bedürfnissen nach Schutz, Pflege und Information stehen.

Beziehungen unter Freunden sind eher horizontal (d.h. auf einer gleichen oder ähnlichen Ebene), Beziehungen zwischen Kindern und Erwachsenen tendenziell vertikal (d.h. eher hierarchisch) strukturiert. Heranwachsende knüpfen mit Freunden und Peers neue, individuelle Beziehungsnetze und befriedigen ihre Wünsche nach Ablösung von den Eltern, Anerkennung, Zugehörigkeit, Nähe, Vertrautheit, Action, Spaß usw. – das Bedürfnis nach Zugehörigkeit und Anerkennung ist in diesem Alter besonders stark und elementar. Es geht hier um die Befriedigung von wichtigen Bedürfnissen, wie ich sie auch in den Kapiteln 3 und 9 skizziert habe.

Ein Beispiel:

> Mit 15 Jahren kam ich dann in meine Clique. Sie tat mir gut. Ich wurde aufgenommen, angenommen und merkte, dass man mich mag. Ich fand in dieser Clique auch wieder mehr zu mir selbst und wurde ausgeglichener.[56]

Jugendliche erleben in solchen Gruppen und Beziehungen ein Grundgefühl von Zugehörigkeit, Solidarität, wechselseitiger Anerkennung und Unterstützung – wichtige «Nährstoffe» und Motoren für die weitere bio-psychosoziale Entwicklung! Diese Beziehungen haben häufig eine Art «transitorischer Funktion»: Sie dienen als temporärer Übergangsraum, um einen Rahmen für die Annäherung an die Geschlechter (Anbahnung für Intimbeziehungen) wie an die Gesellschaft mit ihren komplexen Möglichkeiten, Funktionen und Aufgaben zu schaffen. Bei problembelasteten Familien dienen Peers und Freundesgruppen zudem als eine wichtige Art von Ersatzfamilie mit quasi therapeutischer Funktion.

Allerdings kann die Zugehörigkeit zu einer entsprechenden Peer-Gruppe verschiedene Kehrseiten und Gefahren darstellen: Isolation, Ausgrenzung, Konkurrenz, Anstiftung zu selbst- oder fremdschädigendem Verhalten (Sucht, Kriminalität, Aggressivität, Magersucht usw.) oder Intrigen sind nur einige wenige Stichworte dazu.

Die Welt der Heranwachsenden ist eine eigene Kultur, mit eigenen Werten, Sitten und Traditionen. Hier verhalten sie sich häufig anders als

---

56 Göppel, Rolf (2005): Das Jugendalter. Entwicklungsaufgaben, Entwicklungskrisen, Bewältigungsformen. Stuttgart: Kohlhammer, S. 161.

im Kontakt mit Erwachsenen: Sie sind – pointiert ausgedrückt – nicht unmündige, quasi unfertige Wesen, sondern agieren als gleichberechtigte TeilnehmerInnen am Spiel des Lebens. Die Jugendlichen bewegen sich sozusagen in zwei unterschiedlichen Welten: einerseits in der Familienwelt und andererseits in der Welt der Peers, in der andere Normen, Werte, Rollen und Voraussetzungen gelten. Im günstigen Fall ergänzen sich für Jugendliche diese zwei Welten oder Kulturen – und fördern so die Entwicklung der heranwachsenden Menschen.

Einige Merkmale, Bedeutungen und Möglichkeiten von Freundschafts- und Peer-Beziehungen im Vorschul- sowie im Schulalter sind nachfolgend kurz zusammengefasst. Miteinander und aneinander lernen Peers und Freunde – bei Vorschulkindern häufig über das Spiel – unter anderem:

- Gleichrangigkeit zu üben; sich in komplizierten Beziehungsnetzen zu bewegen, sich zu behaupten, zu führen, sich einzufügen und andere zu gewinnen oder zu beeinflussen
- Konfliktstrategien zu entwickeln, Umgang mit Gefühlen (z. B. eigene Gefühle unter Kontrolle zu halten), Anerkennung oder Ablehnung zu bekommen, Regeln und Normen auszuhandeln, sich zu streiten und wieder zu vertragen. (Ein Kind steht durchschnittlich 7000 Konflikte im Jahr mit Gleichaltrigen durch! Vgl. Mietzel 2002, S. 242).
- die Entwicklung und Stabilisierung des Selbstwertgefühls, des Selbstbildes, das eigene Verhalten von den anderen gespiegelt zu bekommen (Feedback). Durch die Reaktionen, die Rückmeldungen der anderen lernen Heranwachsende sich selber besser kennen, können ihr Verhalten laufend korrigieren und realisieren eigene Stärken und Schwächen – dies wiederum fördert die Selbst- und Identitätsentwicklung.
- Anteilnahme, Rücksichtnahme, Verantwortung und die Fähigkeit, anderen zu helfen
- Einfühlung (Empathie) und die Fähigkeit der Perspektiven-Übernahme (wie sieht die Sache aus dem Blickfeld des Freundes/der Freundin aus?)
- Gefühle und Reaktionen der anderen richtig zu interpretieren sowie darauf angemessen zu reagieren

- aggressive Äußerungen und Handlungen auszuleben, zu testen und unter Kontrolle zu bringen. Das scheint nach Schmidt-Denter (2005) sogar kulturübergreifend stattzufinden.
- «therapeutische» Funktionen und Erfahrungen wie Entlastung, Gemeinsamkeiten, Sicherheit («Auch Emma hat Angst im Dunkeln, nicht nur ich!», «Patrick wurde auf dem Weg in die Schule auch schon geplagt!», «Auch andere Mädchen/Jungen haben Liebeskummer.» usw.)
- das Erkunden von Vertrauen und den Aufbau von Mut im gemeinsamen Spiel (z. B. Spiel «Angst vor der Dunkelheit») und Tun (z. B. vom Schwimmturm springen)
- Freunde zu gewinnen, an ihnen zu wachsen, Freundschaften umzugestalten, gegebenenfalls auch wieder aufzulösen
- die – individualpsychologisch formuliert – «Logik des menschlichen Zusammenlebens und der Gesellschaft» zu verinnerlichen: Soziales Leben funktioniert letztlich nur als sozialer Austauschprozess mit Nehmen und Geben.
- besonders in der Adoleszenz die Loslösung vom Elternhaus und Neugestaltung der Beziehung zu den Eltern. Gleichaltrige unterstützen diesen Prozess auf entscheidende Weise, indem sie mögliche Gefühle der Einsamkeit verhindern.
- besonders in der Adoleszenz Entscheidungshilfen in vielerlei Fragen und bei der Bewältigung der Aufgaben des Lebens kennen: Berufswahl, PartnerIn, Sexualität, Freizeitgestaltung usw.
- die Identitätsfindung durch Vergleiche: Dank Gleichaltrigen eröffnen sich neue Möglichkeiten, eigene Einstellungen, Gefühle, Verhaltensweisen (z. B. Kleidung, Frisur) mit denen anderer zu vergleichen und zu modifizieren.

Kinder und Jugendliche mit engen Freunden – das zeigen verschiedene Studien – haben tendenziell ein günstigeres Selbstbild und sind altruistischer als Kinder ohne enge Freunde. Sie zeigen zudem mehr Optimismus und Vertrauen und weniger Ängstlichkeit und Misstrauen (Wagner 1994). Das gilt übrigens auch für Erwachsene (Luks und Payne 1998).

Gibt es Störfaktoren für Freundschaften?

Hier sind vor allem Eingriffe von Eltern und ErzieherInnen/Lehrpersonen zu nennen: Spielverbote («Mit Enver darfst du nicht mehr spielen!»), Trennung durch Wegzug, wiederholte Umzüge, längere Krankheiten, Tod eines Freundes/einer Freundin, Umschulung, Vorurteile gegenüber einem anderen Kind (z. B. Migrantenkind) usw. Je älter die Kinder sind, desto eher können sie einige dieser Störfaktoren unter Umständen umgehen.

Bei Erwachsenen werden dann andere beziehungsweise weitere Störfaktoren erkennbar: die wiederholte kritische Stellungnahme des Partners/der Partnerin zum Freund, zur Freundin, das Eingespannt-Sein in die Berufs- und Familienrolle, die Auseinanderentwicklung von Interessen, Werten und Überzeugungen (politische, religiöse usw.).

Freundschaftsförderndes elterliches Verhalten

Wie können Eltern oder Lehrpersonen freundschaftliches Verhalten fördern? Dazu zwei grundlegende Aspekte.

1. Als entscheidend in der Psychologie gilt seit langem ein gutes frühes Vorbild, ein Modell, das als Identifikationsobjekt dient (z. B. die Bewunderung der selbstsicheren, gelassenen und humorvollen Erzieherin). Eine Erwachsene, die selber soziales Verhalten vorlebt – nicht einfach nur einfordert! – wirkt als attraktives und überzeugendes Modell auf die Heranwachsenden, die zumindest teilweise beginnen, mit der Zeit einige dieser Verhaltensweisen zu übernehmen. Auch eine dem individuellen Kind angepasste emotionale Zuwendung und Feinfühligkeit (vgl. hierzu die Ergebnisse der Bindungsforschung) stellen einen wesentlichen Faktor bei der Entwicklung freundschaftlichen Verhaltens dar. Ein warmes – nicht überhitztes! – und liebevolles Familienklima bildet eine wesentliche Basis, um sich selber und andere Menschen lieben und akzeptieren zu können. Die Ermutigung und Bekräftigung prosozialen Verhaltens wirkt modellhaft für Heranwachsende und lässt sie entsprechende Verhaltensweisen verinnerlichen. Mit Trainingsprogrammen in Vorschuleinrichtungen und Schulen macht man schon seit über 20 Jahren besonders in den USA, in neuerer Zeit auch in Deutschland, gute Erfahrungen (z. B. Petermann und Petermann 2010).

2. Zusätzlich besonders wichtig ist auch das Vorleben und die Förderung von empathischem Verhalten: Empathie lässt sich nach Bischof-Köhler (1998) wie folgt definieren: Es ist die «Erfahrung, ummittelbar der Gefühlslage bzw. der Intention einer anderen Person teilhaftig zu werden und sie dadurch zu verstehen. Trotz der Teilhabe bleibt das Gefühl auf den anderen bezogen.»[57] Eine ähnliche, noch anschaulichere Formulierung stammt von Adler (1982) in seiner Umschreibung des Gemeinschaftsgefühls: «mit den Augen eines anderen zu sehen, mit den Ohren eines anderen zu hören, mit dem Herzen eines anderen zu fühlen»[58]. Empathieförderung schafft günstige Voraussetzungen für freundschaftliche Gefühle.

Umgang und Unterstützung von Freundschaft durch ErzieherInnen und Lehrpersonen

Eine pädagogische Fachperson, die Kinder in ihrer sozialen Entwicklung helfen möchte, sollte sich auch über ihre eigenen persönlichen Erfahrungen mit Gleichaltrigen in ihrer Kindheit und Jugendzeit klar werden. Sehr nützlich ist es, sich wiederholt – alleine und im Team – die beiden folgenden Fragenkomplexe zu stellen:

1. Wie sahen meine eigenen sozialen Erfahrungen mit Kindern/Jugendlichen in der Kindheit aus? Was hat mir geholfen, mich Gleichaltrigen näher gebracht? Was hätte ich noch mehr gebraucht? Was hat mich gegenüber Gleichaltrigen entfernt? Was habe ich beigetragen? Welche Folgerungen habe ich aus meinen Freundschaftsbeziehungen in der Kindheit und Jugendzeit gezogen? Wie beeinfluss(t)en sie mich (vielleicht noch heute)?

2. Wo zeigen sich konkret soziale Kompetenzen bei Kindern/Jugendlichen meines Berufsfeldes? Wie kann ich diese weiter unterstützen? Kann ich entsprechende Kinder und Jugendliche punktuell als soziale MentorInnen einsetzen?

---

57 Bischof-Köhler, Doris (1998): Zusammenhänge zwischen kognitiver, motivationaler und emotionaler Entwicklung in der frühen Kindheit und im Vorschulalter. In: Keller, Heidi (Hrsg.): Lehrbuch Entwicklungspsychologie. Bern: Verlag Hans Huber, S. 349.

58 Adler, Alfred (1982): Psychotherapie und Erziehung. Ausgewählte Aufsätze. Band 1: 1919–1929. Frankfurt: Fischer, S. 224.

Die Fragen unter Punkt 1 verhelfen zu einem vertieften Verständnis und fördern im günstigen Fall eigene soziale Entwicklungsprozesse, die Fragen unter Punkt 2 schärfen die Sicht auf vorhandene soziale Eigenschaften bei Kindern und Jugendlichen und regen dazu an, diese in der alltäglichen Erziehungsarbeit bewusst aufzugreifen und zu stärken. ErzieherInnen in Kindergärten und anderen vorschulischen Einrichtungen sowie Lehrkräfte in der Schule haben viele Möglichkeiten, freundschaftliche Beziehungen zwischen den Kindern zu initiieren oder zu unterstützen. Hierzu seien einige Anregungen aufgeführt:

- eine positive Grundstimmung in der Kindertagesstätte und in der Schule schaffen
- zentrale Regeln mit den Kindern gemeinsam abmachen und wiederholt besprechen, gegebenenfalls modifizieren (z.B. Auslachverbot); einige gemeinsam erarbeitete Grundregeln in Symbolform (z.B. Plakate) aufhängen
- Paten/Patinnen-System: Jedes neue Kind erhält ein schon erfahreneres Kind als Paten/Patin zur rascheren Eingewöhnung und Unterstützung.
- Kinder auf ihre sozialen Fähigkeiten aufmerksam machen und diese – einzeln und in der Gruppe – spiegeln («Mir gefällt, wie ihr beim Eisenbahnspiel, (beim Basteln usw.) abwechselt!»)
- die gegenseitige Hilfe unter den Kindern fördern und hervorheben («Toll, wie ihr zusammen die Turnbänke aufgestellt und anschließend weggeräumt habt!»)
- kooperative Spiele, Übungen und Anregungen zur Empathie und Perspektivenübernahme («Wie könnten wir den Schmerz von Lorena lindern?»; «Was denkt ihr, warum ist der Bär in der Geschichte jetzt so traurig? Wie könnten wir ihm helfen?» «Was hilft euch, wenn ihr traurig seid?» usw.) in den Alltag einbauen
- Kinder als Helfer, TutorInnen, «BeraterInnen» usw. einzusetzen («Könntest du X nicht kurz behilflich sein?»; «Ich überlege mir schon längere Zeit …. Was denkt ihr dazu?»)
- Wenn ein Kind die Erzieherin um Hilfe bittet: Frage in die Kinderrunde, wer helfen kann (helfen heißt nicht, dem anderen Kind die Aufgabe abnehmen!); wenn möglich SpezialistInnen einsetzen, die

z. B. gut schneiden, kleben … können, statt dass immer die Erzieherin hilft

- Fördern des gemeinsamen Spielens und Tuns von soziokulturell benachteiligten oder ich-schwächeren Kindern mithilfe von emotional stabilen und im Umgang mit anderen Personen (Kinder und Erwachsene) kompetenteren Kindern
- alles, was das Zusammengehörigkeitsgefühl fördert, unterstützen (z. B. gemeinsame Ausflüge, Gruppenarbeiten, kranken Kindern Grüße oder Zeichnungen schicken usw.)
- bildlich und tatkräftig aufzeigen, dass man gemeinsam stärker, schneller usw. ist: beim Seilziehen, Aufräumen, Suchen eines verlorenen Gegenstandes …
- vielfältige soziale Betätigungsmöglichkeiten und Selbstverantwortung anbieten (Ämter, Aufgaben erledigen)
- Morgenritual: An abwesende Kinder denken («Barbara ist jetzt beim Zahnarzt, wie ist das wohl für sie?»), positive Eigenschaften der Kinder hervorheben («Jonas hat für uns den Vorplatz gereinigt, Sarah das Meerschweinchen gefüttert, Laura alles Besteck richtig eingeräumt» usw.)

Kindern wird so Gelegenheit geboten, ihre sozialen Kompetenzen zu erweitern oder zu vertiefen. Die erwähnte Perspektivenübernahme, d. h. die Fähigkeit, die Bedürfnisse und Gefühle von Gleichaltrigen richtig zu erkennen und angemessen darauf zu reagieren, gilt in der Entwicklungs- wie in der Sozialpsychologie als zentrale Basis für Beliebtheit und Sozialkompetenz.

Die acht wichtigsten Freundschaftsfaktoren

Die amerikanische Kommunikationsexpertin Lillian Glass (1999)[59] hat in einer nützlichen Übersicht wichtige Eigenschaften identifiziert, die einen Menschen zu einem Freund qualifizieren. Ich fasse diese verändert und ergänzt nachfolgend in acht Punkten zusammen:

---

59 Glass, Lillian (1999): Bist du ein Freund? Die 10 wichtigsten Freundschaftsfaktoren. In: *Psychologie heute, 9,* S. 25 f.

1. Akzeptanz

Ein Freund/eine Freundin akzeptiert und respektiert mehr oder weniger das Gegenüber so, wie es ist. Man wird nicht herabgesetzt und fühlt sich in der Gegenwart des Freundes/der Freundin wohl. Das Grundgefühl als Folge dieser Haltung/Reaktionen ist etwa so: «Ich werde so akzeptiert und gemocht, wie ich bin.»

Freunde stärken genau genommen das eigene Selbstwertgefühl, wie das Wallace Stegner (1909–1993), ein US-Historiker und Schriftsteller, so anschaulich festhält: Ein Freund «bewirkt, dass ich mich größer und besser fühle, als ich bin».[60]

2. Echtes Interesse

Ein Freund/eine Freundin ist an mir wirklich, echt interessiert, möchte von mir erfahren, wie ich lebe, denke, fühle, leide, hoffe oder mich freue – und will nicht nur ständig über sich und die eigenen Belange reden. Ein Freund/eine Freundin hält sich nicht für den Nabel der Welt oder das Maß aller Dinge. Diese Person vermag sich also auch anderen zuzuwenden. Das Grundgefühl als Folge dieser Haltung/Reaktion wäre etwa: «Das Gegenüber interessiert sich wirklich für mich als Mensch.»

3. Hilfsbereitschaft

Ein Freund/eine Freundin hilft nicht nur, wenn es gerade zeitlich passt oder von persönlichem Nutzen ist. Für die Hilfe wird keine Gegenleistung erwartet, sondern sie wird als selbstverständlich erachtet. Das Grundgefühl als Folge dieser Haltung/Reaktion wäre etwa: «Er/sie hilft mir, nicht nur wenn ich in Not bin.»

4. Objektivität

Personen können nur zu Freunden werden, wenn sie nicht auf den Klatsch über den Freund/die Freundin hören – und sich auch nicht daran beteiligen. Kommt ihnen Negatives über das Gegenüber zu Ohren, dann versuchen sie, sich selbst ein Bild zu verschaffen und fair zu bleiben. Das Grundgefühl als Folge dieser Haltung/Reaktion wäre etwa: «Ich werde so akzeptiert, wie ich wirklich bin. Das tut gut.»

---

60 zitiert nach: ArsEdition (Hrsg.) (1999): Freunde fürs Leben. München: ArsEdition, S. 79.

5. Aufmerksamkeit

Freunde sind gegenseitig aufmerksam, eben nicht gleichgültig. Sie merken sich bestimmte Dinge wie etwa Geburtstage und wissen über Vorlieben, Neigungen sowie Abneigungen anderer Bescheid. Deshalb fragen sie auch bei Auffälligkeiten nach, zum Beispiel: «Was beschäftigt dich? Möchtest du mit mir darüber reden? Mir ist aufgefallen, dass du in letzter Zeit so still bist.» usw. Das Grundgefühl als Folge dieser Haltung/Reaktion wäre etwa: «A. nimmt mein Befinden, meine Neigungen wahr, übergeht oder übersieht das nicht einfach, ist mir gegenüber aufmerksam, sensibel.»

6. Verlässlichkeit und Vertraulichkeit

In einer Freundschaft kann man sich aufeinander verlassen, man hält Versprechungen ein. Getroffene Abmachungen gelten, Geheimnisse werden nicht weitergesagt. Freundschaften gehen häufig dann auseinander, wenn solche Abmachungen nicht eingehalten oder Versprechen gebrochen werden.

Das Grundgefühl als Folge dieser Haltung/Reaktion wäre etwa: «Ich kann mich voll und ganz auf B. verlassen, Vertrauliches bleibt vertraulich, diese Beziehung trägt.»

7. Soziale Emotionalität

Freunde sind einfühlsam: Sie hören nicht nur auf das, was ein Mensch, der ihnen wichtig ist, sagt, sondern sie spüren zudem, wie es ihm geht, was ihn beschäftigt. Freunde bieten einander bei Bedarf ihre Hilfe an, drängen sie aber nicht auf. Auf der anderen Seite verheimlichen sie ihre eigene seelische Verfassung nicht, zeigen, wenn sie traurig sind, sagen, was sie ärgert, und lehnen Hilfe und Unterstützung nicht aus falschem Stolz ab. Das Grundgefühl als Folge dieser Haltung/Reaktion wäre etwa: «C. spürt jeweils, wie es mir geht, zeigt auch eigene Gefühle und hilft mir so sehr.»

8. Loyalität

Eine loyale Person bekennt sich in guten wie in schlechten Zeiten zum Gegenüber und verteidigt ihre Freunde gegen allfällige Anfeindungen, Vorwürfe oder Intrigen. Bei dieser Person weiß man immer, woran man ist. Da gibt es kein Taktieren, keine Verstellung. Das Grundgefühl als Folge dieser Haltung/Reaktion wäre etwa: «D. hält zu mir, auch wenn es mir schlecht geht, darauf kann ich mich verlassen; das beruhigt mich.»

Freunde bedeuten Leben

Für Menschen jeden Alters – und damit wären wir wieder am Anfang dieses Kapitels – sind zumindest einige Freunde eine existenzielle Voraussetzung für ein befriedigendes Leben. Freunde sind eine entscheidende Quelle der Zufriedenheit, des Wohlbefindens und des Glücks und repräsentieren damit einen wesentlichen Faktor der Lebensqualität, wie das vor langer Zeit schon Cicero (106–43 v. Chr.) brilliant formuliert hat: «Freundschaft verdoppelt unsere Freude und halbiert unseren Schmerz.»[61] Wer sich auf einige gute Freunde verlassen kann, hat tatsächlich mehr vom Leben. Die amerikanische Schriftstellerin Judith Viorst (geb. 1931) schrieb einmal: «Gute Freunde tragen zum persönlichen Wachstum und zu unserem Vergnügen bei, sie lassen die Musik schöner ertönen, den Wein noch besser munden, das Lachen heller klingen, einfach nur durch ihr Dasein.»[62] Warum ist das so? Das nächste Zitat beantwortet das in knappster und zutreffendster Form: «Wenn ich keine Freunde habe, habe ich nichts», bemerkte die amerikanische Jazz-Sängerin Billie Holiday (1915–1959).[63] Das scheint mir ein passender Schluss für dieses Kapitel.

---

61 zitiert nach: ArsEdition (Hrsg.) (1999): Freunde fürs Leben. München: ArsEdition, S. 104.

62 zitiert nach: ArsEdition (Hrsg.) (1999): Freunde fürs Leben. München: ArsEdition, S. 74.

63 zitiert nach: ArsEdition (Hrsg.) (1999): Freunde fürs Leben. München: ArsEdition, S. 120.

Fragen und Denkanstöße

- Wie würden Sie Ihre Entwicklung von Freundschaften beschreiben?
- Welche Rolle haben bei Ihnen welche Freunde und Freundinnen wann gespielt?
- Vergleichen Sie Ihre Freundschaftskriterien mit den acht Freundschaftsfaktoren von Lillian Glass. Wo sehen Sie Unterschiede? Warum? Welche Konsequenzen könnten Sie daraus für sich ziehen?
- Was können Sie aus der Beobachtung von Freundschaftsbeziehungen von anderen für sich bezüglich dieses Themas lernen?

Literaturhinweise

Bauer, Joachim (2006): Prinzip Menschlichkeit. Warum wir von Natur aus kooperieren. Hamburg. Hoffmann und Campe.

Bischof-Köhler, Doris (1998): Zusammenhänge zwischen kognitiver, motivationaler und emotionaler Entwicklung in der frühen Kindheit und im Vorschulalter. In: Keller, Heidi (Hrsg.): Lehrbuch Entwicklungspsychologie. Bern: Verlag Hans Huber, S. 319–376.

Damon, William (1989): Die soziale Entwicklung des Kindes. Stuttgart: Klett-Cotta.

Gruntz-Stoll, Johannes (1989): Kinder erziehen Kinder. Sozialisationsprozesse in Kindergruppen. München: Ehrenwirth.

Luks, Allan; Payne, Peggy (1998): Der Mehrwert des Guten. Wenn Helfen zur heilenden Kraft wird. Freiburg: Herder.

Mietzel Gerd (2002): Wege in die Entwicklungspsychologie. Band 1: Kindheit und Jugend. 4. Auflage. Weinheim: Beltz.

Petermann, Franz; Petermann, Ulrike (2010): Training mit Jugendlichen. Aufbau von Arbeits- und Sozialkompetenzen. 9. Auflage. Göttingen: Hogrefe.

Schmidt-Denter, Ulrich (2005): Soziale Beziehungen im Lebenslauf. 4. Auflage. Weinheim: Beltz.

Wagner, Jürgen (1994): Kinderfreundschaften. Berlin: Springer.

9 Mit welchen Aufgaben werden Heranwachsende konfrontiert?

Erwachsen ist, wer damit beginnt, wieder freiwillig früher ins Bett zu gehen. *(Till Roenneberg 2005)*[64]

Erwachsen bist du erst dann, wenn du einen guten Rat auch dann beherzigen kannst, wenn er von deinen Eltern stammt. *(Joachim Kahl 2005)*[65]

Einleitung

Menschen stehen im Leben immer wieder vor Aufgaben, die sie bewältigen müssen. Eine Entwicklungsaufgabe ist eine Problemstellung, die sich einem Individuum in einer bestimmten Lebensperiode stellt: Entwicklungsaufgaben begleiten einen Menschen also ein Leben lang, von der Geburt bis zum Tod! Das Leben stellt dem Individuum unablässig Herausforderungen, Aufgaben in den Weg, auf die es Antworten, Teilantworten zu geben sucht oder mit denen es immer wieder um Lösungen ringt: Entwicklungsaufgaben erstrecken sich so letztlich nicht nur auf die gesamte Lebensspanne, sondern verlangen vom Einzelnen immer wieder Anstrengungen, eine Neuorientierung und eine Neuorganisation seines Lebens. Diese Sichtweise findet sich bei Alfred Adler. Die drei Lebensaufgaben nach Adler (1973 b/1927), nämlich Arbeit, Liebe und Gemeinschaft sind später durch Dreikurs (1981/1933) ergänzt worden: die Beziehung zu sich selbst sowie die Beziehung zum Kosmos.

Das Konzept der Entwicklungsaufgaben

Das Konzept der Entwicklungsaufgaben wurde erstmals von R.J. Havighurst (1948) entwickelt und geht von der zentralen Idee aus, dass Entwicklungsaufgaben eigentlich *Lernaufgaben* darstellen, dass also *Entwicklung ein Lernprozess* ist, der sich letztlich über die gesamte Lebenszeit erstreckt und im Kontext realer Anforderungen zum Erwerb von Fertigkeiten und Kompetenzen führt, die zur konstruktiven Lebensbewältigung notwendig sind. Diese Aufgaben entstehen zum Teil aufgrund von biologischen Reifungsprozessen (z. B. laufen lernen), sie wer-

64 Till Roenneberg in: Der Tagesspiegel 31. Januar 2005.

65 Kahl, Joachim (2005): Weltlicher Humanismus. Eine Philosophie für unsere Zeit. Münster: Lit, S. 192.

den aber auch von der jeweiligen Gesellschaft oder vom vorliegenden Sozialsystem definiert (z. B. lesen lernen, Berufseintritt). Dabei spielen die bio-psychosoziale Reife und biologische Veränderungen innerhalb des Individuums, die gesellschaftlichen Erwartungen sowie individuelle Zielsetzungen und Werte eine zentrale Rolle. Die Formulierung der Entwicklungsaufgaben ist damit einem Wandel unterzogen und abhängig von der Eingebundenheit in eine Kultur und ein Zeitalter. Das Konzept der Entwicklungsaufgaben wurde von der entwicklungspsychologischen und von der soziologischen Kindheits- und Lebenslaufforschung wie auch von der Erziehungswissenschaft (vgl. Dreher und Dreher 1985; Hoppe et al. 2002; Jugert et al. 2004: Göppel 2005 und viele andere) weiterentwickelt und differenziert. In der folgenden kurzen Darstellung werden diese und weitere Konzepte integriert. Auch Erik Eriksons Modell der Identitätsentwicklung (1966) kann als Modell von Entwicklungsaufgaben verstanden werden, wo beispielsweise im Schulalter das Gegensatzpaar Werksinn versus Minderwertigkeitsgefühl im Vordergrund steht oder im reifen Erwachsenenalter Integrität oder Verzweiflung die Gegensätze der Lebensantwort darstellen. Bischof (1989) beschreibt die psychosoziale Entwicklung treffend als Bewegung zwischen den beiden Polen Sicherheit und Erregung/Exploration mit dem Ziel, allmählich *(relative) Autonomie* zu gewinnen.

Die nachfolgend beschriebenen Schwerpunkte von Entwicklungsaufgaben überlappen sich in unterschiedlichem Ausmaß.

Stufenspezifische Entwicklungsaufgaben

In der Fachliteratur lassen sich für das Kindergarten- und Vorschulalter die in Tabelle 9-1 zusammengefassten Entwicklungsaufgaben und Schwerpunkte dazu finden.

Auf der Unterstufe werden die vorherigen Schwerpunkte weiter entwickelt und vertieft. Zusätzlich kommen neue Aufgaben und Themen hinzu (Tab. 9-2).

Auf der Mittelstufe differenzieren und ergänzen sich die schulischen Ansprüche und Aufgaben, Leistung und Peers werden wichtiger. Die bisherigen Schwerpunkte werden weiter entwickelt und vertieft. Zusätzlich kommen neue Aufgaben hinzu (Tab. 9-2).

Von der Oberstufe bis zum Erwachsenenalter werden die bisherigen Schwerpunkte weiter entwickelt und vertieft. Ergänzend und vertiefend

Tabelle 9-1: Entwicklungsaufgaben Kindergarten/Vorschule

Schwerpunkte
• emotionales Grundvertrauen («Urvertrauen») in sich selbst und die Welt; Aufbau einer positiven Einstellung zu sich selber (Selbstkonzept, Selbstwertgefühl): Hier werden Grundlagen für eine weitere positive Entwicklung gelegt!
• Entwicklung grundlegender Fertigkeiten in Lesen, Schreiben, Rechnen, Sprechen usw.
• Kommunikationsfähigkeiten entwickeln
• erste Ablösung von den engsten familiären Bezugspersonen und Aufbau neuer Bindungen (Lehrkräfte, HortnerInnen usw.)
• grob- und feinmotorische Fertigkeiten, körperliche Geschicklichkeit
• Grundformen emotionaler und motorischer Selbstregulierung/Selbstkontrolle und Selbststeuerung: Das ist wichtig im Umgang mit Misserfolgen und anderen Menschen!
• Lernen, mit Gleichaltrigen zurechtzukommen; Aufbau von Freundschaften; Spielen und Arbeiten in Gruppen
• das Verstehen anderer: die Perspektive eines anderen Menschen einnehmen können («Theory of Mind») und Fähigkeit zu empathischen Reaktionen
• Entwicklung von Gewissen, Moral: einfache moralische Entscheidungen treffen
• erster Umgang mit Konsum: Erste Haltungen, Erwartungen und Forderungen werden hier aufgebaut!

kommen noch einmal neue Themen und anspruchsvolle Aufgaben hinzu, die viel Energie und Zeit der Jugendlichen binden (Tab. 9-3).

Dabei müssen natürlich auch geschlechtsspezifische Unterschiede – die allerdings in einem engen Zusammenhang mit kulturellen Einstellungen stehen und in anderen kulturellen Kontexten unter Umständen anders aussehen können – berücksichtigt werden: Die Mädchen beschäftigen sich beispielsweise in unserer Kultur tendenziell stärker mit den Entwicklungsaufgaben «Gleichaltrige», «Körper» oder «Intimität» als die Jungen, die dafür eher medienorientiert sind.

Die erfolgreiche Bewältigung von Entwicklungsaufgaben fördert Fertigkeiten und Kompetenzen, die zur konstruktiven und zufriedenstellenden Bewältigung des Lebens in einer Gesellschaft notwendig sind. Auf der anderen Seite bindet die Beschäftigung damit Energie und Zeit

Tabelle 9-2: Entwicklungsaufgaben der Unter- und Mittelstufe

Schwerpunkte
• Umgang mit schulischen Leistungsanforderungen: Regelmäßige Misserfolge gefährden eine günstige psychosoziale Entwicklung!
• erweiterte emotionale und motorische Selbstregulierung/Selbstkontrolle und Selbststeuerung: Findet hier eine Bestätigung und Stärkung oder eine Schwächung, ein Ausweichen statt?
• Aufbau von Freundschaften mit Gleichaltrigen, soziale Kooperation: wichtige Schutzfaktoren in der weiteren Entwicklung!
• Weiterentwicklung und Differenzierung des Selbstbewusstseins (z. B. fleißig, tüchtig, schnell, lustig usw.): wichtig für die weitere Identitätsentwicklung!
• weibliches und männliches Rollenverhalten einüben
• Herausbildung und Bewusstsein von Interessen, Neigungen und Hobbys: kann bei günstiger Wahl präventiv wirken!
• Grundlagen für Selbstwirksamkeit und Kontrollüberzeugungen
• erweiterter Umgang mit Konsum
• Umgang mit Medien

Tabelle 9-3: Entwicklungsaufgaben der Oberstufe

Schwerpunkte
• Suche nach und Entwicklung einer eigenen Identität: Wer bin ich? Wie möchte ich sein? Wie sehen mich die anderen? Wie sollte ich sein? Wieso sollte ich so sein?
• Jugendliche erleben körperliche Veränderungen und müssen eine positive Einstellung dem eigenen Körper und seinen Veränderungen gegenüber gewinnen: Es geht darum, die körperliche Gestalt, die äußere Erscheinung zu akzeptieren: «Zeitweise drehte sich alles in meinem Kopf um meine Figur. Mein Körper, so schien es mir, übernahm die völlige Kontrolle über mich.» (Bericht einer Jugendlichen in: Göppel 2005, S. 98). Nach Fend (2000) geben 60 % der Mädchen, aber nur 35 % der Jungen an, sie hätten sich schon einmal gewünscht, ganz anders auszusehen! Zwischen 50 und 80 % der Mädchen zwischen 11 und 19 Jahren fühlen sich zu dick, 60–80 % wollen abnehmen, bei den Jungen sind es nur 13–26 %.
• Jugendliche müssen sich mit ihrer Rolle als Frau oder Mann auseinandersetzen.
• Aufnahme und Aufbau intimer Beziehungen

Schwerpunkte

- lustvolles, selbstbestimmtes und verantwortliches Verhältnis zur Sexualität entwickeln
- Festigung des geschlechtlichen Rollenverhaltens
- neues, selbstverantwortliches Verhältnis zum schulischen Lernen gewinnen
- Vorbereitung des beruflichen Werdegangs, berufliche und persönliche Zielperspektiven entwickeln; Auseinandersetzung mit den eigenen Fähigkeiten und Möglichkeiten im Hinblick auf die Berufswahl
- Entwicklung einer eigenen Persönlichkeit und persönlicher Kompetenzen (vor allem Selbstständigkeit, Selbstsicherheit, Selbstkontrolle, Kontrollüberzeugung, Selbstwirksamkeit, eigene Überzeugungen)
- Festigung der sozialen und affektiven Kompetenzen (Kommunikation, Beziehungsfähigkeit, Selbstbehauptung, soziale Integration, Toleranz, Konfliktlösung, Peer-Gruppen-Resistenz, Gefühle – Wut, Angst usw. – wahrnehmen und adäquat damit umgehen, Selbstreflexion und Selbsteinschätzung verbessern)
- Jugendliche müssen ein neues Verhältnis zu ihren Eltern finden: sich von ihnen ablösen und doch mit ihnen verbunden bleiben.
- Jugendliche müssen lernen, soziale Verantwortung wahrzunehmen – Verantwortung gegenüber anderen, aber auch gegenüber der Gesellschaft.
- sich in der Welt der Gruppen und Cliquen zurechtfinden und reife Freundschaftsbeziehungen aufbauen und pflegen
- Auseinandersetzung mit eigenen Wertesystemen, mit politischen, ethischen, moralischen, politischen und religiösen Fragen sowie Sinnfragen; Schaffung eines eigenen und eigenständigen Wertesystems*
- kritisch-reflektierte Einstellung gegenüber der Gesellschaft gewinnen
- Verständnis über komplexe Zusammenhänge in Politik und Gesellschaft festigen
- Umgang mit Kultur (z. B. Medien) und Konsum (z. B. Drogen, Waren- und Ideologie-Angebote)
- Erwerb von Medienkompetenz

* Benjamin Lebert (*1982) nennt in seinem im Alter von 16 Jahren verfassten Jugendroman «Crazy» treffend die ganze Jugend ein einziges großes Fadensuchen: die Entwicklungsaufgabe «Erwachsenwerden» als Suchen und Finden von Zusammenhängen und Klarheiten.

der Jugendlichen. Dies ist mit ein Grund, warum andere Themen vorübergehend unter Umständen für sie weniger wichtig erscheinen (können): die Schule, die Hausaufgaben, die Ordnung des Zimmers, die Mithilfe zu Hause usw.

Konflikte im Umgang mit Entwicklungsaufgaben

Die Entwicklungsaufgaben «Umgang mit Medien» sowie «Schule» kollidieren häufig mit anderen Interessen der Jugendlichen oder mit den Vorstellungen der Eltern, wie das nächste Beispiel zeigt. In einer Befragung der Reporterin Anna Sigrist[66] unter Jugendlichen im Bezirk Meilen (Kanton Zürich) verrät ein 17-jähriger Schüler:

> Während der Pubertät war der angemessene Umgang mit dem Computer ein großes Thema bei mir. Ich hatte deswegen häufig Auseinandersetzungen mit meinen Eltern, und es kam auch mal vor, dass sie mir für einen Monat PC-Verbot erteilten. Mittlerweile habe ich auch andere Interessen entdeckt. Meine Freizeit und meine Hobbys sind mir sehr wichtig. Manchmal vernachlässige ich auch die Schule deswegen.

Bei einer 15-jährigen Teilnehmerin an derselben Befragung erkennen wir mehrere Entwicklungsaufgaben (z. B. Prioritäten setzen, Verhältnis zu den Eltern, Autonomie), die offenbar zurzeit belastend wirken:

> Oft ist mein Leben derzeit ein einziges Chaos, und ich verliere komplett den Überblick darüber. Ich denke, das geht auch vielen anderen während der Pubertät so, da man jeden Tag mit neuen Problemen konfrontiert wird und seine Erfahrungen sammeln muss. […] In der Pubertät ändert sich das Verhältnis zu den Eltern. Zurzeit streite ich mich oft mit meinen Eltern, weil sie mir Dinge verbieten wollen und mir für mein Empfinden zu wenig Freiheit einräumen.

66 Anna Sigrist: Noch Kind und doch erwachsen. Zürich: *Tages-Anzeiger,* 11. Juli 2007, S. 60.

Und bei einer 14-Jährigen wird überdies deutlich, wie schwierig die neue Rollenfindung sein kann:

> Für mich ist dieser Übergang zwischen der Kindheit und dem Erwachsensein sehr schwierig. Einerseits kommt es vor, dass mich Leute auf der Straße mit «Sie» ansprechen, und andererseits behandeln mich meine Eltern zeitweise noch wie ein kleines Kind. Es ist sehr verwirrend, nicht zu wissen, ob man nun ein Kind oder ein Erwachsener ist. Ich genieße es jedoch sehr, zu spüren, dass ich immer ernster genommen werde.

Worüber machen sich Jugendliche am meisten Gedanken?

Kinder und noch vermehrt Jugendliche machen sich viele Gedanken über vorliegende und zukünftige Fragen, Herausforderungen und Aufgaben des Lebens. In einer mündlichen Befragung, die Studierende der Pädagogischen Hochschule unter Jugendlichen (in Klammern die Altersangabe) an einer Zürcher Mittelschule durchführten, ergaben sich zur obigen Fragestellung spannende Antworten, die ich hier nur in einem kleinen Auszug wiedergebe:

- «Die Zukunft.» *(17, männlich)*
- «Ich denke über den Tod nach, die Vergänglichkeit. Ich denke viel über meine Zukunft nach, darüber was ich werden will, ob ich eine Familie haben will …» *(17, weiblich)*
- «Jungen, Probleme, Leute, Ungerechtigkeiten.» *(14,5, weiblich)*
- «Ich mache mir oft Gedanken über Rassismus, Arbeitslosigkeit.» *(14, männlich)*
- «Über die Einzigartigkeit der Menschen, jedes Individuums, über die Natur, die Beziehungen zwischen den Menschen. Über die Liebe.» *(17, weiblich)*
- «Über Drogen, Sex, Musik, Eltern, Ausziehen, Freizeit gestalten, wie schaffe ich bloß diese Schule?!» *(18, weiblich)*

Die Antworten verraten eine unterschiedlich intensive Beschäftigung mit wichtigen Lebensaufgaben und -fragen. Die Jugendlichen arbeiten an diesen Themen, versuchen Wege und Lösungen zu finden. In dieser Auseinandersetzung geraten Jugendliche natürlich mit den Erwachsenen in verschiedene Konflikte. In einer Fortsetzungsbefragung kam dies mit verschiedenen Antworten erneut klar zum Ausdruck, von denen ich zwei typische wiedergebe. Die Frage lautete: «Hast du manchmal Konflikte mit älteren Generationen; wenn ja, was sind das für Konflikte?» Ein 18-Jähriger meint dazu: «Die Alten sind nicht einverstanden mit meiner Kleidung, mit meiner Musik, die ich höre … sie sind eben konservativ.» Und eine ebenfalls 18-Jährige äußert kurz und bündig: «Nur mit den Eltern. Das Übliche.»

Wann zählt man zu den Erwachsenen?

In einem letzten Befragungsteil dieses entwicklungspsychologischen Projektes stand die Thematik «Du befindest dich momentan in deiner Jugend. Wann, glaubst du, gilt man als Erwachsener?» Auch diese Antworten zeigen eine vertiefte Auseinandersetzung mit den anstehenden und noch folgenden Entwicklungsaufgaben. Ein kleiner Ausschnitt daraus verdeutlicht dies:

- «Wenn man aus der Kindheit herausgewachsen ist.» *(17, männlich)*
- «Ich glaube, so richtig erwachsen ist man erst, wenn man für sich selbst sorgen kann, fertig mit der Ausbildung ist. Oder wenn man bereit ist, Kinder zu kriegen und für sie da zu sein.» *(17, weiblich)*
- «Wenn man finanziell nicht mehr von den Eltern abhängig ist und man im Berufsleben steht.» *(15, männlich)*
- «Ich denke, das ist von Person zu Person verschieden. Man braucht einfach eine gewisse Reife.» *(14, weiblich)*
- «Keine genaue Grenze. Je nach Umfeld. Zum Teil fühle ich mich als Erwachsene, werde aber nicht als solche behandelt!» *(17, weiblich)*
- «Ich glaube, erwachsen ist man nicht ab einem gewissen Alter, sondern nach seiner Art und Weise, das heißt wie man gewisse Dinge

behandelt und damit umzugehen weiß … das entscheidet jeder für sich.» *(18, männlich)*

- «Im Moment möchte ich eigentlich noch gar nicht erwachsen sein. Vielleicht erst ab 18. Mit diesem Alter sind einem auch fast alle Wege offen.» *(14, weiblich)*

Aus diesen Antworten wird deutlich, wie sich Jugendliche immer wieder mit vielfältigen Entwicklungsaufgaben beschäftigen – und wie unterschiedlich ihre momentanen Einschätzungen und Empfindungen dabei ausfallen.

Spezifische Entwicklungsaufgaben

Neben Entwicklungsaufgaben, die für alle Heranwachsenden in einer bestimmten Kultur mehr oder weniger gelten, gibt es auch individuelle und spezifische Lebensaufgaben, welche bewältigt werden müssen: die Trennung/Scheidung der Eltern, der Verlust oder der Tod eines Freundes (oder Geschwisters), der Arbeitsplatzverlust eines Elternteils mit familiären Folgen, die psychische oder körperliche Krankheit eines Elternteils, das Mobbing in der Schule, eine Nichtversetzung in der Schule (Klasse wiederholen), ein Orts- und Schulwechsel durch Umzug, eine Migration, die Diskriminierung als Angehörige/r einer Minderheit in der Gesellschaft (z. B. als AtheistIn, ChristIn, als Tamile, Türke, Roma) – aber auch Eigenheiten wie etwa ein geringer Bartwuchs (bei Jungen) oder auffallende äußerliche Merkmale (sehr groß oder sehr klein gewachsen) usw.

Die persönliche Auseinandersetzung mit Entwicklungsaufgaben: Gedanken einer Oberstufenschülerin

Der folgende Text stammt von einer Oberstufenschülerin, die mir später als Studentin im Rahmen eines Entwicklungspsychologieseminars den Aufsatz aus ihrer Schulzeit zur Verfügung gestellt hat. Der Titel, von ihr selber formuliert, lautet: «Die Jugend ist schön – sagen viele Erwachsene.»

Die Jugend ist schön – ja, das sagen viele Erwachsene. Aber was meinen sie damit? Überlegen sie sich auch, wie ihre Jugend war? Oder haben die Erinnerungen manchmal schon alles vergoldet? Ich weiß es nicht. Schön ist die Jugend bestimmt nicht immer. Gut, erwachsen sein ist bestimmt auch nicht immer schön, aber ich finde diesen Satz doch etwas übertrieben.

Man hat doch viele Probleme in dieser Zeit! Man wird als «Teenie» abgestempelt, das nervt mich manchmal total. Das heißt doch so etwas wie: *«Ja, die sind jetzt in ihrer schweren Zeit, die darf man nicht so ernst nehmen.»* Ich habe auch oft das Gefühl, dass wir Jugendlichen nicht richtig ernst genommen werden. Wir sind zwar keine Kinder mehr, gehören aber trotzdem noch nicht zu den Erwachsenen. Klar, wir haben manchmal unsere Macken, diese sind aber bestimmt irgendwie begründet. Ja, und dieser Begründung sollte man auf den Grund gehen. Das tun viele Erwachsene – glaube ich – gar nicht, sondern nehmen uns, wie schon gesagt, einfach nicht so ernst. Unsere Probleme sind vielleicht auch: Liebe, Schule, Freunde, mit sich selber klarkommen.

Manchmal schwankt man total, weiß nicht recht, was man jetzt tun soll, dies oder das. Dann ist man vielleicht froh, dass es doch noch Erwachsene gibt, die man um Rat fragen kann.

In einem anderen Zeitpunkt könnte man alle «auf den Mond boxen», weil man das Gefühl hat, man werde überhaupt nicht verstanden. Und ein anderes Mal wieder hat man das Gefühl, man brauche die Erwachsenen gar nicht. Man hat seine eigenen Vorstellungen, seine eigenen Meinungen, will seine eigenen Erfahrungen sammeln. Und gerade dann, wenn man seine Vorstellungen in die Tat umsetzen will, kommen die Erwachsenen, mischen sich ein, und wollen einem weismachen, was das Beste für einen sei! Dann wird man wieder wütend, ja schreit sie vielleicht an, und hat am Schluss den größten Krach mit den Erwachsenen.

Ja, und was folgt daraus? Man liegt am Schluss auf seinem Bett, in den eigenen vier Wänden, in denen man sich wohl fühlt, in denen man die Macht hat und doch noch endlich einmal sagen kann, wie was sein soll. Man hört Musik, lässt seinen Gedanken freien Lauf, und trotzdem plagt einen das Erlebnis von vorhin. […] In diesem Moment könnte man schreien, toben und doch weint man. Warum? Weil man doch das Gefühl hat, die Erwachsenen verstehen einen nicht. Man bildet sich ein, allein zu sein, keine Freunde zu haben, und dass einen gar niemand verstehe.

Aber, oh Glück, nach einiger Zeit, wenn man wieder einigermaßen klar denken kann und sich das Ganze nochmals überlegt hat, entdeckt man, dass man doch nicht allein ist, dass es irgendwo doch noch einen Freund gibt, der einen versteht. Ist das vielleicht das Schöne an der Jugend? Dass es immer wieder, irgendwo, eine Tröstung gibt?

Also, was ist es dann? Dass man seine eigenen Träume, ausgeflippte Ideen hat? Aber können das Erwachsene nicht auch haben? Ich glaube schon. Manchmal habe ich auch das Gefühl, sie erlauben sich das nicht, schränken sich ein, bilden sich selbst ein, das gehöre nicht mehr zum Erwachsensein, und bauen so eine graue Betonmauer um ihr «Zeitalter».

Irgendwann hat man total genug von der Schule, will keine Aufgaben mehr und nie mehr das Wort «Noten» hören. Man will das Leben genießen, seine Gefühle ausleben und einfach das machen, was man will. Man will endlich etwas Freizeit haben (welche in Wirklichkeit manchmal sehr mager berechnet ist) und nicht noch zuerst drei Stunden seinen Verpflichtungen nachgehen, bis es zu spät ist.

So, jetzt habe ich vielleicht etwas «schwarz gemalt», aber trotzdem ist es so. Das «Schwarzmalen» ist vielleicht eine Krankheit der Jugend, denn man sagt ja oft, sie übertreibe gerne.

Die Jugend ist schön, sagen nicht nur die Erwachsenen, sondern auch ich, obwohl ich das ja noch nicht sehr genau sagen kann, denn ich habe ja noch nicht alle «Zeitalter» durchlebt!

Die Verfasserin beobachtet und beschreibt genau die empfundene Rollenthematik (Erwachsene oder Jugendliche oder halb Kind – wie wird man von anderen wahrgenommen und behandelt?), die Einstellung zur Entwicklungsaufgabe Schule, die Ambivalenz von Einsamkeitsgefühlen und bestätigenden Peer-Erlebnissen, die Abgrenzung zur Erwachsenenwelt, den Wunsch nach Eigenständigkeit. Toll, wie sie auch die Selbsteinschränkungen bzw. Selbstbeschränkungen der Erwachsenen kritisch erwähnt!

Entwicklungsaufgabe «Identität»: Aufsatz einer Oberstufenschülerin

Auch den folgenden Auszug aus einem Aufsatz[67] stellte mir freundlicherweise eine Studentin zur Verfügung.

Ja, wie bin ich? Wie sehe ich aus? So richtig habe ich mir das noch gar nie überlegt. Klar, im Spiegel betrachtet habe ich mich schon oft, und dann fand ich immer: «Nein, also hübsch bin ich wirklich nicht.» Dann habe ich angefangen, mein Gesicht zu «zerlegen». Die Augenbrauen? Ja eigentlich gar nicht so schlecht. Die Augen? Eigentlich sind sie auch nicht so schlecht, sie sind grau-grün. Diese Augenfarbe hat nicht jeder, die ist eher außergewöhnlich und sie gefällt mir. Auch in meiner Familie bin ich die Einzige, die solche Augen hat. Alle anderen haben braune Augen. Ja, ich weiß nicht einmal, von wem ich die geerbt habe. Dann habe ich weiter geschaut und herausgefunden, dass alles eigentlich gar nicht so schlecht ist, nur irgendwie einfach nicht zusammenpasst. Manchmal habe ich das Gefühl, dass diese Person, die ich im Spiegel sehe, gar nicht ich bin, sondern eine andere. Ich habe immer das Gefühl, mein «Ich» sehe ganz anders aus als dieses im Spiegel.

Sonst bin ich nicht groß, ziemlich klein sogar, für mein Alter. Eine Stärke von mir ist bestimmt, Aufsätze zu schreiben. Eine Schwäche hingegen sind Rechnen und Geometrie, aber von der Schule einmal abgesehen, bin ich musikalisch sehr begabt, sogar überdurchschnittlich begabt. Eine Stärke von mir ist gleichzeitig auch eine Schwäche: Ich bin eigentlich sehr scheu. Ich versuche diese Scheu hinter einer clownigen Maske zu verbergen. Viele Leute finden, ich sei ein lustiges und fröhliches Mädchen, und sagen oft zu mir: «Du bist so cool», oder so etwas Ähnliches. Oder was mir auch schon Einige erzählt haben, ist, dass sie finden, ich hätte einen eigenen Stil. Das kann ich irgendwie gar nicht richtig glauben, denn mir ist das noch nie aufgefallen. Manuela hat mich einmal gefragt, ob ich eigentlich nur lache. Bei solchen Fragen bin ich dann manchmal stolz und traurig zugleich. Stolz, weil ich anscheinend gut Theater spiele, traurig, weil ich eigentlich gar nicht so sein kann wie ich bin. Aber ich glaube auch, dass jeder etwas Theater

67 Dieser Aufsatz wird im nächsten Kapitel (10.) unter dem Aspekt der Selbstkonzeptfaktoren nochmals wiedergegeben und entsprechend kurz erläutert.

spielt, oder jedenfalls die meisten. Was meine Stärke ist, ist dass ich fast immer die Wahrheit sage. Damit meine ich aber nicht, dass ich niemals lüge, sondern dass ich vielen sage, was ich denke und gerade aus Trotz mich nicht immer nur der Mehrheit anpasse. Ich sage niemandem, ich fände dies oder das schön, nur weil er es schön findet und mich fragt, und dabei gefällt es mir überhaupt nicht. In der Klasse habe ich eigentlich keine besondere Stellung. Bei den Pfadfindern eigentlich auch nicht. Im Lager aber, so glaube ich, hatte ich eine besondere Stellung. Ich machte während des ganzen Lagers Witze und Späße, und alle hatten Freude an mir. Aber das liegt vielleicht daran, dass ich wirklich jeden sehr gut kannte. Ich mag Leute, die lustig, fröhlich und lässig sind. Sie strahlen eine Fröhlichkeit aus, die ich mag, und man kann so viel besser auskommen als sonst. Aber außer Leuten mag ich die Natur. Ich gehe gerne wandern.

Aber was ich überhaupt nicht mag sind Leute, die mit ihren «großen» Taten bluffen und groß angeben müssen. Da werde ich rasend, wirklich! Da muss ich immer aufpassen, dass ich sie nicht plötzlich anschreie, das regt mich so auf! Vielleicht gerade darum, weil ich es überhaupt nicht kann.

Was ich beibehalten möchte ist, dass ich immer die Wahrheit sage und nie etwas sage, was ich eigentlich gar nicht so meine. Außerdem will ich tolerant bleiben (das habe ich vorhin vergessen aufzuzählen bei den Stärken). Ich will alle meine Stärken beibehalten! Allerdings will ich probieren, einige von meinen Schwächen zu verbessern, z. B. Geometrie und Rechnen.

In diesem eindrücklichen und reifen Dokument werden vielfältige Themen und Entwicklungsaufgaben angesprochen und sichtbar: die kritische Auseinandersetzung mit dem eigenen Äußeren, mit schulischen Stärken und Schwächen, dem Selbst, der sozialen Stellung unter den Gleichaltrigen, sogar mit moralpsychologische Aspekten (Ehrlichkeit!) werden erörtert. Natürlich fehlen im Rahmen eines Schulaufsatzes verschiedene weitere Themen (z. B. Fragen zu Liebesbeziehungen, zur Beziehung zu den Eltern usw.).

Im nächsten Abschnitt sollen nun einige Möglichkeiten und Varianten des Umgangs mit diesen und weiteren Themen und Problemen erörtert werden.

Entwicklungsaufgaben und Coping-Strategien

Um mehr oder weniger belastenden Ereignissen und Entwicklungsaufgaben begegnen zu können, braucht es *Bewältigungsstrategien* (= Coping-Strategien). Dies sind problemlösende Anstrengungen einer Person. Für eine normale bio-psychosoziale Entwicklung, für die Prävention von Störungen sowie bei problematischen Entwicklungen ist es von großer Bedeutung, welche Bewältigungsmuster Heranwachsende entwickelt und verfestigt – also eintrainiert – haben. Die Wahl der Coping-Strategien ist nicht nur ein typisches Merkmal für Individuen, wie sie Problemen begegnen, es ist bei wiederholter gleicher Wahl zugleich ein Ausdruck eines bestimmten Selbstkonzepts (z. B. *«Ich bin stark, fähig, kompetent.»* vs. *«Ich bin schwach, inkompetent.»).* Coping-Stile umschreiben durch Gewohnheit gefestigte, also eintrainierte, verdichtete Bewältigungsmuster.

Je nach Autor werden verschiedene Coping-Strategien oder Bewältigungsmodi unterschieden (vgl. z. B. Keller-Schneider 2010):

1. Beim aufgaben- oder problemorientierten Coping versuchen Jugendliche etwa, eine Veränderung der Situation (z. B. Lehrstellensuche) durch geplante Handlungen direkt anzugehen und das Problem zu lösen.

2. Emotionsorientiertes Coping dient vor allem dazu, Spannungszustände zu reduzieren, nicht die Situation zu verändern: Hier können Drogen, Ablenkung, Musik usw. Mittel sein.

3. Strategien der Selbstberuhigung, auch palliatives Coping genannt, verändern den momentanen Leidensdruck und ermöglichen es, die dabei auftretenden Gefühle besser zu kontrollieren.

4. Coping durch Ablenkung bedeutet das klassische Vermeidungsverhalten: Statt an die Prüfung zu gehen, schwänzt man und geht stattdessen ins Einkaufszentrum, um rumzuhängen.

Wichtig bei der Einschätzung der Coping-Stile sind die Haupttendenz, der Ausprägungsgrad und die Zeitdauer des Auftretens: Sind das überwiegend *aktive, problemorientierte* oder *internale, emotionsorientierte* Coping-Stile? (Lazarus und Folkmann 1984). Internale Coping-Stile mit Vermeidungsverhalten sind häufig mit sozialen Anpassungsproblemen (z. B. in der Gruppe) und psychischen Problemen (wiederholtes Grübeln, Depressionen) verbunden. Erweisen sie sich – nach Seiffge-Krenke (1985) – als *funktional* (Problemlösung anstrebend) oder *dysfunktional* (Problemvermeidung, Resignation, Verleugnung, negative Selbstverbalisation, Gewaltanwendung, Drogenkonsum)? Sind es *effektive* Coping-Stile wie etwa Informationssuche, direkte Aktionen (zur Bewältigung konkreter Aufgabenstellungen), Suche nach sozialer Unterstützung oder *ineffektive* wie dauerndes Grübeln und Kreisen, Verdrängen durch Drogen und Alkohol? Oder auf der Ebene der Gefühle: Sind es eher konstruktiv-emotionsregulierende Muster (zur Beruhigung bei schlechter Schulzensur Klavier spielen) oder destruktiv-emotionsregulierend (Zerstören von Schulsachen, Zerschlagen von Geschirr). Wir können zudem auf weitere Aspekte der vorliegenden Coping-Stile achten:

Steht Verdrängen (z. B. die Auseinandersetzung mit einem Problem auf morgen, nächstes Jahr … verschieben), Betäuben (mit Drogen, Medikamenten, Alkohol), die Delegation (an die Mutter, die das Problem lösen soll!), die Leugnung («Das ist nicht wahr, dass ich immer zu spät komme!»), die Verharmlosung («Das ist doch nicht so schlimm!»), die Rationalisierung eines Misserfolges («Eigentlich bin ich ganz froh, dass ich die Aufnahmeprüfung nicht bestanden habe – ich war mir sowieso unsicher, ob diese Fachhochschule das Richtige für mich ist.»), das Ausagieren (Türen knallen), die Verweigerung (regelmäßiger Rückzug ins Zimmer, häufige Sprechverweigerung) oder das Projizieren (wiederholtes «Du bist schuld, nicht ich!») im Vordergrund? Genau genommen verfügt jeder Mensch über ein ganzes Arsenal von verschiedenen Coping-Strategien, die er in einer ganz individuellen persönlichen Mischung und Ausprägung in Konfliktsituationen zur Anwendung bringt. Etwas salopp könnte man formulieren: Zeige mir, welche Coping-Strategien du hauptsächlich einsetzt – und ich sage dir, wer und wie du bist!

Allerdings: (Fast) jede Coping-Strategie kann in einer ganz bestimmten Situationen durchaus sinnvoll sein; welche schließlich sinnvoll und erfolgreich (also lösungsorientiert) ist, kann von Fall zu Fall unterschiedlich sowie kontextabhängig sein! Ein Beispiel: Lügen gilt grundsätzlich als unerwünschtes Coping-Verhalten: Während der Nazi-Zeit konnte eine Lüge bei einer polizeilichen Hausdurchsuchung («Bei uns sind keine Juden im Haus!») für Betroffene aber lebensrettend sein! Und das Umfeld spielt auch in anderen Fällen eine zentrale Rolle: In sozialen Stresssituationen mit Gleichaltrigen lassen sich Jugendliche häufiger nichts anmerken (coole Haltung), bei Eltern machen sie dagegen ihrem Ärger leichter Luft! Zudem lassen sich teilweise *geschlechtsspezifische Unterschiede* beobachten: So suchen bei großen Schwierigkeiten weibliche Jugendliche häufiger Anteilnahme und Unterstützung, während männliche Jugendliche eher dazu neigen, laut zu agieren. Wir können sehr vereinfacht sagen, dass Mädchen eher zur internalen und Knaben eher zur externalen Problembewältigung neigen – allerdings mit vielen Ausnahmen.

In einer Übersicht (vgl. Tabelle 9-4), die sich auf Seiffge-Krenke 1985 (von mir verändert) sowie auf eigene langjährige Erfahrungen in der Beratung abstützt, möchte ich zeigen, wie vielfältig sich Coping-Strate-

Tabelle 9-4: Verschiedene Coping-Strategien

Coping-Strategie	Einschätzung, Beurteilung
1. Ich diskutiere das Problem mit meinen Eltern.	
2. Ich diskutiere das Problem mit anderen Erwachsenen.	
3. Ich spreche auftauchende Probleme sofort aus und trage sie nicht tagelang mit mir herum.	
4. Ich suche bei Schwierigkeiten fachmännischen Rat (Jugendberatungsstelle, ärztliche Fachperson ...).	
5. Ich mache mich auf das Schlimmste gefasst.	
6. Ich akzeptiere meine Grenzen.	
7. Ich versuche, Probleme im Gespräch mit den Betroffenen direkt anzusprechen.	
8. Ich lasse mir nichts anmerken und tue so, als ob alles in Ordnung wäre.	
9. Ich versuche mich abzureagieren (z. B. durch laute Musik, Motorradfahren, wildes Tanzen, Sport ...).	
10. Ich mache mir keine Sorgen, denn meistens gehen die Dinge gut aus.	
11. Ich denke über das Problem nach und spiele verschiedene Lösungsmöglichkeiten in Gedanken durch.	
12. Ich träume von meinen Problemen und finde dank des Traums häufig eine Lösung.	
13. Ich schließe Kompromisse.	

Coping-Strategie	Einschätzung, Beurteilung
14. Ich mache meinem Ärger und meiner Ratlosigkeit Luft durch Schreien, Heulen, Türenknallen usw.	
15. Ich mache mir klar, dass es immer irgendwelche Probleme geben wird.	
16. Ich denke erst an Probleme, wenn sie auftauchen.	
17. Ich suche nach Informationen in Fachbüchern, Zeitschriften, im Internet usw.	
18. Ich versuche, nicht über das Problem nachzudenken und es aus meinen Gedanken zu verdrängen.	
19. Ich versuche, meine Probleme durch Alkohol und Drogen zu vergessen.	
20. Ich versuche, mit Freunden meine Probleme gemeinsam zu lösen.	
21. Ich ziehe mich zurück, da ich es doch nicht ändern kann.	
22. Ich passe mich meistens einfach an.	
23. Ich strenge mich noch mehr an.	
24. Ich bitte andere Personen um Hilfe.	
25. Ich entwickle körperliche Reaktionen (psychosomatische Reaktionen wie Durchfall, Kopfschmerzen, Übelkeit ...).	
26. Ich bestrafe mich selber (sich schneiden, schlagen, sich innerlich verfluchen ...).	
27. Ich beschimpfe andere Personen.	
28. Ich beschimpfe mich selber.	
29. Ich warte, bis sich die Situation entschärft oder jemand anders für mich das Problem löst.	
30. Ich schweige, wenn ich konfrontiert werde.	
31. Wenn es schwierig wird, beginne ich zu weinen oder laufe davon.	
32. Bei Problemen bete ich und bitte Gott um Hilfe.	
33. Ich vergleiche mich mit anderen, denen es noch schlechter geht.	

gien manifestieren (können). Vorschlag: Versuchen Sie, anhand eines eigenen persönlichen Beispiels (oder von einer anderen Person, die Sie kennen) eine eigene Einschätzung und Beurteilung der jeweiligen Strategie vorzunehmen und achten Sie dabei auf a) den konkreten Kontext (wo, d.h. in welcher Situation zeigt sich die Coping-Strategie?), b) die Intensität/Ausprägung (z.B. bei 5. oder 19.) und c) die Zeitdauer (kurz oder lang). Es gibt zwar durchaus tendenziell günstigere bzw. ungünstigere Coping-Strategien im Sinne der Lösungsorientierung, aber im Einzelfall kann eine Coping-Strategie wie erwähnt sinnvoll, also durchaus problemlösend sein, in einer anderen Situation aber das Gegenteil bewirken.

Bewältigung von Entwicklungsaufgaben im Jugendalter: Einflussfaktoren

Wovon hängt nun die Bewältigung der erwähnten Entwicklungsaufgaben ab? Welche Einflussfaktoren spielen eine wichtige Rolle? Die einzelnen Menschen sind sehr unterschiedlich gerüstet für beziehungsweise beeinträchtigt bei der Lösung ihrer Entwicklungsaufgaben. Neben den schon erwähnten Persönlichkeitsmerkmalen, dem Lebensstil der Person, lassen sich noch weitere Faktoren klassifizieren, von denen ich die wichtigsten kurz erwähne:

1. Organisch bedingte Faktoren

Sie geben Aufschluss über den körperlichen Zustand des Heranwachsenden wie äußeres Erscheinungsbild, körperliche Aktivitäten, Anomalien und Defekte des physischen Organismus (körperliche Behinderungen, z.B. Sprachbehinderungen). Diese können die Bewältigung von Entwicklungsaufgaben erschweren oder verhindern, aber unter günstigen Umständen auch zu kreativen Leistungen führen, zum Beispiel durch jahrelanges, intensives Training.

2. Familienbedingte Faktoren

Wichtig für die Entwicklung des Kindes und Jugendlichen ist die gute Beziehung der Familienmitglieder (Heranwachsende, Geschwister, Eltern) untereinander; entscheidende Indikatoren sind hierbei Liebe, Geborgenheit, Unterstützung, Ermutigung und Anerkennung. Belastend für das Verhalten des Kindes und Jugendlichen wirken sich energieraubende Konflikte zwischen den Eltern, regelmäßige Uneinigkeiten in Erziehungsfragen (Lob und Strafe, Liebesentzug), Gewalt, unsichere Bindungen, Vernachlässigung, ausgeprägte Verwöhnung, Gleichgültigkeit usw. aus.

3. Sozialgruppenbedingte Faktoren
Hiermit steht das soziale Umfeld der Heranwachsenden im Zentrum: Zu welchen Gruppen haben sie Kontakt, welche Verhaltensnormen in der Gruppe finden Anerkennung, welchen Status nehmen sie innerhalb der Gruppe ein? Wie ist die Ausprägung und Orientierung der Gruppe (kurz: eher destruktiv oder konstruktiv?). Dies wirkt sich stark auf das Selbstwertgefühl der Heranwachsenden aus. Anerkennung, Bestätigung, Zuneigung, Bedeutung, Akzeptanz, Bestätigung, Verständnis und das Gefühl von Geborgenheit unter Gleichaltrigen sind hier von besonderer Bedeutung.

4. Schulisch bedingte Faktoren wie Lehrpersonen, Lehrmeister, Leistungsergebnisse, Zeugnisse
Wesentlich für das Lernen und Leisten sind gute Beziehungen zu den Lehrpersonen, den Lehrmeistern und den MitschülerInnen, Fähigkeiten und Kompetenzen in der Schule, im Beruf und im weiteren sozialen Umfeld. Belastete Beziehungen, regelmäßige Misserfolge beim Lernen usw. können die Bewältigung neuer Aufgaben erschweren, was zu weiteren Misserfolgserlebnissen führen und wiederum die Persönlichkeitsentwicklung beeinträchtigen kann.

Zum Schluss: Kein Ende!

Wichtig erscheint mir abschließend der Hinweis auf die Unabänderlichkeit grundlegender Lebensfragen: Wer sich beispielsweise im Jugendalter oder im Erwachsenenalter nur mit der Berufsaufgabe beschäftigt, verliert weitere wichtige Aspekte oder Themen des Lebens aus den Augen – und kommt so letztlich zu kurz. Vermutlich lassen sich diese Lebensaufgaben oder präziser Herausforderungen nicht gleichgewichtig nebeneinander stellen – und sie bedeuten auch nicht für alle Menschen in allen Lebensphasen gleich viel. Trotzdem hilft dieses Konzept aus meiner Sicht sehr, Menschen (nicht nur Heranwachsende!) in ihrem Werdegang besser zu verstehen, sowie angemessener zu unterstützen – und zwar:

- im Erkennen von Ungleichgewichten
- im Erkennen von Ausweichverhalten, «Vergessen» bzw. «Verdrängen» anderer wichtiger Bereiche
- aus der Art der Antworten, Stellungnahmen auf diese Herausforderungen (Coping-Stile).

Diese drei Aspekte können natürlich im Erwachsenenalter auch für die Selbstreflexion und Selbstentwicklung außerhalb einer Beratung oder Therapie von Nutzen sein.

Entwicklungsaufgaben sind wie erwähnt Lebensaufgaben, Herausforderungen des Lebens, Grundaufgaben und Grundfragen des Lebens, die letztlich nie ganz gelöst werden können und sich je nach Umständen wieder in gewandelter Form und mit veränderten Ansprüchen stellen. Das macht das Leben manchmal anstrengend, frustrierend, aber auch spannend, vielfältig, reichhaltig!

Fragen und Denkanstöße

- Welche Entwicklungsaufgaben/Lebensaufgaben haben Sie
  a) im Jugendalter
  b) im Erwachsenenalter beschäftigt?
- Welche Ideale, Idole, Vorbilder hatten Sie im Jugendalter?
- Welche Zukunfts- und Moralvorstellungen pflegten Sie im Jugendalter?
- Welche Entwicklungsaufgabe/Lebensaufgaben beschäftigen Sie heute?
- Wie weit sind Sie dabei zu Lösungen gekommen? Mit welchen Methoden? Wer hat Sie dabei unterstützt? Wo waren Hindernisse?
- Welche Coping-Stile setz(t)en Sie wo ein? Wo/wie haben Sie diese gelernt? Wie nützlich und hilfreich sind diese?
- Bei welchen Entwicklungsaufgaben/Lebensaufgaben stehen Sie zurzeit an? Was tun Sie dafür?
- Wer könnte Sie dabei unterstützen? Wie?

Literaturhinweise

Adler, Alfred (1973 b): Menschenkenntnis. Frankfurt: Fischer (EA 1927).

Bischof, Norbert (1989): Das Rätsel Ödipus. Die biologischen Wurzeln des Urkonfliktes von Intimität und Autonomie. 5. Auflage. München: Piper.

Dreher, Eva; Dreher, Michael (1985): Wahrnehmung und Bewältigung von Entwicklungsaufgaben im Jugendalter: Fragen, Ergebnisse und Hypothesen zum Konzept einer Entwicklungs- und Pädagogischen Psychologie des Jugendalters. In: Oerter, Rolf (Hrsg.): Lebensbewältigung im Jugendalter. Weinheim: Edition Psychologie VCH, S. 30–61.

Erikson, Erik H. (1966): Identität und Lebenszyklus. Frankfurt: Suhrkamp (EA 1959).

Fend, Helmut (2000). Entwicklungspsychologie des Jugendalters. Opladen: Leske und Budrich.

Göppel, Rolf (2005): Das Jugendalter: Entwicklungsaufgaben, Entwicklungskrisen, Bewältigungsformen. München: Kohlhammer.

Jugert, Gert; Rehder, Anke; Notz, Peter; Petermann, Franz; (2004): Soziale Kompetenz für Jugendliche. Grundlage, Training, Fortbildung. München: Juventa.

Havighurst, Robert J. (1948): Developmental Task and Education. New York: McKay.

Lazarus, Richard S.; Folkman, Susan (1984): Stress, Appraisal and Coping. New York: Springer.

Oerter; Rolf; Montada, Leo (2008)(Hrsg.): Entwicklungspsychologie. 6. Auflage. Weinheim: Beltz PVU.

Seiffge-Krenke, Inge (1985): Formen der Problembewältigung bei besonders belasteten Jugendlichen. In: Olbrich, Erhard; Todt, Eberhard (Hrsg.): Probleme des Jugendalters. Berlin: Springer, S. 353–386.

Sigrist, Anna (2007): Noch Kind und doch erwachsen. *Tages-Anzeiger*, 11. Juli 2007, Zürich.

Empfehlenswerter Film

Moodysson, Lukas (2001): Raus aus Åmål. DVD oder Blu-ray.
(ein humorvoller, witziger Film über das Erwachsenwerden von zwei Mädchen, 14 und 16 Jahre alt, über die Themen Liebe, sexuelle Orientierung, Freundschaft, Identität, Äußeres, Mobbing u. v. m.)

10 Wie wichtig ist das Selbstkonzept?

Einleitung

Das Selbstbild des Menschen, also seine Meinung, Einschätzung und Auffassung von sich als Person mit all ihren Eigenschaften, Stärken und Schwächen, Möglichkeiten und Ressourcen, hat eine entscheidende Wirkung auf sein Fühlen, Erleben, Denken, Verhalten – ja sogar auf seine Zukunft (vgl. Kap. 3). Nicht umsonst meinte dazu schon ein Denker der Antike, der römische Kaiser Mark Aurel (121–180): «Das Glück deines Lebens hängt von der Beschaffenheit deiner Gedanken [und Handlungen! – J. F.] ab.» Diese Aussage stimmt so in ihrer Absolutheit wohl kaum, aber doch über weite Strecken in einem beträchtlicheren Ausmaß, als die meisten Menschen wahrscheinlich denken. Eine wichtige Erkenntnis aus der Lern-, Intelligenz- und Gehirnforschung lautet zusammengefasst: Das Selbstkonzept (und die Motivation) eines Menschen sind für das Leben und das Lernen letztlich wichtiger als Intelligenz und Talent.[68] Diese wichtige Erkenntnis wird ein zentrales Thema dieses Kapitels sein.

Zur Entwicklung des Selbstkonzepts

Unter dem Selbstkonzept einer Person wird die Gesamtheit aller auf sich selbst bezogenen Einstellungen verstanden (Selbstbild). Allerdings ist den meisten Menschen das persönliche Selbstkonzept im Detail wenig bis gar nicht bewusst.[69]

Das Selbstkonzept, also die Meinung von sich und seinen Fähigkeiten (Adler 1973b) und Möglichkeiten, entsteht und entwickelt sich im Laufe der ersten Lebensjahre und verfestigt sich in den späteren Jahren

---

68 vgl. z. B. Spitzer, Manfred (2002): Lernen. Gehirnforschung und die Schule des Lebens. Heidelberg: Springer; Neubauer, Aljoscha/Stern, Elsbeth (2009): Lernen macht intelligent: Warum Begabung gefördert werden muss. München: Goldmann; sowie Jäncke, Lutz (2008): Macht Musik schlau? Neue Erkenntnisse aus den Neurowissenschaften und der kognitiven Psychologie. Bern: Verlag Hans Huber.

69 Die Begriffe «Selbstbild», «Selbstmodell», «Selbstkonzept» oder «Selbstschema» werden in der wissenschaftlichen Literatur mehr oder weniger synonym verwendet.

zunehmend (vgl. Kap. 3). Nach Sieland (2000)[70] könnte man das Selbstkonzept auch in drei Bereiche gliedern: in ein privates Selbstbild (was denke ich über mich selbst?), ein soziales Selbstbild (was denken andere Personen über mich?) und in das zukunftsbezogene Selbstbild (was kann und soll aus mir werden?).

Quellen des Selbstkonzeptes bilden direkte Eigenschaftszuschreibungen durch Beziehungspersonen wie auch später durch weitere einflussreiche Menschen wie etwa Lehrkräfte usw. («Du bist dumm.», «Du schreibst sehr sorgfältig.», «Du bist streitsüchtig.», «Du bist langsam.» usw.). Zusätzlich spielen indirekte Eigenschaftszuschreibungen durch andere Personen eine nicht zu unterschätzende Rolle. Kinder schließen aus dem Verhalten ihnen wichtiger Personen (Eltern, Geschwister, Verwandte, Lehrkräfte, Freunde, Peers, Nachbarn usw.) zu ihrer Person oft auf sich selber und folgern daraus dann zum Beispiel die folgenden Annahmen: «Der Vater hält mich offenkundig für weniger intelligent als die Schwester, ich bin anscheinend blöd. Dann bin ich wohl so.» Oder: «Ich bedeute meiner kleinen Schwester viel, sie bewundert mich, wie gut ich mit meinen Freundinnen diskutieren kann! Das mache ich super.»

Zudem sind eigene Vergleiche, die Heranwachsende anstellen, eine weitere wichtige Quelle für Informationen über sich selbst. Sie beobachten und vergleichen, wo und wann sie besser oder schlechter abschneiden – und ziehen daraus ihre persönlichen Schlüsse (vgl. auch Kap. 8), die übrigens nicht immer zutreffend sein müssen: «Nora ist schneller im Rechnen als ich.» Oder: «Ich zeichne besser als Lucien und Kevin.» Solche Selbstzuweisungen von Eigenschaften als Resultat von Vergleichen (Laskowski 2000) sind recht häufig. Wir erkennen das in weiteren Äußerungen wie etwa: «Der Banknachbar kapiert das immer sofort, ich checke es gar nicht.» Oder: «Ich bin eben viel langsamer und in Mathe nicht begabt!»

Entwicklungspsychologische und psychotherapeutische Erfahrungen zeigen uns: die Art der Beziehung zu den ersten Bezugspersonen ist der wichtigste Faktor bei der Entwicklung und Ausprägung des Selbstkonzeptes (Potreck-Rose und Jacob 2003). Interessanterweise neigen Menschen oft dazu, ihre Erlebnisse und Erfahrungen so zu integrieren, dass sie in ihr bestehendes Selbstkonzept passen: Ein erneuter Misser-

70 Sieland, Bernhard (2000): Hast Du heute schon gelebt? Impulse zur Selbstentwicklung. Lüneburg: Edition Erlebnispädagogik, S. 43.

folg (z. B. schlechte Zensur, ablehnender Bescheid auf eine Bewerbung) bestätigt sie in ihrer schon vorhandenen negativen Selbsteinschätzung («Das ist der Beweis dafür, dass ich dumm bin.») oder spornt sie in ihrer positiven Selbsteinschätzung zu mehr Einsatz an («Fast hätte ich es geschafft, aber ich habe offensichtlich dafür zu wenig gelernt.»)

Frühe Bewertungen wie auch Entwertungen («Der ist so unfähig!») der ersten Bezugspersonen in der Kindheit spielen bei der Bildung und Konsolidierung des Selbstkonzeptes eine wesentliche Rolle und bestimmen schließlich den ganzen Menschen in seinem Fühlen, Denken und Handeln häufig über Jahre, ja nicht selten sogar während des ganzen Lebens (Laskowski 2000). Da Heranwachsende – besonders in der Kindheit – kaum über die nötigen kognitiven Mittel verfügen, um elterliche Einschätzungen, Wertungen und Zuweisungen kritisch hinterfragen zu können, werden diese in der Mehrzahl übernommen, individuell verarbeitet, adaptiert, verinnerlicht, integriert. Eine Hinterfragung auf einer bewussten Ebene findet – wenn überhaupt – erst Jahre später, in der Pubertät oder im Erwachsenenalter, statt; am ehesten, wenn dieser Mensch durch Umstände damit erneut konfrontiert wird: durch Schwierigkeiten in der Partnerschaft, im Beruf, durch eine Beratung oder Therapie usw.

Kinder verfügen spätestens im Grundschulalter über ein differenziertes und mehr oder weniger gefestigtes, stabiles Selbstkonzept.

Es sei hier nur kurz erwähnt, dass es zudem auch geschlechtsspezifische Ausprägungen des Selbstkonzeptes gibt: Viele Mädchen und Frauen schätzen sich bezüglich mathematischer oder naturwissenschaftlicher Fähigkeiten tiefer ein als Knaben und Männer (Filipp 2006) – eine Folge der immer noch ausgeprägt geschlechtsspezifischen Erziehung und entsprechender Rollenerwartungen, auch im 21. Jahrhundert! Umgekehrt werden Mädchen und Frauen mehr Empathie- und Sprachfähigkeiten zugesprochen.

Selbstkonzeptbereiche

Allerdings gibt es genau genommen nicht ein einziges Selbstkonzept des Menschen, sondern ein ganzes System von verschiedenen Teilkonzepten, welche bereichsspezifisch durchaus unterschiedlich ausgeprägt sein können, aber nicht müssen: stark vereinfacht formuliert positiv, negativ oder neutral (vgl. Laskowski 2000). In verschiedenen Lebensbereichen

Tabelle 10-1: Selbstkonzept-Bereiche nach Marsh et al. (1998), leicht verändert und ergänzt

- körperliche Fähigkeiten
- körperliche Erscheinung
- Beziehung zu Gleichaltrigen (Peers)
- Beziehung zu den Eltern
- Deutsch (Selbsteinschätzung und Interesse)
- Mathematik (Selbsteinschätzung und Interesse)
- weitere Schulfächer wie Physik, Biologie, Englisch, Geschichte, Zeichnen, Turnen usw. (Selbsteinschätzung und Interesse)
- Selbstwert

können Personen durchaus unterschiedlich ausgeprägte Selbstkonzepte haben: So glaubt Frau Hofer, sie sei künstlerisch eben unbegabt, und es sei deshalb sinnlos, hier etwas zu investieren, während sie im Umgang mit Menschen über eine sehr hohe Sozialkompetenz verfügt und diese weiterpflegt, indem sie unter anderem erfolgreich Kurse erteilt.

Der Mensch entwickelt im Laufe seiner Kindheit und Jugendzeit ein differenziertes Selbstkonzept. Je nach ForscherIn und AutorIn lässt sich dieses Selbstkonzept in verschiedene Komponenten aufteilen: Nach Marsh et al. (1998)[71] beispielsweise sind dies aufgrund ihrer Untersuchung an fünf- bis achtjährigen Kindern die in **Tabelle 10-1** dargestellten Bereiche, die ich leicht verändert und ergänzt habe.

Aus einer Zusammenfassung verschiedenster Selbstkonzepte (SK) ließe sich das in **Abbildung 10-1** dargestellte allgemeine mehrdimensionale Modell wiedergeben.

Ähnliche oder ergänzende Begriffe aus weiteren Selbstkonzept-Untersuchungen von verschiedenen AutorInnen und ForscherInnen wären etwa: Leistungsmotivation (Wie *motiviert* bin ich, eine bestimmte Leistung, Anstrengung, zu erbringen?), soziale Kompetenz (Wie schätze ich meine *sozialen Fähigkeiten* ein? Wie schätze ich meine *Beliebtheit bei*

71 Marsh, Herbert W.; Craven, Rhonda; Debus R. (1998): Structure, stability and development of young children's self-concepts, zit. nach: Oerter, Rolf; Montada, Leo (Hrsg.) (2008): Entwicklungspsychologie. Weinheim: Beltz PVU, S. 232, verändert und ergänzt.

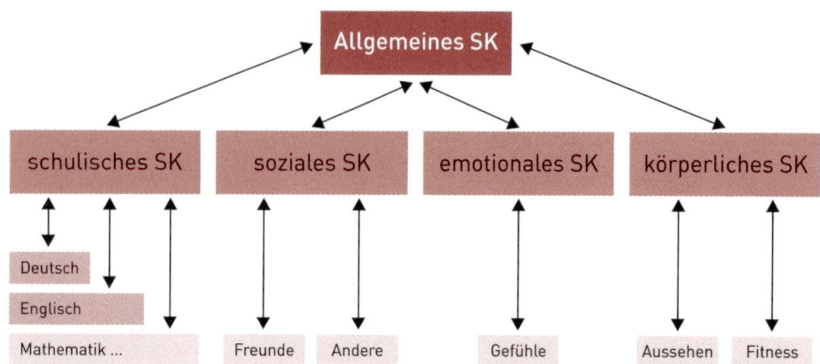

Abbildung 10-1: Vereinfachtes mehrdimensionales Selbstkonzeptmodell

anderen ein?), emotionale Kompetenz (bzw. emotionale Intelligenz: Wie schätze ich meine *emotionalen Fähigkeiten*, z. B. mein Einfühlungsvermögen in andere Menschen, ein?), musikalische Kompetenz (Wie schätze ich meine *musikalischen Fähigkeiten* ein?), körperlich-athletische Kompetenz (Wie schätze ich meine *Körperkraft* und meine *weiteren körperlichen Fähigkeiten* ein?), Selbstkonzept der eigenen Begabung (Wie schätze ich meine *Begabung* für Musik oder abstraktes Denken ein?), Fähigkeitsselbst (Wie *schätze* ich meine *eigenen Fähigkeiten* im Turnen, Sprechen usw. ein?) usw.

Es ist naheliegend, dass für das schulische Lernen das eigene Fähigkeitsselbst eine entscheidende Rolle spielt: Zusammen mit der Motivation ist das wichtiger als Intelligenz! Wer sich als tüchtig, begabt sowie fähig einstuft und sich etwas zutraut, strengt sich mit großer Wahrscheinlichkeit mehr an, passt besser auf, ist offener, mutiger und insbesondere ausdauernder bei anspruchsvolleren Aufgaben, Lernschritten und bei Rückschlägen.

Kinder und Jugendliche werden im Laufe der Schulzeit kontinuierlich und permanent mit direkten (z. B. mit Zensuren, Äußerungen von Lehrpersonen) und indirekten Rückmeldungen zu ihrer Person und zu ihrer Leistungsfähigkeit (z. B. Interaktionsverhalten gegenüber der Lehrperson) konfrontiert. Dazu einige kurze Beispiele. So sagt der Zweitklässler nicht nur, dass er Max heißt und gerne Pizza isst – er weiß nun zudem: «Ich lese gerne, kann schnell rechnen und möchte später einmal Pilot werden!» Die Viertklässlerin Jessica beschreibt sich mit folgenden Worten: «Ich bin gut in der Schule, ja, ich bin gescheit und besser als die meisten anderen Mädchen in meiner Klasse, außer in Geometrie. Meine Lehrerin findet, ich soll nachher ans Gymnasium gehen. Das möchte ich auch.»

Da Menschen in hoch entwickelten Ländern in der Regel mindestens neun Jahre in die Schule gehen, ist es naheliegend, dass schulische Erfahrungen für die *gesamte* Selbstkonzeptbildung und Selbstkonzeptentwicklung – also für das allgemeine Selbstkonzept – eine wesentliche Rolle spielen. So kann sich beispielsweise eine Person zwar in ihrem Äußeren als attraktiv und erfolgreich, aber im schulischen Bereich (einzelne oder gar viele Fächer) als eher unbegabt oder gar dumm oder schlecht wahrnehmen. Das negative schulische Selbstkonzept beeinflusst dann das weitere Selbstkonzept und damit das Selbstwertgefühl in einem erheblichen Ausmaß. Menschen leiden nicht selten während ihres ganzen Lebens unter ihrem schlechten schulischen Selbstkonzept, fühlen sich dumm oder empfinden sich als lernbehindert usw. – obwohl sie das häufig gar nicht sind! Besonders schlechte Schulerfahrungen oder negative Erlebnisse mit Lehrpersonen spielen hier eine wesentliche Rolle. Das Umgekehrte gilt ebenso; der zwölfjährige Ben spürt und beobachtet die positive, ermutigende Haltung seines Lehrers ganz genau und schildert das erstaunlich klar und präzis in folgenden Worten:

Ich merke, ob ein Lehrer an mich glaubt oder nicht

Am wichtigsten ist es für mich, dass ich spüre, dass ein Lehrer an mich glaubt. Ich kann das an seinen Augen ablesen, ja die glänzen einfach mehr, als bei einem Lehrer, der mich nicht mag. Und – er schaut mich auch weit öfter an, etwa wenn wir schwatzend auf dem Schulhauskorridor nebeneinander hergehen. Wenn einer nicht an mich glaubt, spricht er zwar mit mir, schaut aber gerade aus. Die Stimme unterscheidet sich auch, ich höre es einfach, kann es aber nicht so gut beschreiben, und an den Worten erkenne ich es auch. Wenn ich beispielsweise einen schlechten Test geschrieben habe, dann sagt der Lehrer, der an mich glaubt, dass ich einfach Pech gehabt hätte und wir das schon wieder hinkriegen würden. Jener, der mir wenig zutraut, weist auf grundsätzliche Probleme hin, die ich wohl habe, und dass hier definitiv etwas geschehen müsste.[72]

72 zitiert nach: Rüttimann, Dieter (2010): Möglichkeiten und Grenzen der Integration in Primarschulen. In: Stiftung Pestalozzianum (Hrsg.): Schaffen wir die Integration? Zürich: Verlag Pestalozzianum, S. 13.

Das Beispiel zeigt, wie Heranwachsende Informationen über ihr Selbstkonzept, hier insbesondere zu ihrem Fähigkeitsselbst, aus Erfahrungen mit wichtigen Bezugspersonen gewinnen – und wir können erahnen, welche Auswirkungen das für Ben haben wird. Bens Schilderung führt uns zudem vor Augen, wie wichtig die grundsätzliche Haltung der Erwachsenen in diesem Prozess der Selbstkonzeptentwicklung und -stabilisierung ist. Je nachdem trägt sie zur Bildung von eher positiven oder eher negativen Selbstkonzepten bei.

Positive und negative Selbstkonzepte

Das Verhalten in den einzelnen Bereichen wird von den «Selbstkonzept-TrägerInnen» ganz individuell wahrgenommen und bewertet, zum Beispiel: «Ich bin gut in Englisch.» Oder «Ich habe keine Freunde, ich bin unbeliebt.» Diese Bewertung wiederum hat natürlich einen großen Einfluss auf das Selbstwertgefühl und das weitere Denken und Verhalten des/der Betreffenden.

So schreiben beispielsweise Menschen mit einem positiven Selbstkonzept Erfolge tendenziell ihren Bemühungen zu. Negativ orientierte Personen sehen bei Erfolg eher das Schicksal, das Glück oder den Zufall im Vordergrund. Entsprechend bedeutet ein Misserfolg für Personen mit einem positiven Selbstkonzept in den meisten Fällen kein größeres Problem (mögliche Erklärungen: Pech, eine schwere Aufgabe, habe mich halt zu wenig angestrengt), während sich Menschen mit einem negativen Selbstkonzept viel stärker in Frage stellen, ja sich abwerten (Beispiel: «Bin ich blöd, das ist ja wieder typisch für mich!») Je nachdem, wie sich ein Mensch also insgesamt selber einschätzt – sozusagen die persönliche, subjektive Gesamtbilanz seines Selbst – findet dies seinen Niederschlag im Selbstwertgefühl: Eine mehrheitlich positive Selbsteinschätzung führt zu einem entsprechend guten Selbstwertgefühl, eine in verschiedenen Bereichen negative, sehr selbstkritische Einschätzung über eine längere, nicht nur kurze Zeit, lässt hingegen das Selbstwertgefühl sinken. Wenig überraschend beurteilen sich deshalb beispielsweise depressive Menschen mehr oder weniger durchwegs negativ (vgl. dazu auch Kap. 12): Ich bin dumm, hässlich, uninteressant, unattraktiv usw. Mehrheitlich negativ geprägte Selbstkonzepte beeinträchtigen generell das Wohlbefinden und schließlich sogar die Gesundheit des Menschen – wer sich schlechter fühlt, achtet auch weniger auf sich und seine Gesundheit, kann sich vernachlässigen, resignieren, aufgeben usw. Ein negativer Kreislauf mit erheblichen Folgen.

Kein Mensch verfügt *immer*, während des ganzen Lebens und in allen Bereichen, über ein positives Selbstkonzept – und im Laufe der Jahrzehnte sind hier durchaus Veränderungen in alle Richtungen möglich. Ein positives Selbstkonzept ist zudem keinesfalls mit Narzissmus, Überheblichkeit, Snobismus, Einbildung, Arroganz, der Darstellung der eigenen Überlegenheit und ähnlichem zu verwechseln. Wer sich selber immer nur positiv, besser, stärker, intelligenter, fehlerfrei, als Sieger oder gar Genie sieht, verfügt nicht über ein gesundes, sondern besitzt ein verzerrtes, unkritisches, ja naives sowie unrealistisches Selbstkonzept.

Und nicht zu vergessen: Permanenter Erfolg lullt ein, führt meistens zu Kritik- und Selbstkritik-Unfähigkeit, wie das die Risiko-Manager in der Finanzbranche in den letzten Jahren bis zum Crash eindrücklich demonstriert haben.

Dynamisches und statisches Selbstkonzept

Die verschiedenen Selbstkonzepte oder -bilder eines Menschen sind in unterschiedlichem Ausmaß verfestigt: Ein eher *dynamisches Selbstkonzept* steht für die Überzeugung, dass eigene Fähigkeiten und/oder die Fertigkeiten anderer Personen entwickelt werden können. Das sagt zwar noch nichts darüber aus, wie viel Veränderung dann tatsächlich möglich ist und wie viel Zeit und Einsatz der Weg dazu in Anspruch nehmen wird (Dweck 2009). Und es bedeutet natürlich ebenso wenig, dass tatsächlich alles, was angestrebt wird, erreicht oder verändert werden kann. Trotzdem verhilft ein dynamisches Selbstkonzept eher zu einer Anstrengung, einer Leistung, zur Motivation für ein Ziel. Beispiele: «Wenn ich mehr und effizienter lerne, mir eine gute Lerngruppe suche, dann kann ich die Aufnahmeprüfung schaffen.», «Da habe ich mich zwar blamiert, aber nächstes Mal werde ich es denen zeigen: Ich kann das!» usw.

Auf der anderen Seite bedeutet ein *statisches Selbstkonzept* eine massive Selbstbeschränkung und eine Hemmung im Umgang mit anderen Personen – und damit insgesamt wohl das wesentlichste Hindernis für Entwicklungen und Veränderungen. Ein statisches Selbstkonzept kann sich in Einschätzungen wie den folgenden ausdrücken: «Ich bin in X unbegabt.», «Ich habe eben zwei linke Hände.», «Ich kann das einfach nicht.», «Ich bin in Mathe (oder dem Fach Y) ein Versager, mein Vater war auch schon so.» usw.

Menschen, die eine strenge, rigide oder eine verwöhnende Erziehung erlebt haben, neigen tendenziell eher dazu, zumindest in einigen Bereichen ein statisches Selbstkonzept zu entwickeln. Selbstverständlich muss dabei immer der individuelle Einzelfall mit allen Aspekten genau betrachtet werden, bevor eine Einschätzung möglich wird.

Es hat entsprechend erhebliche Folgen, ob Lehrpersonen oder Vorgesetzte von einem mehr dynamischen oder statischen Selbstkonzept ausgehen. Eine Deutschlehrerin mit einem dynamischen Selbstkonzept fragt sich für den Unterricht: «*Wie* kann ich diesen literarischen Text der Klasse näher bringen?», und nicht: «Können die das überhaupt verstehen?» oder: «Kann ich denen das überhaupt vermitteln?» Für den Umgang mit dem Gegenüber spielt so die folgende Einschätzung eine zentrale Rolle: Was traue ich mir und den anderen zu? (vgl. Frick 2007). Weitere Konsequenzen zeigen sich auch in der Reaktion auf erbrachte Leistungen von Kindern und SchülerInnen: Ein dynamisches Selbstkonzept wird mehr gefördert, wenn Kinder nicht für die erbrachte *Leistung*, sondern für den *Einsatz* – «Toll, wie du dich dafür angestrengt hast!» – ermuntert werden. Die Anstrengungsbereitschaft, die Motivation, der Einsatz für eine Sache sind letztlich wichtiger! Erwachsene mit einem dynamischen Selbstkonzept glauben an Entwicklungsmöglichkeiten der anderen Menschen. Sie vermitteln weniger die Botschaft: «Du hast unveränderliche Eigenschaften.», sondern eher die Einsicht «Du bist ein Mensch, der sich immer weiterentwickelt – wie ich und die anderen auch!»

Anschauungsmaterial zum günstigen Umgang mit Schwierigkeiten in einem Lernprozess bietet uns Dweck (2009)[73] am Beispiel des 14-jährigen Philip, der mit seinem Vater Heimwerkerarbeiten verrichtet und durch ein Missgeschick die Nägel auf den Boden kippt. Er sieht zum Vater auf.

Philip: «Ich bin ein Tollpatsch.»

Vater: «Das ist aber nicht das, was man sagt, wenn die Nägel auf den Boden fallen.»

Philip: «Was sagt man denn dann?»

---

73 Dweck, Carol (2009): Selbstbild. Wie unser Denken Erfolge oder Niederlagen bewirkt. München: Piper, S. 210.

Vater: «Man sagt: Die Nägel sind runtergefallen. Ich hebe sie wieder auf.»

Philip: «Einfach so?»

Vater: «Einfach so.»

Philip: «Danke, Papa.»

Der Vater bleibt sachlich, gibt keine entmutigenden Kommentare zu Philips Tun ab und vermittelt mit seinem trockenen, sachlichen Hinweis ein Zeichen, wie es einfach weitergeht: gänzlich ohne Selbst- oder Fremdabwertung bei der Sache bleiben.

Nicht nur Erwachsene, auch Kinder verbreiten untereinander Botschaften zu statischen beziehungsweise dynamischen schulischen (und weiteren) Selbstkonzepten. Dweck (2009) befragte in einer Studie Zweitklässler der Grundschule: Welchen Rat würdest du einem Kind deiner Klasse geben, das Schwierigkeiten in Mathe hat? Ein Kind mit einem dynamischen Selbstkonzept äußerte darauf: «Gibst du schnell auf? Denkst du eine Minute nach und hörst dann auf? Dann solltest du länger nachdenken, vielleicht zwei Minuten, und wenn du es nicht verstehst, dann solltest du die Aufgabe nochmals lesen. Und wenn du es dann immer noch nicht verstehst, dann solltest du dich melden und den Lehrer fragen.»[74] Dieses Kind hat wesentliche Aspekte des Problems erfasst, und sein Rat ist sicher hilfreicher als etwa die folgenden Einschätzungen: «Ich bin auch nicht gut in Mathe, das ist eben so kompliziert, ich bin für Mathe nicht geschaffen und unbegabt, Mathe ist sowieso ein blödes Fach.» Oder: «Du bist eben unbegabt oder blöd oder faul oder alles zusammen.»

Die Differenzierung des Selbstkonzepts

Wie erwähnt differenziert sich das Selbstkonzept im Laufe der Jahre. Lesen wir dazu die Selbstbeschreibung eines Vorschulkindes: «Ich bin Max. Ich habe lange Haare und kann schnell rennen. Ich schlafe viel. Ich habe megacoole Spielzeugautos. Ich bin stärker als Lukas [sein bester Freund – J. F.].»

Stehen in diesem Alter vorwiegend noch einfache äußerliche sowie einzelne, isolierte Merkmale, Selbstwahrnehmungen und Beschreibun-

74 Dweck (2009), S. 213.

gen im Vordergrund, so verändert sich das mit der fortschreitenden emotionalen und kognitiven Entwicklung deutlich, besonders im Altersbereich von etwa acht bis elf Jahren und natürlich in den weiteren Jahren des Erwachsenwerdens.

In der nächsten Selbstbeschreibung eines elfjährigen Mädchens lassen sich – im von mir leicht gekürzten Beispiel – nun schon differenziertere Überlegungen, auch zu eigenen psychischen Fähigkeiten, Tendenzen sowie Dispositionen ausmachen:

> Ich heiße Aline. […] Ich bin ein Mädchen. Ich bin eine wahrheitsliebende Person. Ich bin nicht hübsch. Ich bin in der Schule nur mittelmäßig. Ich bin eine sehr gute Cellistin. […] Ich bin etwas groß geraten für mein Alter. Ich mag mehrere Jungen. […] Ich bin altmodisch. Ich spiele Tennis. Ich bin eine sehr gute Schwimmerin. Ich versuche hilfsbereit zu sein. Ich bin immer bereit, Freundschaften zu schließen. Im Großen und Ganzen bin ich okay, aber ich werde manchmal wütend. Manche Mädchen und Jungen mögen mich nicht so gern.[75]

Die zwölfjährige Alexandra gibt in einem Interview auf die Frage, wie sie sich selber findet, die folgende aufschlussreiche Antwort:

> Wie bitte? Wie ich mich finde? Ja also … das ist schwer zu sagen. Ich … ähm … denke, dass ich lustig bin. Wenn ich mit Freundinnen zusammen bin, dann kann ich sie schnell zum Lachen bringen. Sonst bin ich noch, ja, wie soll ich es sagen, eigentlich nicht blöd. In der Schule habe ich meistens gute Noten und komme auch immer oder fast immer gut draus. Ja und eben, ich bin glücklich.

Alexandra kann sich selber recht gut in ihren verschiedenen Facetten und Kontexten (hier: mit Freundinnen) beschreiben – und sie ist zudem im Stande, Aussagen darüber zu machen, was sie denkt, wie sie andere Personen finden:

75 Montemayor, Raymond; Eisen, Marvin (1977): The development of self-conceptions from childhood to adolescence. *Developmental Psychology* Vol. 13(4) p. 314–319, zit. nach: Berk, Laura E. (2005): Entwicklungspsychologie. 3. Auflage. München: Pearson, S. 431.

> Das ist schwierig. Aber ich denke, die Mädchen finden mich nett. Sie sind ja auch oft mit mir zusammen. [...] Ich glaube, meine Lehrerin findet mich schlau. Ich komme ja meistens gut draus, und sie muss mir nicht immer alles nochmals erklären.

Gegen Ende der Grundschulzeit werden körperliche Fähigkeiten, physisches Aussehen und die Beliebtheit bei den Gleichaltrigen noch wichtiger als bisher. So ist es wenig erstaunlich, dass Aussagen über das Äußere zunehmen. Dazu im Folgenden noch einige gekürzte Aussagen von SechstklässlerInnen:

> Ich ändere meine Frisuren ständig. Meine Mutter nervt sich total deswegen, mir ist das egal. *(Mara)*
>
> Meine langen blonden Haare, meine Schuhe und Kleider sind mir sehr wichtig! *(Larissa)*
>
> Meine Freunde finden mich mit meinem coolen Outfit geil. *(Kevin)*
>
> Am wichtigsten sind mir meine Hip-Hopper. *(Luca)*

Im Oberstufenalter reflektieren Jugendliche meistens differenziert über ihr unterschiedliches Verhalten – je nach Situation und Begleitung. So erkennt der 13-jährige Sebastian recht genau, dass der Kontext einen wichtigen Einfluss auf sein Benehmen und Empfinden hat:

> Also, wenn ich mit Kollegen zusammen bin, bin ich schon cool. Ich habe dann oft gute Ideen. Wenn ich zu Hause bin, kann ich nicht cool sein. Dann nervt mich alles.
>
> Wie ich genau bin, das ist recht unterschiedlich: Einmal bin ich nett und cool, manchmal auch frech und blöd. Das ändert sich halt eben, je nachdem, mit wem ich zusammen bin. Besonders gegenüber dem Vater und der Schwester bin ich ziemlich anders als mit den Kollegen.

Selbstkonzeptfaktoren in der Selbstbeschreibung einer 14-jährigen Heranwachsenden

Mit ihren Aufsätzen in der Schule oder mit Tagebuchtexten verraten Jugendliche – von den VerfasserInnen meistens nicht so gewollt und ihnen nicht in diesem Ausmaß bewusst – in ihren Beschreibungen viele Selbsteinschätzungen.

In der folgenden differenzierten und durchaus kritischen Selbstbeschreibung eines 14-jährigen Mädchens[76] finden wir nun verschiedene Komponenten des Selbstkonzepts, die sie teilweise sehr differenziert, abwägend, durchaus auch selbstkritisch und offen preisgibt: musikalisches Selbstkonzept, schulisches Selbstkonzept in verschiedene Teilkonzepte (Fächer) sortiert, Körperselbstkonzept, soziales und emotionales Selbstkonzept. So erkennt sie verschiedene Stärken und Schwächen und äußert ihre Meinung dazu.

So bin ich – Gedanken einer Oberstufenschülerin

Ja, wie bin ich? Wie sehe ich aus? So richtig habe ich mir das noch gar nie überlegt. Klar, im Spiegel betrachtet habe ich mich schon oft, und dann fand ich immer: «Nein, also hübsch bin ich wirklich nicht.» Dann habe ich angefangen, mein Gesicht zu «zerlegen». Die Augenbrauen? Ja, eigentlich gar nicht so schlecht. Die Augen? Eigentlich sind sie auch nicht so schlecht, sie sind grau-grün. Diese Augenfarbe hat nicht jeder, die ist eher außergewöhnlich und sie gefällt mir. Auch in meiner Familie bin ich die Einzige, die solche Augen hat. Alle anderen haben braune Augen. Ja, ich weiß nicht einmal, von wem ich die geerbt habe. Dann habe ich weiter geschaut und herausgefunden, dass alles eigentlich gar nicht so schlecht ist, nur irgendwie einfach nicht zusammenpasst. Manchmal habe ich das Gefühl, dass diese Person, die ich im Spiegel sehe, gar nicht ich bin, sondern eine andere. Ich habe immer das Gefühl, mein Ich sehe ganz anders aus als dieses im Spiegel.

Sonst bin ich nicht groß, ziemlich klein sogar für mein Alter. Eine Stärke von mir ist bestimmt, Aufsätze zu schreiben. Eine Schwäche hingegen sind Rechnen und Geometrie, aber von der Schule einmal abgesehen, bin ich musikalisch sehr begabt, sogar überdurchschnittlich begabt. Eine Stärke von mir ist gleichzeitig auch eine Schwäche: Ich bin eigentlich sehr scheu. Ich versuche diese Scheu hinter einer clownigen Maske zu verbergen. Viele Leute finden, ich sei ein lustiges und fröhliches Mädchen, und sagen oft zu mir: «Du bist so cool», oder so etwas Ähnliches. Oder was mir auch schon Einige erzählt haben, ist, dass sie finden, ich hätte einen eigenen Stil. Das kann ich irgendwie gar nicht richtig glauben, denn mir ist das noch nie aufgefallen. Manuela

76 Dieser Text wurde schon in Kapitel 9 unter dem Aspekt der Entwicklungsaufgabe «Identität» wiedergegeben und dort entsprechend kurz erläutert.

hat mich einmal gefragt, ob ich eigentlich nur lache. Bei solchen Fragen bin ich dann manchmal stolz und traurig zugleich. Stolz, weil ich anscheinend gut Theater spiele, traurig, weil ich eigentlich gar nicht so sein kann wie ich bin. Aber ich glaube auch, dass jeder etwas Theater spielt, oder jedenfalls die meisten. Was meine Stärke ist, ist dass ich fast immer die Wahrheit sage. Damit meine ich aber nicht, dass ich niemals lüge, sondern dass ich vielen sage, was ich denke, mich nicht immer nur der Mehrheit anpasse. Ich sage niemandem, ich fände dies oder das schön, nur weil er es schön findet und mich fragt, und dabei gefällt es mir überhaupt nicht. In der Klasse habe ich eigentlich keine besondere Stellung. Bei den Pfadfindern eigentlich auch nicht. Im Lager aber, so glaube ich, hatte ich eine besondere Stellung. Ich machte während des ganzen Lagers Witze und Späße, und alle hatten Freude an mir. Aber das liegt vielleicht daran, dass ich wirklich jeden sehr gut kannte. Ich mag Leute, die lustig, fröhlich und lässig sind. Sie strahlen eine Fröhlichkeit aus, die ich mag, und man kann so viel besser auskommen als sonst. Aber außer Leuten mag ich die Natur. Ich gehe gerne wandern.

Aber was ich überhaupt nicht mag sind Leute, die mit ihren großen Taten bluffen und groß angeben müssen. Da werde ich rasend, wirklich! Da muss ich immer aufpassen, dass ich sie nicht plötzlich anschreie, das regt mich so auf! Vielleicht gerade darum, weil ich es überhaupt nicht kann.

Was ich beibehalten möchte ist, dass ich immer die Wahrheit sage und nie etwas sage, was ich eigentlich gar nicht so meine. Außerdem will ich tolerant bleiben (das habe ich vorhin vergessen aufzuzählen bei den Stärken). Ich will alle meine Stärken beibehalten! Allerdings will ich probieren, einige von meinen Schwächen zu verbessern, z. B. Geometrie und Rechnen.

Verhalten und Umfeld, Selbstkonzept und Leistung

Gegen Ende der Adoleszenz fügen die jungen Menschen ihre Persönlichkeitsmerkmale zu einem strukturierten Ganzen zusammen und qualifizieren diese nun präziser: So stellen sie etwa selbstkritisch fest, dass sie «ziemlich rasch ausrasten» oder eben «nicht durch und durch ehrlich» sind – «…, das hängt ganz davon ab, mit wem ich es zu tun habe» usw. Das macht es besonders für Eltern nicht immer ganz einfach, wenn sie beispielsweise erleben, wie die Tochter am Familientisch seit einiger Zeit nun mehrheitlich besonders auf Fragen der Mutter schnippisch reagiert, von der Lehrerin oder der Großmutter aber als bedacht und ruhig beschrieben wird: Je nach Umfeld und Beziehungspersonen zeigen nun die gleichen (!) Jugendlichen ganz unterschiedliche, ja manchmal sogar ambivalente Seiten und Facetten ihrer Persönlichkeit und ihrer Haltungen! Der Kontext, das konkrete Umfeld, in dem sich Heranwachsende bewegen, beeinflusst also ebenfalls, welche Seiten des Selbst zum Ausdruck kommen können: Gegenüber den Peers will man gut dastehen, mit und bei der Mutter hingegen die Abgrenzung, Eigenständigkeit und Loslösung vorantreiben (vgl. Kap. 9). Das ist den Heranwachsenden natürlich nicht bewusst, aber die Erwachsenen spüren das hautnah, manchmal schmerzhaft!

Neuere Untersuchungen[77] zeigen sogar, dass das Selbstkonzept (und damit auch die Motivation) eines Menschen für schulische und musikalische Leistungen weitaus wichtiger ist als Intelligenz, intellektuelle und körperliche Fähigkeiten: Die Meinung bestimmt also zu einem wesentlichen Teil das Handeln. Damit schließt sich der Kreis zum Zitat von Mark Aurel in der Einleitung dieses Kapitels.

Innere Stimmen als Ausdruck des Selbstkonzepts

Das Selbstkonzept beinhaltet aber genau betrachtet noch mehr. Wie ich in meinem Buch «Die Kraft der Ermutigung» (2007) näher erläutert habe, führen Menschen fast permanent – ob sie es merken oder nicht – einen inneren Dialog mit sich selber: «Pass doch besser auf!», «Warum musste mir das schon wieder passieren!? Ich kann das einfach nicht!» Oder: «Ich bin super, ich habe es geschafft!», «Das ist mir gut gelungen! Ich kann das!» sind negativ beziehungsweise positiv geprägte Aussagen über sich selbst sowie über die eigenen Fähigkeiten und Möglichkeiten.

---

77 vgl. z. B. Spitzer, Manfred (2002): Lernen. Gehirnforschung und die Schule des Lebens. Heidelberg: Springer; Neubauer, Aljoscha/Stern, Elsbeth (2009): Lernen macht intelligent: Warum Begabung gefördert werden muss. München: Goldmann; sowie Jäncke, Lutz (2008): Macht Musik schlau? Neue Erkenntnisse aus den Neurowissenschaften und der kognitiven Psychologie. Bern: Verlag Hans Huber.

Das innere Selbstgespräch, der innere Dialog mit sich selbst wird ganz wesentlich von diesem persönlichen Selbstkonzept und dessen Elementen beeinflusst und gesteuert. Diese Selbstbotschaften, positive wie negative, günstige wie ungünstige, entwickeln sich schon früh und über Jahre und stellen meistens Adaptionen von Fremdbotschaften wichtiger Beziehungspersonen dar.

Wer über ein mehrheitlich positives Selbstkonzept verfügt, hört – oder vielmehr: produziert! – viel häufiger positive Stimmen als eine Person, die in ihrer Grundgestimmtheit depressiv, ängstlich, selbstunsicher durchs Leben geht. Das im Laufe des Lebens erworbene und verfestigte Selbstkonzept beeinflusst also diesen inneren Umgang eines Menschen mit sich selbst und mit anderen sehr stark. Es lohnt sich deshalb, auf die eigenen Gedanken und Stimmen zu achten. Denn aus inneren Stimmen werden schließlich Überzeugungen über sich selbst und seine Charaktereigenschaften, und daraus resultieren entsprechende Handlungen. Im günstigen Fall verfügen wir später im Leben über innere TrösterInnen, BeruhigerInnen, ErmutigerInnen, UnterstützerInnen, oder – im ungünstigen Fall – wir leiden unter häufigen bis permanenten inneren KritikerInnen und SelbstabwerterInnen. Laskowski (2000)[78] hat treffend darauf hingewiesen, dass wir genau genommen eigentlich nie allein im Leben unterwegs sind: Unser Selbstkonzept mit seinen inneren Stimmen und Antreibern ist immer und überall dabei, sogar noch im Schlaf sowie in den Träumen! Folgerichtig und wichtig ist deshalb die Forderung von Conen (2008), wir Menschen müssten nicht nur eine Essenskultur pflegen, sondern ebenso eine bewusste Gedankenkultur.

Das innere Selbstgespräch spielt schließlich auch noch eine zentrale Rolle bei der Regulation des Selbstwertgefühls eines Menschen: Wer sich über Jahre selber regelmäßig kritisiert, fühlt sich schlecht, dumm, unfähig – und wer sich ein Leben lang andererseits bei Problemen und Niederlagen selber ermutigen, trösten sowie aufrichten kann, bleibt am Ball und entwickelt sich weiter. So können wir im ersten Fall von einem negativen Selbstentmutigungskreislauf, im zweiten von einem positiven Selbstermutigungskreislauf sprechen (vgl. Frick 2007) – mit entsprechenden Auswirkungen auf das ganze Leben der Betroffenen.

---

78 Laskowski, Annemarie (2000): Was den Menschen antreibt. Entstehung und Beeinflussung des Selbstkonzepts. Frankfurt: Campus, S. 82.

Zur Veränderung des Selbstkonzepts

Wie psychotherapeutische Erfahrungen zeigen, lässt sich im späteren Leben das Selbstkonzept nicht so leicht verändern, obwohl es ein Leben lang beeinflussbar bleibt. Ein bestehendes Selbstkonzept verändert sich dann am ehesten, wenn mehrfach neue, widersprechende Informationen oder Erfahrungen zu den bisherigen eigenen Überzeugungen und Werthaltungen auftreten, man daraufhin stutzig wird – und diese Informationen von Personen stammen, die man wertschätzt, ernst nimmt. Das kann in einer LehrerInnen-SchülerInnen-Beziehung wie in einer psychotherapeutischen Beziehung oder in einer tragfähigen, gleichwertigen, von gegenseitiger Achtung und Wertschätzung getragenen Freundschaft oder Liebesbeziehung der Fall sein.

Neuere Untersuchungen (vgl. Filipp 2006) weisen zudem darauf hin, dass das Menschenbild, das dem Selbstkonzept zugrunde liegt, für Veränderungsprozesse eine entscheidende Rolle spielt: Halte ich die Veränderung der betreffenden Fähigkeit(en) als Person überhaupt für möglich – oder eben nicht? Bin ich dafür einfach zu dumm, unbegabt, depressiv veranlagt … oder kann ich lernen, mich verändern, weiterentwickeln? Das eigene Menschenbild[79] erweist sich so als *der* Schlüssel zur Weiterentwicklung des Menschen. Damit gelangen wir erneut zum Zitat von Mark Aurel am Anfang dieses Kapitels: «Das Glück deines Lebens hängt von der Beschaffenheit deiner Gedanken [und Handlungen! – J. F.] ab.» Der/die Träger/in eines negativen Menschenbildes verunmöglicht sich so selber mögliche Veränderungs- und Entwicklungsprozesse!

Gesellschaftliche Bewertung der Selbstkonzepte

Die unterschiedliche Einschätzung oder Bewertung von Selbstkonzepten findet nicht in einem neutralen, luftleeren Raum statt: So wird etwa eine hohe Ausprägung des schulischen Selbstkonzepts (z. B. sehr gute kognitive Fähigkeiten in Mathe, Deutsch usw.) in der Regel in der westlich-abendländischen Kultur deutlich höher bewertet als eine starke Kompetenz im sozialen Selbstkonzept (z. B. hohe Kooperationsfähig-

79 vgl. zum Menschenbild auch: Frick, Jürg (2007): Die Kraft der Ermutigung. Grundlagen und Beispiele zur Hilfe und Selbsthilfe. Bern: Verlag Hans Huber, S. 27–65.

keit, hohes Einfühlungsvermögen, große Hilfsbereitschaft, feinfühlige Kommunikationsfähigkeit). Mit der entsprechenden Bewertung geht dann in der Regel ein höheres oder eben tieferes Ansehen mit entsprechender Entlöhnung einher. Ein hoch spezialisierter Banker verdient so rasch einmal das Hundertfache einer Kindergärtnerin! Ob das tatsächlich so richtig ist und welches Signal damit eine Gesellschaft aussendet, überlasse ich dem Urteil der geneigten LeserInnen!

Fragen und Denkanstöße

- Über welches Selbstkonzept verfügen Sie?
- Wie und unter welchen Umstanden haben Sie es erworben?
- Wie realistisch schätzen Sie ihr Selbstkonzept ein? Wie begründen Sie Ihre Einschätzung?
- Wie schätzen andere, Ihnen vertraute Personen Ihr Selbstkonzept ein? Stimmt diese Einschätzung mit der eigenen überein? Wie erklären Sie allfällige Unterschiede?
- Welche inneren Stimmen dominieren Ihr Selbstkonzept? Wo und unter welchen Umständen haben Sie diese Stimmen entwickelt, eingeübt, verstärkt, gepflegt?
- Hat sich Ihr Selbstkonzept in einzelnen Bereichen über die Jahre verändert? Wenn ja: warum? Wer hat dazu beigetragen?
- Vermeiden Sie im Ungang mit anderen Personen (Kinder, SchülerInnen, Erwachsene) negative, das statische Selbstkonzept fördernde bzw. stützende Aussagen wie etwa: «Weshalb bist du immer so selbstsüchtig?», «Kannst du nicht ein einziges Mal still sein?», «Kannst du denn gar nichts?!», «Du bist eben dumm, langsam, kompliziert ...», «Weshalb bist du so langsam?», «Weshalb musst du mir dauernd auf die Nerven gehen?», «Schon wieder ungenügend in Mathe!», «Peter ist viel besser als du!», «Du bist einfach unordentlich!», «Weshalb vergisst du alles, was ich dir sage?» usw.[80]

80 vgl. zu förderlichen und hemmenden Haltungen der Lehrkräfte in der Schule: Ginott, Haim (1980): Takt und Taktik im Klassenzimmer. Szenen aus dem Schulalltag. Freiburg: Herder, S. 37–190.

Diese und ähnliche Aussagen schränken und beschränken Menschen auf festgefügte, unveränderliche Eigenschaften und sprechen ihnen jegliche Entwicklungsmöglichkeiten ab! Später sagen solche Menschen dann eben: «Ich kann nicht ...», und bringen sich so um ihre weiteren Entfaltungsmöglichkeiten.

- Motivierendere Aussagen im Umgang mit anderen Personen (Kinder, SchülerInnen, Erwachsene) lauten etwa: «Es ist erlaubt, Fehler zu machen.», «Fehler werden gemacht, um korrigiert zu werden.», «Was hast du heute gelernt?» (Wachstumsschritt!), «Hast du einen Fehler gemacht, aus dem du etwas gelernt hast?», «Es gibt immer Menschen, die auf einem/mehreren Gebieten besser sind als wir!», «Wer nichts wagt, kann auch nichts erreichen.», «Wo hast du dich heute angestrengt?», «Du hast nicht verloren, sondern alles gegeben.» (z. B. im Sport), «Trotzdem ist dir hier etwas Wichtiges gelungen: Du hast dich eingesetzt und deine Ausdauer bewiesen – das zählt.» usw.
- Achten Sie bei sich und anderen Menschen weniger auf die Endresultate, sondern auf die Prozesse, die Strategien, die Anstrengungen, die Anstrengungsbereitschaft, die Motivation, die erreichten Zwischenetappen auf dem Weg zum Ziel.

Literaturhinweise

Adler, Alfred (1973 b): Menschenkenntnis. Frankfurt: Fischer (EA 1927).

Branden, Nathaniel (2005): Die 6 Säulen des Selbstwertgefühls. Erfolgreich und zufrieden durch ein starkes Selbst. München: Piper.

Dweck, Carol (2009): Selbstbild. Wie unser Denken Erfolge oder Niederlagen bewirkt. München: Piper.

Erikson, Erik H. (1966): Identität und Lebenszyklus. Frankfurt: Suhrkamp (EA 1959).

Göppel. Rolf (2005). Das Jugendalter: Entwicklungsaufgaben, Entwicklungskrisen, Bewältigungsformen. München: Kohlhammer.

Laskowski, Annemarie (2000): Was den Menschen antreibt. Entstehung und Beeinflussung des Selbstkonzepts. Frankfurt: Campus.

Oerter, Rolf; Montada, Leo (Hrsg.) (2008): Entwicklungspsychologie. 6. Auflage. Weinheim: Beltz PVU.

Schachinger, Helga E. (2005): Das Selbst, die Selbsterkenntnis und das Gefühl für den eigenen Wert. 2. Auflage. Bern: Verlag Hans Huber.

Sieland, Bernhard (2000): Hast Du heute schon gelebt? Impulse zur Selbstentwicklung. Lüneburg: Edition Erlebnispädagogik.

11 Resilienz: Welche Schutzfaktoren helfen?

Einleitung

Verschiedene psychologische Forschungszweige haben in den vergangenen Jahrzehnten in zahlreichen Untersuchungen und anhand vieler Beispiele den wichtigen Einfluss von frühen Kindheits- und Lebenserfahrungen betont – zu Recht. Doch auch wenn die ersten Lebensjahre wesentliche Grundlagen für die weitere Entwicklung bilden, so legen sie nicht ein für alle Mal die gesamte weitere psychische Entwicklung eines Menschen fest. So wurde (und wird) die Psychologie immer wieder auch mit Menschen konfrontiert, deren erste Lebensjahre von bitterer Armut und Not (Beispiel Charlie Chaplin), Ablehnung und Lieblosigkeit gekennzeichnet waren und die trotzdem ein gelungenes, zufriedenes Leben führ(t)en. Konkrete Beispiele dazu habe ich in meinem Buch «Die Kraft der Ermutigung» (2007) näher beschrieben.

In welche Richtung die Entwicklung eines Menschen verläuft, hängt von sehr vielen verschiedenen Faktoren ab, so etwa vom engeren Beziehungsnetz (sichere Bindungen), der schulischen und beruflichen Laufbahn, der individuellen Wahrnehmung und Verarbeitung und dem Lebensstil des Individuums, den ökonomischen, politischen und gesellschaftlichen Rahmenbedingungen usw. Während die Risikoforschung schädigende oder krankmachende Faktoren (Risikofaktoren) sucht und die entsprechenden Entwicklungsbeeinträchtigungen identifiziert, fragt die Resilienzforschung: Was hält Menschen trotz widrigen Umständen gesund? Welches sind mögliche Schutzfaktoren im Individuum und in seinem Umfeld? Entwicklung lässt sich heute als ein Wechselspiel von Risiko- und von Schutzfaktoren besser verstehen. Die zentrale Frage lautet deshalb: Mit welchen Risiko- und Schutzfaktoren werden Menschen im Laufe ihres Lebens konfrontiert – und wie gehen sie damit um?

Das Risikofaktorenkonzept

Als Risikofaktor wird ein Merkmal bezeichnet, dass bei einer Gruppe von Individuen, auf die dieses Merkmal zutrifft, die Wahrscheinlichkeit des Auftretens einer Störung im Vergleich zu einer unbelasteten Kontrollgruppe erhöht ist (Resch et al. 1999). Beispiele für wichtige Risikofaktoren finden sich in Tabelle 11-1. Das Risiko kann auf drei Ebenen identifiziert werden:

Tabelle 11-1: Wichtige Risikofaktoren

Organische Risiken

- geringes Geburtsgewicht
- Behinderungen
- chronische Krankheiten usw.

Psychosoziale Risiken

- fehlende oder negative oder unsichere Bindungsbeziehungen
- eine indifferente Erziehungshaltung, ungünstige Erziehungspraktiken (Gewalt, Ablehnung, Drohungen, negative Haltung gegenüber dem Kind, häufige Drohungen mit Liebesentzug)
- eine gefühlskalte Familienatmosphäre, Desinteresse, Mangel an Fürsorge, Gleichgültigkeit
- emotionale Vernachlässigung und Verwahrlosung
- sehr strenge, rigide Erziehungsnormen, wenig Einflussmöglichkeiten des Kindes/Jugendlichen
- dem Kind wenig zutrauen, keine Ermutigung, starke Verwöhnung
- chronischer, anhaltender Stress, schwere Krankheiten
- geringes Selbstwertgefühl des Kindes
- wenig/kaum soziale Kontakte des Kindes, keine Freunde
- chronische familiäre Disharmonie
- Kind unerwünscht
- chronische Armut
- Misshandlung und Missbrauch
- niedriger sozioökonomischer Status und beengte Wohnverhältnisse
- psychische Störung eines Elternteils oder beider Eltern
- häufiger Streit der Eltern, gegenseitige Drohungen oder Bedrohungen
- Suchtproblematik bei Eltern (-teilen)
- delinquentes Elternverhalten
- soziale Isolation der Familie und/oder unzureichende Verfügbarkeit von Stützsystemen
- Mobbing/Ablehnung durch Gleichaltrige

1. beim Individuum (Beispiel: geringes Selbstwertgefühl)
2. bei der Umwelt (Beispiel: schwierige Verhältnisse in Schule, Familie usw.)
3. bei Phasen erhöhter Vulnerabilität[81] (Beispiel: Pubertät, Berufseinstieg, Trennungen/Verluste).

Es ist naheliegend, dass das gleichzeitige Vorhandensein von mehreren Risikofaktoren die Chance für ungünstige Entwicklungen oder Verläufe erhöht. In Kapitel 4 sind verschiedene Beispiele für solche Entwicklungswege (Entwicklungspfade) – günstige und ungünstige – näher beschrieben. Allerdings: Das Risikofaktorenkonzept ist ein Wahrscheinlichkeitskonzept, denn aus einem oder mehreren Risikofaktoren lässt sich nicht mit Sicherheit eine ungünstige Entwicklung prognostizieren! Wir können organische wie psychosoziale Risiken (vgl. Petermann 2008, Brisch und Hellbrügge 2003) unterscheiden.

Trotz dieser Risikofaktoren wissen wir: Nicht jeder Risikofaktor führt quasi automatisch zu einer Entwicklungsgefährdung; gravierend ist aber die Häufung von Belastungen. Ebenso spielen die Dauer und Intensität der Belastung, das Alter und der Entwicklungsstand des Kindes – je jünger, desto gefährdeter – sowie die subjektive Bewertung durch das Individuum eine wichtige Rolle: Erlebt der neunjährige Morris die Trennung der über Jahre anhaltend und intensiv streitenden Eltern als Entlastung oder primär als Verlust des geliebten Vaters? Das Ereignis für sich allein ist also in den meisten Fällen noch kein definitiver Risikofaktor – entscheidend ist schließlich, was es für das betroffene Kind bedeutet.

Noch ein wichtiger Hinweis: Zeigen Heranwachsende als Folge von nicht zu bewältigenden Belastungssituationen verschiedene Symptome wie etwa Aggressivität, Rückzug, Depressivität usw., so sollten diese Symptome zusätzlich in ihrer *Funktion* verstanden werden, nämlich erstens als *Anpassungsversuch* sowie zweitens als *Signal.* Sogenannt «störendes Verhalten» sollte in diesem Sinne deshalb auch positiv gewürdigt werden: Es ist nicht einfach (nur) das Ergebnis eines Scheiterns, sondern ebenso der persönliche Versuch, eine schwierige Lebenssituation zu stabilisieren, irgendwie in den Griff zu bekommen. Zudem

81 Mit Vulnerabilität ist die erhöhte Verletzlichkeit, Empfindlichkeit des Individuums gegenüber Risikofaktoren in verschiedenen Bereichen gemeint.

bedeuten Symptome als Signale einen Hilferuf, einen Appell an verständige Erwachsene und sind ein Ausdruck überforderter Bewältigungskapazitäten. Wer dies erkennt, wird Heranwachsenden in Not eher angemessen begegnen.

Resilienz oder Resilienzen?

Nachdem die Forschung (Entwicklungspsychologie, klinische Psychologie) über Jahrzehnte hinweg vorwiegend negative Einflüsse auf die Biografie von Kindern und Jugendlichen im Blickfeld hatte, legt die Resilienzforschung den Schwerpunkt vor allem auf die systematische Untersuchung der Bewältigungsfaktoren bei schwierigen frühen Lebensbedingungen.

Der Begriff Resilienz (engl.: *resiliency*) lässt sich mit psychischer Widerstandsfähigkeit oder psychischer Widerstandskraft gegenüber biologischen, psychologischen und psychosozialen Entwicklungsrisiken (Wustmann 2004)[82] umschreiben: Resilienz setzt sich aus mehreren Faktoren zusammen und beschreibt also einen dynamischen oder kompensatorischen Prozess positiver Anpassung angesichts belastender Umstände. In diesem Sinn kann Resilienz als eine Form von innerer Plastizität im Umgang mit Belastungsereignissen verstanden werden. Einem psychisch widerstandsfähigen Kind oder Jugendlichen gelingt es unter günstigen Umständen, Entwicklungsrisiken weitestgehend zu vermindern oder gar zu kompensieren, negative Einflüsse auszugleichen und gesundheitsförderliche Kompetenzen aufzubauen.

Aber Achtung: Es gibt keine Super-Kids! Resilienz bedeutet nämlich keine feststehende Größe und schon gar nicht eine absolute Unverwundbarkeit (Stichwort: Stehaufmännchen!) gegenüber negativen Lebensereignissen; Resilienz ist nicht unbegrenzt, bedeutet nicht Dauerresilienz oder gar Resistenz. Menschen bleiben anfällig für Misslingen, Scheitern. Es ist deshalb genau genommen angemessener, von verschiedenen Resilienzen sowie von einer elastischen Resilienz oder Widerstandsfähigkeit zu sprechen (Wustmann 2004): Resiliente Menschen richten sich nach Belastungen rascher wieder auf als nichtresiliente.

82 Wustmann, Corinna (2004): Resilienz. Widerstandsfähigkeit von Kindern in Tageseinrichtungen fördern. Weinheim: Beltz.

Resilienz in einem bestimmten Lebensbereich kann auch nicht automatisch auf alle anderen Lebensbereiche oder Kompetenzfelder übertragen, also generalisiert werden. Vielmehr müssen wir wohl eher von einer situations- und lebensbereichsspezifischen Resilienz sprechen. Ein Mensch kann sich in bestimmten Situationen oder Bereichen als robust(er) erweisen, in anderen hingegen nicht. Die Begriffe und Erläuterungen in Tabelle 11-2 klären und verdeutlichen dies.

Resilienz kann also als eine innere *Widerstandsfähigkeit/Kernressource* verstanden werden: Sie ist das Vermögen einer Person oder eines sozialen Systems (z. B. Familie), sich trotz schwieriger Lebensbedingungen auf sozial akzeptiertem Wege gut zu entwickeln, sie ist ein Ergebnis erfolgreicher Anpassung an widrige Umstände – nicht gemeint damit ist eine völlige Unterordnung, Resignation oder die Selbstaufgabe eigener Wünsche und Ziele.

Resilienz beinhaltet ebenso die Fähigkeit, sich von nachteiligen Erfahrungen schnell(er) zu erholen und angesichts belastender Lebensumstände ohne psychische Schäden zu bestehen. Kürzer ausgedrückt: Es gelingt der Aufbau eines positiven Lebens unter oder trotz widrigen Umständen. Resilienz als persönliche Disposition ist zwar relativ stabil, aber wie erwähnt nicht unveränderbar: Unter einer hohen Dauerbelastung unterliegt sie einer gewissen Erosion, die Elastizität, die «Dicke der Schutzschicht» nimmt Schaden. Resilienz bedeutet also durchaus nicht die gänzliche Abwesenheit von Leiden oder von psychischen Beeinträchtigungen!

Zwei Faktoren bei der Entwicklung von Resilienz sind wichtig:

1. die Erfahrung gelungener Bewältigung und
2. positive Bindungsbeziehungen.

Das wird im nächsten Abschnitt näher erläutert.

Resilienzfaktoren: Die wichtigsten Schutzfaktoren

Die Resilienzforschung hat ihren Schwerpunkt vor allem auf die protektiven Faktoren im Mikrobereich gelegt. Ich werde mich nachfolgend auf diesen Bereich beziehen, obwohl günstige Faktoren im Makrobereich (Gesellschaft, Kultur, Politik) natürlich zusätzlich äußerst hilfreich sind;

Tabelle 11-2: Resilienzen

Elastische Resilienz
Die Resilienz ist über einen bestimmten Zeitraum unterschiedlich ausgeprägt (etwa analog mit der «Tagesform» zu verstehen, die sich ja auch beim Einzelnen unterschiedlich manifestiert).

Situationsspezifische Resilienz
Die Resilienz bezieht sich auf bestimmte Situationen wie etwa die Fähigkeit, in einer konkreten Mobbing-Situation trotz allem nicht unterzugehen, krank zu werden, zu verzweifeln usw.

Lebensbereichsspezifische Resilienz
Die Resilienz bezieht sich zum Beispiel auf die auffallende Fähigkeit, als Lehrperson mit schwierigen SchülerInnen und Klassen umgehen zu können, oder auf die Fähigkeit, in einer belastungsreichen Partnerschaft nicht krank zu werden.

Individuelle Resilienz
Gemeint ist hier die persönliche Resilienz eines Menschen (quasi das individuelle, gesamthafte «Resilienzprofil»). Es sind Menschen, die sich insgesamt robuster, widerstandsfähiger gegenüber Risikoeinflüssen zeigen als andere.

Familiale Resilienz
Die Resilienz bezieht sich hier nicht auf eine einzelne Person, sondern eine ganze Familie. Beispiel: trotz Diskriminierung und Mobbing als «Ungläubige» lässt sich die Familie Fenner in einem katholischen Dorf nicht unterkriegen und macht ihren Weg allen Widerständen zum Trotz. Der gute innere Zusammenhalt schafft eine Art Schutzschild oder Puffer. Familiale Resilienz zeigt sich auch in Familien, die von (mehreren) Schicksalsschlägen getroffen sind (z. B. schwere Erkrankung eines Kindes, Unfall der Mutter, Arbeitsplatzverlust des Vaters) und die trotzdem einen konstruktiven Weg der Lebensbewältigung finden (Walsh 2006).

Paar-Resilienz
Ein Paar vermag sich gegenseitig immer wieder sehr gut zu stützen und zu fördern, obwohl beide Partner über längere Zeit schwierige äußere Rahmenbedingungen erleben; so versuchen die Eltern beider Partner wiederholt aktiv die Beziehung zu stören, sind mit ihrem Lebensstil überhaupt nicht einverstanden und versuchen, das auch über die Enkelkinder hineinzutragen usw.

protektive Faktoren im Makrobereich wären etwa die Gewährleistung der «Rechte des Kindes» gemäß der UNO-Konvention des Kindes von 1989. (Einige wenige weitere Hinweise zur Bedeutung der schützenden Faktoren im Makrobereich finden sich zudem in Tab. 11-3, S. 210.)

Im Folgenden fasse ich die wichtigsten protektiven beziehungsweise salutogenetischen (gesundheitsfördernden) Faktoren zusammen (vgl. Lösel und Bender [1994, 2007]; Opp und Fingerle [2007] u. a.). Diese Faktoren können im Individuum (personale protektive Faktoren), und/oder in der nahen Umgebung des betreffenden Menschen (familiäre und soziale protektive Faktoren) und/oder im weiteren Umfeld (gesellschaftliche protektive Faktoren) liegen, und sie weisen eine komplexe gegenseitige Wechselwirkung im Sinne der Verstärkung auf. Sie sind angesichts der aktuellen Forschungsergebnisse weniger als feste, unveränderbare Eigenschaften, sondern vielmehr als günstige Wechselwirkungsprozesse zu verstehen. Wenn ich im Folgenden der Einfachheit halber trotzdem von Faktoren spreche, sind diese immer im erwähnten Sinne von Wechselwirkungsprozessen zwischen dem Individuum, anderen Personen sowie Lebensumständen zu verstehen. Die aufgeführten Faktoren können in vielen Situationen auch im Sinne eines Puffereffekts (Pearson 1997) schwierige Lebenserfahrungen und -ereignisse mildern, dämpfen oder gar relativieren.

- *Enge, stabile und sichere positiv-emotionale Beziehung* zu (mindestens) einer Bezugsperson (Elternteil oder andere zuverlässige Versorgungsperson), die Feinfühligkeit, Responsivität und Kompetenz im Umgang zeigt. Dies ist, wie unzählige Forschungsergebnisse eindrücklich nachweisen, die zentralste Ressource (vgl. Werner 2007 a und b).

- *Soziale Unterstützung innerhalb und außerhalb der Familie* durch verlässliche Bezugspersonen. Belastete Kinder finden schützende Inseln (Nuber 1995) oder machen schützende Insel-Erfahrungen, die eine stabilisierende Funktion bekommen können. Vielfach vermitteln diese Personen belasteten Kindern ein positiveres Selbstbild.

- *Ein emotional warmes, offenes Erziehungsverhalten* der Betreuungspersonen, das aber gleichzeitig auch angemessen strukturierend und normorientiert ist

- *Beeindruckende, überzeugende soziale Modelle,* die die Kinder und Jugendlichen zu konstruktivem Bewältigungsverhalten ermutigen und anregen. Das können zum Beispiel Verwandte oder Lehrpersonen sein.

- *Dosierte soziale Verantwortlichkeiten* und *individuell angemessene Leistungsanforderungen*. Heranwachsende erhalten damit eine Bedeutung und fühlen sich positiv herausgefordert.

- *Kognitive und soziale Kompetenzen.* Gemeint sind zum Beispiel ein mindestens durchschnittliches Intelligenzniveau, soziale Intelligenz, kommunikative Fähigkeiten, vorausplanendes Verhalten, soziale Fähigkeiten oder gute Leistungen in der Schule.
- *Eigene, individuell angemessene, persönliche Zielsetzungen,* die selbst gesteckt und angestrebt werden, eine realistische Zukunftsplanung oder Zukunftserwartung
- *Günstige Temperaments- und Charaktereigenschaften,* die eine effektive Bewältigung begünstigen oder auf die Umgebung positiv wirken. Beispiele: Freundlichkeit, Flexibilität, geringe Impulsivität, Besonnenheit
- *Günstige Selbstwirksamkeits- und Kontrollüberzeugungen.* Erfahrungen von Selbstwirksamkeit, innere Kontrollüberzeugungen, realistischer Attributions- oder Erklärungsstil (verhindert unangemessene Schuldgefühle oder Gefühle der Wertlosigkeit) (Bandura 1997)
- *Gesundes Selbstvertrauen, ein eher hohes Selbstwertgefühl* und damit einhergehend ein positives Selbstbild, ein angemessen positives Selbstkonzept
- *Aktive Bewältigungsmuster* bei Problemen, aktiver (nicht ausweichender) Umgang mit Belastungen (günstige Coping-Strategien)
- *Erfahrungen von Sinn, Struktur und Bedeutung* in der eigenen Entwicklung, Gefühl von Kohärenz, im Sinne einer normativen Sinnverankerung. Ein grundlegendes Vertrauen in die Sinnhaftigkeit/Bedeutsamkeit (engl.: *meaningfulness*), Verstehbarkeit (*comprehensibility*) und Handhabbarkeit/Bewältigbarkeit (*manageability*) des Lebens (Antonovsky 1997). Das Leben und «mein Leben» werden als sinnvoll, sinnhaft erlebt.
- *Antizipation einer besseren Zukunft.* Die Hoffnung auf eine bessere Zukunft gibt Halt, Kraft und Ausdauer, widrige Umstände besser zu ertragen und zu bewältigen. Hier bieten Nelson Mandela, Charlie Chaplin oder Viktor Frankl anschauliche Beispiele.
- *Schreiben und Lesen.* Schreiben hilft, Belastendes zu verarbeiten; Lesen erschließt neue, andere Welten und kann Heranwachsende stärken. Lesen kann überdies auch eine gut funktionierende Ablenkungsstrategie bei Schmerzen sein (Tonhauser und Rausch, 2003).

Vielen belasteten Menschen hilft es enorm, ihre Gedanken einem Tagebuch anzuvertrauen: Das wiederholte Schreiben vermag Ressourcen freizulegen (vgl. Welter-Enderlin 2010).

- *Interesse, Motivation und Erfolg in der Schule* und in einzelnen Schulfächern, meistens gekoppelt mit der positiven Bestärkung durch eine oder mehrere Lehrperson(en), positive Erfahrungen (z. B. mit Gleichaltrigen) in der Schule und im Schulumfeld (Opp und Fingerle 2007).
- *Interessen und Hobbys*, die Freude und Selbstbestätigung fördern. Freizeitbeschäftigungen bedeuten eine Abwechslung oder gar eine Gegenwelt zum belastenden Alltag und verhelfen unter günstigen Umständen zu einer Selbstwertstabilisierung. Besonders wenn sie mit FreundInnen geteilt werden können, können sie Trost, Abwechslung, Freude, Ablenkung oder Bestätigung vermitteln. Hier sind etwa Musik, Schreiben, Lesen, Sport oder die Beziehung zu einem Haustier gemeint. Ähnlich wie beim Schreiben gilt: Musizieren vermag zur Entspannung beizutragen, konzentriert die Gedanken und Gefühle auf andere Aspekte, lenkt ab, schafft Erleichterung, stärkt die Person.
- *Auch «das Gute im Schlechten» (als Chance) sehen*, positive Umdeutungen, positive Selbstinstruktionen, ein tendenziell positives Menschenbild, angemessener oder angepasster Optimismus und Zuversicht (Segerstrom 2010).
- *Fähigkeit, sich zu distanzieren* (Rahm et al. 1999; Reddemann 2001), sich von Problemen nicht überwältigen zu lassen, Gelassenheit (Rahm 2004). Resiliente Heranwachsende haben sich häufig schon früh von schwierigen Eltern distanziert, beispielsweise indem sie außerhalb der Familie engere tragende Kontakte gesucht (und gefunden) haben.
- Eine weitere wichtige Ressource ist der *Sinn für Humor* (Werner 2001): Humor bietet eine günstige Möglichkeit, sich von widrigen Umständen nicht überwältigen zu lassen oder diese zumindest ein Stück weit zu verarbeiten (vgl. wiederum Charlie Chaplin!). Mit Humor können schwierige Situation emotional besser reguliert werden, etwa durch Ablenkung und Distanzierung. Humor ermöglicht zudem einen Perspektivenwechsel.

Diese Zusammenfassung stellt keine endgültige Liste ursächlich wirkender protektiver Faktoren oder Wechselwirkungsprozesse dar, und die Wirkungsweise der Faktoren muss immer im konkreten Einzelfall untersucht und betrachtet werden, ebenso die Gewichtung eines einzelnen Faktors im Gesamtzusammenhang. Meistens finden sich in einer geglückten Lebensgeschichte mehrere dieser Faktoren kombiniert über eine kürzere oder längere Zeit, gelegentlich auch nacheinander, das heißt protektive Faktoren wirken besonders gut kumulativ (Lösel und Bender 2007).

Die erfolgreiche Bewältigung von Schwierigkeiten und Krisen kann übrigens sogar die Entwicklung zusätzlich fördern (Erwerb von Handlungskompetenzen und Coping-Strategien, die auch für spätere Problem- und Stresssituationen nützlich sein können).

Schutz- und Risikofaktoren sollten zusätzlich immer auch auf der soziokulturellen Ebene berücksichtigt werden, weil man sonst Gefahr läuft, eine einseitig individuumszentrierte Perspektive einzunehmen und damit weitere Faktoren zu vernachlässigen: Risikohafte gesellschaftliche, kulturelle, politische, ökonomische und andere Umwelt-Bedingungen beeinflussen das Individuum und seine individuelle Wahrnehmung stark und können im ungünstigen Fall schwerwiegende hinderliche Faktoren für eine positive Entwicklung des Einzelnen wie ganzer Gruppen bedeuten. Umgekehrt sind hier weitere bedeutsame Schutzfaktoren zu identifizieren, die es dem Einzelnen erleichtern, mit Belastungen besser umzugehen; beides wird in **Tabelle 11-3** zusammengefasst.

Wie Wilkinson und Pickett (2009)[83] in ihrer großangelegten Studie an unzähligen eindrücklichen Beispielen darlegen, geht eine ausgeprägte Ungleichheit in den sozialen Verhältnissen (v. a. erhebliche Einkommensunterschiede) mit verschiedensten Risiken einher: Sie untergräbt das Vertrauen der Menschen zueinander, führt zu sich stark voneinander abgrenzenden Gruppen, fördert Formen von Rassismus, Sexismus sowie Kriminalität, erhöht die Spannungen und die Unzufriedenheit unter der Bevölkerung, bremst die Kooperationsbereitschaft und Hilfsbereitschaft der Menschen bis hin zu gesundheitlichen Folgen wie der Verkürzung des Lebens, erhöhter Anfälligkeit für psychische Krankheiten und gesteigerten Herzinfarktraten usw.!

---

83 Wilkinson, Richard; Pickett, Kate (2009): Gleichheit ist Glück. Warum gerechte Gesellschaften besser für alle sind. Frankfurt: Tolkemitt Verlag bei Zweitausendeins.

Tabelle 11-3: Schutz- und Risikofaktoren auf der soziokulturellen Ebene*

Schutzfaktoren (protektive Faktoren)	Risikofaktoren
starke soziale Netze, die tragen; kulturelle Stabilität	brüchige unzuverlässige soziale Netze; kulturelle Konflikte, die Unsicherheit auslösen
positive Rollenmodelle in der Umgebung, der Schule, am Arbeitsplatz, in der Freizeit und Gesellschaft	Diskriminierung, Angstmacherei, ungünstige Rollenmodelle (negative Vorbilder) in der Umgebung, der Schule, am Arbeitsplatz, in der Freizeit und Gesellschaft
Chancengleichheit für Bildung und Arbeit	soziale Ungleichheiten, Benachteiligungen
ausreichende und befriedigende Arbeits- und Tätigkeitsfelder	Arbeitsmangel, Arbeitslosigkeit, sinnentleerte Arbeit
günstige Verhältnisse in der Wohnung und im Viertel (genügend Platz, Spielumgebung usw.)	schlechte Verhältnisse (sehr beengte Wohnsituation, Multiproblem-Viertel: Drogen, Prostitution, Kriminalität, Verkehr usw.)
hohe Partizipation, Wahl-, Entscheidungs- und Kontrollmöglichkeiten	kaum/wenig Wahl-, Entscheidungs- und Kontrollmöglichkeiten
Sicherheit, Toleranz und Vertrauen im näheren und weiteren Umfeld	mangelnde Sicherheit, erhöhtes Maß an Intoleranz im näheren und weiteren Umfeld
Friede, Gerechtigkeit, Wertschätzung, soziale Sicherheit	Krieg, Ungerechtigkeit, sozialer Abbau, Diskriminierung, Kriminalität

* verändert und ergänzt nach: Ricka, Gurtner und Lehmann (2003), S. 12.

Interaktion von Risiko und Resilienz: Ein Beispiel

Trotz ungünstiger Lebensumstände kann sich ein Kind im besten Fall durch außenstehende Bezugspersonen von problematischem Elternverhalten distanzieren und eine eigene, andere (günstigere) Einstellung und innere Haltung aufbauen sowie positivere Erfahrungen aktiv abholen und kompensatorische Möglichkeiten finden, sei dies durch eine feinfühlige Großmutter oder bei einem netten Lehrer. Dasselbe gilt auch für Erwachsene in Belastungssituationen.

Am Beispiel eines Lehrlings soll die Wechselwirkung von Risiko und Resilienz vereinfacht dargestellt werden. Der 16-jährige Victor wurde von seinen Eltern im Alter von knapp drei Jahren aus einem rumänischen Kinderheim in die Schweiz geholt und adoptiert. Er hat die Kleinklasse besucht. Seine intellektuellen Fähigkeiten sind gering ausgeprägt. Nun absolviert er eine Anlehre bei einem Lebensmittel-Großhändler. Seine Lehrmeisterin befürchtet, dass er den Anforderungen der Anlehre nicht gewachsen ist. Trotz seines Einsatzes in der Berufslehre unterlaufen ihm immer wieder Fehler: So kann er sich Abläufe nicht merken, vergisst wiederholt Anweisungen der Vorgesetzten und bekundet große Mühe, die Übersicht über zu bewältigende Aufgaben zu behalten. Dann beschimpft er sich wiederholt selber oder zieht sich zurück. Trotzdem gibt er meistens nicht einfach auf. In **Tabelle 11-4** wird das Zusammen-

Tabelle 11-4: Interaktion von Faktoren und Individuum

Risikoerhöhende Faktoren	Verarbeitung durch Victor	Risikomindernde, protektive Faktoren
starke Vernachlässigung in den drei ersten Lebensjahren im Kinderheim; geringe intellektuelle Fähigkeiten, schlechtes Gedächtnis, verlangsamte Auffassungsgabe	individuelle, persönliche, letztlich immer auch subjektive Folgerungen («Lebensstil», vgl. auch Kap. 3)	Victor lebt in einer stabilen Familie, die ihn gut fördert und dazu anhält, sich einzusetzen. Die Beziehungen zu Vater und Mutter sind vertrauensvoll.
Besuch einer Kleinklasse, musste vorher zweimal die Klasse wiederholen und schämt sich dafür		Victor hat gute Manieren, gilt als anständig und gibt sich trotz aller Schwierigkeiten große Mühe; meistens gibt er nicht so rasch auf.
skeptische Lehrmeisterin		Victors Beziehung zur Freundin ist positiv und stabil.
selbstbeschimpfende Tendenzen («Ich bin so blöd!»)		Victor hat gute Freunde und ist als sozialer Kollege beliebt.
Verlust seines bewunderten großen Bruders durch einen Autounfall		unterstützender Lehrlingsberater

spiel von risikoerhöhenden, risikomindernden Faktoren und der persönlichen Verarbeitung durch Victor veranschaulicht.

Victors Beispiel zeigt, wie sich Risiko- und Schutzfaktoren gegenseitig beeinflussen. Risikoerhöhende Faktoren können durch risikomindernde abgefedert, im optimalen Fall gar neutralisiert werden: Trotz geringer intellektueller Fähigkeiten und einer skeptischen Vorgesetzten gelingt es Victor – dank Unterstützung der Familie und der Freundin – schließlich, die Anlehre abzuschließen. Dieser Erfolg macht ihm so viel Mut, dass er gleich noch eine Zusatzausbildung anhängt, die er zwei Jahre später ebenfalls mit Erfolg abschließt. Dank parallel dazu verlaufende Gesprächen mit einem Lehrlingsberater gelingt es ihm zunehmend, seine Defizite besser zu verstehen, einzuordnen, seine Ressourcen nutzbar zu machen und berufliche Erfolgserlebnisse zu erzielen. Diese spornen ihn nun auch in anderen Lebensbereichen an, er wird mutiger, offener, selbstbewusster und aktiver.

Weitere Beispiele und Geschichten zu Risiko und Resilienz (u. a. Charlie Chaplin, Nelson Mandela, Ray Charles) finden sich in Frick (2007).

Zu Chancen und Gefahren des Resilienzkonzeptes

Das Resilienzkonzept ist ein optimistischer, ressourcen- und entwicklungsorientierter Ansatz, der – wie jeder Ansatz – Chancen, Möglichkeiten, aber auch Gefahren beinhaltet.

Die Gefahren des Resilienzkonzepts bestehen in verschiedenen Bereichen. So kann eine technizistische, rein handlungsorientierte Sichtweise eingenommen werden, die in einen Machbarkeitswahn («alles ist möglich») münden kann. Ebenso besteht die Gefahr, die komplexen Rahmenbedingungen und Wechselwirkungen bei Belastungen zu übersehen oder das betreffende Individuum ganz allein für Fehlschläge verantwortlich zu machen (Schuldzuweisung) und/oder tatsächlich vorliegende Missstände schönzureden, also beispielsweise gesellschaftliche und politische Aspekte («strukturelle Gewalt») zu negieren. Der gegenwärtige Kapitalismus mit seiner sehr stark individuumszentrierten, entsolidarisierenden Ideologie («Jeder ist seines Glücks eigener Schmied!», «Wer sich nur genug anstrengt, kommt ans Ziel!») tut genau dies: Wer scheitert, ist selber schuld!

Wichtig scheint mir auch die Einsicht, dass Resilienz und Scheitern nicht sicher voraussehbar und prognostizierbar sind – zu viele Umstände und Ereignisse können hier eine Rolle spielen.

Auf der anderen Seite bietet das Resilienzkonzept – wie in diesem Kapitel sicher schon deutlich geworden ist – überaus *wichtige Impulse und Chancen*: Die Berücksichtigung der Ergebnisse der Resilienzforschung scheint mir für alle Menschen, besonders aber auch für Eltern, Lehrpersonen aller Stufen, PsychologInnen, PsychotherapeutInnen, ÄrztInnen und SozialpädagogInnen von erheblicher Bedeutung zu sein – nicht zuletzt deshalb, weil diese Erkenntnisse helfen, den Akzent konkret auf das eigene Handeln, die persönlichen Möglichkeiten zu richten, statt in einer unproduktiven und lähmenden Opferrolle zu verharren. Das Resilienzkonzept bewahrt uns zudem davor, defizitäre Sichtweisen und Ansätze (etwa im Sinne von: «Bei Kindern aus einem solchen Milieu kann man natürlich auch nicht viel erwarten!») fortzuschreiben und Heranwachsende so zu entmutigen. Die Erkenntnisse aus der Resilienzforschung können schließlich helfen, Menschen gegenüber eine offenere Haltung bezüglich ihrer weiteren Entwicklung einzunehmen. Dieser andere Blickwinkel hilft uns zudem, andere Menschen konkreter zu unterstützen und zu stärken – und trägt dazu bei, uns bewusst und vermehrt auf eigene Stärken und Möglichkeiten zu besinnen, denn: Realistischer Optimismus beflügelt eher als resignativer Pessimismus. Dies gilt es zu nutzen!

Fragen und Denkanstöße I

Selbstentwicklungsförderung und Resilienzförderung bei Kindern und Jugendlichen[84]

- grundsätzlich positive Grundhaltung, Einstellung des Erwachsenen zum Kind/Jugendlichen, positive Erwartungen und Erziehungsgrundsätze, positives Menschenbild, fairer Umgang, Interesse, Zuhören, Zeit haben, konstruktives Feedback, mehr ermutigen und bestärken als loben

84 Im Buch von Fröhlich-Gildhoff, Klaus; Rönnau-Böse, Maike (2009): Resilienz. München: Reinhardt, S. 56–83, findet sich ein guter Überblick über Präventions- und Praxismodelle für Resilienz.

- gute Beziehung, sichere Bindungsmuster («Basis») zum Kind/Jugendlichen, Wertschätzung, Vertrauen, Zutrauen
- überzeugendes resilientes Modell/Vorbild vorleben: Wie gehe ich mit dem Alltag um?
- Klarheit und Angemessenheit der Ziele, Regeln, Anforderungen, Grenzen; Familienrat
- Förderung der Problemlöse-/Stressbewältigungs- und Kommunikationsfähigkeiten (Coping)
- angepasste, realistische und nützliche Unterstützung bei Schwierigkeiten und Misserfolgen
- resilienzfördernde Märchen und Geschichten
- Eigenaktivität und persönliche Verantwortungsübertragung fördern
- Förderung eines positiven Selbstkonzepts, von realistisch-positivem Denken
- Förderung der allgemeinen und schulischen Leistungsfähigkeit («Erfolgserlebnisse»)
- körperliche Gesundheitsressourcen fördern (Sport usw.)
- Selbstwirksamkeitsüberzeugungen («Ich kann etwas verändern.») und realistische Kontrollüberzeugungen fördern, persönliche Selbstregulationsfähigkeiten (bei Wut nicht einfach dreinschlagen, sondern sich beruhigen können) und Selbstdisziplin unterstützen
- positive Selbsteinschätzung fördern (Stärkung des Selbstwertgefühls): auch durch individuell angepasste Ermutigung («Toll, wie du dich angestrengt hast!»)!
- soziale Kompetenzen und Beziehungen fördern, insbesondere Empathie und soziale Perspektivenübernahme
- realistische, angemessene Perspektiven und Visionen (individuell angemessene Ziel- und Leistungsanforderungen) fördern

Reflexion: Was gelingt schon? Wo könnte ich «zulegen»?

Fragen und Denkanstöße II

Selbstentwicklungsförderung und Resilienzförderung bei sich selber als Erwachsene/r

- gute, stützende, ermutigende Kontakte und Beziehungen knüpfen und pflegen
- angemessene Ideale pflegen, mit sich selber freundlich umgehen
- individuell angemessene sowie realistische Zielsetzungen und Leistungsanforderungen (erreichbare Ziele setzen!)
- sich nicht für alles verantwortlich fühlen, abgrenzen: Wer hat das Problem? Wer ist zuständig? Wo kann ich meinen Beitrag leisten? Grenzen akzeptieren!
- Krisen und Probleme nicht als unüberwindbare Hürden oder persönliches Versagen sehen
- Unterstützung holen, statt alles alleine lösen zu wollen
- «das Gute im Schlechten» sehen, positive Umdeutung, positives Menschenbild
- die Relationen im Blick behalten (langfristige Perspektive, Verhältnismäßigkeit)
- sich bewusst Erfolge, Gelungenes vor Augen führen, festhalten
- Fertigkeiten, Kompetenzen pflegen, einsetzen, anbieten
- Sorge zu sich selbst tragen (Achtsamkeit, angemessenen Hedonismus pflegen)
- eigene Tätigkeit als sinnhaft im Ganzen einordnen («Sinnhaftigkeit»)
- Fähigkeit, sich wo nötig zu distanzieren
- Sinn für Humor

Reflexion: Was gelingt schon? Wo könnte ich «zulegen»?

Fragen und Denkanstöße III

Selbstentwicklungsförderung durch Ressourcenaktivierung bei sich selber

- Was läuft bei mir alles gut?
- Was kann so bleiben?
- Wo liegen meine Stärken? Was kann ich alles gut? (Liste anfertigen!)
- Worauf bin ich sogar stolz?
- Welche Fähigkeiten könnten mir helfen, dieses Problem zu lösen (oder zu verringern)?
- Wie habe ich ähnliche Probleme in anderen Situationen gelöst? Wie habe ich das geschafft?
- Wer könnte mir dabei helfen, mich unterstützen?

Reflexion: Was gelingt schon? Wo könnte ich noch «zulegen»?

Literaturhinweise

Antonovsky, Aaron (1997): Salutogenese. Zur Entmystifizierung der Gesundheit. Tübingen: dgvt.

Brisch, Karl-Heinz; Hellbrügge, Theodor (Hrsg.) (2003): Bindung und Trauma. Risiken und Schutzfaktoren für die Entwicklung von Kindern. Stuttgart: Klett-Cotta.

Frick, Jürg (2007): Die Kraft der Ermutigung. Grundlagen und Beispiele zur Hilfe und Selbsthilfe. Bern: Verlag Hans Huber.

Fröhlich-Gildhoff, Klaus; Rönnau-Böse, Maike (2009): Resilienz. München: Reinhardt.

Göppel, Rolf (2007): Bildung als Chance. In: Opp, G.; Fingerle, Michael (Hrsg.): Was Kinder stärkt. Erziehung zwischen Risiko und Resilienz. München: Reinhardt, S. 245–264.

Greeff, Annie (2008): Resilienz. Widerstandsfähigkeit stärken – Leistung steigern. Praktische Materialien für die Grundschule. Donauwörth: Auer.

Lösel, Friedrich; Bender, Doris (1994): Lebenstüchtig trotz schwieriger Kindheit. *Psychoscope, 7,* S. 14–17.

Lösel, Friedrich; Bender, Doris (2007): Von generellen Schutzfaktoren zu spezifischen protektiven Prozessen: Konzeptuelle Grundlagen und Ergebnisse der Resilienzforschung. In: Opp, Günther; Fingerle, Michael (Hrsg.): Was Kinder stärkt: Erziehung zwischen Risiko und Resilienz. 2. Auflage. München: Reinhardt, S. 57–78.

Nuber, Ursula (1995): Der Mythos vom frühen Trauma. Über Macht und Einfluss der Erziehung. Frankfurt: Fischer.

Opp, Günther; Fingerle, Michael (Hrsg.) (2007): Was Kinder stärkt. Erziehung zwischen Risiko und Resilienz. 2. Auflage. München: Reinhardt.

Petermann, Franz (Hrsg.) (2000): Risiken frühkindlicher Entwicklung. Göttingen: Hogrefe.

Petermann, Franz (Hrsg.) (2008): Lehrbuch der Klinischen Kinderpsychologie. 6. Auflage. Göttingen: Hogrefe.

Petermann, Franz; Niebank, Kay; Scheithauer, Herbert (2004): Entwicklungswissenschaft. Entwicklungspsychologie – Genetik – Neuropsychologie. Berlin/Heidelberg: Springer.

Reddemann, Louise (2001): Imagination als heilende Kraft. Zur Behandlung von Traumafolgen mit ressourcenorientierten Verfahren. Stuttgart: Pfeiffer bei Klett-Cotta.

Schemmel, Heike; Schaller, Johannes (Hrsg.) (2003): Ressourcen. Ein Hand- und Lesebuch zur therapeutischen Arbeit. Tübingen: Dgvt.

Sieland, Bernhard (2000): Hast Du heute schon gelebt? Impulse zur Selbstentwicklung. Lüneburg: Edition Erlebnispädagogik.

Welter-Enderlin, Rosmarie; Hildenbrand, Bruno (Hrsg.) (2006): Resilienz – Gedeihen trotz widriger Umstände. Heidelberg: Auer.

Welter-Enderlin, Rosmarie (2010): Resilienz und Krisenkompetenz. Kommentierte Fallgeschichten. Heidelberg: Auer.

Werner, Emmy E. (2007a): Entwicklung zwischen Risiko und Resilienz. In: Opp, Günther; Fingerle, Michael (Hrsg.): Was Kinder stärkt: Erziehung zwischen Risiko und Resilienz. München: Reinhardt, S. 20–32.

Werner, Emmy E. (2007b): Ein Überblick über internationale Längsschnittstudien. In: Opp, Günther; Fingerle, Michael (Hrsg.): Was Kinder stärkt: Erziehung zwischen Risiko und Resilienz. München: Reinhardt, S. 311–325.

Wustmann, Corina (2004): Resilienz. Widerstandsfähigkeit von Kindern in Tageseinrichtungen fördern. Weinheim: Beltz.

Wydler, Hans; Kolip, Petra; Abel, Thomas (2002): Salutogenese und Kohärenzgefühl. Grundlagen, Empirie und Praxis eines gesundheitlichen Konzepts. München: Juventa.

Zander, Margherita (2011) (Hrsg.): Handbuch der Resilienzförderung. Wiesbaden: VS Verlag für Sozialwissenschaften.

12 Zeichen und Warnsignale bei suizidgefährdeten Heranwachsenden[85]

85 Dieser Text erschien erstmals in der Fachzeitschrift *ph akzente* 3/2007, S. 19–21, und wurde für dieses Buch stark verändert und erweitert.

Der plötzliche Jugendsuizid aus heiterem Himmel: Ein Mythos

In den Medien wird bei einem Jugendsuizid oft der Eindruck vermittelt, diese Tat sei unvermittelt, überraschend und ohne erkennbares Warnzeichen geschehen: leider eine fatale Fehleinschätzung. Wenn für die Umgebung ein suizidales Verhalten eines Jugendlichen scheinbar überraschend oder plötzlich auftritt, so ist das vielfach ein Ausdruck dafür, dass schon vorher angedeutete Zeichen und Signale – aus welchen Gründen auch immer – von Eltern, Bekannten, Freunden, Lehrpersonen usw. übersehen worden sind. Es kann als empirisch gesicherte Erkenntnis gelten, dass suizidales Handeln nicht einfach von heute auf morgen, quasi aus dem Nichts, auftritt, sondern in fast allen Fällen die Folge einer längeren Entwicklung darstellt und mit unterschiedlichen Signalen angekündigt wird (Ringel 1953; Sonneck 2000). Ich werde deshalb einige Anhaltspunkte dazu aufführen, wobei einzelne Aspekte durchaus im Rahmen der Normalentwicklung von Jugendlichen vorkommen. Entscheidend dabei sind also die Ausprägung (Intensität), die Dauer und die Kumulierung von mehreren solchen Faktoren, die von einer normalen Entwicklungskrise in einen gefährlichen suizidalen Zustand überleiten – und hier könn(t)en aufmerksame Personen im Umkreis der Jugendlichen (Lehrpersonen, Freunde, Bekannte) eine wichtige Rolle bei Prävention und Intervention spielen!

Was sind mögliche Zeichen oder Warnsignale für eine erhöhte Suizidgefahr bei Jugendlichen?

Nach Ringel (1953) zeigen sich in einer der suizidalen Handlung vorausgehenden Phase – dem präsuizidalen Syndrom – die charakteristischen Merkmale *Einengung*, eine *gehemmte Aggressivität* (im Sinne von: alles in sich hineinfressen) sowie die *Flucht in die Irrealität* mit Suizidfantasien. Ähnlich sieht das Shneidman (1980): Er spricht von *kognitiver Einschränkung*, *Verstrickung der Gefühle* sowie einer *feindlichen Einstellung* gegenüber der eigenen Person. Primär sind gefährdete Jugendliche allgemein in einer schlechten psychischen Verfassung. Ausgeprägte negative Gefühle und Gedanken sind immer vorhanden, die sich in vielfältigen Verhaltensweisen manifestieren. Bei zwei Dritteln der gefährdeten Jugendlichen steht eine anhaltende starke Niedergeschlagenheit im Vordergrund, also depressive Zustände (Nevermann und Reicher 2009) – Depression und Suizidhandlung stehen in einem engen Zusammenhang. Weiter zeigen sich: gehäufte Anspielungen zum Thema Suizid, etwa in Form sarkastischer Witze (z. B. «Bald müsst ihr euch über mich nicht mehr ärgern, sondern könnt auf mir rumtrampeln: Dann bin ich nämlich unter der Erde.»), aber auch verschiedene Bemerkungen wie: «Mich wird ja doch niemand vermissen.» Oder: «Bald habe ich ganz viel Zeit.» Oder: «Ich möchte nur noch schlafen und nie mehr aufwachen.» Auffällig ist ferner, dass suizidgefährdete Jugendliche häufiger über den Tod oder den Sinn des Lebens sprechen und Suizid-Andeutungen (etwa: «Es ist sowieso alles Scheiße. Morgen wirst du mehr erfahren.») oder direktere Drohungen ausstoßen sowie Selbsttötungspläne und Todeswünsche äußern («Ich wäre am liebsten tot.»). Vielfach finden sich:

- Aussagen, die deutlich auf Selbstabwertung oder Selbsthass hinweisen («Ich kann eh' nichts.» Oder: «Ich bin sowieso zu nichts zu gebrauchen.»)
- Gleichgültigkeit und resignative Bemerkungen («Das hat doch alles keinen Sinn!»)
- ein Mangel an Antrieb und Initiative
- auffällige Veränderungen in der Persönlichkeit (etwa zunehmende Verschlossenheit, Aggressivität, Reizbarkeit, gedrückte oder euphorische Stimmung)
- ein verhältnismäßig plötzlicher und unerklärlicher schulischer Leistungsabfall
- regelmäßiges Schuleschwänzen
- eine hohe Impulsivität und eine übertriebene Empfindlichkeit gegenüber Kritik
- ein starker Rückzug in sich selbst; die Vernachlässigung von Kontakten zu Freunden und Bekannten bis zur Isolation von Sozialkontakten
- auffällige Veränderungen gewohnter Verhaltensweisen wie Risikoverhalten, Unfallneigung, Selbstverletzung, Schwinden von Interessen und nachlassende Motivation.

Suizidale Jugendliche neigen manchmal auch mehr dazu, die Herausforderung des Schicksals zu suchen durch das Spiel mit Gefahren, wie risikoreiches Verhalten im Straßenverkehr oder sich ganz nahe an den Bahngeleisen aufzuhalten. Alkohol-, Medikamenten- und Drogenmissbrauch (Bronisch 2002) wie auch Selbstverletzungen (z.B. Schnitte an Handgelenken, die von Selbsttötungsimpulsen herrühren können) sind weitere Indizien. Eine beträchtliche Anzahl der betroffenen Jugendlichen leidet zudem unter psychosomatischen Symptomen (Nevermann und Reicher 2009): Sie klagen über vielerlei Schmerzen, Konzentrationsprobleme, Änderungen von Schlaf- und Essgewohnheiten (Müdigkeit, Schlaflosigkeit, Appetitmangel) und/oder zeigen eine deutlich erhöhte Selbstvernachlässigung (vor allem bezüglich Kleidung und Körperpflege). Wenn dann noch verbale Warnzeichen, wie etwa: «Ich mag das nicht mehr ertragen!», oder «Es wäre besser, ich würde nicht mehr leben.», oder auch «Ich hasse das Leben/euch alle!» hinzukommen und persönlich wichtiges, geschätztes Eigentum plötzlich weggegeben, verschenkt wird («Die Gitarre brauche ich jetzt nicht mehr, ich schenke sie dir!») – dann droht akute Gefahr. Suizidgefährdete Jugendliche zeigen häufig auch eine Stimmungsänderung, die mit Hoffnungslosigkeit, Hilflosigkeit, Selbstanklage und Wut über sich («Ich bin der größte Idiot der Welt!») und/oder die Welt («Die ganze Menschheit ist Scheiße!») einhergeht.

Es ist zudem bekannt, dass der Verlust einer wichtigen Beziehung (z.B. Tod des Freundes), frühere Suizidversuche und vollzogene Suizid(e) in der Familie (z.B. eines Elternteils) sowie ein kürzlich erfolgter Suizid in der Umgebung oder eines Idols (vgl. Werther-Effekt oder der Suizid des Rockstars Kurt Cobain) labilen Jugendlichen in einer schweren Krise den letzten Anstoß liefern können, Hand an sich zu legen (Bronisch 2002; Wunderlich 2004). Letztlich stehen dann den Jugendlichen aus ihrer subjektiven Perspektive nicht mehr genügend Bewältigungskapazitäten zur Verfügung; sie sehen sich den Problemen ausgeliefert und fühlen sich überfordert, also nicht mehr in der Lage, darauf aktiv und lösungsorientiert Einfluss zu nehmen. So erscheint dann der Suizid als einzig möglicher Ausweg aus einer als unerträglich empfundenen Situation oder Lebensproblematik (Beruf, Schule, Partnerschaft usw.): Viele Jugendsuizide stehen in einem engen Zusammenhang mit Liebesenttäuschungen, konkreten und als unlösbar erscheinenden Konflikten; sie geschehen aus einem tief empfundenen Gefühl, nicht liebenswert zu sein oder Ansprüchen nicht genügen zu können.

Auch verletzende Äußerungen unter Jugendlichen oder von Erwachsenen über das Aussehen, das Äußere spielen eine wichtige Rolle – im Sinne von Auslösern zu suizidalem Verhalten.

Wichtige Signale zur psychischen Situation I: Zeichnungen, Bilder, Illustrationen

Hilferufe senden Jugendliche in und außerhalb der Schule aber nicht selten auch in Form von Zeichnungen, Bildern, Illustrationen usw. Die Abbildungen 12-1 bis 12-3 stammen von einer Sekundarschülerin, die zu dieser Zeit in einer psychischen Krise steckte und auf eindrückliche Weise ihre Befindlichkeit in Zeichnungen zum Ausdruck brachte.

Im ersten Bild (s. Abb. 12-1) wechseln sich noch Hoffnung mit Angst und Verzweiflung ab, im zweiten (s. Abb. 12-2) wird die ambivalente Grundstimmung zunehmend düsterer, während das letzte Bild (s. Abb. 12-3) die Verzweiflung und die (zum Glück nur zeitweilige) Hoffnungslosigkeit deutlich wiedergibt: Die Ambivalenz der Gefühle und der Gedanken von Leben, Hoffnung versus Angst, Resignation und Verzweiflung wird deutlich spürbar und erkennbar.

Solche Bilder senden wichtige Signale und zeigen damit, wie Jugendliche immer auch noch Spuren von Hoffnungen haben – und diese Signale sollten wir als aufmerksame Erwachsene als Chance betrachten. Interessierte LeserInnen finden eine ganze Serie weiterer Zeichnungen von Jugendlichen bei Sonneck (2000).

Wie ich in Weiterbildungen immer wieder feststellen konnte, meinen viele Lehrpersonen fälschlicherweise, ein Gespräch über allfällige Suizidabsichten fördere entsprechende Impulse: leider ein großer Irrtum (vgl. Bründel 2004). Selbstverständlich ist ein taktvolles, vorsichtiges und sensibles Ansprechen im richtigen Moment wichtig – und wer sich dazu nicht in der Lage fühlt, sollte ungeniert professionelle Hilfe in Anspruch nehmen.

Abbildung 12-1: Blutendes Herz

Abbildung 12-2: Ambivalenz

Abbildung 12-3: Verzweiflung

Wichtige Signale zur psychischen Situation II: Gedichte und Notizen

Andere Jugendliche drücken ihre Hilferufe in literarischer Form aus wie die 15-jährige Jessica (Name geändert), die in ihrer Not den folgenden Text verfasst hat, der den Grenzbereich von Depression und Suizidalität treffend wiedergibt.

Innere Leere

Nichts, keine Gefühle schwanken,
keine leeren Versprechungen und Gedanken.
Kein Wort, welches mich ärgern kann;
nichts kommt an mich heran.
Nur der Körper besteht noch,
innen drin ein schwarzes Loch.
Es saugt alles in sich hinein,
die Schale wehrt sich allein.
Sie will noch bleiben
und nicht unter grünen Blättern weiden.
Doch leider ist der Abschied nah
und der Tod steht vor der Türe da.

Solche Texte können im Sinne von Bowlby (1982) auch als (letzter) Appell an eine menschliche Bindung verstanden werden: das Niederschrieben als kreativer Versuch, mit einer als unerträglich empfundenen Lebenslage umzugehen. Viele Schriftsteller benutz(t)en das Schreiben als Versuch, ihre depressiven Stimmungen und Ängste auszudrücken, sie auf diese Weise zu bearbeiten, zu verringern und sie damit – zumindest teilweise – zu bewältigen. Ein besonders eindrückliches Beispiel dafür ist Kafka (1984/1919).

Jugendliche, die nicht gelernt haben, Probleme in Beziehungen anzusprechen oder in schriftlicher und unmissverständlicher Form niederzuschreiben, also ihre Signale nur in verschlüsselter Form senden, sind deshalb besonders gefährdet, mit ihren Schwierigkeiten und Nöten übersehen zu werden. Sie werden dann zu den eingangs erwähnten unverständlichen und überraschenden tragischen Fällen für die Angehörigen (Eltern), Lehrpersonen und die Medien.

«Trust is freedom»: Aufsatz einer 15-jährigen Oberstufenschülerin

Der folgende Text stammt von einer ehemaligen Studentin von mir, die an der Pädagogischen Hochschule studierte und den Text während ihrer Oberstufenzeit verfasste.

Schweißgebadet wachte ich auf. Ich saß senkrecht in meinem Bett und starrte durch das offene Fenster in den Nachthimmel hinein. Kalte Nachtluft strömte hinein. Ich versuchte mich an meinen Traum zu erinnern, doch er war weg, verschwunden und aus meinem Gedächtnis gelöscht. Die grünen Leuchtziffern meines Weckers, der auf dem Nachttisch stand, zeigten 4:21 Uhr. Ich warf die Bettdecke zurück, stand auf und schlurfte ins Badezimmer, welches sich gegenüber von meinem Schlafzimmer befand. Dort ließ ich kaltes Wasser über meine Arme laufen. Es kühlte angenehm. Oberhalb des Waschbeckens hing ein Spiegel, in dem ich ein blasses Gesicht sah, das tiefe Augenringe hatte, braungrüne Augen und blondes, ellenbogenlanges, zerzaustes Haar. Plötzlich riss mich ein seltsames Geräusch aus meinen Gedanken. Es kam direkt aus meinem Zimmer! Ich schlich vorsichtig in mein Schlafzimmer zurück und presste mein Ohr gegen die Tür. Das Geräusch klang so, als würde ein riesengroßer Vogel mit seinen Flügeln schlagen. Allmählich verging das Geräusch wieder und verschwand schließlich ganz. Langsam drückte ich die Türfalle hinunter und stieß die Tür einen kleinen Spalt auf. Da gefror mir das Blut in den Adern: Durch den kleinen Türspalt erblickte ich eine schwarze Gestalt. Ich wollte weglaufen, doch war ich wie angewurzelt. Die Gestalt bemerkte mich und starrte mich mit ihren fast schwarzen Augen an. Sie kam langsam auf mich zu. Ich wollte die Tür zuschlagen, doch diese bewegte sich nicht einen Millimeter. Da blieb die Gestalt plötzlich stehen und sah mich finster an: *«Du brauchst keine Angst zu haben. Ich tue dir nichts. Komm ruhig zu mir»*, flüsterte die Gestalt. Da ich ein eher misstrauischer Typ von Mensch bin, blieb ich entschlossen stehen und schaute die Gestalt an. Sie trug einen schwarzen Mantel mit einer Kapuze, unter der eine Strähne schwarzes Haar hervorlugte. *«Na los, komm schon!»*, forderte mich die Gestalt auf. Doch ich vertraute ihr überhaupt nicht. Was will die Gestalt von mir? Da schritt sie langsam auf mich zu. Als sie etwa zwei Meter vor mir stand, bemerkte ich eine kalte Aura, die sie umhüllte und mir auf der Haut kribbelte. Plötzlich streckte sie die Hand nach mir aus, schritt auf mich zu und hielt mich mit einem eisernen Griff fest. Sie zog mich ins Zimmer und ging zum offenen Fenster. *«Kannst du die Sterne sehen?»*, fragte sie mich. *«Nein»*, antwortete ich, *«es sind keine Sterne zu sehen.» – «Doch. Du kannst sie nicht sehen, weil du geweint hast. Weine nie, wenn die Sonne untergeht, denn die Tränen lassen dich nicht die Sterne sehen. Ach, übrigens, ich heiße Aron.» – «Eh, hallo Aron»*, murmelte ich schüchtern. Ich blickte dabei Aron tief in die Augen. Bei diesem Augenblick wurde mir klar, wer er war und warum er gekommen war. Er war der, auf den ich schon lange gewartet hatte. Der, der mir helfen soll. Er war der, der kam, um mich zu befreien. Der Todesengel. Aron, der Todesengel, zog seine Kapuze über den Kopf. Der Mond warf seinen silbernen Glanz auf sein rabenschwarzes Haar. *«Ich habe dein Rufen gehört»*, sagte Aron, *«du willst, dass ich dich mitnehme?» – «Ähm, ja!»*, erwiderte ich. *«Ich will wissen, warum du mitkommen willst»*, fragte er. *«Weißt du, das Leben ist für mich der Tod. Ich halte es nicht mehr aus. Und der Tod ist für mich das Leben»*, antwortete ich leise. *«Ich verstehe»*, sagte Aron und nickte. Plötzlich spürte ich, wie Aron meinen Arm festhielt und ihn anschaute. Auf der Unterseite meines Armes waren dunkelrote Striche zu sehen. *«Warum tust du dir das an?»*, fragte er mich und ließ dann meinen Arm wieder los. *«Um meinen Schmerz in meinem Innern abzutöten.» – «Den Schmerz kannst du nicht auf diese Weise töten. Aber dein Herz stirbt dabei, wenn du das tust.»*

Aron nahm mich bei der Hand und führte mich auf den Balkon. Ich fror. *«Bist du soweit?»*, fragte mich der Todesengel. *«Ja, ich bin bereit»*, antwortete ich entschlossen. Aron hievte mich auf die Balkonbrüstung. Ich schaute hinunter, wie die Scheinwerfer der Autos unten auf der Straße als kleine Lichtpunkte noch kleiner wurden und schließlich in der Ferne verschwanden. Ich wohnte im neunten Stock in einem Hochhaus, mitten in der Stadt. Plötzlich verlor ich das Gleichgewicht, weil mir schwindlig vom hinunterschauen wurde.

Aron hielt mich im letzten Moment fest. *«Schließe deine Augen und vertrau mir. Wir werden fliegen, nicht fallen.»*

Ich gehorchte ihm und schloss die Augen. Da bemerkte ich einen kalten, heftigen Windstoß. Von diesem Moment an fühlte ich mich frei. Plötzlich wurde es um mich herum ganz hell, ein weißes, aber nicht blendendes Licht. Und da wusste ich, ich werde leben …

Natürlich bleibt im Rahmen eines Schulaufsatzes einiges mystifiziert, verschlüsselt; die Verfasserin deckt ihre Probleme darin nicht direkt auf. Trotzdem wird im Text erkennbar, wie selbstverletzendes Verhalten (sich schneiden) und suizidale Neigungen enge Verbindungen aufweisen können – auch sich zu schneiden ist letztlich ein Hilfeschrei, ein Signal an die Umgebung. Ebenso deutlich wird die Ambivalenz ihrer Gefühle sichtbar: Angst, Misstrauen, aber auch Hoffnung auf einen (Aus-) Weg. Die begabte Verfasserin beschäftigt sich schon länger mit ihrer Problematik und erhofft sich eine «Lösung» von außen. Der Text kann als Beispiel eines Problemlösungsversuchs verstanden werden: ein Durchspielen verschiedener Lösungsvarianten. Die Idee des ewigen Lebens (eine Vorstellung vieler Religionen) erweist sich als gefährlich, weil sie zum Beispiel eine vorhandene Suizidneigung fördern kann. Dies wird auch in diesem Aufsatz deutlich.

Abschiedsbriefe

Bei fortgeschrittener Entmutigung, Depression und Resignation gehen suizidale Jugendliche schließlich noch einen Schritt weiter: In Form von Abschiedsbriefen drücken sie ihre grenzenlose Verzweiflung und Ratlosigkeit aus. Manchmal lassen Jugendliche solche Abschiedsbriefe quasi halbbewusst, offen oder zumindest so liegen, dass andere Menschen sie leicht finden können – und hoffen damit vor einer suizidalen Handlung nochmals auf eine Reaktion der Umgebung! Auch hier besteht also in manchen Fällen vor einer suizidalen Handlung erneut oder doch noch eine Interventionschance!

Nach Jacobs (1974, verändert und ergänzt) lassen sich Abschiedsbriefe in verschiedene Kategorien einteilen:

1. Briefe, die um Nachsicht oder Vergebung der Überlebenden bitten und Rechtfertigungen enthalten (z. B.: «Es tut mir leid, aber ich halte das einfach nicht mehr aus! Bitte verzeiht mir, aber ich kann nicht anders.»)
2. Briefe mit direkter Anklage an andere Menschen (z. B.: «Ihr habt mich nie gerne gehabt.» Oder: «Ich war euch immer nur eine Last!» Oder: «Euch war es ja völlig egal, wie es mir gegangen ist! Nun ist Schluss.»)

3. Briefe mit Selbstanklagen (z. B.: «Ich war immer schon unmöglich, passte nie in die Familie.»)
4. Briefe mit Fremd- und Selbstanklagen (z. B.: «Ich halte eure Gefühllosigkeit und mich als psychisches Wrack und Versager auf der ganzen Linie einfach nicht mehr aus!»)
5. Briefe mit Angabe des letzten Willens oder eines Testaments (z. B.: «All mein Besitz geht an Cornelia. Was sie nicht behalten möchte, soll verbrannt werden.»)
6. Briefe ohne Anklage (z. B.: «Niemand ist schuld an meinem Freitod. Alles Gute! Eure B.»).

Die Kategorie 6 ist die seltenste. Allerdings: In den meisten Fällen finden sich – offener oder verdeckter – in Abschiedsbriefen mehrere dieser Punkte: Kaum ein Brief ist nur einer Kategorie zuzuordnen.

Eine tiefgreifende Einsamkeit und Hoffnungslosigkeit offenbart der folgende Abschiedsbrief einer Oberstufenschülerin (9. Klasse), der unübersehbar zeigt: Ich kann nicht mehr weiter so, ich fühle mich völlig überfordert!

> Ich saß oft allein da, doch mir wurde nichts klar.
> Mein Leben ist ein einziger Haufen Dreck,
> ich muss endlich hier weg!
> Raus aus meinem Körper, raus aus meiner Welt.
> Ich möchte nicht mehr leben,
> dann koste ich meine Eltern kein Geld.[86]

Nicht sterben, sondern nicht mehr leiden wollen oder können!

Die meisten Jugendlichen (und auch Erwachsenen), die sich das Leben nehmen, wollen nicht sterben. Aber *so* wollen sie nicht mehr weiterleben (Aebischer-Crettol 2000). Das hat schon der große Denker und Philosoph Ludwig Feuerbach (1804–1872) klar umschrieben: «Ja, auch der letzte Willen des Menschen, womit er freiwillig vom Leben Abschied

86 Nevermann; Christiane; Reicher, Hannelore (2009): Depressionen im Kindes- und Jugendalter. München: Beck. 2. Auflage, S. 87.

nimmt, womit er alles aufgibt, ist nur die letzte Äußerung des Glückseligkeitstriebes; denn der Selbstmörder will nicht den Tod, weil er ein Übel, sondern weil er das Ende seines Übels und Unglücks sieht.» (Ludwig Feuerbach, zitiert nach Jung 2009, S. 160).

Deshalb als wichtiger Appell an Bezugspersonen von gefährdeten Jugendlichen: Interessiert euch für sie und ihre Sorgen und Nöte, nehmt sie ernst, hört ihnen zu!

Merkpunkte zur Krisenintervention

Abschließend finden Sie noch eine Liste mit Merkpunkten zur Krisenintervention, die helfen kann, nicht voreilig zu reagieren. Und: Suizidversuche von Jugendlichen basieren in den meisten Fällen auf sehr subjektiven Bilanzen des eigenen Lebens, die fast immer korrigierbar wären!

Merkpunkte Krisenintervention bei depressiv-suizidalen jungen Menschen:

Anregungen und Hinweise zum Umgang mit suizidgefährdeten Menschen

- eigene Gefühle, Beobachtungen äußern, direkt auf Suizidabsicht ansprechen
- eigenen Standpunkt darlegen, aber dem Suizidgefährdeten eine andere Sichtweise zubilligen
- im Gespräch Übersicht, Ruhe, Vernunft bewahren
- auf eigene Gefühle achten: Was lösen Äußerungen und Handlungen des/der Suizidgefährdeten bei mir aus? Wie gehe *ich* damit um?
- Vor- und Nachteile eines Verhaltens diskutieren (aber zeitlich begrenzen)
- im Gespräch: klarmachen, dass Suizid nicht rückgängig gemacht werden kann (der Tod ist endgültig!)
- keine Verurteilung, keine Drohungen (mit Gott, Sünde …)

- ehrlich sein, zum Beispiel: *«Ich mache mir Sorgen.», oder: «Brauchst du Hilfe?»*
- Verstehen der Suizidhandlung bzw. -äußerung als Symbol, das etwas ausdrücken will: Was? Wem? Wozu?
- Verstehen der Bedeutung und subjektiven Notwendigkeit des suizidalen Verhaltens als Signal
- Nahezu jeder Suizidversuch enthält einen Appell an eine zwischenmenschliche Bindung/Beziehung. Deshalb: Das wirkungsvollste Gegenmittel ist die menschliche Beziehung zu einem Gegenüber, zu dem noch ein Stück weit Vertrauen vorhanden ist. Dieses gilt es zu erweitern, zu vertiefen: Beziehung hält, trägt.
- Wer hat am ehesten das Vertrauen des Jugendlichen?
- Hinweis auf Hilfsmöglichkeiten: PsychologIn, Jugendberatung, SchulsozialarbeiterIn …
- bei Unsicherheit und Überforderung unbedingt Fachleute hinzuziehen/fragen (PsychologIn, PsychiaterIn, Jugendberatung, SchulsozialarbeiterIn …)
- bei Jugendlichen: mit Lehrpersonen sprechen
- bei Kindern und Jugendlichen: Mit Eltern Kontakt aufnehmen

Aber: Auch bei «optimalem» Verhalten von Freunden, Angehörigen und Fachpersonen lassen sich Suizidhandlungen leider nicht immer vermeiden!

Häufige Fehler im Umgang mit suizidalen Menschen

- Übersehen oder Verdrängen von Suizidwarnzeichen
- Äußerungen von Suizidabsichten oder Suizidversuche werden nicht ernst genommen.
- Bagatellisierungstendenzen
- zu rasche Suche nach positiven Veränderungsmöglichkeiten
- Aufheitern, Appell zu «positivem Denken», moralisierendes Appellieren, Hinweise auf Gott, aber auch Verweise auf andere, denen es noch schlechter geht (z. B. Hungernde in der Dritten Welt)

Fragen und Denkanstöße

- Wo können Sie ähnliche Signale wie oben beschrieben bei Heranwachsenden oder Erwachsenen beobachten?
- Wer hat am ehesten noch den Zugang zum Jugendlichen?
- Wie könnten Sie darauf positiv Einfluss nehmen? Brauchen Sie dazu eventuell Unterstützung (Information, Beratung, Anlaufstelle usw.)?
- Handeln Sie nicht unüberlegt, sofort und alleine. Ziehen Sie Fachpersonen hinzu.

Literaturhinweise

Bowlby, John (1982): Das Glück und die Trauer. Herstellung und Lösung affektiver Bindungen. Stuttgart: Klett-Cotta.

Bronisch, Thomas (2002): Suizidalidät: Ursachen, Warnsignale, therapeutische Ansätze. Stuttgart: Schattauer.

Bründel, Heidrun (2004): Jugendsuizidalität und Salutogenese. Stuttgart: Kohlhammer.

Jacobs, Jerry (1974): Selbstmord bei Jugendlichen. Erklärung, Verhinderung, Hilfe. München: Kösel.

Jung, Matthias (2009): Ludwig Feuerbach. Wie Gott gemacht wurde. Lahnstein: Emu.

Kafka, Franz (1984): Brief an den Vater. Frankfurt: Fischer (Erstausgabe 1919).

Nevermann, Christiane; Reicher, Hannelore (2009): Depressionen im Kindes- und Jugendalter. 2. Auflage. München: Beck.

Ringel, Erwin (1953): Der Selbstmord. Abschluss einer krankhaften psychischen Entwicklung. Wien: Maudrich.

Shneidman, Edwin S. (1980): Voices of Death. New York: Harper & Row.

Sonneck, Gernot (2000): Krisenintervention und Suizidverhütung. Wien: UTB-Facultas.

Wunderlich, Ursula (2004): Suizidales Verhalten im Jugendalter. Göttingen: Hogrefe.

13 Interview I: Merkmale, Wirkung und Entwicklung von Souveränität[87]

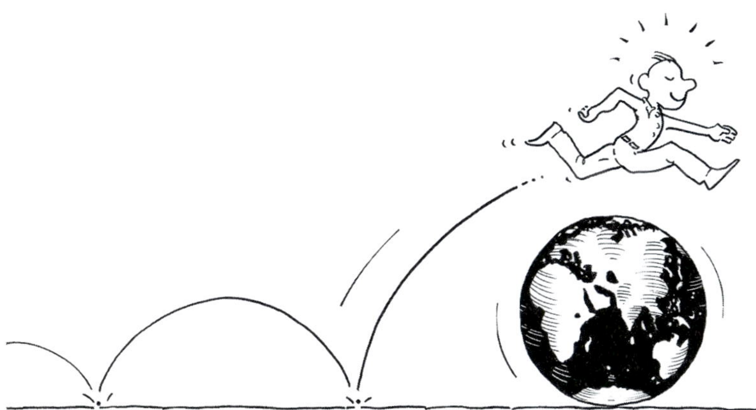

87 Dieser Text ist zuerst in der Zeitschrift *Krankendienst* 3/2009, S. 80–83 erschienen und wurde hier stark verändert und ergänzt.

Einleitung

Unser Verhalten bestimmt maßgeblich den Stellenwert, den wir in den Augen der anderen einnehmen. Akzeptiert man uns? Steht man uns eher skeptisch gegenüber? Oder werden wir ganz und gar abgelehnt? Doch was ist es genau, das unsere Außenwirkung und Fremdeinschätzung und die Reaktion auf uns entscheidend bestimmt? Vor allem die Umgangsweise mit anderen, die wir im Tun und Lassen an den Tag legen – so zum Beispiel die Souveränität – sorgt für unsere Einschätzung durch unsere Mitmenschen. Hartmut Volk[88] ließ sich diese wichtige Persönlichkeitseigenschaft im Gespräch mit Jürg Frick erklären.

Interview

Herr Frick, was charakterisiert souveräne Menschen?
Souverän heißt im Sprachgebrauch des Duden soviel wie: «jeder Situation gewachsen, überlegen» sein. Das ist genau genommen letztlich unmöglich! Angemessener ist es deshalb wohl eher, von Selbstsicherheit, einer hohen Autonomie, also einer gewissen inneren Unabhängigkeit, Eigenständigkeit und Selbstbestimmtheit, Gelassenheit sowie der Fähigkeit, die Übersicht zu behalten, zu sprechen. Souveräne Menschen haben diese Kompetenzen zu einem schönen Stück entwickelt.

Wie drückt sich diese Souveränität im alltäglichen Verhalten aus?
Souveräne Menschen lassen sich von Widerständen, unangenehmen Kontakten, Angriffen, Hindernissen und Niederlagen nicht so leicht entmutigen. Sie bleiben in der Regel trotzdem gelassen, vermögen die Situation differenziert zu betrachten. Ein unwirscher Angriff eines Mitarbeiters beispielsweise wird in der Regel nicht mit denselben affektiven Mitteln quittiert, aber auch nicht negiert oder akzeptiert. Der Angegriffene vermag sachlich, nüchtern – nicht emotional getroffen – zu reagieren. Eben souverän. Im Führungsbereich ließen sich die Probleme deutlich reduzieren, würde bei der Vorgesetztenauswahl mehr auf diese Qualitäten geachtet. Wer Menschen zu einem Ziel führen will, sollte in der Lage sein, sich zurückzunehmen, und fähig, Menschen da abzuho-

88 Hartmut Volk ist Diplom-Betriebswirt sowie freier Wirtschaftspublizist und lebt in Bad Harzburg.

len, wo sie stehen. Dasselbe gilt auch für die Familie, das Gesundheitswesen oder die Schule.

Wodurch, durch welche «Mechanismen» wirkt dieses souveräne Verhalten?
Souveränität ist letztlich Ausdruck einer inneren Haltung, einer Persönlichkeit, die sich ihrer Vorzüge und Nachteile bewusst ist und sich so akzeptieren und wertschätzen kann («Ich bin gut so, ich genüge mit meinen Vorzügen *und* Schwächen.»). Diese innere Überzeugung, Sicherheit, Ruhe und Sachlichkeit überzeugt das Gegenüber am meisten.

Und was bewirkt es? Was löst souveränes Auftreten und Verhalten bei anderen Menschen aus?
Das kann sehr unterschiedlich sein. Bei einigen Zeitgenossen kann das unter Umständen auch Neid oder in seltenen Fällen sogar Aggressivität hervorrufen – es nervt sie, dass das Gegenüber im Gegensatz zu ihnen einen kühlen Kopf bewahrt, sich nicht aus dem Gleichgewicht bringen lässt. Aber bei den meisten Menschen bewirken souveräne Personen einen positiven und starken, nachhaltigen Eindruck: Das zeigt sich beispielsweise in der Bewunderung für diese Personen, man lässt sich von ihnen unter Umständen stark beeindrucken und beeinflussen im Sinne eines Ansteckungseffektes (man lässt sich z. B. in schwierigen Situationen von der souveränen Person beruhigen), in anderen Fällen wirken solche Personen gar als Vorbilder, Modelle. Auch hier wieder kommt der meist hektische Berufsalltag in den Blick. Führungskräfte könnten viel zu dessen innerer Beruhigung tun, verhielten sie sich situativ ein wenig souveräner.

Haben Sie ein überzeugendes Beispiel für Souveränität?
Nelson Mandela! Er ist dafür ein überragendes wie überzeugendes Beispiel. So schreibt er über seine langjährige Haftzeit: «Es war eine nützliche Erinnerung daran, dass alle Menschen, und seien sie auch scheinbar noch so kaltschnäuzig, einen anständigen Kern haben, und wenn ihr Herz angerührt wird, können sie sich ändern.»[89] Und an einer anderen Stelle bemerkt er: «Wir glaubten, dass alle Menschen, selbst Gefängnisaufseher, fähig wären, sich zu ändern, und wir taten unser Bestes,

89 Mandela, Nelson (1997): Der lange Weg zur Freiheit. Autobiographie. Frankfurt: Fischer, S. 630.

um Einfluss auf sie zu nehmen. Nicht alle unsere Aufseher waren Ungeheuer.»[90] Das ist Souveränität in höchster, ausgereifter Form in einer sehr schwierigen, ja außerordentlichen Lebenssituation, weil sie gepaart ist mit einem tiefen Respekt vor dem Menschen. Denn nicht jeder souveräne Mensch zeigt so ausgeprägt oder genügend Respekt vor dem anderen Menschen. Oder ein Beispiel aus dem Alltag: Sie werden von Ihrem Vorgesetzten oder einem Bekannten aufgrund eines Fehlers Ihrerseits unfreundlich angefahren. Fühlen Sie sich nun persönlich angegriffen und gehen Sie in Angriffsposition? Oder bleiben Sie mehr oder weniger ruhig und sachlich – und signalisieren Sie gleichzeitig, dass hier ein Missverständnis vorliege? Man dürfe Sie durchaus auch auf einen allfälligen Fehler hinweisen, aber das klappe besser in freundlicher Form. Das wäre eine Form von Souveränität.

Nachgefragt, weshalb werden souverän auftretende und handelnde Menschen also meistens von ihren Mitmenschen respektiert?

Vor allem weil sie reflektiert, also überlegt, ihrer selbst sicher, überzeugend, und dadurch glaubwürdig wirken. Sie lassen sich durch Schwierigkeiten, Hindernisse, Widerstände, Unzulänglichkeiten oder auch persönliche Angriffe wenig bis gar nicht beeindrucken. Sie reagieren auf solche Angriffe meistens auf einem höheren Niveau. Nelson Mandela quittierte die Beleidigungen und Anschuldigungen seiner damaligen Ankläger (Richter, Gefängnisleiter usw.) nicht mit denselben Mitteln: Er sah im Gegenüber einen Menschen, der zwar eine andere – aus seiner Sicht gänzlich falsche! – Meinung über Schwarze pflegte, aber keinen Unmenschen, den es zu hassen gilt. Das beeindruckte und beeinflusste diese «Gegner» – sogar gegen ihren Willen! – mehr, als sie sich das eingestehen konnten.

Noch einmal nachgefragt, fördert dieses geschilderte souveräne Auftreten also stets das «bessere Ankommen» bei den Mitmenschen?

Nicht automatisch. Bietet und ermöglicht eine souveräne Person auch den anderen noch genügend Raum, Freiheit und Autonomie, präsentiert sie sich nicht als unfehlbar und abgehoben, dann erhöht sich die Beliebtheit und Akzeptanz massiv – solche Personen sind mit hoher

90 Mandela (1997), S. 562 f.

Wahrscheinlichkeit angesehen, werden gemocht. Allerdings können auch geschlechtsspezifische Stereotype und Vorurteile souveräne Menschen in bestimmten Konstellationen in ihren Entfaltungsmöglichkeiten behindern: Eine Frau beispielsweise, besonders wenn sie noch attraktiv ist, darf dann in einem patriarchalisch geprägten Umfeld nicht gleichzeitig eine souveräne Führungsperson mit Entscheidungsbefugnissen und Weisungsrechten sein. Das kann sogar zu Mobbing-Fällen führen.

Um das Charakteristische dieses Persönlichkeitsmerkmals zweifelsfrei herauszuarbeiten: Was unterscheidet den souveränen Menschen von seinem weniger souveränen Mitmenschen?
Souveräne Menschen sind deutlich stabiler und gelassener in brenzligen Situationen, behalten länger einen kühlen Kopf, den Überblick und übernehmen für sich und ihre Fehler nüchtern die Verantwortung, statt die anderen Menschen zu beschuldigen. Souveräne Menschen suchen Lösungen statt Schuldige und Fehler, sie sind deshalb tendenziell stärker gegenwarts- und zukunftsbezogen, statt vergangenheitsorientiert. Sie haben wie jeder von uns Gefühle, lassen sich aber im Regelfall davon nicht zu unbedachtem Tun und Lassen hinreißen. Daneben existiert auch eine negative Form der Souveränität, etwa bei Führungspersonen, die sich als unhinterfragbare Autoritätspersonen in Machtpositionen bewegen: Sie wirken zwar nach außen sehr sicher, ihnen mangelt es aber an Respekt und Einfühlungsvermögen gegenüber anderen Menschen.

Woraus speist sich dieses souveräne Verhalten? Wie entsteht es?
Souveränität ist das Ergebnis eines längeren *Prozesses*. Souveränität bringt man nicht einfach mit auf die Welt. Souveränes Verhalten erarbeitet man sich im Laufe der Jahre, es wird durch eine günstige Erziehung und mit hilfreichen Erfahrungen in Kindheit und Jugend stark beeinflusst. Besonders die wiederholte Erfahrung, Schwierigkeiten mit den eigenen Kräften bewältigen zu können sowie Halt und Unterstützung bei Bezugspersonen zu erhalten, fördert und stärkt die souveräne Haltung eines Menschen. Die wissenschaftlich bestätigte Erfahrung zeigt, für Souveränität wird meistens schon in der Kindheit und Jugend die Basis gelegt. Souveräne Menschen haben schon früh gelernt, in kritischen Situationen ihre Gefühle, Gedanken und Verhaltensweisen besser zu kontrollieren und so angemessener zu reagieren – was auch

bedeutet, sie werfen sich nicht laufend selber Knüppel zwischen die Beine, stolpern also nicht permanent über sich selber. Später kommen weitere wichtige Erfahrungen im Umgang mit anderen Menschen und Schwierigkeiten dazu: Souveräne Menschen lernen letztlich, dass sie meistens einen Weg für die Überwindung von Hindernissen finden oder diese zumindest teilweise beeinflussen können – und dass sie auch auf andere Menschen zählen können. Sie erleben sich als selbstwirksam, wie das der berühmte amerikanische Psychologe Albert Bandura so treffend ausgedrückt hat. Souveräne Menschen haben aber auch angemessenere Ansprüche an sich selber, realistischere Erwartungen an sich und die anderen Menschen – und sie sehen ihre eigenen Grenzen auch klarer und unbefangener.

In welchem Umfang wirken Wissen und Können als Bausteine individueller Souveränität?
Wissen und Können sind natürlich eine wesentliche Grundlage dafür: Wer beispielsweise zu einem Fachgebiet einen souveränen Vortrag und Überblick geben möchte, benötigt dazu die fachlichen Grundlagen, er sollte in diesem Thema mehr oder weniger sattelfest sein. Wenn ein Redner etwas weiß und kann – was im Übrigen auch für Vorgesetzte gilt–, dann gelingt es ihm auch viel leichter, gelassen zu bleiben, die Übersicht über das Thema, die wichtigen Punkte, trotz der vielen Fragen und vielleicht auch kritischen Einwände des Publikums beziehungsweise der Mitarbeiter zu behalten. Das überzeugt dann. Natürlich gibt es auch Ignoranten, die souverän und selbstherrlich auftreten – allerdings überzeugen diese auf die Dauer nicht.

Und die sogenannten guten Manieren, Höflichkeit, Freundlichkeit, Zuvorkommenheit im Umgang, die Bereitschaft zuzuhören, sich mit einer anderen Meinung auseinanderzusetzen und dergleichen mehr, was tragen sie zum Eindruck von Souveränität bei?
Das sind sozusagen die Grundvoraussetzungen, die «basics». Wem dies fehlt, der wirkt eher arrogant, aber nicht souverän.

Welche Rolle spielt die innere Einstellung bei mehr oder weniger souveränem Auftreten?
Eine entscheidende: Die ruhige, überlegte Haltung und Gewissheit, dass sich – häufig bis meistens – schon ein Weg finden lässt, bildet sozusagen die Basis für souveränes Verhalten. Souveräne Menschen fühlen sich

den Situationen des Lebens viel weniger ausgeliefert, suchen viel selbstverständlicher immer wieder nach Wegen und Möglichkeiten. Zudem gelingt es ihnen besser, angemessene Bewältigungsstrategien einzusetzen, loszulassen, wo es sinnlos ist, und bei realistischen Erfolgsaussichten anzupacken. Ihre innere Einstellung basiert auf nicht zu hochgesteckten und keineswegs rigiden Zielen. Souveräne Menschen sind in der Regel auch realistische Menschen. Sie haben und verfolgen Ziele, sind aber keine naiven Träumer und Wunschdenker. Was wiederum auch wichtig für den Umgang mit Mitarbeitern ist: Souveräne Menschen überfordern andere nicht! Und sie können unterstützen und Verständnis zeigen!

Gibt es Zusammenhänge zwischen Souveränität und verarbeiteter Lebenserfahrung?
Ja, eindeutig. Souveränität ist nicht einfach eine angeborene Eigenschaft des Menschen. Nelson Mandela wurde im Laufe der Jahre immer souveräner. Mandela profitierte in seiner Kindheit von stabilen Beziehungen zu mehreren Bezugspersonen, er erhielt elterliche Unterstützung für den Besuch der Schulen und er erlebte in seiner Kindheit und Jugendzeit überzeugende soziale Modelle. Diese Jahre waren sehr wichtig für ihn und haben ihn stark beeindruckt. Werden die Lebenserfahrungen günstig interpretiert und verarbeitet, stärkt das die betreffende Person in ihrem ganzen Selbst. Wie bereits gesagt, Souveränität will erworben, will erarbeitet werden! Und, siehe Mandela, oft auch erlitten!

Sind souveräne Menschen stets und immer Herr der Situation oder haben sie «nur» gelernt, innere Unsicherheiten und Zweifel nicht nach außen dringen zu lassen?
Auch souveräne Menschen sind manchmal von Unsicherheitsgefühlen oder Zweifeln befallen, können scheitern, aber bei ihnen tritt das tendenziell seltener auf, sie haben deutlich besser gelernt, damit konstruktiv umzugehen: Sie können zwar zu Schwächen stehen – ohne sie aufzublasen oder mit ihnen zu kokettieren –, aber sie bleiben nicht stehen, sondern versuchen, die Schwächen, soweit es möglich ist, zu überwinden. Dabei hilft ihnen eine erworbene Distanzierungsfähigkeit: Es muss nicht alles klappen, Niederlagen gehören zum Leben, ich bin nicht an allem schuld usw.! Wer innere Zweifel und Unsicherheiten anderen Menschen gegenüber nie zeigen darf, ist eher ein Verdränger und nicht souverän! Natürlich gibt es Situationen, wo es sinnvoller ist, innere

Unsicherheiten und Zweifel für sich zu behalten – aber das darf nicht der Regelfall sein. Wer das immer tut, ist nicht mehr souverän, sondern unecht, täuscht etwas vor.

Wie lässt sich Souveränität entwickeln und stärken?

Ein guter Ansatzpunkt ist der Blick darauf, was in heiklen oder unangenehmen Situationen schon recht gut gelingt, wo sich also schon eine gewisse situative Klarheit und Überlegtheit zeigt, wo man sich zeigt, zu sich steht, anstatt sich reflexartig unterzuordnen, zu verleugnen oder Panikgefühle zu bekommen. Darüber sollte man sich auch freuen! Und, ganz, ganz wichtig für die Entwicklung von Souveränität, auch für sich analysieren und daraus lernen. Erfolgreich bewältigte Schwierigkeiten also ganz bewusst rekapitulieren und mental durcharbeiten. Und sie ruhig auch mal richtig feiern! Wir Menschen neigen leider dazu, von der einen Hürde zur nächsten zu springen, ohne kurz das Erreichte Revue passieren zu lassen und eigene positive Anteile am Gelingen bewusst ins Blickfeld zu rücken! Ungemein hilfreich ist es auch, Menschen, die sich erkennbar souverän verhalten, zu beobachten und sich an ihnen zu orientieren – und von ihnen zu lernen. Zusätzlich nützlich wäre es zudem, mit ihnen über ihr Verhalten zu sprechen. Denn: Jegliche Souveränität wurde erarbeitet. Und meistens hart!

Herr Frick, was rät der psychologische Berater Menschen, die «von der Sache» her durchaus souverän sein könnten, es praktisch aber nicht schaffen, souverän zu sein?

Viele Menschen leiden aufgrund ihrer Erziehung an Selbstzweifeln und Ängsten. Die Selbstentwicklung in Richtung eines souveräneren Verhaltens kann dann durch eine gute Beratung oder Therapie gefördert werden: Coaching, Beratung usw. als persönlichkeitsförderndes Mittel! Wichtig ist die Geduld mit sich selbst: Auch der souveräne «Meister» hat einmal bei Null begonnen! Und wie erwähnt scheitert auch er und macht Fehler! Wem nur selten, gelegentlich oder in wenigen Bereichen souveränes Verhalten gelingt, der soll sich darüber lieber einmal freuen, statt gleich nach den Sternen greifen zu wollen. Vielleicht brauchen diese Menschen einfach mehr Zeit, eine veränderte innere Einstellung, mehr Unterstützung durch andere – und eben Übung und Geduld!

Fragen und Denkanstöße

- In welchen Bereichen sind Sie souverän?
- Wie sind Sie soweit gekommen? Welche Erfahrungen haben Sie souveräner gemacht? Was haben Sie dafür unternommen? Wer oder was hat Sie dabei unterstützt?
- Wo möchten Sie souveräner werden? Was müssten Sie dafür tun? Wer könnte Sie dabei unterstützen?

Literaturhinweise

Epiktet (1992 b): Wege zum glücklichen Handeln. Frankfurt: Insel.

Fennell, Melanie J. (2005): Anleitung zur Selbstachtung – Lernen, sich selbst der beste Freund zu sein. Bern: Verlag Hans Huber.

Frick, Jürg (2007): Die Kraft der Ermutigung – Grundlagen und Beispiele zur Hilfe und Selbsthilfe. Bern: Verlag Hans Huber.

Mandela, Nelson (1997): Der lange Weg zur Freiheit. Autobiographie: Frankfurt: Fischer.

Sieland, Bernhard (2000): Hast Du heute schon gelebt? Impulse zur Selbstentwicklung. Lüneburg: Edition Erlebnispädagogik.

Wengenroth, Matthias (2008): Das Leben annehmen – So hilft die Akzeptanz- und Commitmenttherapie (ACT). Bern: Verlag Hans Huber.

Young, Jeffrey E.; Klosko, Janet S. (2008): Sein Leben neu erfinden. Wie Sie Lebensfallen meistern. Paderborn: Junfermann.

14 Interview II: Wie wichtig ist Selbstvertrauen?[91]

91 Dieser Text ist zunächst unter anderem in der Fachzeitschrift *MQ Management und Qualität*, 6/2008, S. 4 f. erschienen und wurde hier verändert und erweitert.

Einleitung

Was im neuen Jahrtausend zurzeit geschieht, hat es in dieser Komplexität in der Geschichte der Menschheit noch nicht gegeben: Fast alles verändert sich gleichzeitig und zugleich immer schneller. Die global agierende Wirtschaft und die rasante gesellschaftliche Entwicklung stellen völlig neue und erhöhte Anforderungen an den Menschen. Wer im Beruf mithalten, das Leben zufriedenstellend bewältigen will, muss möglicherweise bisherige Verhaltens-Strategien in Frage stellen. Das verlangt einiges an Selbstvertrauen. Hartmut Volk[92] spricht darüber mit Jürg Frick.

Interview

Herr Frick, was ist das für eine Eigenschaft, Selbstvertrauen?

Eine ganz wichtige! Selbstvertrauen ist, kurz gesagt, die positive Einstellung zu persönlichen Merkmalen, eigenen Fähigkeiten und Leistungen, zu sich selbst als Person – es ist die Gewissheit über eigene Stärken, Fähigkeiten und die grundlegende Möglichkeit, befriedigende Beziehungen zu anderen Personen aufzubauen und zu erhalten. Oder knapper: Ich vertraue mir und meiner Person im Sinne von: Ich kann etwas, ich bin jemand, ich bin okay, ich mag mich, und man mag mich, ich habe eine Bedeutung, einen Wert.

Anders herum gefragt, was ist Selbstvertrauen nicht?

Mit Selbstvertrauen ist nicht eine naive Nabelschau auf sich selbst, die unkritische, unrealistische oder zu grandiose Sicht auf die eigene Person oder die Selbstüberschätzung gemeint, die zu einem Übersehen oder Ausblenden von realen Hindernissen führt. Selbstvertrauen hat vielmehr mit einer positiven Gestimmtheit, einer freundlichen Grundeinstellung zu sich selbst zu tun, einhergehend auch mit einer gewissen Gelassenheit – gegenüber sich als Person mit ihren Stärken und Schwächen.

92 Hartmut Volk ist Diplom-Betriebswirt sowie freier Wirtschaftspublizist und lebt in Bad Harzburg.

Wodurch unterscheiden sich Selbstbewusstsein und Selbstvertrauen?
Selbstbewusstsein bedeutet genau genommen das Erleben der Einheit und des persönlichen Ichs: Ich bin mir bewusst, dass ich X, nicht Y bin, also eine andere Person als Y bin. Selbstvertrauen hingegen bedeutet ein auf kräftiger Eigenmacht basierendes Gefühl, mit möglichen Schwierigkeiten mehr oder weniger fertig zu werden.

Weshalb ist Selbstvertrauen gerade in unserer turbulenten Zeit so unverzichtbar?
Da lassen sich viele Gründe anführen: Der Mensch wird während seines ganzen Lebens immer wieder mit Schwierigkeiten, Hindernissen, Widrigkeiten und Problemen konfrontiert – wie beispielsweise Arbeitslosigkeit, Leistungsdruck, vielfältigste Konsumangebote, Trennungen, Liebeskummer, Flexibilität, Neuanfänge, Überforderung, Angst, Krankheiten, Entscheidungen –, an die er sich nur mit einem Mindestmaß an Selbstvertrauen heranwagt. Soweit diese Schwierigkeiten und Aufgaben überhaupt lösbar oder wenigstens teilweise zu bewältigen und beeinflussbar sind, ist Selbstvertrauen eine unabdingbare Voraussetzung dafür, um die nötige Energie aufzubringen, nicht gleich aufzugeben. Selbstvertrauen ist aber auch wichtig, um in der Flut der unzähligen Glücksversprechungen (Beispiele wären etwa überhöhte oder gefährliche religiöse, esoterische, politische oder konsumorientierte Angebote) einen kühlen Kopf zu bewahren und sein Glück nicht von diesen Angeboten abhängig zu machen. Selbstvertrauen hilft aber auch, bei Misserfolgen nicht gleich den Kopf hängen zu lassen und den Mut zu verlieren.

Wie wirkt Selbstvertrauen?
Selbstvertrauen wirkt ermutigend, beruhigend und hilft, einen kühlen Kopf zu bewahren, ermöglicht die nötige Aktivität und den Mut, Dinge anzupacken, an zu bewältigenden Aufgaben dranzubleiben. Und ganz wichtig: Selbstvertrauen bildet eine wesentliche Basis für Lebensfreude, gelingende Beziehungen und Lebenslust!

Wie entsteht Selbstvertrauen?
Selbstvertrauen entsteht und entwickelt sich im Wesentlichen in menschlichen Beziehungen: durch ermutigende, bejahende, positiv spiegelnde Feedbacks durch die primären Bezugspersonen, später durch weitere Menschen wie Geschwister, Freunde, Lehrkräfte, Liebespartne-

rInnen usw. Eine positive, das Kind bejahende, ermutigende wie auch Halt sowie Sicherheit gewährende *autoritative* – nicht autoritäre! – Erziehung, die zugleich individuell fordert und fördert, dabei liebevoll und klar kindgemäße Grenzen setzt, spielt hier eine entscheidende Rolle. Außerdem entwickelt sich das Selbstvertrauen aber auch durch das eigene Tun, durch eine aktive, anpackende Lebenshaltung, im Überwinden von Schwierigkeiten und mit der bewussten Wahrnehmung eigener Kompetenzen («Ich kann das!»). Psychologen nennen das auch Selbstwirksamkeitserfahrungen.

Leider leiden auch in unserer Gesellschaft immer noch viele Menschen unter nagenden Selbstzweifeln, Unsicherheitsgefühlen, Ängsten usw. als Folge einer unsachgemäßen Erziehung. Hier könnte eine unterstützende Beratung oder Therapie hilfreich sein.

Wie stärke ich mein Selbstvertrauen?

Indem ich mir regelmäßig vor Augen führe, was ich alles schon gut kann, was mir gestern und vorgestern gut gelungen ist. Und indem ich mich in zwischenmenschlichen Beziehungen sinnvoll engagiere (nicht aufopfere!). Zudem wäre – wie vorher schon erwähnt – eine allfällige professionelle Unterstützung in Betracht zu ziehen.

Wodurch nimmt das persönliche Selbstvertrauen Schaden?

Vor allem durch sich wiederholende kränkende Erfahrungen mit anderen Menschen, mangelnde Wertschätzung in Beruf oder Partnerschaft und/oder die Erfahrung, dass man nicht genügt, immer wieder versagt oder im Vergleich zu anderen häufig schlecht abschneidet, aber auch wiederholte negative Qualifikationen, fehlendes positives Feedback, Isolation, Ausgrenzung – das hält auf die Länge kein Mensch ohne Schaden aus. Auch Mobbing darf in dieser Aufzählung nicht vergessen werden.

Wirkt sich die ganz individuelle Lebensführung, Essen, Trinken, Schlafen, Entspannen, die körperliche Fitness auf das Selbstvertrauen aus?

Die aufgezählten Punkte – also wichtige Grundbedürfnisse[93] – spielen alle eine wesentliche Rolle. Maßvolles, gesundes Essen, genügend Schlaf, regelmäßige körperliche Betätigung (z. B. Wandern, Schwimmen, Rad-

93 Ausführlicheres zu den Grundbedürfnissen findet sich in Kapitel 3.

fahren usw.) fördern das Selbstwertgefühl und das Wohlbefinden. Besonders körperliche Bewegung hat nachweislich eine antidepressive Wirkung auf den Menschen! Zur günstigen Lebensführung gehört aber auch, wie wir die Kontakte zu anderen Menschen gestalten: Pflege ich befriedigende Sozialkontakte auf einer gleichwertigen Ebene, wo ich gebe und nehme, ohne in eine «Buchhaltermentalität» zu verfallen? Genieße und schätze ich diese Kontakte?

Welche Rolle spielen die sozialen Kontakte, also der Umgang, den wir pflegen, beim Selbstvertrauen?
Wie schon erwähnt sind befriedigende, gute und tragfähige soziale Beziehungen dabei von grundlegender Bedeutung, sie sind der Kraftstoff, das positive Feedback, das nährt, kräftigt, belebt, erfreut, denn: Der Mensch wird erst in der Spiegelung, das heißt am Du zum Ich, wie das Martin Buber einmal so treffend formuliert hat!

Welchen Einfluss hat das berufliche Umfeld, haben die Vorgesetzten, Kolleginnen und Kollegen auf das Selbstvertrauen?
Einen großen: Vorgesetzte wie ArbeitskollegInnen können das Selbstvertrauen eines Mitarbeiters/einer Mitarbeiterin durch häufige Kritik, Herabsetzung oder zu wenig positives Feedback nachhaltig schmälern – oder durch wertschätzendes Verhalten, Ermutigung und Unterstützung das Selbstwertgefühl stärken. Diese Tatsache ist in den meisten Firmen immer noch zu wenig bekannt und wird – nicht zuletzt unter dem Druck von Gewinnmaximierung und Kosteneinsparungen – von den verantwortlichen Kaderleuten in der überwiegenden Zahl vernachlässigt, übersehen, vergessen. Allerdings: Was man selber nicht erhalten hat – z. B. Wertschätzung –, kann man in der Regel auch nicht weitergeben.

Selbstvertrauen ist ja auch eine gefühlte Eigenschaft. Gefühle aber unterliegen Schwankungen. Wie gehe ich damit um?
Zum einen, indem ich diese Schwankungen im Rahmen einer gewissen Bandbreite akzeptiere: Man muss und kann nicht 24 Stunden fortwährend mit sich zufrieden sein! Allerdings dürfte bei länger anhaltenden und größeren Schwankungen ein Stopp angezeigt sein: Muss ich etwas in meinem Leben ändern? Ist mein Lebensstil möglicherweise gesundheitsschädigend? Überlaste/überfordere ich mich dauernd mit zu viel Arbeit? Gebe ich mich in der Partnerschaft auf, kämpfe oder unterziehe ich mich da? Benötige ich vorübergehend professionelle Hilfe? Und so

weiter. Nützlich ist zudem auch das Wissen um und die Akzeptanz der eigenen Begrenztheit sowie die Fähigkeit, damit umzugehen: Wir sind immer auch «fehlerhafte», fehleranfällige, eben «begrenzte» Lebewesen – zum Glück! Das gehört zu einem reifen Verständnis von Selbstvertrauen.

Herr Frick, aus Ihrer Erfahrung heraus Ihr persönlicher Rat in Sachen Selbstvertrauen?
Selbstvertrauen erhält man nicht als Geschenk, sondern es ist das Resultat eines längeren Prozesses, in dem man eine aktive Rolle spielen muss! Ein kritisch-positives Menschenbild ist dabei eine große Hilfe: Wer sich selber bejaht und mag, mag auch die anderen Menschen und umgekehrt – das ist ein Wechselwirkungsprozess.

Fragen und Denkanstöße

- In welchen Lebensbereichen ist Ihr Selbstvertrauen ausgeprägt?
- Wie sind Sie soweit gekommen? Welche Erfahrungen haben Sie sicherer gemacht? Was haben Sie dafür unternommen? Wer oder was hat Sie dabei unterstützt?
- Wo möchten Sie sicherer werden? Was müssten Sie dafür tun? Wer könnte Sie dabei unterstützen?
- Was könnten Sie von selbstsicheren Menschen mit einem guten Selbstvertrauen für sich lernen, abschauen, übernehmen?

Literaturhinweise

Dweck, Carol (2009): Selbstbild – Wie unser Denken Erfolge oder Niederlagen bewirkt. München: Piper.

Fennell, Melanie J. V. (2005): Anleitung zur Selbstachtung. Lernen, sich selbst der beste Freund zu sein. Bern: Verlag Hans Huber.

Frick, Jürg (2007): Die Kraft der Ermutigung – Grundlagen und Beispiele zur Hilfe und Selbsthilfe. Bern: Verlag Hans Huber.

Fuhrer, Urs (2007): Erziehungskompetenz. Was Eltern und Familien stark macht. Bern: Verlag Hans Huber.

Potreck-Rose, Friederike; Jacob, Gitta (2003): Selbstzuwendung, Selbstakzeptanz, Selbstvertrauen. Stuttgart: Pfeiffer bei Verlag Klett-Cotta.

Schachinger, Helga E. (2005): Das Selbst, die Selbsterkenntnis und das Gefühl für den eigenen Wert. Einführung und Überblick. 2. Auflage. Bern: Verlag Hans Huber.

Schoenaker, Theo (1996): Mut tut gut! Das Encouraging-Schoenaker-Training. Stuttgart: Medias.

15 Interview III: Warum ist Neinsagen für die Entwicklung wichtig?[94]

94 Dieser Text ist in einer ersten Version in der Zeitschrift *MasterStudienStandard*, März 2010, S. 13, erschienen und wurde hier verändert und stark erweitert.

Einleitung

Nein zu sagen fällt vielen Menschen schwer, ja bedeutet für viele gar eine Qual. Und doch ist diese Fähigkeit beruflich wie privat eine der wichtigsten Voraussetzungen für ein gelingendes Leben. Erst mit der Fähigkeit, nein zu sagen, lässt sich das eigene Leben wirklich steuern, richtig gestalten sowie weiterentwickeln. Hartmut Volk[95] spricht mit Jürg Frick über diese wichtige Fähigkeit.

Interview

Herr Frick, weshalb weisen Sie der Fähigkeit, nein zu sagen, eine solch existenzielle Bedeutung zu?
Für das kleine Kind bedeutet ein Nein die erste Abgrenzung von den Erwachsenen sowie die Entwicklung eigener Erfahrungen, Wünsche und Pläne. Später grenzen sich Jugendliche in der kritischen Auseinandersetzung mit der Welt der Erwachsenen ab, um eigene Werte, eine persönliche Identität zu entwickeln. Im Erwachsenenalter geht es dann noch um mehr: Wer nicht nein sagen kann, kommt im Leben ganz einfach zu kurz, übergeht sich und seine Bedürfnisse, übersieht sozusagen die Fülle des Lebens, tut unter Umständen aus Gewohnheit, falscher Loyalität oder Bravheit Dinge, die er nachträglich bereut usw. Im berühmten Milgram-Experiment haben rund zwei Drittel der Versuchspersonen aus unterschiedlichen Gründen nicht gewagt, den irrwitzigen Befehl, einem unbekannten Menschen für Fehler Stromstöße zuzufügen, mit einem Nein zu verweigern! Und aus der Nazi-Zeit lernen wir, wie einige mutige Menschen sich dem Regime widersetzt haben und mit ihrem direkten oder indirekten Nein verfolgte Menschen retten konnten! Anders ausgedrückt: Ungehorsam war (und ist!) unabdingbar nötig für die gesellschaftliche Entwicklung – alle fortschrittlichen menschlichen sowie kulturellen Errungenschaften waren und sind auch für die Zukunft an häufiges Neinsagen, an Widerstand gegenüber bestehenden, tradierten Vorstellungen, Gesetzen und Einrichtungen gebunden: Nein zum ptolemäischen Weltbild, zur Hexenverbrennung, zur Sklaverei, zur Minderbewertung von Schwarzen und Frauen, zur Kin-

95 Diplom-Betriebswirt Hartmut Volk ist freier Wirtschaftspublizist und lebt in Bad Harzburg.

derarbeit, zum 10- bis 16-Stunden-Arbeitstag, zum Alleinanspruch von Religionen und Kirchen bezüglich ethischer und moralischer Fragen, zum Diktat und Alleinanspruch einer politischen Partei, zur Diktatur durch irgendeinen -Ismus, zur Unterdrückung der Rede- und Meinungsfreiheit, zur Folter, zur Verfolgung und Diskriminierung anders denkender Menschen, zum Überwachungsstaat, Nein zur Mädchenbeschneidung, zur Hetze gegen Menschengruppen usw. Und das heutige Leben in hochentwickelten Ländern schließlich bietet permanent unzählige Angebote, Möglichkeiten, Gefahren, auf die Stellungnahmen, Antworten, auch kritische Reaktionen nötig sind. Einige Beispiele: Religiöse Heilsbringer buhlen um unsere Mitgliedschaft, Finanzexperten raten uns zum Kauf von dieser oder jener profitversprechenden Geldanlage, Auto- und Elektronikhersteller locken damit, teure Produkte schon heute zu nutzen, aber erst nächstes Jahr oder in Raten zu bezahlen – kurz: Leben bedeutet immer auch wählen zwischen unzähligen Optionen. Kirsch (2008) spricht gar vom «Elend der Fülle»! Damit ist ein Ja oder ein Nein schon angelegt. Man könnte pointiert formulieren, dass der heutige Mensch dazu verdammt ist zu lernen, am richtigen Ort und zur richtigen Zeit das passende Ja oder Nein auszusprechen. Es geht also beim Neinsagen letztlich auch um Selbstbestimmung, Selbstbehauptung, Autonomie, um eine Abgrenzung vom Ich zu einem Du oder Sie. Was allerdings für den Einzelnen richtig oder passend ist – das lässt sich gar nicht so leicht und manchmal auch erst nachträglich klarer erkennen. Aber so ist das Leben nun mal!

Überlegt und klug nein sagen zu können, verlangt folglich stets die Kombination von Mut zu sich selbst und Klarheit über das eigene Wollen oder Nichtwollen im Umgang mit anderen?

Ja, das kann man so sagen. Wer sich seiner sicher ist, zeigt sich tendenziell auch mutiger in Entscheidungen: Er entscheidet und steht dann auch für die eintretenden Folgen gerade, ist bereit, die Verantwortung zu übernehmen. Einer mehr oder weniger psychisch sicheren, stabilen Person gelingt das natürlich leichter als einem Menschen, der vor allem bei anderen ankommen möchte, an sich permanent zweifelt, Bestätigung sucht und/oder sich seiner eigenen Rolle, seiner Stellung im Leben unsicher ist. Eine vertiefte Auseinandersetzung mit sich selber, den eigenen Werten, Zielen und Möglichkeiten im Leben – all dies ist wertvoll, und wichtig. Wer sich selber kennt, sich auch mit seinen Schwächen und Stärken akzeptieren kann sowie andere Menschen realistisch einschätzt, dem gelingt es eher, dann nein zu sagen, wenn es für ihn oder sie angemessen ist, als einer Person, die über sich selber und die Umwelt wenig Klarheit besitzt. Die Reaktion der Umwelt auf ihr Nein wirft diese stabilere Person dann nicht gleich um.

Herr Frick, mit anderen Worten, die Fähigkeit, überlegt und standfest nein zu sagen, ist für Sie Ausdruck einer ganz bewussten Lebensführung?
Das Leben stellt uns dauernd vor Fragen, vor Herausforderungen, macht uns Angebote, konfrontiert uns aber auch mit Gefahren: Wer eher unbewusst vor sich hin lebt, wird dann ungleich mehr Probleme damit bekommen als ein Mensch, der sein Leben bewusst und zielorientiert plant. Natürlich dürfen Spontaneität und Lebensfreude dabei nicht zu kurz kommen – vieles im Leben ist ja nicht oder nur teilweise planbar; und das ist auch gut so. Aber: Nachdenken, Reflektieren, Hinterfragen sind unverzichtbar für eine gelingende Lebensführung. Bewusstes Reflektieren ergibt Sinn – und Sinn setzt häufig ungeahnte positive Kräfte frei. Es gibt aber auch Menschen, die aufgrund einer günstigen Lebensgeschichte ohne vertieftes Nachdenken eine gute Mischung von Ja und Nein in ihrem Leben zustande bringen. Sie haben das im Laufe ihres Lebens sozusagen nebenher, quasi unbemerkt einfach so gelernt – ein günstiger Lebensstil!

Diese Bedeutung des Neinsagens kontrastiert auffällig mit der weit verbreiteten Scheu vor dem Nein. Was steckt dahinter?
Viele Menschen haben eine ihnen häufig nicht so bewusste Scheu vor einer tatsächlichen oder auch nur befürchteten Ablehnung, vielfach ist es auch nur die Angst vor der Blamage, ob real oder nur eingebildet. Wer als Kind allerdings erlebt hat, nichts zu sagen zu haben, Schweigen zu müssen («Halt den Mund!») – der ist dann anfälliger. Wer nein sagt, läuft je nach Situation ja vielleicht durchaus Gefahr, als Querulant, als Störenfried und ähnliches eingeschätzt zu werden. Eltern haben häufig Angst vor dem Nein, weil sie einen Liebesverlust bei ihren Kindern befürchten, eine Angestellte befürchtet, beim Chef schlecht dazustehen oder damit eine eventuelle Beförderung oder Lohnerhöhung zu verhindern, eine Lehrperson, sich bei den SchülerInnen unbeliebt zu machen, nicht cool zu sein. Je nach Kontext, Person und Umständen liegen weitere, ganz unterschiedliche Gründe beziehungsweise Hintergründe dazu vor: Einige Menschen sind sehr ehrgeizig, haben ein ausgeprägtes Geltungs-

streben, ein zu hohes Pflichtbewusstsein (häufig bei streng christlich sozialisierten Personen) – oder eben starke Angst, bei einem Nein ausgeschlossen zu werden – alles zusätzliche mögliche Gründe, warum ein Nein schwer fällt. Aber meistens steht letztlich eine Befürchtung, eine Angst vor Ablehnung, vor einer negativen Reaktion dahinter, die der oder die Betreffende verhindern möchte oder nicht zu ertragen glaubt. Menschen brauchen das Gefühl der Zugehörigkeit, die Wertschätzung – und wenn sie dies in ihrem bisherigen Leben selber zu wenig erfahren haben, sind sie anfälliger, auf ein Nein vorzeitig zu verzichten.

Bekanntermaßen wird ein Nein von Vielen nahezu automatisch als Affront und/oder Zurückweisung aufgefasst. Warum diese Einstufung eines Neins als Brüskierung, Illoyalität, Liebesentzug etc.?
Ein häufiger Grund liegt darin, dass die Betreffenden dem Gegenüber letztlich ein Nein gar nicht zubilligen, denn ein Nein bedingt die Toleranz der anderen Meinung: Sie erwarten sozusagen ein automatisches Ja zu ihren Vorschlägen, Wünschen usw. Das können zum Beispiel autoritär strukturierte, dem Machtstreben verfallene, patriarchalisch orientierte, häufig höhergestellte Personen sein, die auf ihre Fragen oder Aussagen nur Zustimmung oder gar Beifall erwarten beziehungsweise akzeptieren. Wer dann widerspricht, stört diese Erwartungslogik, bremst das eingespielte Ritual, stellt diese Person in ihrer Funktion gleichsam in Frage. Darum kommt es zu den von Ihnen angesprochenen Reaktionen: Brüskierung, Illoyalität, Liebesentzug oder auch beleidigter Rückzug, Schmollen, Streiten, Vorwürfe machen, Verweigerung, Kontaktabbruch. Viele Menschen haben aufgrund ihrer Sozialisation nicht gelernt, angemessen auf Nein-Reaktionen anderer Personen zu reagieren. Selbstverständlich gibt es auch Zeitgenossen, die quasi chronische Neinsager sind – es sind Personen, die schon NEIN! denken oder sagen, bevor der andere seinen Wunsch oder Vorschlag (fertig) formuliert hat. Ein schwieriger Lebensstil!

Ovid, der wohl berühmteste Dichter im alten Rom, mahnte bereits seine Zeitgenossen «Principiis obsta!» – «Widersteh schon im Anfang», gemeinhin übersetzt als «Wehret den Anfängen!», also wenn dir eine Sache widerstrebt, sage sofort nein, ehe sie sich weiterentwickelt und es dann zu spät wird. Diese Aufforderung ist ein wenig aus der Mode gekommen. Im Grunde aber drückt sie doch das aus, was Sie fordern?

Das hängt ganz vom betreffenden Menschen sowie vom Kontext, den Umständen ab. Es kann durchaus sinnvoll sein, bei einem Kind nicht gleich sofort mit Nein zu reagieren, weil es vielleicht nur etwas ausprobieren möchte und der überängstliche Erwachsene diesen berechtigten und auch sinnvollen Explorationsversuch so erstickt. Aber wenn Jugendliche in einer U-Bahn einfach beginnen, auf einen Passagier einzuschlagen, dann ist ein «Wehret den Anfängen!» im Sinne einer raschen Gegenintervention sicher richtig und ein Warten und Hoffen, das Ganze gehe rasch und friedlich vorbei, natürlich ein folgenschwerer Irrtum.

Wenn nun Neinsagen eine so wichtige Voraussetzung für «Erfolg» ist, wie lässt sich dann die Scheu vor dem Nein überwinden?
Die meisten Menschen machen sich eindeutig viel zu große Sorgen über die möglichen schrecklichen Folgen ihres Neins: «Ich werde abgelehnt, ausgeschlossen, blamiere mich, verliere mein Gesicht, den Respekt, werde nicht mehr geliebt usw.» – unterschiedlichste Befürchtungen werden aktiviert, ja manchmal gar gepflegt. Hilfreich ist es, sich vorher klar zu überlegen, warum man nein sagen möchte, und dann auch bewusst alle möglichen Folgen in Kauf zu nehmen, die eintreffen *könn(t)en*. Es geht darum, bewusst die Verantwortung für seine Entscheidung zu übernehmen. Meistens ist die Reaktion auf ein Nein dann allerdings weniger gravierend als befürchtet oder tritt überhaupt nicht wie erwartet ein!

Herr Frick, Aquaviva, der 1615 gestorbene fünfte General der Societas Jesu, der Jesuiten, ermahnte seine Brüder: Suaviter in modo, fortiter in re – Milde in der Art, stark in der Sache. Goethe riet: «Das Was bedenke, mehr bedenke wie.» Und der Volksmund schließlich meint: «Der Ton macht die Musik.» Nun also, wie gelingt es, dem Nein den Weg zu Herz und Verstand des Gegenübers zu ebnen?
In sehr vielen Fällen ist das Wie eines Neins von entscheidender Bedeutung: Ein ruhiges, klares, überlegt und sachlich-nüchtern bis freundlich ausgesprochenes Nein kommt in der Regel viel besser an als ein Nein im Affekt, im Zorn oder gar in Form von Anschreien. Die erste Variante bietet dem Adressaten die Gelegenheit, darüber nachzudenken: Wer ruhig, bestimmt und freundlich nein sagt, muss sich ja wohl etwas überlegt haben, könnte ja vielleicht sogar recht damit haben, hat sogar

manchmal eine Vorbildwirkung! Ihm wird eher argumentative Sachlichkeit als unüberlegte Emotionalität zugebilligt – und das beeindruckt die Menschen in der Regel doch in erheblichem Maße. Das Gegenüber spürt zudem in diesem Fall mit viel höherer Wahrscheinlichkeit, ob das Nein sich auf die Sache bezieht – wenn es eben sachlich, klar, begründet und präzis ausfällt – oder ob es auf die Person abzielt, sie also persönlich angreift. Fühlt sich jemand durch das Nein in seiner Person getroffen, angegriffen, dann kann er oder sie damit natürlich weniger souverän umgehen. Und das ist bei einem zornigen Nein eher der Fall. Allerdings soll man sich auch nicht scheuen, bei klaren und unakzeptablen Grenzüberschreitungen (z. B. Belästigungen) ein klares und deutliches Nein auszusprechen. Das wirkt häufig überraschend deutlich und schnell.

Aller Subtilität des Ausdrucks und allem Einfühlungsvermögen zum Trotz, bevor ein Nein tatsächlich akzeptiert wird, braucht es nicht selten Beharrlichkeit und Standvermögen. Wie lässt sich so eine Situation mental durchstehen?
Die Einsicht, dass eben eine bestimmte eigene Meinung richtig und wichtig ist, die sich nicht mit der Meinung des anderen decken muss. Wer sich seine Meinung vorher gut überlegt hat, sie wohl begründen kann, hat es leichter. Die ersten Frauen und Männer, die sich für eine Gleichberechtigung der Geschlechter engagierten (ein Nein zur vorherrschenden biblischen Meinung der Zweitrangigkeit der Frau!), waren von ihrer Meinung überzeugt und hatten auch viele sachliche Argumente – das machte sie sicherer. Ein solches Nein beinhaltet häufig eine klare Vision, die ihre Träger mit Kraft versorgt: Eine Welt der Gleichberechtigung von Frau und Mann ist möglich, Wohlstand nicht nur für eine kleine privilegierte Schicht, Bildung für alle, Sklaverei und Ausbeutung sind keine Naturgesetze oder Gebote Gottes, die Luft- und Meeresverschmutzung oder die Erwärmung der Erdatmosphäre sind von Menschen gemacht und somit veränderbar usw. Bertrand Russell formulierte einmal treffend: «Fürchte dich nicht davor, exzentrische Meinungen zu vertreten, jede heute gängige Meinung war einmal exzentrisch.» Ein klares Nein zu formulieren kann im Moment zwar unangenehm sein, aber nicht selten die Umgebung auch zum Nachdenken anregen, das Gegenüber beeindrucken. Das Nein einiger Weniger in den frühen 1960er-Jahren zum Vietnamkrieg hat schließlich diesen Krieg zu einem Ende gebracht. Ähnliche Beispiele lassen sich leicht finden, denken Sie zum Beispiel an 1989: Das Nein zur Apartheidpolitik in

Südafrika oder das Nein Hunderttausender zum Ostblockkommunismus, das schließlich eine unblutige Wende herbeigeführt hat!

Und argumentativ?

Argumente müssen in solchen Fällen sehr gut begründet sein – und sie werden idealerweise am wirkungsvollsten von einer charismatischen Person vorgebracht. Klare, begründete, einleuchtende, beispielhafte Argumente, die das Nein anschaulich belegen, helfen da eindeutig. Nützlich ist es auch, seine Argumente mit Humor, Witz, locker und mit Leichtigkeit statt Verbissenheit, mit anschaulichen, einleuchtenden Beispielen zu untermauern.

Von Konrad Adenauer, dem ersten Kanzler der Bundesrepublik Deutschland, ist der bemerkenswerte Satz überliefert: «Machen Sie sich erst mal unbeliebt, dann werden Sie auch akzeptiert!» Auch eine Lösung fürs Neinsagen?

Ja, in bestimmten Lebenssituationen ist das sogar sehr wichtig. Ein ähnlicher Spruch lautet: «Ist der gute Ruf erst ruiniert, dann lebt es sich ganz ungeniert.» Menschen, die sachlich und klar eine Meinung vertreten können, beeindrucken meistens sogar ihre Gegner mit dieser Haltung. Nelson Mandela ist dafür ein schönes Beispiel. Man respektiert diese Menschen, auch wenn man ihre Einstellung möglicherweise gar nicht teilt oder sogar ablehnt. Diese Personen gelten dann als aufrecht, nicht korrumpierbar, sie sind keine Windfahnen, werden als echt und glaubhaft empfunden.

Herr Frick, muss eigentlich jedes Nein stets bis ins Detail begründet werden oder genügt nicht manchmal auch ein einfaches, klares Nein?

Begründungen sind sinnvoll, um dem Gegenüber die eigenen Überlegungen dafür klar zu machen – sie helfen, um besser zu verstehen. Das ist allerdings nicht immer möglich und zudem nicht in jedem Fall sinnvoll. So laufen manche Eltern oder auch Lehrpersonen Gefahr, sich für alles ausführlich zu rechtfertigen oder lange Begründungen für ein Nein zu liefern. Ein klares Nein ist zum Beispiel angebracht, wenn ein Kind ein anderes grundlos und immer wieder plagt. Dann kann es aber durchaus sinnvoll sein, dem Kind anschließend kurz und klar zu erläutern, warum man das nicht akzeptiert: Schläge tun dem anderen Kind weh, es gibt bessere Varianten, um einen Konflikt zu lösen usw. Auch

Konsumwünsche, die nicht erfüllt werden können oder von den Eltern nicht erfüllt werden möchten, müssen nicht jedes Mal *en détail* begründet werden. Auch hier gilt: Wer sich sicher ist, dem fällt es leichter, auch ohne Begründung ein Nein auszusprechen und dabei zu bleiben.

Wann ist eine Begründung angebracht oder einfach unverzichtbar?

Vor allem, um dem Gegenüber eine sinnvolle und einsichtige Begründung zu geben (Schläge tun weh, machen dich unbeliebt, sind als Konfliktmittel nicht erwünscht), ihm zu einer Einsicht zu verhelfen, aber auch, um Gründe verständlich zu machen: Das hilft dem anderen leichter, dieses Nein gedanklich nachzuvollziehen und im günstigen Fall auch zu akzeptieren. Die begründende Erklärung ist dann sozusagen eine kleine Weiterbildung, eine Horizonterweiterung im Denken des anderen: Aha, so kann man das Problem auch sehen, darum ist das nicht möglich, darum will er oder sie das nicht usw. Dieses Nein ist also ein wichtiges Element im Erziehungs- und Beziehungsprozess – und mit dem Nein findet zugleich auch eine Wertevermittlung statt: Was ist nicht erwünscht? Warum ist das verboten, unstatthaft usw.?

Herr Frick, über dem so wichtigen Nein zu anderen darf aber auch das kaum weniger wichtige Nein zu sich selber nicht vergessen werden. Zurück zum Anfang: Wird es nicht mit dem Zusammenspiel dieser beiden Verweigerungen erst wirklich möglich, sich tatsächlich selber zu steuern?

Da stimme ich Ihnen zu. Und das ist letztlich auch ein Balance-Akt im Leben jedes Menschen, hier das richtige Augenmaß zu finden. Die Selbststeuerung gilt in der heutigen Entwicklungspsychologie als fundamentale Fähigkeit eines Menschen: Wir müssen lernen, unsere Gefühle, Gedanken und Handlungen möglichst sozialverträglich zu entwickeln sowie ergänzend auch ökologisch verträglich auszuleben: Wenn sich jeder Erdenbürger einen US-amerikanischen Lebenstraum mit einer Villa, zwei oder drei großen Autos, mehreren Flügen pro Jahr und anderes mehr leisten möchte – und alles dafür tut, um das zu realisieren, dann richtet sich die Menschheit schließlich selber zugrunde. Darum: Weniger ist häufig mehr, oder wie es Erich Fromm einmal ausgedrückt hat: Sein statt Haben!

Denkanstöße und Denkangebote:

Elf hilfreiche Punkte zum Neinsagen

1. Überlege genau, warum du zu einer Sache nein sagst, welche begründeten Argumente du dafür beziehungsweise dagegen hast. Dann kannst du leichter zu deiner Meinung und zu eventuellen negativen Reaktionen stehen. (Charles Darwin ist dazu ein treffendes Beispiel!)
2. «Wenn dir jemand widerspricht, und sei es dein Partner, deine Mitarbeiterin oder dein Kind, bemühe dich, ihnen mit Argumenten zu begegnen und nicht mit aufgesetzter Autorität, denn eine Zustimmung, die von Autorität abhängt, ist unrealistisch, illusionär und gefährlich.» (nach Russell 1951 a, verändert von J. F.)
3. «Freue dich mehr über intelligenten Widerspruch als über passive Zustimmung, denn wenn dir Intelligenz so viel wert ist, wie sie dir wert sein sollte, dann liegt im erstgenannten eine tiefere Zustimmung als im letztgenannten.» (nach Russell 1951 a)
4. Lerne, bewusst und begründet nein zu sagen – und stehe dann zu deiner Entscheidung mit allen Folgen, übernimm dafür die volle Verantwortung. Das macht auf andere Menschen Eindruck, kann gar als Vorbild wirken – und ist viel weniger schlimm, als du in der Situation vielleicht empfindest!
5. Setze dich bewusst mit deinen Wertmaßstäben und den Werten deiner Gesellschaft auseinander. Sind die «Mainstream-Werte» tatsächlich richtig, wichtig und sinnvoll? Was ist wirklich wichtig für «ein gutes Leben»? Was brauche ich tatsächlich? Wozu benötige ich das? Was bringt mir das ein? Mehr Lebensfreude oder mehr Prestige?
6. Wer nicht nein sagen kann, kommt im Leben zu kurz, übergeht sich und seine Bedürfnisse, gefährdet sich und seine Gesundheit, ja sogar die Umwelt – und gibt seiner Umgebung unter Umständen ein falsches Signal: Der ist für alles zu haben!
7. Das passende Ja oder Nein auszusprechen muss gelernt werden und ist letztlich immer ein Balance-Akt im Leben jedes Menschen, der nicht immer einfach ist.

8. Billige dem anderen das Recht auf ein Nein zu: Das bietet dir eine kostenlose und wertvolle Chance, dich mit deinen und fremden Anschauungen vertiefter auseinanderzusetzen.
9. Für chronische NeinsagerInnen: Lohnt sich dieser Lebensstil wirklich für mich? Was bekomme ich dafür? Was ist letztlich das Ziel dieses Verhaltens? Ist das für mein Leben tatsächlich hilfreich? Welchen Preis zahle ich dafür letztlich? Was verbaue ich mir damit in meinem Leben?
10. Ein Nein eines anderen bedeutet keinen Weltuntergang: Vielleicht muss ich besser für mein Anliegen werben? Mehr Zeit und Ausdauer dafür einsetzen? Meine Begründung verbessern? Mein Begehren modifizieren oder es vielleicht sogar aufgeben? Zu einem späteren Zeitpunkt mein Anliegen nochmals formulieren? Das Nein des anderen genauer verstehen lernen?
11. Der einzelne Mensch wie die ganze Menschheit kann sich nur durch häufiges Neinsagen entwickeln, weiterentwickeln, «besser» werden!

Literaturhinweise

Dessau, Bettina; Kanitscheider, Bernulf (2000): Von Lust und Freude. Gedanken zu einer hedonistischen Lebensorientierung. Frankfurt: Insel.

Dreikurs, Rudolf; Soltz, Vicki (2000): Kinder fordern uns heraus. Stuttgart: Klett-Cotta.

Fogelmann, Eva (1995): Wir waren keine Helden. Lebensretter im Angesicht des Holocaust. Motive, Geschichten, Hintergründe. Berlin: Campus.

Fromm, Erich (2005): Haben oder Sein: Die seelischen Grundlagen einer neuen Gesellschaft. München: dtv.

Jegge, Jürg (2009 b): Fit und fertig. Gegen das Kaputtsparen von Menschen und für eine offene Zukunft. Zürich: Limmat.

Juul, Jesper (2000): Grenzen, Nähe, Respekt. Reinbek: Rowohlt.

Kirsch, Guy (2008): Das Elend der Fülle. *Frankfurter Allgemeine Zeitung*, 13. April 2008, S. 44.

Louis, Chantal (2008): Monika Hauser – nicht aufhören anzufangen. Eine Ärztin im Einsatz für kriegstraumatisierte Frauen. Rüffer & Rub.

Milgram, Stanley (1982): Das Milgram-Experiment. Zur Gehorsamsbereitschaft gegenüber Autorität. Reinbek: Rowohlt.

Rhue, Morton (2008): Die Welle. Macht durch Disziplin, Macht durch Gemeinschaft, Macht durch Handeln. Ravensburg: Ravensburger.

Russell, Bertrand (1951 a): Die beste Antwort auf Fanatiker: Liberalismus. *New York Times,* 16. Dezember 1951, in: Russell, Bertrand (1976): Bertrand Russell sagt seine Meinung. Übersetzt von Günther Schwarz. Darmstadt: Darmstädter Blätter (EA 1960), S. 18–19.

Scheich, Günter (1997): Positives Denken macht krank. Vom Schwindel mit gefährlichen Erfolgsversprechen. Frankfurt: Eichborn.

Scheub, Ute (2004): Friedenstreiberinnen. Elf Mutmachgeschichten aus einer weltweiten Bewegung. Giessen: Haland & Wirth.

Schmid, Wilhelm (2004): Mit sich selbst befreundet sein. Von der Lebenskunst im Umgang mit sich selbst. Frankfurt: Suhrkamp.

Schmid, Wilhelm (2005 a): Die Kunst der Balance. 100 Facetten der Lebenskunst. Frankfurt: Insel.

Semprun, Jorge (1995): Schreiben oder Leben. Frankfurt: Suhrkamp.

Silver, Eric (1992): Sie waren stille Helden. Frauen und Männer, die Juden vor den Nazis retteten. München: Hanser.

Streich, Jürgen (2005): Vorbilder. Menschen und Projekte, die hoffen lassen. Der Alternative Nobelpreis. J. Kamphausen ohne Ortsangabe.

Wette, Wolfram (Hrsg.) (2005): Stille Helden. Judenretter im Dreiländereck während des Zweiten Weltkrieges. Freiburg: Herder.

Wolters, Dorothee; Braun, Gisela (2009): Das große und das kleine NEIN! Ruhr: Verlag an der Ruhr. (Bilderbuch)

16 Hinweise für ein entwicklungsförderndes ABC des Lebens

Einleitung

Gibt es vielleicht eine Form des ABCs für ein entwicklungsförderndes, gelungenes, befriedigendes, gesundheitsförderndes und lustvolles Leben?

In meinem Buch «Die Kraft der Ermutigung» (2007) habe ich einige Stichworte gesammelt und in eine Tabelle für ein ABC eingefügt – im Sinne von Denkanstößen, nicht als Gebote in irgendeiner Art und Weise oder als billige Ratgeber-Tipps. Diesen Ansatz möchte ich hier in veränderter und stark erweiterter Form weiterführen und damit auch zu weiteren Gedanken in Kapitel 17 überleiten.

Ich habe die ABC-Darstellung der rational-emotiven Verhaltenstherapie von Ellis/Hoellen (2004, S. 26) im Sinne einer Anregung als ersten Ausgangspunkt verwendet, sie dann verändert und mit vielen verschiedenen Stichworten und Kurzsätzen ergänzt und erweitert. Weitere Anstöße kommen aus verschiedenen Büchern (s. Literaturhinweise), und zusätzliche Formulierungen sind durch praktische Erfahrungen mit KlientInnen in Beratungen entstanden. Das Fragezeichen im Titel soll die offene, undogmatische und durchaus kritisch zu hinterfragende Sichtweise dieser Aufstellung widerspiegeln. Nochmals: Die Stichwörter und Kurzsätze beinhalten Anregungen, Angebote, Offerten, Denkanstöße, sollen dazu anregen, ja verführen, selbst weiterzudenken – nicht mehr und nicht weniger. Vielleicht gibt die folgende ABC-Darstellung mit ihren Stichwörtern und Kurzsätzen sogar einige nützliche Hinweise zu einer Lebenskunst wieder, wie sie von vielen Denkern und Philosophen wie zum Beispiel von Epikur (341–270 v. u. Z.), Epiktet (50–138) über Montaigne (1533–1592), La Mettrie (1709–1751), den Freiherrn von Knigge (1752–1796), Russell (1872–1970), Dessau und Kanitscheider (2000) bis Schmid (1998, 2004) und anderen Denkern in unterschiedlichem Ausmaß gelebt sowie in individueller Tiefe proklamiert wurde oder immer noch wird (vgl. dazu auch Kapitel 17). Möglicherweise offeriert diese Aufstellung sogar bedenkenswerte Stichwörter für ein bewussteres, mutigeres, befriedigenderes und sozial gelungeneres Leben? Entscheiden Sie selber! Ich habe im Laufe vieler Jahre in Beratungen gute Erfahrungen mit solchen Stichwörtern und Kurzsätzen gemacht, besonders wenn die KlientInnen selber für sie passende gesucht oder in eigenen Formulierungen gefunden und mitgebracht haben. Der Austausch darüber vertieft und festigt die gefundenen Gedanken und animiert dazu, weitere Ziele zu verfolgen und zu formulieren. Nur die vertiefte und wiederholte Auseinandersetzung vermag dann allfällige positive Veränderungen auch über längere Zeit zu erreichen.

Schließlich noch ein kritischer Hinweis: Ein seichtes billiges Glück mit einigen flotten Sprüchen und Wörtern zu versprechen, wie das unzählige EsoterikerInnen und naive «positive DenkerInnen» unterschiedlichster Couleur in Kursen und Büchern anpreisen (vgl. die fundierteste und ausführlichste Kritik dazu bei Goldner 2000; nützlich auch Ehrenreich 2010) liegt mir als einem optimistisch-realistischen Menschen mit Bodenhaftung fern. Schütz/Hoge (2007) zeigen in ihrem Buch die Vorteile ebenso deutlich und fundiert wie die Grenzen und Risiken des positiven Denkens auf. Kurz: Wenn der Schlüssel für den Erfolg im Leben ausschließlich im positiven Denken läge, gäbe es für das Scheitern keine weiteren Gründe mehr: Jeder wäre selber an seinen Misserfolgen schuld, weil er oder sie eben nicht genug an sich geglaubt hat. Auch Krankheiten, Unglücksfälle und strukturell-gesellschaftliche Missstände könnten so negiert und die Verantwortung dafür dem Individuum aufgebürdet werden. Das sind problematische Auswüchse des neoliberal-kapitalistischen Menschenbildes, die es zu bekämpfen gilt.

ABC

A

Aushalten von Widerständen, wo das sinnvoll, nötig und möglich ist
Ausdauer in wichtigen und sinnvollen Projekten trainieren
Autoritätskritische – nicht einfach jegliche Autorität per se negierende – Lebensgrundhaltung
Aufmerksamkeit auf das Positive, das Gelungene, das Funktionierende im Leben richten

B

Bejahung des eigenen Lebens (es gibt kein zweites!)
gute **B**eziehungen und **B**indungen pflegen
Besonnenheit bringt mehr als Reagieren im Affekt.
Balance (Ausgewogenheit) von Geben und Nehmen, Arbeiten und Freizeit, Aktivität und Passivität
sich geistig und körperlich in **B**ewegung halten (z. B. mit Lesen, Wandern, Musizieren …)
vorübergehende **B**elastungen wenn möglich als Chancen sehen, langfristige ändern
Brücken zu anderen bauen statt abbrechen (gilt nicht für alle Fälle!)

C

Charakter haben und zu einer eigenen begründeten Meinung bewusst und mutig stehen, auch wenn das anderen Personen nicht passt oder gar als lächerlich erscheint

D

Wenn es eine Aufgabe verlangt und das sinnvoll erscheint: **D**urchhaltevermögen trainieren. **D**enken beibehalten, statt einfach zu glauben

Duldsamkeit im Umgang mit Menschen statt Sturheit pflegen

alle **D**ogmen als schädlich, lebensbehindernd, menschenfeindlich, meistens sogar als gefährlich erkennen und meiden

E

Ermutigung bei sich (Selbstermutigung) und anderen pflegen

Engagement für eine menschenverträgliche Welt fördert die eigene Gesundheit und die Lebenszufriedenheit.

Einfühlungsvermögen (Empathie) in andere Menschen pflegen

F

Freundschaften – etwas vom Wichtigsten im Leben – pflegen

Fortschritte (bei sich und anderen) erkennen und anerkennen

Fairness im Umgang mit Menschen bewusst pflegen

G

Glück und **G**lücksmomente wahrhaben und sich daran erfreuen

Gleichwertigkeit im Umgang mit Menschen anstreben und leben

Gelassenheit entwickeln und pflegen ist gesünder, als sich viel zu ärgern.

Gewalt **g**ewaltlos (friedlich) bekämpfen

das **G**ute im Leben erkennen und würdigen

Großzügigkeit und **G**roßherzigkeit pflegen

Gemeinschaftsgefühl pflegen und ausbauen

H

Versuchen, auch in schwierigeren Zeiten die **H**offnung nicht zu verlieren

Humor pflegen und humorvolle Situationen in vollen Zügen genießen

Hilfsbereitschaft als nützliche Lebensgewohnheit verstehen

sich, wo nötig, **H**ilfe holen, statt sich zu schämen oder alles alleine lösen zu wollen

I

Interesse für Menschen statt Selbstbezogenheit entwickeln und pflegen

innere Dialoge bewusst positiv gestalten

angemessene **I**deale (über sich, andere Menschen, das Leben) pflegen

allen nicht hinterfragbaren, absoluten, «unfehlbaren» **I**deologien und -**I**smen (religiösen, politischen, philosophischen, psychologischen …) gegenüber kritisch bleiben

J

Sich am Positiven im **J**etzt freuen
das Leben nicht auf irgendein **J**enseits oder auf spätere **J**ahre oder gar **J**ahrzehnte aufschieben
Wenn Sie häufig «**j**a, aber …» sagen: eigenes Konzept überdenken.

K

Gegen veraltete und/oder unsinnige **K**onventionen rebellieren
Kooperationsfähigkeit trainieren
Kosmisches, also übernationales und überkonfessionelles statt nationales und konfessionelles Denken pflegen
faire, konstruktive **K**ritik als Chance (und Geschenk) statt als Angriff verstehen und nutzen, destruktive **K**ritik zurückweisen
Komplimente annehmen und machen können

L

Versuchen, das **L**eben und die **L**iebe in allen Facetten zu genießen, solange das nicht auf Kosten anderer geht
sich angemessene und individuelle **L**ebensziele (was will ich erreichen?) setzen
eine lebenslängliche **L**ernbereitschaft aufrechterhalten (nicht als Pflicht, sondern als Haltung)
Lachen nicht vergessen, auch über sich selber

M

Mitgefühl für andere Menschen pflegen
Mut, wenn nötig aus vorgegebenen Bahnen auszubrechen
ermutigende und lebens- sowie menschenfreundliche **M**ottos pflegen
Allen Leuten mit einer **M**ission misstrauen und aus dem Weg gehen
eigenes **M**achtstreben (in Beruf, Liebe usw.) erkennen und hinterfragen
ein tendenziell freundliches **M**enschenbild pflegen

N

Wo nötig und sinnvoll: **N**ein sagen können oder das **N**einsagen lernen
die **N**eugier im und dem Leben gegenüber behalten
Niederlagen als zum Leben gehörend annehmen
negative innere Leitsätze und Dialoge (vgl. McKay et al. 2009) hinterfragen (z. B.: «Ich kann nichts.», «Ich bin hässlich.» usw.) und durch positivere ersetzen; wenn nicht möglich: professionelle Hilfe beanspruchen

O

Offenheit gegenüber dem Leben und anderen Menschen pflegen
einen realistischen, von Skepsis gedämpften **O**ptimismus als Grundeinstellung im Leben verfolgen
eine allfällige **O**pferrolle verlassen und aktiv werden oder vielmehr sich weigern, sich nur als Opfer zu sehen

P

Die **P**erspektive (Sichtweise) anderer Menschen einnehmen können

Perfektionismus bei sich selber und als Erwartung gegenüber den Mitmenschen reduzieren

Pauschalurteile über andere Personen (Beispiel: «Die Nachbarn sind eben ….») und gegenüber ganzen Menschengruppen (Beispiel: «Alle Türken sind ….») vermeiden und hinterfragen

in schwierigen Situationen eine mögliche **P**erspektive suchen (Beispiel: «In drei Wochen ist diese Belastungssituation vorbei.»)

Provokationen möglichst nicht persönlich nehmen

Q

Wo es nötig und auch sinnvoll ist: sich **q**uerstellen, sich dann den Esel als Vorbild nehmen: störrisch (nicht querulatorisch!) zu sein, ist möglicherweise intelligenter, als sich unterzuordnen. Beispiel: unsinnige neue und nicht umsetzbare Vorschriften am Arbeitsplatz

R

Redlich sein im Umgang mit anderen Menschen

nicht zu viel **R**espekt gegenüber Autoritäten und deren Meinungen aufbringen

Respekt sich selber und anderen Menschen gegenüber behalten

sich nicht zu stark auf den eigenen guten **R**uf konzentrieren

S

Sensibilität gegenüber anderen Menschen und gegenüber Ungerechtigkeiten bewahren

Selbstdistanzierung und **S**elbstrelativierung: sich nicht immer so wichtig nehmen (nicht gemeint: sich übergehen, sich aufopfern!)

gesunde **S**kepsis bewahren

schädliche Ziele wie: «Sei der Beste!» hinterfragen

T

Tolerant mit sich und anderen Menschen sein

in einer befriedigenden **T**ätigkeit aufgehen («Flow») und sie bewusst wertschätzen

Tempo (hetzen, alles hastig erledigen wollen usw.) im eigenen Leben beobachten und möglichst reduzieren

U

Undogmatisch bleiben (vgl. auch **I**)

Unbekanntem (z. B. neue Aufgabe) nicht einfach ausweichen: hinschauen und, wo nötig/sinnvoll: lernen, üben!

strenge **Ü**ber-Ichs (z. B. ein rigider Umgang mit eigenen Unzulänglichkeiten) hinterfragen

anderen Menschen ihre **U**nzulänglichkeiten nicht verübeln

V

Angemessenes **V**ertrauen in sich, andere Menschen und das eigene Leben setzen
Verantwortung für das eigene Leben übernehmen
Vorsicht vor allen Glücksversprechern, selbsternannten Gurus und angeblich unfehlbaren Führern

W

Wertschätzen: sich selber, andere Menschen, das Positive im Leben
Wohlwollen sich selber und anderen Menschen gegenüber aufbringen fördert die Lebensqualität.
Wünsche angemessen (freundlich, klar) formulieren
über **W**ahrsagerInnen jeglicher Couleur und Provenienz lachen
Wo nötig und möglich, sinnvollen **W**iderstand leisten: gegen die ungerechte Behandlung eines Menschen, das Auslachen eines Kindes usw.

X

Sich kein **X** für ein U vormachen lassen, auch wenn das eine Autorität sein sollte! Beispiel: sich keine Versicherung aufschwatzen lassen, deren Folgen und genauen Vor- und Nachteile nicht verständlich sowie nicht genau nachvollziehbar sind.

Y

Hier sind Sie gefragt: Was schlagen Sie als LeserIn vor?

Z

Zutrauen in die eigenen Kräfte
realistische **Z**iele setzen, unrealistische **Z**iele revidieren
Zweifel pflegen, sofern er nicht zersetzend oder nihilistisch ist

Zum Schluss

Mehrere der hier aufgeführten Punkte lassen sich durchaus auch als mögliche resilienzfördernde Merkmale verstehen und unterstützen die eigene Gesundheit, die Lebensfreude, das Selbstwertgefühl (vgl. dazu auch die Kapitel 11 und 14). Viele dieser Stichwörter und Empfehlungen sind zudem durch psychologische Untersuchungen (Gesundheitspsychologie, Psychotherapie usw.) empirisch belegt.

Fragen und Denkanstöße

- In welchen Bereichen gelingt es Ihnen, die angesprochenen Fähigkeiten, Eigenschaften oder Empfehlungen zu leben, umzusetzen?
- Wie sind Sie so weit gekommen? Wer hat Sie dabei unterstützt?
- Welche Fähigkeiten/Eigenschaften möchten Sie noch entwickeln oder ausbauen? Was müssten Sie dafür tun? Wer könnte Sie dabei unterstützen?
- Ergänzen und verändern Sie die Darstellung nach eigenem Gusto und tauschen Sie sich mit Freunden oder Bekannten darüber aus!

Literaturhinweise

Bierce, Ambrose (1987): Des Teufels Wörterbuch. Zürich: Haffmanns (EA 1906).

Borscheid, Peter (2004): Das Tempo-Virus. Eine Kulturgeschichte der Beschleunigung. Frankfurt: Campus.

Dessau, Bettina; Kanitscheider, Bernulf (2000): Von Lust und Freude. Gedanken zu einer hedonistischen Lebensorientierung. Frankfurt: Insel.

Edworthy, Niall; Cramsie, Petra (2009): Handbuch für Optimisten/Pessimisten. Berlin: Bloomsbury.

Dweck, Carol (2009): Selbstbild. Wie unser Denken Erfolge oder Niederlagen bewirkt. München: Piper.

Frick, Jürg (2007): Die Kraft der Ermutigung. Grundlagen und Beispiele zur Hilfe und Selbsthilfe. Bern: Verlag Hans Huber.

La Mettrie, Julien Offray de (1985): Über das Glück oder das höchste Gut («Anti-Seneca»). Hrsg.: Bernd A. Laska. Nürnberg: LSR (EA 1748).

La Mettrie, Julien Offray de (1987 a): Die Kunst, Wollust zu empfinden. Hrsg.: Bernd A. Laska. Nürnberg: LSR (EA 1751 ff.).

McKay, Matthew; Davis, Martha; Fanning, Patrick (2009): Gedanken und Gefühle – ein Arbeitsbuch. Wie Sie auf Ihre Stimmungen einwirken können. Paderborn: Junfermann.

Russell, Bertrand (1930): Wissen und Wahn. Skeptische Essays. München: Drei Masken (EA 1928).

Russell, Bertrand (1951 b): Die Eroberung des Glücks. Neue Wege zu einer besseren Lebensgestaltung. Darmstadt: Holle (EA 1930).

Russell, Bertrand (1973): Unpopuläre Betrachtungen. Zürich: Europa (EA 1950).

Russell, Bertrand (1976): Bertrand Russell sagt seine Meinung. Darmstadt: Darmstädter Blätter (EA 1960).

Russell, Bertrand (1989): Lob des Müssiggangs und andere Essays. Zürich: Diogenes (EA 1935).

Scheich, Günter (1997): Positives Denken macht krank. Vom Schwindel mit gefährlichen Heilsversprechen. Frankfurt: Eichborn.

Schmid, Wilhelm (1998): Philosophie der Lebenskunst. Frankfurt: Suhrkamp.

Schmid, Wilhelm (2004): Mit sich selbst befreundet sein. Von der Lebenskunst im Umgang mit sich selbst. Frankfurt: Suhrkamp.

Schmid, Wilhelm (2005 a): Die Kunst der Balance. 100 Facetten der Lebenskunst. Frankfurt: Insel.

Schmid, Wilhelm (2005 b): Schönes Leben. Einführung in die Lebenskunst. Frankfurt: Suhrkamp.

Schmid, Wilhelm (2009): Wie viel Vertrauen brauchen wir? In: Psychologie heute, 6, S. 20–24.

Schütz, Astrid; Hoge, Lasse (2007): Positives Denken. Vorteile – Risiken – Alternativen. Stuttgart: Kohlhammer.

Schütz, Astrid; Hertel, Janine; Heindl, Andrea (2004): Positives Denken. In: Auhagen, Ann Elisabeth (Hrsg.): Positive Psychologie. Weinheim: Beltz, S. 16–32.

Schwartz, Dieter (2002): Gefühle verstehen und positiv verändern. Ein Lebenshilfebuch zur Rational-Emotiven Verhaltenstherapie. München: CIP-Medien.

Seligman, Martin (1999 b): Kinder brauchen Optimismus. Reinbek: Rowohlt.

Seligman, Martin (2003): Der Glücksfaktor. Warum Optimisten länger leben. Bergisch-Gladbach: Bastei Lübbe.

Sieland, Bernhard (2000): Hast du heute schon gelebt? Impulse zur Selbstentwicklung. Lüneburg: Edition Erlebnispädagogik.

17 Mit Aphorismen und Sprüchen (eigene) Entwicklungsprozesse anregen

Einleitung

Der Mathematiker und Naturwissenschaftler Helmar Nahr hat Aphorismen einmal treffend als «kandierte Früchte vom Baum der Erkenntnis»[96] bezeichnet. Sie bergen die Möglichkeit, etwas Wesentliches für sich persönlich zu lernen, oder in den Worten des Aphoristikers und Journalisten Hanns-Hermann Kerstens sind Aphorismen im Idealfall «Hobelspäne vom Baum der Erkenntnis».[97] Ein schönes und – so meine ich – treffendes Bild.

Aphorismen, Sprüche, Gedanken oder auch Geschichten können, wie ich in meinem Buch «Die Kraft der Ermutigung» (2007) festgehalten habe, Menschen dazu verhelfen, einen geistigen Standortwechsel zu erleichtern, den eigenen Bezugsrahmen zu hinterfragen und so behilflich sein, eigene festgefahrene Wahrnehmungs- und Denkmuster, einseitige oder getrübte Wahrnehmungsfilter oder -brillen sowie daraus hervorgehende ungünstige Reaktionen zu verändern – der Kirchenkritiker Deschner meinte einmal lakonisch, «Aphorismen schreiben heißt jemandem auf die Sprünge helfen oder Beine machen.»[98]. Dem würde ich gerne hinzufügen: Das gilt nicht nur für das Schreiben, sondern besonders auch für das Lesen und Darüber-Nachdenken.

Die kleine Auswahl der nachfolgenden Beispiele stellt eine Fortsetzung der Aphorismen-Sammlung in meinem Buch über Ermutigung dar und soll eine kleine Hilfe sein und dazu anregen, über sich und die manchmal vielleicht etwas verbohrten eigenen persönlichen Muster sowie über Muster und geistige Schemata der Zeitgenossen zu schmunzeln, um so eigene und fremde Entwicklungen oder gar Verwicklungen besser zu verstehen. Zugleich bieten solche Kurztexte aber manchmal einen Anreiz, um vorhandene Ressourcen zu mobilisieren: Aphorismen als Hilfsmittel zur Selbstentwicklung, das Lesen (und konstruktive Nachdenken darüber) als entwicklungsfördernder Faktor! Viele Aphorismen und Sprüche bringen eine Problematik anschaulich und prägnant auf den Punkt und erleichtern den gedanklichen und emotionalen

---

96 zitiert nach: Thiele, Johannes (Hrsg.) (2005): Die besten Definitionen der Welt. Wiesbaden: Marix, S. 18.

97 zitiert nach: Fuchs, Rolf (2000): Zitate ohne Tabus. Der größte und aktuellste provokative Zitatenschatz. Berlin: Frieling & Partner, S. 19.

98 zitiert nach Fuchs (2000), S. 19.

Vollzug eines Standortwechsels. Peseschkian (2004)[99] verweist auf verschiedene Funktionen von Aphorismen, Sprüchen und Geschichten:

- Sie offerieren uns einen Spiegel eigenen Verhaltens *(Spiegelfunktion).*
- Sie bieten uns ein Modell in Konfliktsituationen *(Modellfunktion).*
- Sie legen uns alternative Lösungsmöglichkeiten nahe *(Alternativfunktion)* und
- sie haben angesichts der Eingängigkeit und Einfachheit zudem eine nicht zu unterschätzende nachhaltige Wirkung *(Depotfunktion)*, das heißt durch ihre Bildhaftigkeit lassen sich Aphorismen, Sprüche und Geschichten gut merken und können dadurch in anderen Situationen leichter abgerufen werden.

Zusätzlich liefern sie überraschende, ja unerwartete *Gegenkonzepte der Wirklichkeitskonstruktion* sowie *Aha-Erlebnisse*, dass die Welt, ihre Ereignisse und die Menschen darin auch anders wahrgenommen werden können und dürfen: Sie bieten – im Idealfall! – eine kleine Quelle der Hoffnung, des Optimismus und vielleicht auch der Motivation zu einer veränderten Sichtweise und Handlung. Aphorismen, Sprüche, Zitate und Geschichten öffnen so manchmal auch das Tor zur Fantasie und erlauben einen Blickfeldwechsel, der bisherige Entwicklungen, Rückschläge, Misserfolge oder Probleme in einem manchmal ganz anderen Bezugsrahmen erscheinen lässt. Meine eigene Erfahrung im – vorsichtigen und sparsamen – Umgang in der Beratung zeigt, dass allein das kritische Reflektieren über Aphorismen (und Geschichten) schon erste kleine Veränderungsprozesse beim betreffenden Menschen auszulösen vermag und im günstigen Fall gar zum Hinterfragen eigener Sichtweisen anregen kann. Viele positive Echos auf die Aphorismen-Sammlung in «Die Kraft der Ermutigung» (2007) und auf Aphorismen in meinen Vorträgen haben mich ermutigt, hier eine neue und erweiterte Sammlung vorzulegen. Ich hoffe, Sie finden ebenso viel Spaß, Freude, Anregung und Nachdenklichkeit beim Lesen wie der Autor beim Zusammentragen und Aufschreiben! Die jedem Aphorismus vorangestellten Titel stammen von mir und sollen zusätzlich zum Nachdenken stimulieren.

99 Peseschkian, Nossrat (2004): Wenn du willst, was du noch nie gehabt hast, dann tu, was du noch nie getan hast. Doppelband. Augsburg: Weltbild, S. 120 ff.

Aphorismen und Sprüche – eine Auswahl

Leben heißt lernen

«Mensch lerne, lerne, frage, frage – und schäme dich nicht, zu lernen und zu fragen.» *(Paracelsus)*[100]

Das Leben als Fluss

«Alles fließt.» *(Heraklit)*[101]

Selbsterkenntnis

«Apropos Descartes: Wie ich denke, so bin ich.» *(Stanislaw Jerzy Lec)*[102]

Eitelkeiten

«Mancher lehnt eine gute Idee bloß deshalb ab, weil sie nicht von ihm ist.» *(Louis Buñuel)*[103]

Der Weg des Fortschritts

«Jede neue Idee wird als Utopie verlacht, bis sie zur Wirklichkeit geworden ist.» *(Robert Goddard)*[104]

Lohnt es sich, nachtragend zu sein?

«Man soll niemandem etwas nachtragen, wir haben alle schon genug zu schleppen.» *(Pearl S. Buck)*[105]

Zur Wirkung von Worten

«Ein böses Wort verwundet mehr als ein scharfes Schwert.» *(aus Portugal)*

Ein Hintergrund von Bosheit

«Boshafte Menschen sind gekränkte Menschen.» *(Anton Franke)*[106]

---

100 zitiert nach Fuchs (2000), S. 11.
101 zitiert nach Fuchs (2000), S. 29.
102 zitiert nach Fuchs (2000), S. 50.
103 zitiert nach Fuchs (2000), S. 31.
104 zitiert nach Fuchs (2000), S. 442.
105 zitiert nach Fuchs (2000), S. 91.
106 zitiert nach Fuchs (2000), S. 90.

Der Preis der Gewinner

«Wer immer gewinnen will, wird am Schluss verlieren.» *(Jürg Frick)*

Der wirkliche Gewinner

«Gewonnen hat immer der, der lieben, dulden und verzeihen kann, nicht der, der besser weiss und aburteilt.» *(Hermann Hesse)*[107]

Der übersehene Preis des Hasses

«Hass frisst den Hassenden, nicht den, der gehasst wird.» *(R. G. Binding)*[108]

Viel Meckern schadet

«Wer zu allem seinen Senf dazu gibt, gerät leicht in den Verdacht, ein Würstchen zu sein.» *(Nossrat Peseschkian, anlässlich eines Vortrags «zum positiven Umgang mit Lebensweisheiten» in Bad Lippspringe, 2004)*

Die Chance des Guten

«Es ist naiv, blind an das Gute zu glauben, aber verantwortungslos, ihm keine Chance zu geben.» *(Ernst Reinhardt)*[109]

Nützliche Grundhaltung im Umgang mit Menschen

«Die Pflicht der Pädagogen [sowie der Psychologen und der Ärzte – J. F.] ist es, an den Menschen mit einer optimistischen Hypothese heranzugehen – auf die Gefahr hin, dass sie sich vielleicht irren.» *(A. S. Makarenko, leicht verändert)*[110]

Die Kraft des Zutrauens

«Dem Menschen einen Glauben schenken heißt seine Kraft verzehnfachen.» *(Gustave Le Bon)*[111]

---

107 zitiert nach Fuchs (2000), S. 93.
108 zitiert nach Fuchs (2000), S. 83.
109 zitiert nach Schweizerische Gesellschaft für Individualpsychologie nach Adler (SGIPA) (2007), Jahresbericht. Zürich, S. 13.
110 Fuchs (2000), S. 267.
111 zitiert nach: Ronner, Markus M. (2000): Zitate-Lexikon des 20. Jahrhunderts. Zürich: Orell Füssli, S. 418.

Der echte Weltbürger

«Ein bisschen Güte von Mensch zu Mensch ist mehr wert als alle Liebe zur Menschheit.» *(Richard Dehmel)*[112]

Menschenkenntnis

«Es gibt kein besseres Mittel, das Gute in den Menschen zu wecken, als sie so zu behandeln, als wären sie schon gut.» *(Gustav Radbruch)*[113]

Grundhaltung I

«Wer einen Menschen bessern will, muss ihn erst einmal respektieren.» *(Romano Guardini)*[114]

Grundhaltung II

«Wir helfen einem Menschen mehr, wenn wir ihm ein günstiges Bild seiner selbst vorhalten, als wenn wir ihn unablässig mit seinen Fehlern konfrontieren.» *(Albert Camus)*[115]

Nützliche Lernhaltung

«Wenn du beim besten Willen etwas nicht kannst, aber es lernen möchtest, dann suche dir Leute, die dir helfen.» *(Jürg Frick)*

Wichtige Lernerkenntnis

«Der Weise ist es dadurch, dass er überall lernt – auch von einer Ameise.» *(J. M. Sailer)*[116]

Entwicklungsfördernder Standpunkt

«Wer eher Möglichkeiten statt Grenzen sieht, erkennt mehr Wege und Chancen im Leben.» *(Jürg Frick)*

Zwei Standpunkte

«Sehen Sie eher Möglichkeiten oder Beschränkungen?» *(Jürg Frick)*

---

112 zitiert nach Ronner (2000), S. 255.
113 zitiert nach Ronner (2000), S. 254.
114 zitiert nach Ronner (2000), S. 416.
115 zitiert nach Ronner (2000), S. 163.
116 zitiert nach Fuchs (2000), S. 38.

Schwerpunktsetzung

«Konzentriere dich auf das gewünschte Ziel statt auf die Hindernisse auf dem Weg dorthin.» *(Jürg Frick)*

Zukunftsperspektive

«Kein Mensch kann ohne Zukunft leben.» *(Arthur Miller)*[117]

Zwei Lebensrezepte

«Ein Erfolgsrezept gibt es nicht, wohl aber ein Misserfolgsrezept: Versuche, allen zu gefallen.» *(Jack Lemmon)*[118]

Ein nützlicher Wegweiser

«Ein Weg entsteht dadurch, dass man ihn geht.» *(Unbekannt)*

Weniger kann mehr sein …

«Lieber weniger tun, aber dafür bewusster – und dabei erst noch mehr genießen!» *(Jürg Frick)*

Giftige Gedanken

«Negative Gedanken haben eine toxische Wirkung auf den ganzen Menschen.» *(Jürg Frick)*

Nützliche Einsicht

«Bei einem persönlichen Angriff: Person von Problem trennen!» *(Jürg Frick)*

Meine inneren Dialoge

«Tendenziell positive (d. h. konstruktive, hilfreiche, ermutigende) innere Dialoge zu pflegen, ist entwicklungsfördernder, als negative, destruktive, schädliche, entmutigende zu kultivieren.» *(Jürg Frick)*

Wo setze ich den Schwerpunkt?

«Für die Zielerreichung: Konzentriere dich auf den Nutzen, das Ziel und das Ergebnis statt auf die Schmerzen, die Frustration und die Hürden.» *(Jürg Frick)*

---

117 zitiert nach Ronner (2000), S. 419.
118 zitiert nach Ronner (2000), S. 430.

Wie verliert man?

«Angriff ist die schlechteste Verteidigung.» *(Rudi Rhode/Mona Sabine Meis, Ralf Bongartz)*[119]

Wie kommt man weiter?

«Ein wichtiger Weg, persönlich dazuzulernen und weiterzukommen, besteht darin, dass man seine eigenen geistigen Grenzen zu überschreiten versucht.» *(Jürg Frick)*

Der Glaube an die eigene Kraft

«Wenn es einen Glauben gibt, der Berge versetzen kann, so ist es der Glaube an die eigene Kraft.» *(Marie von Ebner-Eschenbach)*[120]

Vollständige Interpretation des Misslungenen

«Negative Dinge und Ereignisse haben meistens auch positive Aspekte: Diese gilt es zu entdecken.» *(Jürg Frick)*

Was ist wichtiger?

«Lieber ein Knick in der Biographie als im Rückgrat.» *(Armin Mueller-Stahl)*[121]

Übersehene Lerngelegenheiten

«Unsere Fehlschläge sind meistens lehrreicher als unsere Erfolge.» *(Henry Ford, leicht verändert)*[122]

Genau hinschauen

«Fast jedes Ereignis im Leben hat eine positive und eine negative Seite.» *(Jürg Frick)*

Mögliche Chance

«Nach drei Jahren vermag sogar ein Unheil zu etwas nütze sein.» *(Japanisches Sprichwort)*

---

119 Rhode, Rudi; Meis, Mona Sabine; Bongartz, Ralf (2003): Angriff ist die schlechteste Verteidigung. Der Weg zur kooperativen Konfliktbewältigung. Paderborn: Junfermann.

120 zitiert nach Fuchs (2000), S. 106.

121 zitiert nach Ronner (2000), S. 525.

122 zitiert nach Ronner (2000), S. 369.

Echtes Lebensglück

«Willst du glücklich sein im Leben, trage bei zu anderer Glück; denn die Freude, die wir geben, kehrt ins eigene Herz zurück.» *(Unbekannt)*

Soziale Freude I

«Wer Freude genießen will, muss sie teilen.» *(Lord Byron)*[123]

Soziale Freude II

«Freude lässt sich nur voll auskosten, wenn sich ein anderer mitfreut.» *(Mark Twain)*[124]

Entwicklung durch kritisches Engagement

«Man entwickelt sich weiter, wenn man sich nicht einfach mit den bestehenden Verhältnissen zufriedengibt, sondern versucht, darauf konstruktiv Einfluss zu nehmen.» *(Jürg Frick)*

Sinnvoller Widerstand stärkt

«Die Kraft, die wir brauchen, entwickeln wir aus dem Strom, gegen den wir – wenn nötig und sinnvoll – schwimmen.»[125]

Die Kunst des Neinsagens

«Nein zu sagen und trotzdem in der Verbindung mit dem Gegenüber zu bleiben, ist eine wichtige, nicht von heute auf morgen lernbare und hohe Kunst.» *(Jürg Frick)*

Differenzierte Logik

«Wer A sagt, der muss nicht B sagen. Er kann auch erkennen, dass A falsch war.» *(Bertolt Brecht)*[126]

Nützliche Skepsis

«Misstraue allen Ideologien und Personen, die mit Dämonisierungen und Abwertungen gegenüber Individuen und Gruppen arbeiten.» *(Jürg Frick)*

---

123 zitiert nach Fuchs (2000), S. 136.

124 zitiert nach Fuchs (2000), S. 137.

125 Aktion kritische SchülerInnen (Hrsg.) (2007): Das kleine rote SchülerInnen-Büchlein, Wien. Veränderte Fassung nach dem Text von Bo Dan Andersen, Soren Hansen und Jesper Jensen, 1969, Frankfurt: Verlag neue Kritik, S. 79.

126 zitiert nach Fuchs (2000), S. 68.

Umfassende Systemkritik

«So gesehen, ist das einzige System, das – vorerst – Vertrauen verdient, das Sonnensystem.» *(Karlheinz Deschner)*[127]

Kritisch bleiben

«Wenn fünfzig Millionen Menschen eine Dummheit sagen, bleibt es trotzdem eine Dummheit.» *(Anatole France)*[128]

Hilfreiche Einsicht

«Angriffe, auch persönliche, sind meistens nicht wirklich persönlich gemeint.» *(Jürg Frick)*

Feindbild und Freundbild

«Wer einen Feind sucht, wird einen finden – wer einen Freund sucht, wird einen finden.» *(Jürg Frick)*

Feindbild

«Wer mit sich selbst nicht im Reinen ist, findet überall Feinde.» *(Chinesisches Sprichwort)*

Der Rückschlag

«Statt nach einem Rückschlag in intensiver und lang anhaltender Selbstbemitleidung zu verweilen: Was mache ich jetzt, was kann ich ändern, verbessern, wo kann ich Unterstützung holen, wer könnte mir helfen, was tut mir wirklich gut?» *(Jürg Frick)*

Selbstzweifel differenzieren

«Keine Selbstzweifel führen zur Arroganz, gelegentliche Selbstzweifel schärfen die Selbstwahrnehmung und sind nützlich, viele und permanente Selbstzweifel schädigen den Menschen.» *(Jürg Frick)*

Lösungen verhindern

«Je mehr Druck und Zwang, desto weniger sind Lösungen möglich.» *(Jürg Frick)*

---

127 Deschner, Karlheinz (1994): Was ich denke. München: Goldmann, S. 38.
128 zitiert nach Fuchs (2000), S. 72.

Vorsicht I

«Überzeugungen können falsch sein – auch die eigenen!» *(Jürg Frick)*

Nützliches Rezept im Umgang mit Menschen I

«Zuerst verstehen, dann nachdenken, erst jetzt urteilen.» *(Jürg Frick)*

Nützliches Rezept im Umgang mit Menschen II

«Zuhören und verstehen ist gut für die eigene Gesundheit.» *(Jürg Frick)*

Lebenskunst

«Keiner kann das ganze Leben leben, sondern nur eine Auswahl, einen kleinen Teil davon.» *(Jürg Frick)*

Der Sinn des Lebens I

«Es ist müßig zu fragen, ob das Leben einen Sinn hat oder nicht. Es hat den Sinn, den wir ihm geben.» *(Martin Kessel)*[129]

Der Sinn des Lebens II

«Der Sinn des Lebens ist nicht der Sinn, sondern das Leben.» *(Herwarth Walden)*[130]

Die Chance des Fehlers

«Wo Fehler sind, da ist auch Erfahrung.» *(Unbekannt)*

Konstruktiver Umgang mit Fehlern I

«Wer wirklich Autorität hat, wird sich nicht scheuen, Fehler zuzugeben.» *(Bertrand Russell)*[131]

Konstruktiver Umgang mit Fehlern II

«Man sollte auch aus Fehlern lernen, die man nicht (gerne) zugibt.» *(Hans-Horst Skupy, verändert)*[132]

---

129 zitiert nach Ronner (2000), S. 577.
130 zitiert nach Ronner (2000), S. 577.
131 zitiert nach Fuchs (2000), S. 283.
132 zitiert nach Ronner (2000), S. 164.

Konstruktiver Umgang mit Fehlern III

«Lösungsorientiert ist besser und hilfreicher als fehlerorientiert.» *(Jürg Frick)*

Die Verbindung zum anderen Menschen

«Lächeln ist vielleicht der wichtigste Gesichtsausdruck, den wir haben.» *(Desmond Morris)*[133]

Nützliche Grundhaltung für das Leben

«Es genügt nicht, als Mensch geboren zu werden: Man muss auch lernen und sich so weit entwickeln, als Mitmensch zu fühlen, zu denken und zu handeln.» *(nach Alfred Adler, ergänzt und erweitert von Jürg Frick)*

Vom Nutzen der Gelassenheit

«Wer nicht über sich selber lachen kann, hat überhaupt nichts mehr zu lachen.» *(Jürg Frick)*

Humor stärkt

«Ein entwicklungsförderndes Stärkungsmittel – und erst noch gratis: Menschenfreundlicher Humor!» *(Jürg Frick)*

Vorsicht II

«Humor achtet, Zynismus verachtet.» *(Jürg Frick)*

Lebenselixier Humor

«Ohne Humor ist man tot.» *(Arno Gruen)*[134]

Resilienzfaktor Humor

«Ein wertvoller Schutz vor Feinden und Widrigkeiten des Lebens ist der Humor.» *(aus Liberia, leicht verändert)*

---

133 zitiert nach Fuchs, S. 141.
134 zitiert nach Fuchs (2000), S. 138.

Humor und Gelassenheit I

«Humor ist der Versuch, sich selbst nicht ununterbrochen allzu wichtig zu nehmen.» *(Ernst Kreuder, leicht verändert)*[135]

Humor und Gelassenheit II

«Wer Humor hat, kann sich auch selber auf den Arm nehmen.» *(Jürg Frick)*

Humor und Gelassenheit III

«Man soll die Dinge nicht immer so tragisch nehmen wie sie sind.» *(Karl Valentin, leicht verändert)*[136]

Reifer Humor

«Humor ist überwundenes Leiden an der Welt.» *(Jean Paul)*[137]

Vom Nutzen der Gelassenheit

«Wer ein dickes Fell hat, fährt nicht so leicht aus der Haut.» *(Gerhard Uhlenbruck)*[138]

Spaß und Ernst sind Geschwister

«Wer keinen Spaß versteht, versteht auch keinen Ernst.» *(leicht verändert nach Jean Paul)*[139]

Der Vorteil des Optimisten

«Der Optimist denkt ebenso einseitig wie der Pessimist. Nur lebt er froher.» *(Charlie Rivel)*[140]

---

135 zitiert nach: Ronner, Markus M. (1990): Der treffende Geistesblitz. Thun: Ott, S. 118.

136 zitiert nach Fuchs (2000), S. 45.

137 zitiert nach: Knaurs großer Zitatenschatz (2003). Erftstadt: Area. Lizenz des Verl. Droemersche Verl.-Anst. Knaur, München, S. 205.

138 zitiert nach Ronner (2000), S. 166.

139 zitiert nach Fuchs (2000), S. 140.

140 zitiert nach: http://de.wikipedia.org/wiki/Charlie_Rivel (letzter Zugriff 16. Februar 2011)

Was ist ein Optimist?

«Der Optimist ist ein Mensch, der alles halb so schlimm und doppelt so gut findet.» *(Heinz Rühmann)*[141]

Die Wahrheit des Pessimisten

«Der Pessimist sieht nur die Hälfte der Wahrheit.» *(Bertrand Russell)*[142]

Die Wirkung der Nörgler

«Nörgler sind Leute, die so lange den Kopf schütteln, bis ein Haar in die Suppe fällt.» *(Unbekannt)*

Warum Pessimismus als Lebenshaltung schadet

«Der Pessimist findet zu jeder Lösung das passende Problem.» *(Unbekannt)*

Offenheit

«Wie gut oder schlecht eine Situation auch ist – sie kann sich manchmal/jederzeit/rasch/langsam/überraschend ändern.» *(Unbekannt)*

Veränderung

«Spuren, auf denen wir Jahrzehnte gewandelt sind, können wir auch wieder verlassen.» *(Horst Conen)*[143]

Fragen und Denkanstöße

- Welche Aphorismen und Sprüche helfen Ihnen? Warum? Wie setzen Sie diese für sich gewinnbringend ein?
- In welchen Lebensbereichen/Lebenssituationen fehlen Ihnen nützliche Aphorismen und Sprüche? Beginnen Sie, gezielt zu sammeln oder erfinden Sie eigene.

141 zitiert nach Fuchs (2000), S. 43.
142 zitiert nach Fuchs (2000), S. 45.
143 Conen, Horst (2008): Und ich schaffe es doch! So befreien Sie sich von negativen Lebensbotschaften und gewinnen an Selbstvertrauen. Augsburg: Weltbild, S. 46.

- Fragen Sie Ihre Freunde und Bekannten nach deren Aphorismen und Sprüchen – und warum sie sich davon angesprochen fühlen.
- Vielleicht gründen Sie gar eine Aphorismen-Gruppe oder tauschen sich per E-Mail mit Bekannten darüber aus?

Literaturhinweise

Bartens, Werner (2010): Körperglück. Wie gute Gefühle gesund machen. München: Droemer.

Fuchs, Rolf (2000): Zitate ohne Tabus. Der größte und aktuellste provokative Zitatenschatz. Berlin: Frieling & Partner.

Knaurs großer Zitatenschatz (2003). Erftstadt: Area. Lizenz des Verl. Droemersche Verl.-Anst. Knaur, München.

Ronner, Markus M. (1990): Der treffende Geistesblitz. Thun: Ott.

Ronner, Markus M. (2000): Zitate-Lexikon des 20. Jahrhunderts. Zürich: Orell Füssli.

Anhang A: Die 28 Lebensstiltypen nach Mosak/Frick

Einleitung

Alle Versuche, ob biologische, psychologische oder soziologische, Menschen präzise in Typen einzuteilen, scheitern letztlich – zum Glück! Das gilt auch für die exakte Erfassung des Lebensstils eines Menschen, weil alle Klassifizierungen oder Typologien letztlich dem Einzelnen in seiner Vielgestaltigkeit und Komplexität nie gerecht werden können.

Trotzdem stellen differenziertere Typologien unter diesem Vorbehalt meines Erachtens einen möglichen sinnvollen *Beitrag* – keine umfassende Erklärung – zur Menschenkenntnis, zur Selbsterkenntnis und zur Fremderkenntnis dar, wenn sie nicht in einem verurteilenden Sinn verstanden und angewandt sowie mit der nötigen Vorsicht und Flexibilität betrachtet werden – sie bieten zumindest Anregungen zur Reflexion und möglicherweise auch für die bewusstere Selbstentwicklung. Ein gänzlicher Verzicht auf eine Art Typologie wäre auch ein Verzicht auf die Erfassung gewisser Grundtendenzen, die wir Menschen eben haben.

Wie wir in Kapitel 3 gesehen haben, verfügt der Mensch auch über selbststeuernde Faktoren («autogener Faktor»), die ihm Möglichkeiten der Selbstgestaltung zur Verfügung stellen. Zuerst nochmals kurz aufgelistet die 28 Lebensstiltypen nach Mosak/Frick.

Die 28 Lebensstiltypen nach Mosak/Frick: Kurzversion

1. Der sachlich-vernünftige Mensch
2. Der/die «NehmerIn» (andere Personen gerne in den eigenen Dienst stellen, beanspruchen)
3. Der/die AntreiberIn, der/die Getriebene (ständig in Bewegung, Aktivität)
4. Der/die KontrolliererIn (alles unter Kontrolle behalten wollen)
5. Recht haben und Recht behalten wollen (sich über die anderen stellen)
6. Überlegen sein müssen (besser sein, im Mittelpunkt stehen)
7. Der bescheiden-anständige, tendenziell sich unterschätzende Mensch
8. Der ängstlich-vermeidende, sehr vorsichtige Mensch
9. Gefallen wollen und es anderen Personen Recht machen müssen (Alle müssen mich mögen)
10. Besonders, speziell, ungewöhnlich sein wollen (auffallen wollen)
11. Gut und perfekt sein müssen (hohe moralische Maßstäbe)
12. Sich allem widersetzen (häufig negativ eingestellt sein)
13. Der Kampf (mit allen Menschen kämpfen müssen, ihnen ihr Unrecht beweisen)
14. Der/die zähe KämpferIn (sich für Ziele beharrlich einsetzen)
15. Das Opfer (der Pechvogel)
16. Der pessimistische Mensch
17. Der optimistische Mensch
18. Der Märtyrer, die Märtyrerin (leidet für ein höheres Ziel)
19. Mit Charme und Witz durchs Leben gehen
20. Zwei linke Hände haben (unbeholfen, ungeschickt sein)

21. Gefühle meiden und spontane Reaktionen zurückhalten (Furcht, Kontrolle zu verlieren)
22. Hasst Routine und sucht Abwechslung (sucht Action und ständig neue Erfahrungen)
23. Der/die VermittlerIn, DiplomatIn (in Konflikten und Streitsituationen)
24. Der/die Kooperative (kann gut zusammenarbeiten und unterstützen)
25. Der zupackende, übernehmende Mensch
26. Der Spaßvogel, der/die Humorist/in (nimmt es locker, lebt den Humor)
27. Gefühl, zu kurz zu kommen (ständig Angst haben, zu kurz zu kommen)
28. Der gemütlich-gemächliche Mensch

Der Lebensstil des Menschen setzt sich aus verschiedenen Charaktereigenschaften oder -merkmalen zusammen, er ist sozusagen das Ensemble der Charakterzüge einer Person; er kann ebenso als die individuelle Melodie seines Trägers, seiner Trägerin bezeichnet werden. Adler hat in früheren Jahren dafür auch den Begriff «Leitbild» (1973 e/1912), später «Leitlinie» oder «Lebensplan» (1973 d/1914) verwendet, schließlich dann den Terminus «Lebensstil» (1978/1929) vorgezogen. Der Lebensstil ist dem betreffenden Menschen in der Regel mehrheitlich nicht bewusst und ist final (zielgerichtet) zu verstehen: Mit seinem Verhalten möchte der Mensch bei den Mitmenschen immer etwas erreichen, bekommen, bewirken, auslösen. Der Lebensstil stellt letztlich eine subjektive Auffassung vom Selbst in Beziehung zu den anderen Menschen, zum Leben als Ganzes dar. Er bedeutet im individualpsychologischen Verständnis eine ganz persönliche, subjektive Stellungnahme zu den Herausforderungen, Anforderungen und Aufgaben des Lebens.

In der nachfolgenden Beschreibung finden Sie 28 häufig vorkommende Lebensstile kurz skizziert, das heißt ich beschreibe und umschreibe diese Lebensstile in knappen Worten. Wie erwähnt sind das nur Versuche, komplexe Verhaltensweisen und psychische Strebungen in vereinfachter Form und in zusammenfassenden Lebensstil-

Typologien wiederzugeben. Ich wiederhole deshalb die Aussage von Adler aus Kapitel 3:

> Das Einmalige des Individuums lässt sich nicht in eine kurze Formel fassen, und allgemeine Regeln […] sollen nicht mehr als Hilfsmittel sein.[1]

Möglicherweise finden Sie sich (oder andere Ihnen bekannte Menschen) in einigen der beschriebenen Typen oder in einer Auswahl von Sätzen der unterschiedlichen Typen teilweise wieder.

Suchen Sie die Typen heraus, welche Ihrer Meinung nach am ehesten auf Sie zutreffen. Kreuzen Sie diese an, unterstreichen oder modifizieren Sie dann zutreffende Behauptungen, suchen Sie Ergänzungen oder treffendere Umschreibungen. Fügen Sie das alles zusammen – vielleicht finden Sie damit eine mehr oder weniger treffende Beschreibung oder Teilbeschreibung Ihrer Person?

Einige Lebensstile wirken sich tendenziell günstiger auf das betreffende Individuum und seine Umgebung aus (beispielsweise Nr. 24), andere stellen eine eher ungünstige Anpassung an das Leben dar (beispielsweise Nr. 13) und schaffen neue Probleme. Jeder Lebensstil beinhaltet mögliche Vor- und Nachteile, weist Chancen und Gefahren auf. Natürlich spielt die Ausprägung des betreffenden Lebensstils sowie der Kontext, die konkrete Situation des Menschen, in der sich dieser Lebensstil manifestiert, eine wichtige Rolle: Eine leicht kämpferische Tendenz kann sich im Leben häufig als durchaus nützlich erweisen, aber der permanente Kampf wird letztlich selbst- und fremdschädigend. Letztlich gehören zu einem gelingenden Leben beispielsweise ausgewogene «NehmerInnen»-Fähigkeiten, und jeder Mensch benötigt ein bestimmtes Ausmaß von Kontrolle über sein Leben und möchte anderen gefallen, bei ihnen ankommen. Und jeder Mensch möchte gelten, einen Wert vom Gegenüber gespiegelt bekommen – das ist für die gesunde Entwicklung existenziell! Entscheidend sind wie erwähnt das Ausmaß, die Dominanz dieser Merkmale und Eigenschaften: Bestimmen sie in einer einseitigen Variante diesen Menschen in seinem Streben oder liegen sie in einer wohlausgewogenen Mischung vor? Zudem: Eine Person verfügt

1 Adler, Alfred (1973 a): Der Sinn des Lebens. Frankfurt: Fischer, S. 22 (EA 1933).

häufig über eine individuelle Mischung verschiedener Lebensstil-Elemente, die nachfolgend gleich näher beschrieben werden. Da den meisten Menschen der eigene persönliche Lebensstil nicht bewusst ist, gelingt es auch kaum, diesen einfach zu ändern; erst eine Konfrontation und Sichtbarmachung durch wiederholte Probleme mit anderen Personen («Leidensdruck») oder die Auseinandersetzung im Rahmen einer Beratung/Therapie erhöhen die Chance für eine Bewusstmachung, Bearbeitung und schließlich Veränderung des Lebensstils: Da liegen vorhandene Chancen für eine Modifizierung von Lebensstilelementen und Möglichkeiten der besseren Anpassung an die Erfordernisse des Lebens!

Und hier sei nochmals betont: Jeder Lebensstil weist verschiedene Vor- und Nachteile auf!

Die 28 Lebensstiltypen nach Mosak/Frick: Beschreibung und Erläuterung[2]

Lebensstil 1:

Der sachlich-vernünftige Mensch

Ich lebe, soweit es mir möglich ist, vernünftig und versuche die Probleme und Schwierigkeiten des Lebens möglichst sachlich zu betrachten und anzugehen. Das gelingt mir in den meisten Fällen. Ich achte auf einigermaßen gesunde Ernährung und eine ausgewogene Lebensweise; bluffen und Dramaturgie liegen mir gar nicht. Von anderen Menschen erhalte ich positive Feedbacks. Wenn ich eine Meinung vertrete, dann begründe ich sie mit klaren Argumenten. Mit meiner Art zu leben bin ich ganz zufrieden.

2 Ich folge hier in den Beschreibungen von 14 Lebensstilen teilweise – verändert und ergänzt – Schoenaker, Theo (2007): Das Leben selbst gestalten. Mut zur Unvollkommenheit. 2. Auflage. Bocholt: RDI, S. 270–274 sowie Nikelly, Arthur G. (1978): Neurose ist eine Fiktion. Die Behandlung von Verhaltensstörungen nach Alfred Adler. München: Kindler, S. 96 f. Die restlichen 14 Lebensstiltypen (1./7./8./10./13./14./16./17./23. bis 28.) sowie deren Beschreibungen stammen von mir.

Lebensstil 2:

Der/die «NehmerIn» (andere Personen gerne in den eigenen Dienst stellen)

Als nehmende Person stelle ich andere Menschen gerne in meinen Dienst, beanspruche sie, wobei ich mich aktiv und/oder passiv verhalten kann. Um mehr zu bekommen, kann ich andere Personen einschüchtern, launisch, grollend oder zornig, aber auch charmant, freundlich oder aber schüchtern sein.

Ich neige auch eher dazu, das Leben als ungerecht zu empfinden, weil ich häufig nicht das erhalte, was mir aus meiner Sicht eigentlich zusteht. Ich bin meistens nicht zufrieden, möchte mehr erhalten, fühle mich benachteiligt. Das war schon früher als Kind ähnlich.

Hinweis: Menschen, die in ihrer Kindheit stark verwöhnt wurden (vgl. Frick 2011), aber auch Personen, die in ihrer Familie eine Herren-Mentalität erworben haben, können besonders ausgeprägte «NehmerInnen»-Eigenschaften aufweisen.

Lebensstil 3:

Der/die AntreiberIn, der/die Getriebene (ständig in Bewegung, Aktivität)

Ich bin fast ständig in Bewegung und lebe im Gefühl, ich müsse mich immer beeilen, um alles zu beenden, was ich noch alles tun sollte und/oder wollte; ich bin ständig auf Trab. Ich bin sehr gewissenhaft und erlaube es mir kaum, anzuhalten, mir Ruhe, Zeit und Muße zu gönnen oder einmal auszuspannen. Dabei setze ich andere Menschen regelmäßig unter Druck.

Im tiefsten Inneren steckt eine Angst, ich könnte ein Versager/eine Versagerin sein. Meine übersteigerte Aktivität ist ein Versuch, diese Angst zu überdecken, sie zu bändigen.

Lebensstil 4:

Der/die KontrolliererIn (alles unter Kontrolle behalten wollen)

Ich möchte mein ganzes Leben möglichst unter Kontrolle haben und will vermeiden, vom Leben, von anderen kontrolliert zu werden. Überraschungen mag ich im Allgemeinen nicht, spontane Reaktionen versuche ich zu vermeiden und ich zeige auch nicht gerne meine Gefühle, da all dies meine Selbstkontrolle beeinträchtigen könnte. Unklarheiten und Kontrollverlust sind mir zuwider.

Ich schätze die Ordnung, Sauberkeit, Regelhaftigkeit, stelle hohe Anforderungen an mich. Häufig stört es mich, wenn sich andere nicht so verhalten, wie ich mir das vorstelle.

Lebensstil 5:

Recht haben und Recht behalten wollen (sich über die anderen stellen)

Ich möchte im Leben Recht haben und Recht behalten und muss das den anderen beweisen. Damit bin ich besser als andere. Allerdings verkennen die meisten Menschen meine Fähigkeiten und Kompetenzen. Richtig und falsch sind für mich die zentralen Lebenskriterien. Für Unklarheiten und Ziellosigkeit habe ich kein Verständnis, Mehrdeutigkeiten und fehlende Leitlinien kann ich schwer ertragen. Das äußere ich häufig auch unverblümt – und dafür ecke ich wiederholt an.

Es ist für mich sehr wichtig im Leben, möglichst wenig oder keine Fehler zu machen. Können mir andere trotzdem Fehler nachweisen, suche ich mich zu verteidigen und/oder greife sie an und weise auf die Fehler der anderen hin: Diese sind doch größer als meine Fehler.

Lebensstil 6:

Überlegen sein müssen (besser sein, im Mittelpunkt stehen)

Ich fühle mich am besten, wenn ich mich überlegen fühle, besser als die anderen bin, im Mittelpunkt stehe: Dafür kann ich auch kämpfen, streiten; andernfalls ziehe ich mich zurück, halte mich von anderen fern, vergrabe mich in eine Tätigkeit, ein Hobby. Ich meide Situationen, in denen ich anderen nicht überlegen bin, nicht im Mittelpunkt oder vorne stehen kann.

Wenn ich nicht unter den Besten oder Ersten sein kann, ziehe ich mich zurück oder gebe mir dann keine große Mühe mehr oder finde das Ganze uninteressant oder nutzlos. Dann ist mir mein eventuelles schlechtes Abschneiden egal.

Lebensstil 7:

Der bescheiden-anständige, tendenziell sich unterschätzende Mensch

Im Mittelpunkt zu stehen ist gar nicht meine Sache – und Angeben liegt mir noch weniger. Ich erfülle meine Aufgaben und gebe mir dabei Mühe. Andere Leute können sich wahrscheinlich besser präsentieren als ich, vielleicht unterschätze ich mich in meinen Fähigkeiten und Möglichkeiten, aber mir ist das so angenehmer. Ich möchte lieber das gut machen, was mir auch liegt und was ich beherrsche. Dafür erhalte ich auch ein positives Echo. Es fällt mir eher schwer, andere Menschen zu kritisieren. Ich stelle meine Wünsche und Bedürfnisse zugunsten der Bedürfnisse anderer Personen vielleicht eher zurück.

Lebensstil 8:

Der ängstlich-vermeidende, sehr vorsichtige Mensch

Für mich ist das Leben meistens anstrengend, auch gefährlich. Ich meide wenn immer möglich Gefahren und für mich bedrohliche Situationen – nur wenn ich ganz sicher bin, unternehme ich Schritte, äußere meine Meinung. Trotzdem beschleicht mich oft die Angst, zu versagen, ausgelacht oder blamiert oder nicht ernst genommen zu werden, nicht zu genügen. Das strengt mich sehr an. Lieber überlege ich mir Dinge dreimal, wäge ab, ob und was ich sagen oder tun soll. Die anderen Menschen halte ich eher auf Distanz, ich traue ihnen nicht so ganz. Lieber halte ich mich zurück, bei Diskussionen ziehe ich mich ganz zurück.[3]

Lebensstil 9:

Gefallen wollen und es anderen Personen recht machen müssen (Alle müssen mich mögen)

Es ist mir ganz wichtig, dass mich alle mögen, dass ich ihnen gefalle. Wenn mich eine einzelne Person ablehnt (oder ich das annehme oder

---

3 Ein Beispiel für zumindest einige Aspekte dieses Lebensstils ist der Dichter Franz Kafka (1883–1924). Zu Kafka – im Zusammenhang mit Entmutigung – vgl. auch: Frick, J. (2007): Die Kraft der Ermutigung. Grundlagen und Beispiele zur Hilfe und Selbsthilfe. Bern: Verlag Hans Huber, S. 85–100.

befürchte), fühle ich mich verunsichert und bekomme Angst. Ich reagiere sehr empfindlich auf Kritik, ja ich ertrage Kritik sehr schlecht, fühle mich dann schnell «vernichtet», nichts mehr Wert, blamiert oder dumm.

Ich versuche herauszufinden, zu spüren, was anderen gefällt, und ändere dann häufig meine Meinung, wenn ich damit mehr Zustimmung erhalte. In meinem Bemühen zu gefallen ändere ich in Gesprächen und Diskussionen rasch meine Position. Die Einschätzungen anderer sind für mich der Maßstab für meinen Wert, ich bin von der Meinung der anderen abhängig. Das beschäftigt mich manchmal/häufig auch im Schlaf, in meinen inneren Dialogen (Selbstgesprächen). Wenn ich das Gefühl bekomme, dass die anderen mich und meine Meinung nicht mögen, ist das für mich ganz schwierig, ich spüre das dann sogar körperlich.

Lebensstil 10:

Besonders, speziell, ungewöhnlich sein wollen (auffallen wollen)

Ich muss anderen gegenüber mit bestimmten Eigenschaften und Kompetenzen speziell auffallen, ihr Interesse und ihre Aufmerksamkeit wecken und binden: Das kann sich auf verschiedenste Eigenschaften beziehen, z. B. besonders originell, charmant, witzig, schön, attraktiv, sexy, muskulös, gescheit, intelligent, intellektuell, aber auch schnell oder ungewöhnlich sein usw. Mit einem normalen Verhalten, einer «normalen» Rolle könnte ich mich nie zufrieden geben. Das wird an mir manchmal von anderen kritisiert.

Ich möchte mich auch von anderen Menschen klar abheben – dann fühle ich mich akzeptiert, geschätzt. Wenn ich das nicht bekomme, dann ziehe ich mich zurück, grolle – oder werde wütend, gelegentlich sogar aggressiv.

Lebensstil 11:

Gut und perfekt sein müssen (hohe moralische Maßstäbe)

Es ist mir ganz wichtig, ein guter Mensch zu sein, und ich stelle an mich sehr hohe moralische Maßstäbe: höhere, als es andere bei sich tun. Manchmal sind meine Maßstäbe vermutlich übermenschlich hoch angesetzt, wenn ich einen Fehler für unverzeihlich halte. Ich möchte alles ganz fehlerfrei, sehr gut, ja perfekt machen, halbe Sachen sind bei mir nicht möglich. An mich setze ich ganz hohe Maßstäbe. [Bei religiösen Maßstäben: Hier strebe ich nach Vorbildern wie Jesus – die ich aber nie erreiche.]

Gewisse Fehler, die ich mache, nehme ich mir dann sehr übel, ärgere mich über mein Unvermögen, mache mir Vorwürfe.

Variante: An andere Leute stelle ich ebenso wie an mich sehr hohe Ansprüche, bin streng. Ich fühle mich häufig anderen gegenüber überlegen, finde, sie müssten sich eben mehr anstrengen, mehr Einsatz leisten.

Lebensstil 12:

Sich allem widersetzen (häufig negativ eingestellt sein)

Ich bin gegenüber den Anforderungen des Lebens häufig abwehrend, negativ eingestellt. Häufig bis meistens widersetze ich mich dem, was das Leben (Schule, Beruf, PartnerIn, Bekannte usw.) von mir verlangt oder erwartet. Genau genommen weiß ich besser, wogegen ich bin, als wofür; mein Programm ist eigentlich negativ: nein! Das wird mir dann sogar vorgeworfen: Ich sei aggressiv oder entwertend. Das sehe ich anders, und es verletzt mich.

Meine Ablehnung kann ich offen zeigen; ich kann sie aber durchaus auch indirekt zum Ausdruck bringen, indem ich mich passiv verhalte, die Wünsche und Forderungen der anderen überhöre, übergehe, umgehe, oder ganz einfach vergesse beziehungsweise verdränge.

Lebensstil 13:

Der Kampf (mit allen Menschen kämpfen müssen, ihnen ihr Unrecht beweisen)

Ich empfinde das Leben als ungerecht, fühle mich von den anderen meistens ungerecht behandelt, finde sie vielfach gemein. Irgendwie haben sich die Menschen, einige Institutionen gegen mich verschworen, das war schon früher so. Deshalb muss ich mit den meisten Menschen kämpfen, damit ich nicht untergehe, schlecht behandelt, benachteiligt und ausgenutzt werde. Ich muss ihnen doch zeigen, dass sie alle Unrecht haben, von mir zu viel verlangen, mich unfair behandeln, mich falsch einschätzen, mich benachteiligen, dafür andere privilegieren und schonen.

Ich kämpfe, indem ich zum Beispiel streite, heftige und/oder verdeckte Vorwürfe erhebe, mich immer wieder verweigere, weine, schreie, die Türen knallen lasse, andere attackiere, ihnen die Meinung ins Gesicht sage usw. Kampf ist quasi mein Lebensmotto, reden und zuhören bringt gar nichts.

Hinweis: Wie ich in Kapitel 15 zum Neinsagen geschrieben habe, gibt es durchaus auch einen sinnvollen, berechtigten Kampf gegen Ungerechtigkeiten und Diskriminierung. Nur: Kämpfe ich mehr oder weniger gegen alles und alle – und warum, mit welchen Mitteln? Welche Motive liegen dem zugrunde? Da liegen wohl die Hauptunterschiede zum Lebensstil 14.

Lebensstil 14:

Der/die zähe KämpferIn (sich für Ziele beharrlich einsetzen)

Wenn mir etwas wichtig und vordringlich erscheint, kann ich mich mit Beharrlichkeit und Ausdauer dafür einsetzen; da lasse ich mich nicht unterkriegen! Widerstand, daraus sich ergebende Nachteile oder gar mögliche Verleumdungen halten mich nicht auf, im Gegenteil: Das spornt mich an. Wer aufgibt, gibt sich und sein Ziel auf: Das etwa könnte mein Motto sein.[4]

Lebensstil 15:

Das Opfer (der Pechvogel)

Ich empfinde mich als Pechvogel, ja manchmal gar als Unglücksraben. Mit mir würde sicher kaum jemand tauschen wollen. Offenbar bin ich etwas Besonderes, vom Schicksal dazu auserkoren.

---

4 Treffende Beispiele für diesen Lebensstil sind Nelson Mandela (*1918) und die mutige Kämpferin für Frauenrechte, Monika Hauser (*1959); zwei Beispiele für Organisationen, die diesen Stil verkörpern, sind Amnesty International oder Greenpeace.

Ich bedaure mich nicht selten. Häufig empfinde ich ein starkes Gefühl von Selbstmitleid wie: «Ich bin schon ein armer Kerl», «Mich trifft es immer», «Immer passiert das mir» usw. Manchmal spüre ich auch Resignation oder leise Wut. Wenn die anderen diese Ungerechtigkeit nur mehr sehen könnten und mir etwas Verständnis, Mitleid oder Sympathie entgegenbrächten! Das wäre schon etwas, und ich hätte das doch verdient.

Lebensstil 16:

Der pessimistische Mensch

Das Leben ist doch sowieso eine eher zwielichtige Angelegenheit. Für die Menschheit und ihre Zukunft sehe ich schwarz, überall finden sich doch Gewalt, Betrug, Ungerechtigkeit, Krieg, Schlechtigkeit. Häufig stelle ich mir schon die Frage, wozu das Leben, die Welt, die Menschen überhaupt da sind. Ist der Mensch ein Irrläufer der Evolution? Weltverbesserer nerven mich: So etwas bringt doch kaum etwas, das zeigt schon die Geschichte zur Genüge.

Lebensstil 17:

Der optimistische Mensch

Ich sehe das Leben mehrheitlich von einer positiven Warte aus: Probleme gehen sowieso meistens wieder vorbei, und mehrheitlich kann man sie lösen; so schnell kann mich nichts erschüttern. Ich sehe mein Leben, die anderen Menschen sowie die Zukunft mehrheitlich positiv. Mein Motto könnte sein: Das Glas ist (fast) immer halb voll. In Menschen setze ich Vertrauen. Ich engagiere mich gerne, habe Ziele und bin ein aktiver Mensch, der sich an vielen Dingen des Lebens erfreut. Selbstmitleid liegt mir gar nicht. Wenn es Hindernisse gibt, dann versuche ich, sie zu überwinden, da kann ich durchaus hartnäckig sein.

Lebensstil 18:

Der Märtyrer, die Märtyrerin (leidet für ein höheres Ziel)

Ich leide ähnlich wie das Opfer (Lebensstil 15), aber ich leide oder verzichte für ein höheres Ziel (Sache oder Prinzip). Ich empfinde mich oft als ein Opfer allen Unrechts. Märtyrer müssen sich wahrscheinlich ähnlich wie ich gefühlt haben! Gelegentlich verspüre ich das Bedürfnis, mein Leiden den anderen zu zeigen: Die sollen das doch auch mal sehen und mich verstehen! Ich habe es nicht so leicht.

Mein Einsatz ist doch so wichtig für die anderen, die Gesellschaft, die Welt. Aber die Welt ist ungerecht, und ich habe eine wichtige Aufgabe (oder Mission) in dieser Welt, werde aber leider nicht verstanden und gewürdigt. So muss ich häufig schweigen und leiden, aber das höhere Ziel ist mir viel wichtiger. Die Geschichte zeigt, wie verschiedene andere Menschen ebenso in ihrer Bedeutung verkannt wurden. Mir scheint es ähnlich zu gehen.

Hinweis: Für eine höhere Leistung, sei es im Sport, in der Musik usw. kann Leiden oder Verzicht in einem bestimmten Umfang (temporär und angemessen!) für den betreffenden Menschen sogar berechtigt, durchaus sinnvoll sein. Im Gegensatz zur Märtyrerin engagiert sich beispielsweise eine Musikerin intensiv, aber zeitlich beschränkt für ein Konzert oder eine Tonaufnahme – und genießt nachher ihre verdienten Freitage. Ähnliches gilt für Wanderer oder Schwimmer.

Lebensstil 19:

Mit Charme und Witz durchs Leben gehen

Meinen Platz im Leben, meine Rolle unter den Menschen finde ich durch meinen Charme und Witz. Oft gelingt es mir damit, andere zu bewegen, das zu tun, was mir nützlich ist, was ich möchte und wünsche – oder ich kann eine angespannte Situation damit entkrampfen. Ich habe schon in meiner Familienkonstellation diese Rolle eingenommen und eingeübt. Damit bin ich meistens gut gefahren – bis heute.

Ich spüre, wie ich damit vieles erreiche und meistens damit gut ankomme. Das spornt mich an, so weiterzufahren. Am Leben freue ich mich.[5]

---

5 Ein schönes Beispiel für diesen Lebensstil ist der französische Materialist und Philosoph Julien Offray de La Mettrie (1709–1751), dessen Wiederentdeckung und Rehabilitierung überfällig sind! Die wichtigsten Schriften sind auf Deutsch verfügbar (vgl. Literaturverzeichnis).

Lebensstil 20:

Zwei linke Hände haben (unbeholfen, ungeschickt sein)

Ich habe das Gefühl, dass ich kaum etwas richtig machen kann, und richtig gut gelingt mir schon gar nichts. Irgendwie habe ich zwei linke Hände und bin einfach unbeholfen, ungeschickt. Deshalb beschränke ich mich soweit wie möglich auf das, was ich einigermaßen zustande bringe, vermeide es, Verantwortung zu übernehmen, um nicht zu versagen und dumm dazustehen oder ausgelacht zu werden. Lieber weiche ich dann aus, übertrage anderen Aufgaben und Verantwortung, denn Verantwortung kann mich so sehr belasten, dass ich gerade dann besonders unter Druck gerate und versage.

Andere nehmen mir vieles ab, da es ihnen ja viel leichter fällt. Ich fühle mich wirklich weniger fähig als die anderen und ihnen meistens unterlegen. Häufig stellen sich bei mir Gefühle ein, ich hätte einen Minderwertigkeitskomplex. Dann kann ich ein Verhalten zeigen, das andere als Selbstentwertung bezeichnen würden.

Lebensstil 21:

Gefühle meiden und spontane Reaktionen zurückhalten (Furcht, Kontrolle zu verlieren)

Ich halte meine Gefühle und spontane Reaktionen soweit wie möglich zurück, weil ich fürchte, sonst die Situation nicht mehr kontrollieren zu können. Wer weiß, was dann daraus entstehen könnte! Wenn ich zu viele Gefühle zulasse, könnte ich ja die Kontrolle über mich und mein Leben verlieren – und das wäre gefährlich, würde mir schaden. Ich lasse die Leute nicht zu nahe an mich herankommen. Auf andere wirke ich eher distanziert, kühl, was mir manchmal als abwesend oder arrogant ausgelegt wird.

Da verlasse ich mich lieber auf meinen Verstand. Probleme sind ja immer nur mit Vernunft zu lösen. Ich schätze den Intellekt, die Logik, die sachliche Argumentation: Alle Probleme der Welt können nur so gelöst werden, Gefühle und Spontaneität sind doch sehr häufig gefährlich!

Lebensstil 22:

Hasst Routine und sucht Abwechslung (sucht Action und ständig neue Erfahrungen)

Ich hasse Routine – lieber suche ich Abwechslung und Aufregung, Action, neue Erfahrungen, Spannung, Abenteuer, Aufregung. Das Leben wird mir rasch eintönig, langweilig, dann scheue ich oft keine Mühe, damit wieder etwas los ist, «Leben in die Bude» zurückkehrt. Ich fühle mich häufig wie eine Art Spieler, bin meistens irgendwie unterwegs.

Ich brauche dazu andere Menschen, besonders solche, die für mich interessant sind und auch Abwechslung und Action suchen – oder von denen ich solches erwarten kann.

Lebensstil 23:

Der/die VermittlerIn, DiplomatIn (in Konflikten und Streitsituationen)

Ich habe schon in meiner Herkunftsfamilie gelernt, in Konflikten und Stresssituationen zu vermitteln, Fronten aufzuweichen. Diese Fähigkeit kommt mir heute sehr zustatten: Ich unterstütze in Konflikten beide Seiten für eine konstruktive Lösung, vermittle zwischen divergierenden Positionen und formuliere unterschiedliche Anliegen in konstruktivere Aussagen um.

Variante: Ich laufe mit meiner ausgeprägten diplomatischen Orientierung gelegentlich Gefahr, in meinem eigenen Leben die eigene Position, die persönlichen Interessen aus den Augen zu verlieren. Ich muss dann aufpassen, im Leben nicht nur von dieser Rolle zu leben, anderen als Vermittlungsperson helfen zu wollen.

Lebensstil 24:

Der/die Kooperative (kann gut zusammenarbeiten und unterstützen)

Ich habe in meiner Herkunftsfamilie kooperatives Verhalten gelernt. Mir gelingt es leicht, mich auf andere einzustellen, ihre Gedanken und Perspektiven zu erfassen und einzunehmen, andere in ihren Anliegen zu unterstützen. Ich kann gut mit anderen zusammenarbeiten und helfe auch gerne. Dafür erhalte ich ein gutes Echo, was mich wiederum bestärkt.

Allerdings fällt es mir manchmal schwer, mich gegenüber anderen abzugrenzen, mich auch für meine Anliegen genügend stark einzusetzen.

Eine weitere Variante dieses Lebensstils: Der/die Helfende
Ich bin eine geduldige Person, kann gut zuhören, Rat geben und bin wenn möglich bereit, mich für Schwächere, Bedürftige einzusetzen, mich um sie zu kümmern – gelegentlich (oder manchmal) über meine Belastungsgrenze hinaus.

Hinweis: Nicht jeder hilfsbereite Mensch hat allerdings Abgrenzungsprobleme!

Lebensstil 25:

Der zupackende, übernehmende Mensch

Ich habe gelernt, Verantwortung zu übernehmen – und ich tue das gerne. Wo Probleme zu lösen oder Menschen zu unterstützen sind, bin ich dabei, packe zu und übernehme meinen Part, bis die Sache geklärt ist. Abwarten, Aufschieben oder Delegieren liegt mir gar nicht – das stört mich zudem bei anderen Personen, die nur jammern und nichts tun. Meine Tüchtigkeit wird von den meisten geschätzt.

Lebensstil 26:

Der Spaßvogel, der/die Humorist/in (nimmt es locker, lebt den Humor)

Ich habe gelernt, das Leben locker zu nehmen, anderen Menschen mit Humor, Witz und Pointen zu begegnen. Dafür ernte ich häufig ein positives Echo. Probleme belasten mich nicht sehr lange, ich kann sie meistens durch eine spielerische Brille betrachten und mit Humor erledigen. Gelegentlich finden Griesgrämige und Neider, ich nehme die Probleme nicht ernst: Das ärgert mich dann. Vielleicht neige ich schon manchmal dazu, eine Schwierigkeit zu negieren oder sie mit einem lockeren Spruch zu verdrängen oder an andere zu delegieren.

Andere Leute sind von meinem Wesen häufig sehr beeindruckt, bewundern mich dafür, was mir natürlich gefällt und mich bestärkt: so weitermachen![6]

Lebensstil 27:

Gefühl, zu kurz zu kommen (ständig Angst haben, zu kurz zu kommen)

Bei mir stellt sich rasch das Gefühl ein, im Leben zu kurz zu kommen: Davor habe ich Angst, das macht mich nervös, unruhig, treibt mich an.

Ich bin so dauernd auf der Suche, sammle verschiedene Dinge, stoße sie manchmal rasch wieder ab, bin aber trotzdem meistens nicht zufrieden. Auch wenn ich vieles besitze und erreicht habe, bin ich trotzdem unzufrieden und denke: «Aber das müsste ich doch auch noch haben, dann wäre ich glücklich!» Aber ich bin auch dann nicht glücklich. Oder ich suche immer wieder Zuwendung und Bestätigung, fühle mich nicht genügend beachtet und wahrgenommen.

Recht häufig fühle ich mich zudem ungerecht behandelt, benachteiligt – dann muss ich mich wehren, oder ich ziehe mich zurück, bin unglücklich, grolle, weine.

Andere Menschen äußern manchmal, ich sei mit ihnen nicht zufrieden. Das stört und beschäftigt mich.

Hinweis: Hier finden sich Unterschiede bei Menschen. So gibt es Personen, die auf der materiellen Ebene (z. B. Armut in der Kindheit) und/ oder auf der psychischen Ebene (z. B. Zuwendung, Zeit) Not erlebt und daraus ein nachvollziehbares Gefühl von Zu-kurz-Kommen entwickelt haben.

Lebensstil 28:

Der gemütlich-gemächliche Mensch

Ich nehme das Leben von der gemütlichen Seite: Hetzerei, Tempo, rasches Handeln sind mir ein Gräuel. Für Aufgaben lasse ich mir Zeit,

6 Wiederum ist hier der schon erwähnte Julien Offray de La Mettrie (1709–1751) als Beispiel zu nennen.

warte gerne ab – und ja, ich kann vieles durchaus aufschieben, ruhen lassen. Mein Motto ist: langsam, bedächtig, gemütlich. Bei anderen gelte ich manchmal als langsam, ja bequem oder träge. Gelegentlich höre ich auch, ich sei wohl etwas verwöhnt. Aber mir bringt diese meine Gangart durchs Leben viel, und ich bin zufrieden so!

Zum Schluss: Kurzer Hinweis auf andere Modelle und Konzepte

Neben dem oben dargestellten individualpsychologischen Lebensstil-Modell existieren verschiedene, teilweise ähnliche Konzepte, um menschliches Verhalten und Streben abzubilden und zu klassifizieren.

So spricht beispielsweise die Transaktionsanalyse nach Berne (2002) von sogenannten Antreibern: Diese sind in der Kindheit gelernte und verinnerlichte Anweisungen, die Menschen in Stresssituationen meistens unbewusst einsetzen. Antreiber sind zum Beispiel: «Sei perfekt», «Beeil dich», «Sei stark», «Sei gefällig, mach es allen recht» oder «Streng dich an». Auch in diesem Konzept geht es darum, Ziele zu erreichen, so zum Beispiel um Sicherheit, Anerkennung oder Zuwendung. Mehr dazu finden interessierte LeserInnen in den Büchern von Berne.

Seit den 1980er-Jahren ist das kommunikationspsychologische Modell von Schulz von Thun bekannt. In Band 2 seines Standardwerkes unterscheidet und erläutert er acht Kommunikationsstile: Hier finden sich einige interessante Überschneidungen mit den 28 Lebensstilen nach Mosak/Frick. Allerdings beschränkt sich Schulz von Thun ausschließlich auf Kommunikationsstile. Damit ist ein wichtiger Unterschied schon angedeutet: Das Lebensstilkonzept geht von einer grundsätzlicheren, ganzheitlicheren Orientierung des unteilbaren Menschen aus, die das ganze Fühlen, Denken, Wollen und Handeln des Menschen umfasst und sich nicht auf eine – zugegeben – wichtige Teilkomponente (Kommunikation) beschränkt. Trotzdem erweist sich das Modell von Schulz von Thun als sehr hilfreich und sei hier als anregendes und nützliches Grundlagenwerk empfohlen.

In der Schematherapie von Young und Kollegen (Young et al. 2005) schließlich ähneln einige der postulierten Schemata den oben dargestellten Lebensstiltypen in erstaunlicher Weise, obwohl die Autoren keinerlei Hinweise auf die individualpsychologischen Konzepte geben. Schematherapeuten beschreiben zurzeit insgesamt 18 Schemata und ordnen diesen entsprechend zusätzlich je a) zugehöriges Elternverhalten, b) Kognitionen, c) Erduldungs- und d) Vermeidungs- sowie e) Kompensationsverhalten zu (vgl. Roediger 2009). Für nähere Informationen ebenso wie für die Einsicht in die Unterschiede zum individualpsychologischen Modell empfehle ich als sehr lohnende, kompakte Einführung Roediger (2009).

Literaturhinweise

Ansbacher, Heinz L.; Ansbacher, Rowena R. (Hrsg.) (1972): Alfred Adlers Individualpsychologie. Eine systematische Darstellung seiner Lehre in Auszügen aus seinen Schriften. München: Reinhardt.

Berne, Eric (2002): Spiele der Erwachsenen: Psychologie der menschlichen Beziehungen. Reinbek: Rowohlt.

Brunner, Reinhard; Kausen, Rudolf; Titze, Michael (1985) (Hrsg.): Wörterbuch der Individualpsychologie. München: Reinhardt.

Laskowski, Annemarie (2000): Was den Menschen antreibt. Entstehung und Beeinflussung des Selbstkonzepts. Frankfurt: Campus.

Nikelly, Arthur G. (1978): Neurose ist eine Fiktion. Die Behandlung von Verhaltensstörungen nach Alfred Adler. München: Kindler.

Roediger, Eckhard (2009): Was ist Schematherapie? Eine Einführung in Grundlagen, Modell und Anwendung. Paderborn: Junfermann.

Schoenaker, Theo (2007): Das Leben selbst gestalten. Mut zur Unvollkommenheit. 2. Auflage. Bocholt: RDI.

Schottky, Albrecht; Schoenaker, Theo (2008): Was bestimmt mein Leben? Wie man die Grundrichtung des eigenen Ich erkennt. 12. Auflage. Bocholt: RDI.

Schulz von Thun, Friedemann (1991): Miteinander reden 2. Stile, Werte und Persönlichkeitsentwicklung. Reinbek: Rowohlt.

Anhang B: Persönliches Entwicklungspanorama

Einleitung

An der Pädagogischen Hochschule Zürich (PHZH) führen wir seit Jahren mit jungen Lehrpersonen in der Regel im zweiten oder dritten Jahr ihrer beruflichen Tätigkeit eine dreiwöchige intensive Weiterbildung durch. Unter anderem steht dort im Rahmen einer Standortbestimmung auch eine angeleitete Reflexion in kleinen Gruppen über die eigene bisherige Berufsentwicklung im Zentrum. Eines dieser Instrumente (Panorama der Berufsentwicklung, internes Dokument der PHZH) habe ich stark verändert und ergänzt und bezeichne es hier für unsere Zwecke als «Entwicklungspanorama». Dieses lässt sich in dieser Form von allen interessierten Personen verwenden. Selbstverständlich ist auch eine Aufteilung in mehrere Bearbeitungsphasen möglich und wahrscheinlich in vielen Fällen sogar empfehlenswert.

Es geht im Folgenden darum, das eigene persönliche Leben als Entwicklungspanorama zu verstehen und darzustellen.

Anleitung für das Entwicklungspanorama

Ziel:	den Verlauf der bisherigen persönlichen Entwicklung von der Geburt bis heute grafisch-visuell darstellen
Zeit:	60+ Minuten (je nach Auswahl und Vertiefungsgrad)
Material:	diverse Papierbogen (z. B. Format A3, A2, A1, A0, farbige Stifte, Klebeband)

Vorgehen

1. Wählen Sie den Papierbogen im gewünschten Format sowie farbige Stifte für die Darstellung Ihres Entwicklungspanoramas.
2. Überlegen Sie, wie Sie den zeitlichen Verlauf darstellen möchten (z. B. Zeitstrahl, Kreis, Baum, Fluss, Spirale …)
3. **Titel: Mein Entwicklungsweg bis heute – mein Blick zurück.**

   Zeichnen Sie nun Ihren persönlichen Werdegang auf mit Höhen, Tiefen, Schwellen, Entscheidungen, Umwegen usw.
   Verschiedenste Einflüsse und Erfahrungen können dabei eine wichtige Rolle spielen.
   Die Form der Darstellung können Sie frei wählen: Farben, Muster, Symbole, Text, Stichworte, Zeichen, Bilder usw.

Folgende Fragen und Stichworte dienen als Anregung und Unterstützung:

- *Wann fanden Phasen intensiver Auseinandersetzungen und Entwicklungen statt?*
- *Wie ist mein bisheriges Leben verlaufen?*
- *Welche Höhen und Tiefen gab es?*
- *Welche Klippen habe ich überwunden?*
- *Was waren positive Ereignisse/Erfahrungen?*
- *Was waren hilfreiche Einsichten, Erkenntnisse?*
- *An welche Situationen kann ich mich noch besonders erinnern?*
- *Wer oder was hat mich motiviert und wer oder was hat mich demotiviert?*
- *Bei welchen Gelegenheiten habe ich meinen Weg unterbrochen?*
- *Wer hat mir beim Weitergehen geholfen?*
- *Worüber kann ich heute lachen, schmunzeln, mich wundern?*
- *Institutionen, Schulen usw., die für mich wichtig waren*

- *kulturelle Ereignisse, die mich beeinflusst haben*
- *Orte, die mein Leben beeinflusst haben*
- *wichtige Bücher oder Texte*
- *gesellschaftliche Ereignisse, die für mich von Bedeutung waren/wurden*

Sie können in Ihrer Darstellung zusätzlich auch den Verlauf zu Themen wie *Beziehungen, positive Ereignisse/Erfahrungen, einzelne Personen, Eltern, Geschwister, hilfreiche Personen, weitere Personen, persönliche Erfolge, überwundene Klippen, nützliche Umwege/hilfreiche Einsichten, Gelungenes, eigene Sicherheit, Gesundheit* usw. integrieren. Eine Auswahl habe ich in der Darstellung des Entwicklungspanoramas oben und unten als Erinnerungsstichworte schon notiert; der Ort der Stichworte ist zufällig.

Für ein mögliches Fazit (prägnante Zusammenfassung) der Arbeit am Entwicklungspanorama könnten die zwei folgenden Leitfragen stehen:

1. Was war das Wichtigste für meine Entwicklung (positiv, negativ)?
2. Welche Konsequenzen ziehe ich nun für mich persönlich? Was mache ich damit?

Verschiedene Möglichkeiten für die Auswertung

- alleine für sich
- nach der Einzelarbeit Austausch mit anderen Menschen (empfehlenswert!)

Literaturhinweise

Erikson, Erik H. (1966): Identität und Lebenszyklus. Frankfurt: Suhrkamp (EA 1959).

Göppel, Rolf (2005). Das Jugendalter: Entwicklungsaufgaben, Entwicklungskrisen, Bewältigungsformen. München: Kohlhammer.

Gudjons, Herbert; Pieper, Marianne; Wagener, Birgit (1994): Auf meinen Spuren. Hamburg: Bergmann & Helbig.

Laskowski, Annemarie (2000): Was den Menschen antreibt. Entstehung und Beeinflussung des Selbstkonzepts. Frankfurt: Campus.

Oerter, Rolf; Montada, Leo (Hrsg.) (2008): Entwicklungspsychologie. 6. Auflage. Weinheim: Beltz PVU.

Schachinger, Helga E. (2005): Das Selbst, die Selbsterkenntnis und das Gefühl für den eigenen Wert. 2. Auflage. Bern: Verlag Hans Huber.

Anhang C: Kleiner Entwicklungsfragebogen

Wer gestaltet mein Leben? Wie mutig bin ich? Wie ist meine Grundhaltung? In diesem kleinen Entwicklungsfragebogen stehen Themen der Selbstgestaltung, der persönlichen Entwicklung, des Mutes und der Grundhaltung im Zentrum. Drei Fragen habe ich von Pommerenke (2007)[1] übernommen, verändert und ergänzt; sie sollen Anstoß geben, sich darüber klarer zu werden, wer Ihr Leben gestaltet, wie mutig Sie schon sind und in welche Richtung Sie denken und sich entwickeln.

Variante: Die Fragen können zudem zusätzlich auch bezüglich einer anderen Person, die sie gut kennen (SchülerIn, PartnerIn, KollegIn usw.) bearbeitet werden. Ziel wäre es so, für das Gegenüber mehr Verständnis und Einsicht zu erhalten – sei es als Lehrperson, als PartnerIn usw. – und nicht, dem anderen die gewonnenen Einsichten oder Vermutungen unter die Nase zu reiben! Menschen lieben persönliche Deutungen gar nicht – besonders wenn sie nicht explizit von ihnen bestellt worden sind!

1. Haben Sie den Eindruck, Ihr Leben zum größten Teil selber (Variante 1) zu gestalten, weiterzuentwickeln – oder fühlen Sie sich von anderen Menschen, von Umständen (Variante 2) usw. gelenkt, «gestaltet», entwickelt?
   Sind Sie eher ein/e Lenker/in oder ein/e Gelenkte/r?
   Suchen Sie nach Gründen, warum eher Variante 1 oder Variante 2 zutrifft und was Sie dabei beeinflusst.

1 Pommerenke, Ulrich (2007): Ich kann's – ich mach's. Persönlichkeitsentwicklung im Erzieherinnenberuf. Berlin: Cornelsen.

2. Beschreiben Sie, wie sich Ihre selbstbestimmte Lebensgestaltung konkret äußert: Woran zeigt sich das? Wie und woran würde das eine andere Person erkennen?

3. Schreiben Sie Ihre «Mutproben» der Vergangenheit auf. Was haben Sie damit gewonnen, wie haben Sie sich dabei weiterentwickelt? Welche Nachteile mussten Sie dafür in Kauf nehmen? Geben Sie dazu konkrete Beispiele. Wann waren Sie (besonders) mutig? Warum? Lässt sich das für die Zukunft ausbauen? Was brauchen Sie dazu?

4. Sind Sie ein eher optimistisch oder pessimistisch eingestellter Mensch? Ist Ihr Glas eher halbvoll oder halbleer, Ihre «Lebensbrille» eher dunkel oder eher hell? Welche Gründe könnte es dafür geben? Wie gut fahren Sie mit Ihrer Grundhaltung? Woran erkennen Sie das? Skizzieren Sie die Vor- und Nachteile! Möchten Sie diese Grundhaltung beibehalten oder ändern? Wenn Letzteres zutrifft: Wer könnte Sie dabei unterstützen?

Literaturverzeichnis

Literatur

Hinweise:
EA = Erstausgabe/Erstveröffentlichung
DVD= Digitaler Tonträger

Adler, Alfred (1973 a): Der Sinn des Lebens. Frankfurt: Fischer (EA 1933).

Adler, Alfred (1973 b): Menschenkenntnis. Frankfurt: Fischer (EA 1927).

Adler, Alfred (1973 c): Individualpsychologie in der Schule. Frankfurt: Fischer (EA 1929).

Adler, Alfred (1973 d): Heilen und Bilden. Frankfurt: Fischer (EA 1914).

Adler, Alfred (1973 e): Über den nervösen Charakter. Grundzüge einer vergleichenden Individual-Psychologie und Psychotherapie. Frankfurt: Fischer (EA 1912).

Adler, Alfred (1974): Die Technik der Individualpsychologie Band 2. Frankfurt: Fischer (EA 1930).

Adler, Alfred (1976): Kindererziehung. Frankfurt: Fischer (EA 1930).

Adler, Alfred (1977): Studie über die Minderwertigkeit von Organen. Frankfurt: Fischer (EA 1907).

Adler, Alfred (1978): Lebenskenntnis. Frankfurt: Fischer (EA 1929).

Adler, Alfred (1979): Wozu leben wir? Frankfurt: Fischer (EA 1931).

Adler, Alfred (1982): Psychotherapie und Erziehung. Ausgewählte Aufsätze. Band 1: 1919–1929. Frankfurt: Fischer.

Adler, Alfred (1994): Lebensprobleme. Vorträge und Aufsätze. Frankfurt: Fischer (EA 1937).

Aebischer-Crettol, Ebo (2000): Aus zwei Booten wird ein Floß. Zürich: Haffmanns.

Aktion kritische SchülerInnen (Hrsg.) (2007): Das kleine rote SchülerInnen-Büchlein, Wien. Veränderte Fassung nach dem Text von Bo Dan Andersen, Soren Hansen und Jesper Jensen, 1969, Frankfurt: Verlag neue Kritik.

Albisser, Stefan (2005): Entwicklungsaufgaben von Vorschulkindern. Ein Forschungsprojekt in der Ausbildung von Lehrpersonen. *Beiträge zur Lehrerbildung, 23* (1), S. 71–85.

Amuat, Renate (Hrsg.) (2000): Last minute. Der Tod macht auch vor der Schule nicht Halt. Materialien für LehrerInnen. Zürich: Verlag Pestalozzianum.

Ansbacher, Heinz L.; Ansbacher, Rowena R. (Hrsg.) (1972): Alfred Adlers Individualpsychologie. Eine systematische Darstellung seiner Lehre in Auszügen aus seinen Schriften. München: Reinhardt.

Antonovsky, Aaron (1997): Salutogenese. Zur Entmystifizierung der Gesundheit. Tübingen: dgvt.

Arieti, Silvano; Bemporad, Jules (1998): Depression. Stuttgart: Klett-Cotta.

ArsEdition (Hrsg.) (1999): Freunde fürs Leben. München: ArsEdition.

Asay, Ted P.; Lambert, Michael J. (2001): Empirische Argumente für die allen Therapien gemeinsamen Faktoren: Quantitative Ergebnisse. In: Hubble, Mark A.; Duncan, Barry L.; Miller, Scott D.: So wirkt Psychotherapie. Empirische Ergebnisse und praktische Folgerungen. Dortmund: Verlag modernes Lernen, S. 41–81.

Asendorpf, Jens (1999): Psychologie der Persönlichkeit. Berlin: Springer.

Asendorpf, Jens; Banse, Rainer (2000): Psychologie der Beziehung. Bern: Verlag Hans Huber.

Auhagen, Ann Elisabeth (Hrsg.) (2004): Positive Psychologie. Anleitung zum «besseren» Leben. Weinheim: Beltz PVU.

Axelrod, Robert (2005): Die Evolution der Kooperation. München: Oldenburg.

Bach, George R.; Torbet, Laura (1983): Ich liebe mich – ich hasse mich. Fairness und Offenheit im Umgang mit sich selbst. Reinbek: Rowohlt.

Bachelor, Alexandra; Horvath, Adam (2001): Die therapeutische Beziehung. In: Hubble, Mark A.; (2001): So wirkt Psychotherapie. Empirische Ergebnisse und praktische Folgerungen. Dortmund: Verlag modernes Lernen, S. 137–192.

Balint, Michael (2001): Der Arzt, sein Patient und die Krankheit. Stuttgart: Klett-Cotta (engl. EA 1964).

Bandler, Richard; Grinder, Joseph (1985): Reframing. Ein ökologischer Ansatz in der Psychotherapie. Paderborn: Junfermann.

Bandura, Albert (1976): Lernen am Modell. Ansätze zu einer sozial-kognitiven Lerntheorie. Stuttgart: Klett.

Bandura, Albert (1977): Self-efficacy: Toward a unifying theory of behavioral change. *Psychological Review, 84* (2), pp. 191–215.

Bandura, Albert (1997): Self-efficacy. The Exercise of Control. New York: W.H. Freeman.

Bartens, Werner (2010): Körperglück. Wie gute Gefühle gesund machen. München: Droemer.

Barth, Anne-Rose (1997): Burnout bei Lehrern. Göttingen: Hogrefe.

Barthelmess, Manuel (2001): Systemische Beratung. Weinheim: Beltz.

Bauer, Joachim (2003): Das Gedächtnis des Körpers. Wie Beziehungen und Lebensstile unsere Gene steuern. Frankfurt: Eichborn.

Bauer, Joachim (2005): Die Neurobiologie der Empathie. Warum wir andere Menschen verstehen können. *Psychologie heute, 8,* S. 50–53.

Bauer, Joachim (2006): Prinzip Menschlichkeit. Warum wir von Natur aus kooperieren. Hamburg. Hoffmann & Campe.

Bauer, Joachim (2007): Lob der Schule. Sieben Perspektiven für Schüler, Lehrer und Eltern. Hamburg: Hoffmann & Campe.

Bauer, Joachim (2008): Das kooperative Gen. Abschied vom Darwinismus. Hamburg: Hoffmann & Campe.

Baumgart, Franzjörg (Hrsg.) (2001): Entwicklungs- und Lerntheorien. Erläuterungen, Texte, Arbeitsaufgaben. Bad Heilbrunn: Klinkhardt.

Beck, Aaron T.; Rush, A. John; Shaw, Brian F.; Emery, Gary (1999): Kognitive Therapie der Depression. Weinheim: Beltz.

Beck, Johannes (2005): Kinder werden oft nur als defizitäre Wesen gesehen. *Psychologie heute, 3,* S. 50–54.

Becker, Peter (1985): Sinnfindung als zentrale Komponente seelischer Gesundheit. In: Längle, A. (Hrsg.): Wege zum Sinn. München: Piper, S. 186–207.

Becker, Peter (1989): Ein Strukturmodell der emotionalen Befindlichkeit. *Psychologische Beiträge, 31,* S. 514–536.

Becker, Peter (1994): Theoretische Grundlagen. In: Abele, A.; Becker, P. (Hrsg.): Wohlbefinden. Weinheim: Juventa.

Bengel, Jürgen; Strittmatter, Regine; Hillmann, Hildegart (2002): Was erhält Menschen gesund? Antonovskys Modell der Salutogenese – Diskussionsstand und Stellenwert. Köln: Bundeszentrale für gesundheitliche Aufklärung.

Berger, Peter L. (1998): Erlösendes Lachen. Das Komische in der menschlichen Erfahrung. Berlin: De Gruyter.

Berk, Laura E. (2005): Entwicklungspsychologie. 3. Auflage. München: Pearson.

Berne, Eric (2002): Spiele der Erwachsenen: Psychologie der menschlichen Beziehungen. Reinbek: Rowohlt.

Bischof-Köhler, Doris (1998): Zusammenhänge zwischen kognitiver, motivationaler und emotionaler Entwicklung in der frühen Kindheit und im Vorschulalter. In: Keller, Heidi (Hrsg.): Lehrbuch Entwicklungspsychologie. Bern: Verlag Hans Huber, S. 319–376.

Bischof, Norbert (1989): Das Rätsel Ödipus. 5. Auflage. München: Piper.

Blanz, Bernhard; Remschmidt, Helmut; Schmidt, Martin H.; Warnke, Andreas (2006): Psychische Störungen im Kindes- und Jugendalter. Stuttgart: Schattauer.

Blech, Jörg (2010 a): Gene sind kein Schicksal. Wie wir unsere Erbanlagen und unser Leben steuern können. Frankfurt: Fischer.

Blech, Jörg (2010 b): Das Gedächtnis des Körpers. *Der Spiegel, Nr. 32,* 9. August 2010, S. 110–131.

Bloch, Ernst (2001): Das Prinzip Hoffnung. 3 Bände. Frankfurt: Suhrkamp (EA 1954–1957).

Böckelmann, Christine; Meister, Barbara (2002): Suizidalität als Thema im Schulfeld. Zürich: Pestalozzianum.

Bollnow, Otto Friedrich (1964): Die pädagogische Atmosphäre. Untersuchungen über die gefühlsmäßigen zwischenmenschlichen Voraussetzungen der Erziehung. Heidelberg: Quelle & Meyer.

Borscheid, Peter (2004): Das Tempo-Virus. Eine Kulturgeschichte der Beschleunigung. Frankfurt: Campus.

Bowlby, John (1982): Das Glück und die Trauer. Herstellung und Lösung affektiver Bindungen. Stuttgart: Klett-Cotta.

Bowlby, John (1986): Bindung. Eine Analyse der Mutter-Kind-Beziehung. Frankfurt: Fischer (EA 1969).

Bowlby, John (1995): Elternbindung und Persönlichkeitsentwicklung. Therapeutische Aspekte der Bindungstheorie. Heidelberg: Dexter.

Braun, Gisela; Wolters, Dorothee (2009): Das große und das kleine Nein! Mülheim an der Ruhr: Verlag an der Ruhr.

Bremmer, Jan; Roodenburg, Herman (Hrsg.) (1999): Kulturgeschichte des Humors. Von der Antike bis heute. Darmstadt: Primus.

Brink, Andrew (1989): Bertrand Russell. A Psychobiography of a Moralist. New York: Humanities Press International.

Brisch, Karl-Heinz (2003): Bindungsstörungen und Trauma. *Zeitschrift für Individualpsychologie, 1,* S. 10–19.

Brisch, Karl-Heinz; Hellbrügge, Theodor (Hrsg.) (2003): Bindung und Trauma. Risiken und Schutzfaktoren für die Entwicklung von Kindern. Stuttgart: Klett-Cotta.

Brody, Leslie; Copeland, Anne P.; Sutton, Lisa S.; Richardson, Dorothy R.; Guyer, Margaret (1998): Mommy and daddy like you best: Perceived family favouritism in relation to affect, adjustment and family process. *Journal of Family Therapy, 20,* pp. 269–291.

Bronfenbrenner, Urie (1981): Die Ökologie der menschlichen Entwicklung. Stuttgart: Klett-Cotta.

Bronisch, Thomas (2000): Krisenintervention bei Persönlichkeitsstörungen. Stuttgart: Pfeiffer bei Klett-Cotta.

Bronisch, Thomas (2002): Suizidalidät: Ursachen, Warnsignale, therapeutische Ansätze. Stuttgart: Schattauer.

Bruch, Hilde (1977): Grundzüge der Psychotherapie. Frankfurt: Fischer.

Bründel, Heidrun (2004): Jugendsuizidalität und Salutogenese. Stuttgart: Kohlhammer.

Brüning, Barbara (Hrsg.) (2008): Kinder sind die besten Philosophen. Leipzig: Buchverlag für die Frau.

Brunner, Reinhard; Kausen, Rudolf; Titze, Michael (Hrsg.) (1985): Wörterbuch der Individualpsychologie. München: Reinhardt.

Buber, Martin (1947): Dialogisches Leben. Gesammelte philosophische und pädagogische Schriften. Zürich: Müller.

Buber, Martin (1979): Das dialogische Prinzip. Heidelberg: Lambert Schneider.

Chlada, Marvin (2004): Der Wille zur Utopie. Aschaffenburg: Alibri.

Chorover, Stephan L. (1985): Die Zurichtung des Menschen. Von der Verhaltenssteuerung durch die Wissenschaft. Frankfurt: Fischer.

Christensen, Birgit (1996): Ironie und Skepsis. Das offene Wissenschafts- und Weltverständnis bei Julien Offray de La Mettrie. Würzburg: Königstein & Neumann.

Ciaramicoli, Arthur P.; Ketcham, Katherine (2001): Der Empathie-Faktor. Mitgefühl, Toleranz, Verständnis. München: dtv.

Cleve, Jay (2000): Licht am Ende des Tunnels. Wie Depressive und ihre Angehörigen sich selbst helfen können. Bern: Verlag Hans Huber.

Comer, Ronald J. (2001): Klinische Psychologie. Heidelberg: Spektrum.

Conen, Horst (2008): Und ich schaffe es doch! So befreien Sie sich von negativen Lebensbotschaften und gewinnen an Selbstvertrauen. Augsburg: Weltbild.

Corsini, Raymond J. (Hrsg.) (1987): Handbuch der Psychotherapie. 2 Bände. München: Psychologie Verlags Union.

Cyrulnik, Boris (2001): Die Kraft, die im Unglück liegt. München: Goldmann.

Czikszentmihalyi, Mihaly (1987): Das Flow-Erlebnis: Jenseits von Angst und Langeweile. Stuttgart: Klett-Cotta.

Damon, William (1989): Die soziale Entwicklung des Kindes. Stuttgart: Klett-Cotta.

D'Holbach, Paul (1960): System der Natur oder von den Gesetzen der physischen und der moralischen Welt. Berlin: Aufbau (EA 1770).

De Jong, Peter; Berg, Insoo Kim (2003): Lösungen (er-)finden. Das Werkstattbuch der lösungszentrierten Kurztherapie. Dortmund: Verlag modernes Lernen.

Deci, Edward L.; Ryan, Richard M. (2000): The «what» und «why» of goal pursuits: Human needs and the self-determination of behavior. *Psychology Inquiry, 11,* pp. 227–268.

Deissler, Alfons (Hrsg.) (1995): Neue Jerusalemer Bibel. Einheitsübersetzung. Neu bearb. und erw. Ausg., 7. Aufl. Freiburg: Herder.

Delius, Friedrich Christian (1994): Der Sonntag, an dem ich Weltmeister wurde. Reinbek: Rowohlt.

Delumeau, Jean (1993): Angst im Abendland. Die Geschichte kollektiver Ängste im Europa des 14. bis 18. Jahrhunderts. Reinbek: Rowohlt.

Deschner, Karlheinz (1994): Was ich denke. München: Goldmann.

Dessau, Bettina; Kanitscheider, Bernulf (2000): Von Lust und Freude. Gedanken zu einer hedonistischen Lebensorientierung. Frankfurt: Insel.

Dick, Andreas (2003): Psychotherapie und Glück. Quellen und Prozesse seelischer Gesundheit. Bern: Verlag Hans Huber.

Dick, Andreas (2010): Mut. Über sich hinauswachsen. Bern: Verlag Hans Huber.

Dilling, Horst; Freyberger, Harald J. (Hrsg.) (1999): Taschenführer zur Klassifikation psychischer Störungen. Bern: Verlag Hans Huber.

Dinkmeyer Don; Kühn, Trudi (Hrsg.) (2008): Step. Das Buch für ErzieherInnen. Kinder wertschätzend und kompetent erziehen. Berlin: Cornelsen.

Dinkmeyer, Don Sr.; Dreikurs, Rudolf (1980): Ermutigung als Lernhilfe. Stuttgart: Klett.

Dinkmeyer, Don Sr.; McKay, Gary D; Mc Kay, Joyce L.; Dinkmeyer, Don Jr. (2005): Step. Das Elternbuch. Leben mit Teenagern. Weinheim: Beltz.

Dinkmeyer, Don; McKay, Gary D.; Dinkmeyer, James. S.; Dinkmeyer, Don Jr.; McKay, Joyce L. (2004a): Step. Das Elternbuch. Die ersten 6 Jahre. Weinheim: Beltz.

Dinkmeyer, Don Sr.; McKay, Gary D.; Dinkmeyer, Don Jr. (2004b): Step. Das Elternbuch. Kinder ab 6 Jahre. Weinheim: Beltz.

Dormann, Wolfram (2001): Suizid. Therapeutische Interventionen bei Selbsttötungsabsichten. Stuttgart: Pfeiffer bei Klett-Cotta.

Dornes, Martin (1997): Die frühe Kindheit. Entwicklungspsychologie der ersten Lebensjahre. Frankfurt: Fischer.

Dreher, Eva; Dreher, Michael (1985): Wahrnehmung und Bewältigung von Entwicklungsaufgaben im Jugendalter: Fragen, Ergebnisse und Hypothesen zum Konzept einer Entwicklungs- und Pädagogischen Psychologie des Jugendalters. In: Oerter, Rolf (Hrsg.): Lebensbewältigung im Jugendalter. Weinheim: Edition Psychologie VCH, S. 30–61.

Dreikurs, Rudolf (1981): Grundbegriffe der Individualpsychologie. Stuttgart: Klett-Cotta (EA 1933).

Dreikurs, Rudolf (1987): Selbstbewusst. Die Psychologie eines Lebensgefühls. Rosenheim: Horizonte.

Dreikurs, Rudolf (2001): Ermutigung an jedem Tag. Zuversicht für Eltern und Kinder. Freiburg: Herder.

Dreikurs, Rudolf; Grunwald, Bernice B; Pepper, Floy C. (2003): Lehrer und Schüler lösen Disziplinprobleme. Weinheim: Beltz.

Dreikurs, Rudolf; Soltz, Vicki (2000): Kinder fordern uns heraus. Stuttgart: Klett-Cotta.

Du Bois, Reinmar (2007): Kinderängste. Erkennen – verstehen – helfen. 4. Auflage. München: Beck.

Dumbs, Franz (2002): Humor in der Therapie. Eine explorative Studie zum Auftreten und zur Wirkung einer intentionalen Humorverwendung in der Verhaltenstherapie. Lengerich: Pabst Science Publishers.

Duncan, Barry L.; Hubble, Mark A.; Miller, Scott, D. (1998): Aussichtslose Fälle. Die wirksame Behandlung von Psychotherapie-Veteranen. Stuttgart: Klett-Cotta.

Dweck, Carol (2009): Selbstbild. Wie unser Denken Erfolge oder Niederlagen bewirkt. München: Piper.

Egan, Gerard (1984): Helfen durch Gespräch. Psychologische Beratung in Therapie, Beruf und Alltag. Reinbek: Rowohlt.

Ehrenreich, Barbara (2010): Smile or Die. Wie die Ideologie des positiven Denkens die Welt verdummt. München: Kunstmann.

Ellis, Albert (1993): Die rational-emotive Therapie. Das innere Selbstgespräch bei seelischen Problemen und seine Veränderung. München: Pfeiffer bei Klett-Cotta.

Ellis, Albert; Hoellen, Burkhard (2004): Die Rational-Emotive Verhaltenstherapie – Reflexionen und Neubestimmungen. München: Pfeiffer bei Klett-Cotta.

Enkelmann, Nikolaus B.; Rückerl, Thomas (2004): Die Macht des Vertrauens. Erfolg durch positive Gesprächsführung. Paderborn: Junfermann.

Epiktet (1984): Handbüchlein der Moral und Unterredungen. Stuttgart: Kröner.

Epiktet (1992 a): Handbüchlein der Moral. Stuttgart: Reclam.

Epiktet (1992 b): Wege zum glücklichen Handeln. Frankfurt: Insel.

Epikur (1968): Von der Überwindung der Furcht. Zürich: Ex Libris.

Epikur (1988): Philosophie der Freude. Briefe, Hauptlehrsätze, Spruchsammlung, Fragmente. Frankfurt: Insel.

Erikson, Erik H. (1980): Identität und Lebenszyklus. Frankfurt: Suhrkamp (EA 1959).

Ernst, Heiko (1977): Wer Daten fälscht oder nachmacht oder gefälschte oder nachgemachte in Umlauf bringt. *Psychologie Heute, 4,* S. 51–57.

Ernst, Heiko (2001): Empathie: die Kunst, sich einzufühlen. *Psychologie heute, 5,* S. 20–26.

Ernst, Heiko (2005): Herz plus Hirn: Emotionale Intelligenz im Alltag. *Psychologie heute, 2,* S. 20–27.

Ernst, Heiko (2006): Freude, schöner Götterfunken: Warum positive Gefühle so wichtig sind. *Psychologie heute, 1,* S. 20–27.

Essau, Cecilia A. (2002): Depression bei Kindern und Jugendlichen. München: Reinhardt.

Essau, Cecilia A. (2003): Angst bei Kindern und Jugendlichen. München: Reinhardt.

Felder, Wilhelm; Herzka, Heinz Stefan (2000): Kinderpsychopathologie. Basel: Schwabe.

Fend, Helmut (2000): Entwicklungspsychologie des Jugendalters. Opladen: Leske und Budrich.

Fénelon, François (1963): Über Mädchenerziehung (EA 1687), Reprint der Übersetzung von Eduard von Sallwürk aus dem Jahre 1886, hrsg. von Charlotte Richartz, Bochum: Kamp.

Fennell, Melanie J. V. (2005): Anleitung zur Selbstachtung. Lernen, sich selbst der beste Freund zu sein. Bern: Verlag Hans Huber.

Feuerbach, Ludwig (1956): Das Wesen des Christentums. Berlin: Akademie (EA 1841).

Feuerbach, Ludwig (1981): Vorlesungen über das Wesen der Religion. Berlin: Akademie (EA 1849).

Fiedler, Peter (1998): Persönlichkeitsstörungen. Weinheim: Beltz.

Filipp, Sigrun-Heide (2006): Entwicklung von Fähigkeitsselbstkonzepten. *Zeitschrift für Pädagogische Psychologie, 20,* (1/2), S. 65–72.

Finger, Gertraud (2004): Brauchen Kinder Ängste? Wie Kinder an ihren Ängsten wachsen. Stuttgart: Klett-Cotta.

Fischer, Kurt W. (1980): A theory of cognitive development: The control and construction of hierarchies of skills. *Psychological Review, 87,* pp. 477–531.

Flammer, August (1990): Erfahrung der eigenen Wirksamkeit. Einführung in die Psychologie der Kontrollüberzeugung. Bern: Verlag Hans Huber.

Flammer, August (2009): Entwicklungstheorien. Psychologische Theorien der menschlichen Entwicklung. 4. Auflage. Bern: Verlag Hans Huber.

Flammer, August; Alsaker, Françoise D. (2002): Entwicklungspsychologie der Adoleszenz. Die Erschließung innerer und äußerer Welten im Jugendalter. Bern: Verlag Hans Huber.

Flückiger, Christoph; Wüsten, Günther (2008): Ressourcenaktivierung. Ein Manual für die Praxis. Bern: Verlag Hans Huber.

Fogelmann, Eva (1995): Wir waren keine Helden. Lebensretter im Angesicht des Holocaust. Motive, Geschichten, Hintergründe. Berlin: Campus.

Fowler, James A.; Christakis, Nicolas A. (2008): Estimating peer effects on health in social networks. *Journal of Health Economics, 25,* (5), pp. 1400–1405.

Frankl, Viktor E. (1975): Theorie und Therapie der Neurosen. München: Reinhardt (EA 1956).

Frankl, Viktor E. (1984): Trotzdem ja zum Leben sagen. Ein Psychologe erlebt das Konzentrationslager. München: dtv (EA 1947).

Frankl, Viktor E. (1985): Der Mensch vor der Frage nach dem Sinn. München: Piper.

Freisleder, Franz J.; Schlamp, Dieter; Naber, Gabriele (Hrsg.) (2001): Depression, Angst, Suizidalität. München: Zuckschwerdt.

Freud, Sigmund (1976 a): Der Humor. In: Studienausgabe. Band 4: Psychologische Schriften. Zürich: Ex Libris (EA 1905).

Freud, Sigmund (1976 b): Der Witz und seine Beziehung zum Unbewussten. In: Studienausgabe. Band 4: Psychologische Schriften. Zürich: Ex Libris (EA 1927).

Frick, Jürg (1990): Menschenbild und Erziehungsziel. Pädagogische Theorie und Praxis bei Bertrand Russell. Bern: Haupt.

Frick, Jürg (1993): Nur die Lehrer machen Schule. Plädoyer zur personalen Bedeutung in der Pädagogik. *Neue Zürcher Zeitung,* Bildung und Erziehung, 24. Juni, S. 75.

Frick, Jürg (1996): Lebenstüchtig trotz widriger Umstände beim Aufwachsen. *Schweizerische Lehrerinnen- und Lehrerzeitung, 12,* S. 56–58.

Frick, Jürg (1999): Das Ende einer Illusion. Denkanstöße zu Ethik und Pädagogik der Bibel. Neustadt: Lenz.

Frick, Jürg (2001): Protektive Faktoren in Kindheit und Jugend. *Psychologie und Erziehung, 1,* S. 20–25.

Frick, Jürg (2003): Resilienz – Konsequenzen aus der Forschung für die Praxis. *Kindergarten heute. Zeitschrift für Erziehung, 9,* S. 7–13.

Frick, Jürg (2007): Die Kraft der Ermutigung. Grundlagen und Beispiele zur Hilfe und Selbsthilfe. Bern: Verlag Hans Huber.

Frick, Jürg (2009): Ich mag dich – du nervst mich. Geschwister und ihre Bedeutung für das Leben. 3. Auflage. Bern: Verlag Hans Huber.

Frick, Jürg (2011): Die Droge Verwöhnung. Beispiele, Folgen, Alternativen. 4. Auflage. Bern: Verlag Hans Huber.

Friedman, Meyer; Rosenman, Ray (1974): Type A Behaviour and Your Health. New York: Alfred A. Knopf.

Friedrich, Sabine; Friebel, Volker (1996): Trau dich doch! Wie Kinder Schüchternheit und Angst überwinden. Reinbek: Rowohlt 1996.

Fromm, Erich (1978): Die Kunst des Liebens. Frankfurt: Ullstein.

Fromm, Erich (1992): Humanismus als reale Utopie. Der Glaube an den Menschen. München: Heyne.

Fromm, Erich (2005): Haben oder Sein: Die seelischen Grundlagen einer neuen Gesellschaft. München: dtv.

Fröhlich-Gildhoff, Klaus; Rönnau-Böse, Maike (2009): Resilienz. München: Reinhardt.

Fuchs-Brüninghoff, Elisabeth; Gröner, Horst (1999): Zusammenarbeit erfolgreich gestalten. Eine Anleitung mit Praxisbeispielen. München: dtv.

Fuchs, Rolf (Hrsg.) (2000): Zitate ohne Tabus. Berlin: Frieling.

Fuhrer, Urs (2007): Erziehungskompetenz. Was Eltern und Kinder stark macht. Bern: Verlag Hans Huber.

Gehrig, Leo (2003): Die Bedeutung der Lehrkraft in unserer Kontaktwelt. *Schulblatt des Kantons Zürich, 9,* S. 562–569.

Geo-Magazin (2006): Die Kraft der Zuversicht. 20 Geschichten, die Hoffnung machen. *Geo-Magazin, 10,* Oktober 2006.

Geyer, Carl-Friedrich (2000): Epikur. Hamburg: Junius.

Giesecke, Helmut (1997): Die pädagogische Beziehung. Pädagogische Professionalität und die Emanzipation des Kindes. Weinheim: Juventa.

Giger-Bütler, Josef (2003): «Sie haben es doch gut gemeint». Depression und Familie. Weinheim: Beltz.

Ginott, Haim (1980): Takt und Taktik im Klassenzimmer. Szenen aus dem Schulalltag. Freiburg: Herder.

Glasl, Friedrich (2000): Konfliktfähigkeit statt Streitlust. Dornach: Goetheanum.

Glass, Lillian (1999): Bist du ein Freund? Die 10 wichtigsten Freundschaftsfaktoren. *Psychologie heute, 9,* S. 25–26.

Goldner, Colin (2000): Die Psycho-Szene. Aschaffenburg: Alibri.

Goleman, Daniel (2006): Soziale Intelligenz. Wer auf andere zugeht, hat mehr vom Leben. München: Droemer.

Göppel, Rolf (1999): Bildung als Chance. In: Opp, Günther; Fingerle, Michael; Freytag, Andreas (Hrsg.): Was Kinder stärkt. Erziehung zwischen Risiko und Resilienz. München: Reinhardt, S. 170–190.

Göppel, Rolf (2005): Das Jugendalter. Entwicklungsaufgaben, Entwicklungskrisen, Bewältigungsformen. Stuttgart: Kohlhammer.

Gould, Stephen Jay (1983): Der falsch vermessene Mensch. Basel: Birkhäuser (EA 1981).

Grawe-Gerber, Mariann; Grawe, Klaus (1999): Ressourcenaktivierung. Ein primäres Wirkprinzip der Psychotherapie. *Psychotherapeut, 44,* S. 63–73.

Grawe, Klaus (1998): Psychologische Therapie. Göttingen: Hogrefe.

Greeff, Annie (2008): Resilienz. Widerstandsfähigkeit stärken – Leistung steigern. Donauwörth: Auer.

Griebel, Wilfried; Niesel, Renate (2002): Abschied vom Kindergarten – Start in die Schule. München: Don Bosco.

Griebel, Wilfried; Niesel, Renate (2004): Transitionen. Fähigkeit von Kindern in Tageseinrichtungen fördern, Veränderung erfolgreich zu bewältigen. Weinheim: Beltz.

Gröschel, Hans (Hrsg.) (1980): Die Bedeutung der Lehrerpersönlichkeit für Erziehung und Unterricht. München: Ehrenwirth.

Grossmann, Karin; Grossmann, Klaus E. (2004): Bindungen – das Gefüge psychischer Sicherheit. Stuttgart: Klett-Cotta.

Grossmann, Klaus E. (Hrsg.) (1977): Entwicklung der Lernfähigkeit in der sozialen Umwelt. München: Kindler.

Grunder, Hans-Ulrich (Hrsg.) (1996): Utopia. Die Bedeutung von Schule, Unterricht und Lernen in utopischen Konzepten. Hohengehren: Schneider.

Gruntz-Stoll, Johannes (1989): Kinder erziehen Kinder. Sozialisationsprozesse in Kindergruppen. München: Ehrenwirth.

Gudjons, Herbert; Pieper, Marianne; Wagener, Birgit (1994): Auf meinen Spuren. Die Entdeckung der eigenen Lebensgeschichte. Hamburg: Bergmann und Helbig.

Gutman, Israel; Bender, Sara (2005): Lexikon der Gerechten unter den Völkern. Deutsche und Österreicher. Göttingen: Wallstein.

Häcker, Hartmut O.; Stapf, Kurt-H. (Hrsg.) (2009): Dorsch – Psychologisches Wörterbuch. 15., überarbeitete und erweiterte Auflage. Bern: Verlag Hans Huber.

Hagemann, Albrecht (1995): Nelson Mandela. Reinbek: Rowohlt.

Hampden-Turner, Charles (1993): Modelle des Menschen. Ein Handbuch des menschlichen Bewusstseins. Weinheim: Beltz.

Harris, Thomas (1977): Ich bin ok, du bist ok. Reinbek: Rowohlt.

Hascher, Tina (2004): Wohlbefinden in der Schule. Münster: Waxmann.

Haug-Schnabel, Gabriela; Schmid-Steinbrunner, Barbara (2002): Wie man Kinder von Anfang an stark macht. Ratingen: Oberstebrink.

Hausser, Karl (1995): Identitätspsychologie. Berlin: Springer.
Havighurst, Robert J. (1948): Developmental Task and Education. New York: McKay.
Hayden, Torey L. (1984): Sheila. München: dtv.
Hayden, Torey L. (1985): Bo und die anderen. München: dtv.
Hayden, Torey L. (1990): Kein Kind wie alle anderen. München: dtv.
Hehl, Franz-Josef (2005): Humor in Therapie und Beratung. Heidelberg: Asanger.
Heimgartner, Susanna; Schneider, Karin (2004): Schwarze Schatten. Comic-Band. Bern: BLMV.
Helmke, Andreas (2004): Unterrichtsqualität – erfassen, bewerten, verbessern. Selze: Kallmeyersche Verlagsbuchhandlung.
Helvétius, Claude Adrien (1972): Vom Menschen, seinen geistigen Fähigkeiten und seiner Erziehung. Hrsg. von G. Mensching. Frankfurt: Suhrkamp (EA 1758).
Hentig, Hartmut von (1985): Die Menschen stärken, die Sachen klären. Stuttgart: Klett-Cotta.
Herschkowitz, Norbert; Chapman Herschkowitz, Elinore (2009): Das vernetzte Gehirn. Seine lebenslange Entwicklung. 4. Auflage. Bern: Verlag Hans Huber.
Heuer, Gerhild (1979): Selbstmord bei Kindern und Jugendlichen. Stuttgart: Klett-Cotta.
Hobmair, Hermann (Hrsg.) (1996): Pädagogik. Köln: Stam.
Hobmair, Hermann (Hrsg.) (1997): Psychologie. Köln: Stam.
Hofer, Manfred; Wild, Elke; Noack, Peter (2002): Lehrbuch Familienbeziehungen. Eltern und Kinder in der Entwicklung. Göttingen: Hogrefe.
Holtbern, Thomas (2002): Der Humor-Faktor. Paderborn: Junfermann.
Hopf, Arnulf; Zill-Sahm, Ivonne; Franken, Bernd (2008): Vom Kindergarten in die Grundschule. Beltz: Weinheim.
Hossenfelder, Malte (1998): Epikur. München: Beck.
House, James; Landis K. R.; Umberson, D. (1988): Social Relationships and Health. *Science 29* July, pp. 540–545.
Hubble, Mark A.; Duncan, Barry L.; Miller, Scott D. (2001): So wirkt Psychotherapie. Empirische Ergebnisse und praktische Folgerungen. Dortmund: Verlag modernes Lernen.
Hugo-Becker, Annegret; Becker, Henning (2000): Psychologisches Konfliktmanagement. Menschenkenntnis, Konfliktfähigkeit, Kooperation. München: dtv.
Hüther, Gerald (2002): Biologie der Angst. Wie aus Stress Gefühle werden. Göttingen: Vandenhoeck & Ruprecht.
Hüther, Gerald (2009): Ohne Gefühl geht es nicht. Worauf es beim Lernen ankommt. Vortrag Juni 2009. Mühlheim: Auditorium (DVD).
Jacobs, Jerry (1974): Selbstmord bei Jugendlichen. Erklärung, Verhinderung, Hilfe. München: Kösel.
Jäncke, Lutz (2008): Macht Musik schlau? Neue Erkenntnisse aus den Neurowissenschaften und der kognitiven Psychologie. Bern: Verlag Hans Huber.
Jegge, Jürg (1976): Dummheit ist lernbar. Erfahrungen mit «Schulversagern». Bern: Zytglogge.
Jegge, Jürg (1979): Angst macht krumm. Erziehen oder Zahnrädchenschleifen. Bern: Zytglogge.

Jegge, Jürg (2005): «Die Welt rundherum ist anders». Interview mit Andrea Sailer im *Zürcher Unterländer* vom 7. Dezember, S. 3.

Jegge, Jürg (2009a): «Lassen wir das Kind wieder Kind sein». Interview mit Katrin Hafner im *Tages-Anzeiger* vom 18. September, S. 56.

Jegge, Jürg (2009b): Fit und fertig. Gegen das Kaputtsparen von Menschen und für eine offene Zukunft. Zürich: Limmat.

Jensen, Arthur (1972): Genetics and Education. New York: Harper & Row.

Jollien, Alexandre (2001): Lob der Schwachheit. Zürich: Pendo.

Jugert, Gert; Rehder, Anke; Notz, Peter; Petermann, Franz (2004): Soziale Kompetenz für Jugendliche. Grundlage, Training, Fortbildung. München: Juventa.

Jung, Mathias (2009): Ludwig Feuerbach. Wie Gott gemacht wurde. Lahnstein: Emu.

Juul, Jesper (2000): Grenzen, Nähe, Respekt. Reinbek: Rowohlt.

Juul, Jesper (2004): Das kompetente Kind. Reinbek: Rowohlt.

Kahl, Joachim (2005): Weltlicher Humanismus. Eine Philosophie für unsere Zeit. Münster: Lit.

Kaimer, Peter (2003): Story-Dealer – ein Vorschlag zur Selbstbeschreibung von PsychotherapeutInnen. In: Schemmel, Heike; Schaller, Johannes (Hrsg.): Ressourcen. Ein Hand- und Lesebuch zur therapeutischen Arbeit. Tübingen: dgvt, S. 61–79.

Kanitscheider, Bernulf (1995): Auf der Suche nach dem Sinn. Frankfurt: Insel.

Kasten, Hartmut (2005): 4–6 Jahre. Entwicklungspsychologische Grundlagen. Weinheim: Beltz.

Kefir, Nira (1987): Impass-Priority-Therapie. In: Corsini, Raymond J. (Hrsg.): Handbuch der Psychotherapie. Band 1. München: Psychologie Verlags Union, S. 368–389.

Keller, Heidi (Hrsg.) (1998): Lehrbuch Entwicklungspsychologie. Bern: Verlag Hans Huber.

Keller, Josef A.; Novak, Felix (1993): Kleines pädagogisches Wörterbuch. Freiburg: Herder.

Keller-Schneider; Manuela (2010): Entwicklungsaufgaben im Berufseinstieg von Lehrpersonen. Beanspruchung durch berufliche Entwicklungsaufgaben im Zusammenhang mit Kontext- und Persönlichkeitsmerkmalen. Münster: Waxmann.

Kennerley, Helen (2003): Schatten über der Kindheit. Wie sich psychische Traumata auswirken und wie man sie bewältigt. Bern: Verlag Hans Huber.

Keupp, Heiner (2003): Ressourcen als gesellschaftlich ungleich verteiltes Handlungspotential. In: Schemmel, Heike; Schaller, Johannes (Hrsg.): Ressourcen. Ein Hand- und Lesebuch zur therapeutischen Arbeit. Tübingen: dgvt, S. 555–573.

Key, Ellen (1978): Das Jahrhundert des Kindes. Königstein: Athenäum, S. 49 (EA 1900).

Kirchberger, Joe H. (Hrsg.) (1979): Das große Zitatenbuch. Zürich: Ex Libris.

Kirchmayr, Alfred (2006): Witz und Humor. Vitamine einer erotischen Kunst. Wien-Klosterneuburg: Edition Vabene.

Kirsch, Guy (2008): Das Elend der Fülle. *Frankfurter Allgemeine Zeitung,* 13. April, S. 44.

Kleinau, Elke; Opitz, Claudia (Hrsg.) (1996a): Geschichte der Mädchen- und Frauenbildung. Band 1: Vom Mittelalter bis zur Aufklärung. Frankfurt: Campus.

Kleinau, Elke; Opitz, Claudia (Hrsg.) (1996b): Geschichte der Mädchen- und Frauenbildung. Band 2: Vom Vormärz bis zur Gegenwart. Frankfurt: Campus.

Klemenz, Bodo (2003a): Multimodale Ressourcendiagnostik in Erziehungs- und Familienberatung. *Psychologie in Erziehung und Unterricht, 3,* S. 294–309.

Klemenz, Bodo (2003b): Ressourcenorientierte Diagnostik und Intervention bei Kindern und Jugendlichen in Erziehungs- und Familienberatung. Tübingen: Dgvt.

Klemm, Ulrich (Hrsg.) (2009): Étienne de La Boétie. Von der freiwilligen Knechtschaft. Herausgegeben von Ulrich Klemm. 1. Auflage. Frankfurt: Trotzdem.

Klosinski, Gunther (Hrsg.) (1999): Wenn Kinder Hand an sich legen. Selbstzerstörerisches Verhalten bei Kindern und Jugendlichen. München: Beck.

Knaurs großer Zitatenschatz (2003). Erftstadt: Area. Lizenz des Verl. Droemersche Verl.-Anst. Knaur, München.

Knigge, Adolph Freiherr von (1991): Über den Umgang mit Menschen. Berlin: Treptower (EA 1788).

Knopp, Marie-Luise; Napp, Klaus (Hrsg.) (2001): Wenn die Seele überläuft. Junge Menschen erleben psychische Krisen. Bonn: Psychiatrie-Verlag.

Kobasa, Suzanne C. (1982): The hardy personality: Toward a social psychology of stress and health. In: Sanders, G.S.; Suls, S. (Eds.): Social Psychology of Health and Illness. Hillsdale: Erlbaum.

Kobasa, Suzanne C. (1979): Stressful Life Events, Personality and Health. *Journal of Personality and Social Psychology, 37,* pp. 1–11.

Koennerth, Tania; Bunse, Rolf (2006): Zum Glück Optimist. Leben ist, was wir daraus machen. Freiburg: Herder. *(treffende Illustrationen zu diversen kurzen Themen und Texten)*

Kohlrieder, George (2008): Gefangen am runden Tisch. Klarheit schaffen, entschlossen handeln, Leistung freisetzen. Weinheim: Wiley-VCH.

Kohn, Alfie (1989): Mit vereinten Kräften. Warum Kooperation der Konkurrenz überlegen ist. Weinheim: Beltz.

Kohnstamm, Rita (1988): Praktische Psychologie des Schulkindes. Bern: Verlag Hans Huber.

Kohnstamm, Rita (1999): Praktische Psychologie des Jugendalters. Bern: Verlag Hans Huber.

Kohnstamm, Rita (2000): Praktische Kinderpsychologie. Die ersten 7 Jahr. Bern: Verlag Hans Huber.

Kramis-Aebischer, Kathrin (1995): Stress, Belastungen und Belastungsverarbeitung im Lehrberuf. Bern: Haupt.

Krapp, Andreas; Weidmann, Bernd (Hrsg.) (2001): Pädagogische Psychologie. Weinheim: Beltz.

Krause, Christina (1998): Angst und Angstverarbeitung. In: *Humanismus heute, 3,* S. 51–59.

Krause, Christina; Wiesmann, Ulrich; Hannich, Hans-Joachim (2004): Subjektive Befindlichkeit und Selbstwertgefühl von Grundschulkindern. Lengerich: Pabst Science Publishers.

Kriz, Jürgen (2001): Grundkonzepte der Psychotherapie. Weinheim: Beltz.

Krohne, Heinz W.; Hock, Michael (1994): Elterliche Erziehung und Angstentwicklung des Kindes. Untersuchungen über die Entwicklungsbedingungen von Ängstlichkeit und Angstbewältigung. Bern: Verlag Hans Huber.

Kropotkin, Peter (1975): Gegenseitige Hilfe in der Tier- und Menschenwelt. Berlin: Kramer (EA 1902).

Kühne-Kamm, Pia; Kamm, Bernhard (2003): Persönlichkeitsentwicklung für Lehrer. Das Sesam-Konzept. Donauwörth: Auer.

Kuiper, Piet C. (1991): Seelenfinsternis. Die Depression eines Psychiaters. Frankfurt: Fischer.

Kuntsche, Emmanuel N.; Silbereisen, Rainer K.; Reitzle, Matthias (2003): Elterliches Erziehungsverhalten, Autonomiebestrebungen und Selbstabwertung im Jugendalter. *Psychologie in Erziehung und Unterricht, 2,* S. 143–151.

La Mettrie, Julien Offray de (1984): Der Mensch eine Maschine. Leipzig: Reclam (EA 1747).

La Mettrie, Julien Offray de (1985): Über das Glück oder das höchste Gut («Anti-Seneca»). Hrsg.: Bernd A. Laska. Nürnberg: LSR (EA 1748).

La Mettrie, Julien Offray de (1987a): Die Kunst, Wollust zu empfinden. Hrsg.: Bernd A. Laska. Nürnberg: LSR (EA 1751).

La Mettrie, Julien Offray de (1987b): Philosophie und Politik. Hrsg.: Bernd A. Laska. Nürnberg: LSR (EA 1751 ff.).

Lackner, Stephan (1982): Die friedfertige Natur. Symbiose statt Kampf. München: Kösel.

Largo, Remo (1993): Babyjahre. Hamburg: Carlsen.

Largo, Remo (1999): Kinderjahre. München: Piper.

Laskowski, Annemarie (2000): Was den Menschen antreibt. Entstehung und Beeinflussung des Selbstkonzeptes. Frankfurt: Campus.

Lattmann, Urs Peter; Rüedi, Jürg (2003): Stress- und Selbstmanagement. Ressourcen fördern. Aarau: Sauerländer.

Lazarus, Arnold A.; Lazarus, Clifford. N.; Fay, Allan (2001): Fallstricke des Lebens. Vierzig Regeln, die das Leben zur Hölle machen, und wie wir sie überwinden. München: dtv.

Lazarus, Richard S.; Folkman, Susan (1984): Stress, Appraisal and Coping. New York: Springer.

Le Goff, Jacques (1999): Lachen im Mittelalter. In: Bremmer, J.; Roodenburg (Hrsg.): Kulturgeschichte des Humors. Von der Antike bis heute. Darmstadt: Primus, S. 43–56.

Lefcourt, Herbert M.; Davidson-Katz, Karina; Kueneman, Karen (1990): Humor and immune system functioning. *International Journal of Humor Research, 3,* pp. 305–321.

Lenz, Albert; Stark, Wolfgang (Hrsg.) (2002): Empowerment. Neue Perspektiven für psychosoziale Arbeit und Organisationen. Tübingen: dgvt.

Lewin, Kurt (1946): Verhalten und Entwicklung als Funktion der Gesamtsituation. In: Lewin, K. (Hrsg.): Feldtheorie in den Sozialwissenschaften. Bern: Verlag Hans Huber, S. 271–329.

Lindgren, Astrid (1992): Medita. Hamburg: Oetinger.

Locke, John (1980): Gedanken über Erziehung. Stuttgart: Reclam (EA 1693).

Lösel, Friedrich; Bender, Doris (2007): Von generellen Schutzfaktoren zu spezifischen protektiven Prozessen: Konzeptuelle Grundlagen und Ergebnisse der Resilienzforschung. In: Opp, Günther; Fingerle, Michael (Hrsg.): Was Kinder stärkt: Erziehung zwischen Risiko und Resilienz. München: Reinhardt, S. 57–78.

Lösel, Friedrich (2005): Resilienz in Kindes- und Jugendalter. Vortrag am Resilienz-Kongress vom 11. Februar 2005 in Zürich.

Lösel, Friedrich; Bender, Doris (1994): Lebenstüchtig trotz schwieriger Kindheit. *Psychoscope, 7,* S. 14–17.

Luhmann, Niklaus (1968/1989): Vertrauen. Stuttgart: Enke.

Lukesch, Helmuth (1975): Auswirkungen elterlicher Erziehungsstile. Stuttgart: Kohlhammer.

Luks, Allan; Payne, Peggy (1998): Der Mehrwert des Guten. Wenn Helfen zur heilenden Kraft wird. Freiburg: Herder.

Lusseyran, Jacques (2004): Das wiedergefundene Licht. Die Lebensgeschichte eines Blinden im französischen Widerstand. München: dtv (amerik. EA 1963).

Maier-Hauser, Heidi (2000): Lieben, ermutigen, loslassen. Erziehen nach Montessori. Weinheim: Beltz.

Mandela, Nelson (1997): Der lange Weg zur Freiheit. Frankfurt: Fischer.

Marcuse, Ludwig (1972): Philosophie des Glücks. Von Hiob bis Freud. Zürich: Diogenes.

Martin-Brunnschweiler, Regina (2004): Die Entwicklung eines Sehbehinderten aus individualpsychologischer Sicht. *Zeitschrift für Individualpsychologie, 3,* S. 225–246.

Martin, Rod A. (1989): Humor and the mastery of living: Using humor to cope with the daily stresses of growing up. In: McGhee, Paul E. (Ed.): Humor and Children's Development. New York: The Haworth Press, pp. 135–154.

Martin, Rod A. (1995): De-stressing with humor. *Humor & Health Letter, 4* (2), pp. 1–6.

Maslow, Abraham H. (2002): Motivation und Persönlichkeit. Rowohlt (EA 1943).

McKay, Matthew; Davis, Martha; Fanning, Patrick (2009): Gedanken und Gefühle – ein Arbeitsbuch. Wie Sie auf Ihre Stimmungen einwirken können. Paderborn: Junfermann.

McKay, Matthew; Fanning, Patrick (2004): Selbstachtung. Das Herz einer gesunden Persönlichkeit. Paderborn: Junfermann.

Meier, Albert; Blanc, Barbara; Keller-Lehmann, Heidi; Munsch, Jean-Paul; Ochsner, Ursula; Ruffo, Esther; Schümperli, Regula (2010): Schülerinnen und Schüler kompetent führen. Aufbau von grundlegenden Führungskompetenzen von Lehrpersonen. Ein Arbeitsheft. Zürich: Pestalozzianum.

Memmi, Albert (1996): Anleitungen zum Glücklichsein. Hamburg: Europäische Verlagsanstalt.

Memmi, Albert (1999): Das kleine Glück. Zweiundfünfzig Betrachtungen. Frankfurt: Insel.

Merz, Fritz (1993): Macht oder Ohnmacht des Erziehers. Von pädagogischen Optimisten, Pessimisten, Realisten. Bad Heilbrunn: Klinkhardt.

Meyer, Wulf-Uwe (2000): Gelernte Hilflosigkeit. Grundlagen und Anwendungen in Schule und Unterricht. Bern: Verlag Hans Huber.

Mietzel, Gerd (1998): Wege in die Entwicklungspsychologie. Band 2: Erwachsenenalter und Lebensende. Weinheim: Beltz.

Mietzel, Gerd (2002): Wege in die Entwicklungspsychologie. Band 1: Kindheit und Jugend. 4. Auflage. Weinheim: Beltz.

Milgram, Stanley (1982): Das Milgram-Experiment. Zur Gehorsamsbereitschaft gegenüber Autorität. Reinbek: Rowohlt.

Minois, Georges (1996): Geschichte des Selbstmords. Düsseldorf: Artemis & Winkler.

Minois, Georges (1998): Geschichte der Zukunft. Orakel, Prophezeiungen, Utopien, Prognosen. Düsseldorf: Artemis & Winkler.

Minuchin, Salvador (1997): Familie und Familientherapie. Freiburg: Lambertus.

Missildine, W. Hugh (1990): In dir lebt das Kind, das du warst. Stuttgart: Klett-Cotta.

Mogel, Hans (2004): Gelassenheit. In: Auhagen, Ann Elisabeth (Hrsg.): Positive Psychologie. Weinheim: Beltz, S. 52–66.

Momdshian, Ch. N. (1959): Helvétius. Ein streitbarer Atheist des 18. Jahrhunderts. Berlin: VEB Deutscher Verlag der Wissenschaften.

Montaigne, Michel de (2000): Essais. 3 Bände. Nach der Gesamtübersetzung von Hans Stilett. Frankfurt: Eichborn.

Mosak, Harold H.; Maniacci, Michael P. (1999): Beratung und Psychotherapie. Die Kunst, im richtigen Moment das Richtige zu tun. Sinntal: RDI.

Moser, Tilmann (1976): Gottesvergiftung. Frankfurt: Suhrkamp.

Mussen, Paul H.; Conger, John J.; Kagan, Jerome; Huston, Aletha C. (1998): Lehrbuch der Kinderpsychologie. 2 Bände. Stuttgart: Klett-Cotta.

Mutzeck, Wolfgang (2002): Kooperative Beratung. Grundlagen und Methoden der Beratung und Supervision im Berufsalltag. Weinheim: Beltz.

Neuenschwander, Markus P. (2003): Belastungen und Ressourcen bei Burnout von Lehrkräften der Sekundarstufe I und II. *Psychologie in Erziehung und Unterricht, 2,* S. 210–219.

Neubauer, Aljoscha; Stern, Elsbeth (2009): Lernen macht intelligent: Warum Begabung gefördert werden muss. München: Goldmann.

Nevermann, Christiane; Reicher, Hannelore (2009): Depressionen im Kindes- und Jugendalter. 2. Auflage. München: Beck.

Nezin, Aziz (1996): Ein Verrückter auf dem Dach. Meistersatiren aus fünfzig Jahren. München: C. H. Beck.

Nickel, Horst; Schmidt-Denter, Ulrich (1995): Vom Kleinkind zum Schulkind: Eine entwicklungspsychologische Einführung für Erzieher, Lehrer und Eltern. 5. Auflage. München: Reinhardt.

Nicolay, Lucien (2004): Individualpsychologische Psychagogik. *Zeitschrift für Individualpsychologie, 3,* S. 196–224.

Nikelly, Arthur G. (1978): Neurose ist eine Fiktion. Die Behandlung von Verhaltensstörungen nach Alfred Adler. München: Kindler.

Nissen, Gerhardt (2002): Seelische Störungen bei Kindern und Jugendlichen. Alters- und entwicklungsabhängige Symptomatik und ihre Behandlung. Stuttgart: Klett-Cotta.

Nöllke, Matthias (2005): Schlagfertigkeit. Gräfelfing: Haufe.

Nuber, Ursula (1995): Der Mythos vom frühen Trauma. Über Macht und Einfluss der Erziehung. Frankfurt: Fischer.

Nuber, Ursula (2005): Resilienz: Immun gegen das Schicksal? *Psychologie heute, 9,* S. 20–24.

Oerter, Rolf; Montada, Leo (Hrsg.) (2008): Entwicklungspsychologie. 6. Auflage. München: Beltz PVU

Opp, Günther; Fingerle, Michael; Freytag, Andreas (Hrsg.) (1999): Was Kinder stärkt. Erziehung zwischen Risiko und Resilienz. München: Reinhardt.

Opp, Günther; Fingerle, Michael (Hrsg.) (2007): Was Kinder stärkt. Erziehung zwischen Risiko und Resilienz. 2. Auflage. München: Reinhardt.

Ortheil, Hanns-Josef (2010): Interview mit Almut Engelien. In: *Psychologie heute, 10,* S. 28–32.

Oser, Fritz; Althof, Wolfgang (1997): Moralische Selbstbestimmung. Modelle der Entwicklung und Erziehung im Wertebereich. 3. Auflage. Stuttgart: Klett-Cotta.

Otzelberger, Manfred (2001): Suizid – das Trauma der Hinterbliebenen. München: dtv.

Pallasch, Waldemar (1995): Pädagogisches Gesprächstraining. Lern- und Trainingsprogramm zur Vermittlung therapeutischer Gesprächs- und Beratungskompetenz. München: Juventa.

Pearson, Richard E. (1997): Beratung und soziale Netzwerke. Eine Lern- und Praxisanleitung zur Förderung sozialer Unterstützung. Weinheim: Beltz.

Peltzer, Karl; von Normann, Reinhard (1985): Das treffende Zitat. Thun: Ott.

Peseschkian, Nossrat (2004): Wenn du willst, was du noch nie gehabt hast, dann tu, was du noch nie getan hast. Doppelband. Augsburg: Weltbild.

Petermann, Franz (1996): Psychologie des Vertrauens. Göttingen: Hogrefe.

Petermann, Franz (Hrsg.) (2000): Risiken frühkindlicher Entwicklung. Göttingen: Hogrefe.

Petermann, Franz (Hrsg.) (2008): Lehrbuch der Klinischen Kinderpsychologie. 6. Auflage. Göttingen: Hogrefe.

Petermann, Franz; Niebank, Kay; Scheithauer, Herbert (2004): Entwicklungswissenschaft. Entwicklungspsychologie, Genetik, Neuropsychologie. Heidelberg: Springer.

Petermann, Franz; Petermann, Ulrike (2010): Training mit Jugendlichen. Aufbau von Arbeits- und Sozialkompetenzen. 9. Auflage. Göttingen: Hogrefe.

Petermann, Franz; Winkel, Sandra (2005): Selbstverletzendes Verhalten. Erscheinungsformen, Ursachen und Interventionsmöglichkeiten. Göttingen: Hogrefe.

Piaget, Jean (1988): Das Weltbild des Kindes. München: dtv/Klett-Cotta (EA 1926).

Pommerenke, Ulrich (2007): Ich kann's – ich mach's. Persönlichkeitsentwicklung im Erzieherinnenberuf. Berlin: Cornelsen.

Popper, Karl (1997): Alles Leben ist Problemlösen. Über Erkenntnis, Geschichte und Politik. München: Piper.

Potreck-Rose, Friederike; Jacob, Gitta (2003): Selbstzuwendung, Selbstakzeptanz, Selbstvertrauen. Psychotherapeutische Interventionen zum Aufbau von Selbstwertgefühl. Stuttgart: Pfeiffer bei Klett-Cotta.

Puntsch, Eberhard (2003): Zitatenhandbuch für Politiker, Journalisten, Manager, Redner, Wissenschaftler, Erzieher, Studenten. München: Universitas

Quinnett, Paul G. (2000): Es gibt besseres als den Tod. Suizidgefährdung – Rat und Hilfe. Freiburg: Herder.

Radevagen, Til (Hrsg.) (1989): Charlie Chaplin. Ein Hauch von Anarchie. Berlin: Elefanten Press.

Rahm, Dorothea (2004): Gelassenheit. In: Auhagen, Ann Elisabeth (Hrsg.): Positive Psychologie. Weinheim: Beltz, S. 33–51.

Rahm, Dorothea; Hilka, Otte; Bosse, Susanne; Ruhe-Hollenbach, Hannelore (1999): Einführung in die Integrative Therapie. Grundlagen und Praxis. Paderborn: Junfermann.

Rampe, Micheline (2005): Der R-Faktor. Das Geheimnis unserer inneren Stärken. München: Knaur.

Rattner, Josef (1969): Psychologie der zwischenmenschlichen Beziehungen. Eine Einführung in die neopsychoanalytische Sozialpsychologie von H. S. Sullivan. Zürich: Ex Libris.

Rattner, Josef (1981): Erziehe ich mein Kind richtig? Einführung in die tiefenpsychologische Erziehung. Frankfurt: Fischer.

Rattner, Josef (1988): Was ist Tugend? Was ist Laster? Tiefenpsychologie und Psychotherapie als angewandte Ethik. München: Kniesebeck und Schuler.

Reddemann, Louise (2001): Imagination als heilende Kraft. Zur Behandlung von Traumafolgen mit ressourcenorientierten Verfahren. Stuttgart: Pfeiffer bei Klett-Cotta.

Reinelt, Toni; Bogy, Gertrude; Schuch, Bibiana (Hrsg.) (1997): Lehrbuch der Kinderpsychotherapie. München: Reinhardt.

Reiss, David (1981): The Family's Construction of Reality. Cambridge: Harvard University Press.

Reiss, Steven (2000): Who Am I? The 16 Basic Desires That Motivate Our Actions and Define Our Personalities. New York: Penguin.

Reiss, Steven (2004): Multifaceted Nature of Intrinsic Motivation: The Theory of 16 Basic Desires. *Review of General Psychology, Vol. 8,* No. 3, pp. 179–193.

Reiss, Steven (2009): Wer bin ich und was will ich wirklich? Mit dem Reiss-Profile die 16 Lebensmotive erkennen und nutzen. München: Redline.

Remschmidt, Helmut (Hrsg.) (1997): Psychotherapie im Kindes- und Jugendalter. Stuttgart: Thieme.

Resch, Franz et al. (1999): Entwicklungspsychopathologie des Kindes- und Jugendalters. Weinheim: Beltz PVU.

Resick, Patricia A. (2003): Stress und Trauma. Grundlagen der Psychotraumatologie. Bern: Verlag Hans Huber.

Rhode, Rudi; Meis, Mona Sabine; Bongartz, Ralf (2003): Angriff ist die schlechteste Verteidigung. Der Weg zur kooperativen Konfliktbewältigung. Paderborn: Junfermann.

Rhue, Morton (2008): Die Welle. Macht durch Disziplin, Macht durch Gemeinschaft, Macht durch Handeln. Ravensburg: Ravensburger.

Ricka, Regula; Gurtner, Sabine; Lehmann, Philippe (2003): Psyche im Visier der nationalen Gesundheitspolitik. In: Institut für Sozial- und Präventivmedizin der

Universität Zürich (Hrsg.): Prävention und Gesundheitsförderung im Kanton Zürich, Nr. 13, S. 10–12.

Ridley, Matt (1997): Die Biologie der Tugend. Warum es sich lohnt, gut zu sein. Berlin: Ullstein.

Ringel, Erwin (1953): Der Selbstmord. Abschluss einer krankhaften psychischen Entwicklung. Wien: Maudrich.

Ringel, Erwin (Hrsg.) (1961): Selbstmordverhütung. Bern: Verlag Hans Huber.

Roediger, Eckhard (2009): Was ist Schematherapie? Eine Einführung in Grundlagen, Modell und Anwendung. Paderborn: Junfermann.

Rogers, Carl (1972): Die nicht-direktive Beratung. München: Kindler.

Rogers, Carl (1973): Die klientenzentrierte Gesprächspsychotherapie. München: Kindler (EA 1951).

Rogers, Carl (1977): Die Kraft des Guten – ein Appell zur Selbstverwirklichung. München: Kindler.

Rogers, Carl (1988): Entwicklung der Persönlichkeit. Stuttgart: Klett-Cotta.

Rogge, Jan-Uwe (1996): Kinder brauchen Grenzen. Reinbek: Rowohlt.

Rogge, Jan-Uwe (1997): Kinder haben Ängste. Von starken Gefühlen und schwachen Momenten. Reinbek: Rowohlt.

Rogoff, Barbara (2003): The Cultural Nature of Human Development. New York: Oxford University Press.

Ronner, Markus M. (1974): Die treffende Pointe. Thun: Ott.

Ronner, Markus M. (1990): Der treffende Geistesblitz. Thun: Ott.

Ronner, Markus M. (2000): Zitate-Lexikon des 20. Jahrhunderts. Zürich: Orell Füssli.

Röper, Gisela; Noam, Gil; von Hagen, Cornelia (Hrsg.) (2001): Entwicklung und Risiko. Stuttgart: Kohlhammer.

Rosenberg, Marschall B. (2005): Gewaltfreie Kommunikation. Eine Sprache des Lebens. Paderborn: Junfermann.

Rosenthal, R.; Jacobson, L. (1968): Pygmalion in the Classroom: Teacher Expectation und Pupil's Intellectual Development. New York: Holt, Rinehart & Winston.

Rost, Detlev (Hrsg.) (1999): Handwörterbuch Pädagogische Psychologie. Weinheim: Beltz PVU.

Roth, Gerhard (1997): Das Gehirn und seine Wirklichkeit. Kognitive Neurobiologie und ihre philosophischen Konsequenzen. Frankfurt: Suhrkamp.

Roth, Gerhard (2003): Fühlen, Denken, Handeln. Wie das Gehirn unser Verhalten steuert. Frankfurt: Suhrkamp.

Rothschild, Berthold (2005): Was ist wirklich wichtig im Leben? In: *Das Magazin*, Zürich, 51/52, S. 44.

Rotton, James; Shats, M. (1996): Effects of state humor, expectancies and choice on postsurgical mood and self-medication: A field experiment. *Journal of Applied Social Psychology, 26*, pp. 1775–1794.

Rüedi, Jürg (1995): Einführung in die individualpsychologische Pädagogik. Bern: Haupt.

Ruedin, Monique (2010): Lernen und Weiterlernen. Begegnungsgeschichten mit schwer kranken Kindern und Jugendlichen in der Schule. Luzern: Rex.

Ruhe, Hans Georg (1998): Methoden der Biographiearbeit. Lebensgeschichte in Therapie, Altershilfe und Erwachsenenbildung. Weinheim: Beltz.

Russell, Bertrand (1930): Wissen und Wahn. Skeptische Essays. München: Drei Masken (EA 1928).

Russell, Bertrand (1948): Erziehung, vornehmlich in frühester Kindheit. Düsseldorf: Meridian (EA 1927).

Russell, Bertrand (1951 a): Die beste Antwort auf Fanatiker: Liberalismus. *New York Times,* 16. Dezember 1951. In: Russell, Bertrand (1976): Bertrand Russell sagt seine Meinung. Übersetzt von Günther Schwarz. Darmstadt: Darmstädter Blätter (EA 1960), S. 18–19.

Russell, Bertrand (1951 b): Die Eroberung des Glücks. Neue Wege zu einer besseren Lebensgestaltung. Darmstadt: Holle (EA 1930).

Russell, Bertrand (1973): Unpopuläre Betrachtungen. Zürich: Europa (EA 1950).

Russell, Bertrand (1976): Bertrand Russell sagt seine Meinung. Darmstadt: Darmstädter Blätter (EA 1960).

Russell, Bertrand (1984): Ehe und Moral. Darmstadt: Darmstädter Blätter (EA 1929).

Russell, Bertrand (1989): Lob des Müssiggangs und andere Essays. Zürich: Diogenes (EA 1935).

Rüttimann, Dieter (2010): Möglichkeiten und Grenzen der Integration in Primarschulen. In: Stiftung Pestalozzianum (Hrsg.): Schaffen wir die Integration? Zürich: Verlag Pestalozzianum, S. 13.

Rutschky, Katharina (1977): Schwarze Pädagogik. Quellen zur Naturgeschichte der bürgerlichen Erziehung. Berlin: Ullstein.

Rutschky, Katharina (1983): Deutsche Kinderchronik. Wunsch- und Schreckensbilder aus vier Jahrhunderten. Köln: Kiepenheuer und Witsch.

Rutz, Marianne (2006): Utopia Blues. Depression, Manie und Suizid im Jugendalter. Zürich: Pro Juventute.

Sacks, Oliver (1993): Der Tag, an dem mein Bein fortging. Reinbek: Rowohlt.

Sacks, Oliver (2008): Der einarmige Pianist. Über Musik und das Gehirn. Reinbek: Rowohlt.

Sander, Klaus (1999): Personenzentrierte Beratung. Weinheim: Beltz.

Satow, Lars; Schwarzer, Rolf (2003): Entwicklung schulischer und sozialer Selbstwirksamkeitserwartung. *Psychologie in Erziehung und Unterricht, 2,* S. 168–179.

Schaare, Jochen (2003): Von der Illusion zur Realität. Beiträge zu einer Philosophie der Aufklärung, des Realismus und der Lebenskunst. Neustadt: Lenz.

Schachinger, Helga E. (2005): Das Selbst, die Selbsterkenntnis und das Gefühl für den eigenen Wert. 2. Auflage. Bern: Verlag Hans Huber.

Schauerle, Claudia A.; Branje, S.; van Aken, M. (2003): Familien mit Jugendlichen. Familiäre Unterstützungsbeziehungen und Familientypen. Psychologie in Erziehung und Unterricht, 2, S. 129–142.

Scheich, Günter (1997): Positives Denken macht krank. Vom Schwindel mit gefährlichen Heilsversprechen. Frankfurt: Eichborn.

Scheier, Michael F.; Matthews, Karen A.; Owens, Jane F.; Magovern, George J.; Lefebvre, R. Craig; Abbott R. Anne; Carver, Charles S. (1989): Dispositional optimism and recovery from coronary artery bypass surgery: The beneficial effects

on physical and psychological well-being. *Journal of Personality and Social Psychology, 57,* pp. 1024–1040.
Scheier, Michael F.; Carver, Charles S. (1985): Dispositional optimism and physical well being: The influence of generalized outcome expectancies on health. *Journal of Personality, 55,* pp. 169–210.
Schemmel, Heike; Schaller, Johannes (Hrsg.) (2003): Ressourcen. Ein Hand- und Lesebuch zur therapeutischen Arbeit. Tübingen: Dgvt.
Schernus, Renate (2007): Ist jeder seines eigenen Glückes Schmied? Ein Plädoyer gegen die Tyrannei des Gelingens. *Pro Mente Sana aktuell, 4,* S. 13–15.
Scheub, Ute (2004): Friedenstreiberinnen. Elf Mutmachgeschichten aus einer weltweiten Bewegung. Giessen: Haland & Wirth.
Schleichert, Hubert (1997): Wie man mit Fundamentalisten diskutiert, ohne den Verstand zu verlieren. Anleitung zum subversiven Denken. München: C.H. Beck.
Schmid, Wilhelm (1998): Philosophie der Lebenskunst. Frankfurt: Suhrkamp.
Schmid, Wilhelm (2004): Mit sich selbst befreundet sein. Von der Lebenskunst im Umgang mit sich selbst. Frankfurt: Suhrkamp.
Schmid, Wilhelm (2005a): Die Kunst der Balance. 100 Facetten der Lebenskunst. Frankfurt: Insel.
Schmid, Wilhelm (2005b): Schönes Leben. Einführung in die Lebenskunst. Frankfurt: Suhrkamp.
Schmid, Wilhelm (2009): Wie viel Vertrauen brauchen wir? *Psychologie heute, 6,* S. 20–24.
Schmidbauer, Wolfgang (1977). Die hilflosen Helfer. Über die seelische Problematik helfender Berufe. Reinbek: Rowohlt.
Schmidt-Denter, Ulrich (2005): Soziale Beziehungen im Lebenslauf. 4. Auflage. München: Beltz PVU.
Schmidt-Salomon, Michael (2005): Manifest des evolutionären Humanismus. Plädoyer für eine zeitgemäße Leitkultur. Aschaffenburg: Alibri.
Schneewind, Klaus A. (1999): Familienpsychologie. Stuttgart: Kohlhammer.
Schneewind, Klaus A.; Herrmann, Theo (Hrsg.) (1980): Erziehungsstilforschung. Bern: Verlag Hans Huber.
Schneider, Wolfgang (2005): Anleitung zum Faulsein. Eine Enzyklopädie. München: Piper.
Schoenaker, Theo (1996): Mut tut gut. Das Encouraging-Schoenaker-Training. 5. Auflage. Stuttgart: Medias.
Schoenaker, Theo (2003): Worauf wartest du noch? Selbstbewusst in der Partnerschaft. Sinntal-Züntersbach: RDI.
Schoenaker, Theo (2007): Das Leben selbst gestalten. Mut zur Unvollkommenheit. 2. Auflage. Bocholt: RDI.
Schoenaker, Theo; Seitzer, Julitta; Wichtmann, Gerda (1995): So macht mir mein Beruf wieder Spaß. Ein Selbsthilfebuch für Erzieherinnen. München: Kösel.
Schopenhauer, Arthur (1999): Die Kunst, glücklich zu sein. Dargestellt in fünfzig Lebensregeln. München: Beck.
Schottky, Albrecht; Schoenaker, Theo (2008): Was bestimmt mein Leben? Wie man die Grundrichtung des eigenen Ich erkennt. 12. Auflage. Bocholt: RDI.
Schramm, Elisabeth (2003): Interpersonelle Psychotherapie. Stuttgart: Schattauer.

Schule und Elternhaus Schweiz (Hrsg.) (2000): Jugendsuizid aktiv vorbeugen. Bern: Schule und Elternhaus.

Schulz, Nina (1999): Der erste Besitz von Zwillingen zwischen dem dritten und fünften Lebensjahr. Vortrag auf der 14. Tagung der Fachgruppe Entwicklungspsychologie am Departement Erziehungswissenschaften in Fribourg (Schweiz). Fribourg, 12. bis 16. September 1999.

Schulz von Thun, Friedemann (1991): Miteinander reden 2. Stile, Werte und Persönlichkeitsentwicklung. Reinbek: Rowohlt.

Schulz von Thun, Friedemann (1998): Praxisberatung in Gruppen. Weinheim: Beltz.

Schulz von Thun, Friedemann (Hrsg.) (2005): Miteinander reden 3. Das «innere Team» und situationsgerechte Kommunikation. Reinbek: Rowohlt.

Schulz von Thun, Friedemann; Stegemann, Wibke (2004): Miteinander reden. Das innere Team in Aktion. Praktische Arbeit mit dem Modell. Reinbek: Rowohlt.

Schütz, Astrid (2004): Positives Denken. In: Auhagen, Ann Elisabeth (Hrsg.): Positive Psychologie. Weinheim: Beltz, S. 16–32.

Schütz, Astrid; Hoge, Lasse (2007): Positives Denken. Vorteile – Risiken – Alternativen. Stuttgart: Kohlhammer.

Schwartz, Dieter (2004): Vernunft und Emotion. Die Ellis-Methode. Dortmund: Borgmann.

Schweer, Martin K. W. (2000): Vertrauen als basale Komponente der Lehrer-Schüler-Interaktion. In: Schweer, Martin K. W. (Hrsg.): Lehrer-Schüler-Interaktion. Opladen: Leske & Budrich, S. 129–138.

Schweer, Martin K. W.; Padberg, Jutta (2002): Vertrauen im Schulalltag. Eine pädagogische Herausforderung. Neuwied: Luchterhand.

Schweer, Martin K. W.; Thies, Barbara (2004): Vertrauen. In: Auhagen, Ann Elisabeth (Hrsg.): Positive Psychologie. Weinheim: Beltz, S. 125–138.

Schweizerische Gesellschaft für Individualpsychologie nach Adler (SGIPA) (2007), Jahresbericht. Zürich, S. 13.

Schweizerische Konferenz der kantonalen Erziehungsdirektoren (EDK) (Hrsg.) (2004): Krisensituationen. Ein Leitfaden für Schulen. Bern: EDK (Download unter: http://edudoc.ch/record/24795/files/Krisensituation_d.pdf) [Letztes Zugriffsdatum: 6. Januar 2011]

Segerstrom, Suzanne C. (2010): Optimisten denken anders. Wie unsere Gedanken die Wirklichkeit bestimmen. Bern: Verlag Hans Huber.

Seiffge-Krenke, Inge (1985): Formen der Problembewältigung bei besonders belasteten Jugendlichen. In: Olbrich, Erhard; Todt, Eberhard (Hrsg.): Probleme des Jugendalters. Berlin: Springer.

Seiffge-Krenke, Inge (2010): Imaginäre Gefährten. Der Begleiter, den ich rief. *Gehirn & Geist, 5*, S. 24–29.

Seligman, Martin (1999 a): Erlernte Hilflosigkeit. Weinheim: Beltz.

Seligman, Martin (1999 b): Kinder brauchen Optimismus. Reinbek: Rowohlt.

Seligman, Martin (2007): Der Glücksfaktor. Warum Optimisten länger leben. Bergisch-Gladbach: Bastei Lübbe.

Seneca (1986): Von der Seelenruhe. Leipzig Dieterich.

Seneca (2004): Philosophische Schriften. Vollständige Studienausgabe. Wiesbaden: Marix.

Shneidman, Edwin S. (1980): Voices of Death. New York: Harper & Row.

Sieland, Bernhard (2000): Hast Du heute schon gelebt? Impulse zur Selbstentwicklung. Lüneburg: Edition Erlebnispädagogik.

Signer, Susy (2009): Den Lebenslauf beeinflussen? Lebensübergänge in Beratung und Psychotherapie. *Psychoscope, 10,* S. 8–11.

Sigrist, Anna (2007): Noch Kind und doch erwachsen. Zürich: *Tages-Anzeiger,* 11. Juli 2007.

Silver, Eric (1992): Sie waren stille Helden. Frauen und Männer, die Juden vor den Nazis retteten. München: Hanser.

Smith, Emma; Grawe, Klaus (2003): Die funktionale Rolle von Ressourcenaktivierung. In: Schemmel, Heike; Schaller, Johannes (Hrsg.): Ressourcen. Ein Hand- und Lesebuch zur therapeutischen Arbeit. Tübingen: Dgvt, S. 111–122.

Solint, Rebecca (2005): Hoffnung in der Dunkelheit. Unendliche Geschichten – wilde Möglichkeiten. München: Pendo.

Sonneck, Gernot (2000): Krisenintervention und Suizidverhütung. Wien: UTB-Facultas.

Spangler, Gottfried; Zimmermann, Peter (1999): Die Bindungstheorie. Grundlagen, Forschung und Anwendung. Stuttgart: Klett-Cotta.

Sperber, Manès (1971): Alfred Adler oder das Elend der Psychologie. Frankfurt: Fischer.

Sperber, Manès (1981 a): Indivividuum und Gemeinschaft. Versuch einer sozialen Charakterologie. Frankfurt: Ullstein.

Sperber, Manès (1981 b): Der prospektive Mensch und seine Utopien. In: Sperber, Manès: Essays zur täglichen Weltgeschichte. Wien: Europa.

Sperber, Manès (1987): Die Tyrannis und andere Essays aus der Zeit der Verachtung. München: dtv.

Spitzer, Manfred (2002): Lernen. Gehirnforschung und die Schule des Lebens. Berlin: Spektrum.

Sroufe, L. Alan (1997). Psychopathology as an outcome of development. *Development and Psychopathology, 9,* pp. 251–268.

Stapf, Kurt H.; Hermann, Theo; Stapf, Aiga; Stäcker, K.H. (1976): Psychologie des elterlichen Erziehungsstils. Bern: Verlag Hans Huber.

Stavemann, Harlich H. (2010): Im Gefühlsdschungel. Emotionale Krisen verstehen und bewältigen. Weinheim: Beltz.

Steiner, Claude (2000): Wie man Lebenspläne verändert. Die Arbeit mit Skripts in der Transaktionsanalyse. Paderborn: Junfermann.

Steinhausen, Hans-Christoph (2000): Seelische Störungen im Kindes- und Jugendalter. Stuttgart: Klett-Cotta.

Steinhausen, Hans-Christoph (2006): Psychische Störungen bei Kindern und Jugendlichen. Lehrbuch der Kinder- und Jugendpsychiatrie und -psychotherapie. München: Urban & Fischer.

Stiftung Pro Mente Sana (Hrsg.) (2005): Suizid und Suizidprävention. *Pro Mente Sana aktuell, Heft 5.* Zürich: Pro Mente Sana.

Stiftung Pro Mente Sana (Hrsg.) (1996): Angst. *Pro Mente Sana aktuell, Heft 1.* Zürich: Pro Mente Sana.

Streich, Jürgen (2005): Vorbilder. Menschen und Projekte, die hoffen lassen. Der Alternative Nobelpreis. Bielefeld: J. Kamphausen.

Sullivan, Harry Stack (1976): Das psychotherapeutische Gespräch. Frankfurt: Fischer (amerik. EA 1954).

Sullivan, Harry Stack (1983): Die interpersonale Theorie der Psychiatrie. Frankfurt: Fischer (amerik. EA 1953).

Tallmann, Karen; Bohart, Arthur C. (2001): Gemeinsamer Faktor KlientIn: Selbst-Heilerin. In: Hubble, Mark A.; Duncan, Barry L.; Miller, Scott D. (2001): So wirkt Psychotherapie. Empirische Ergebnisse und praktische Folgerungen. Dortmund: Verlag modernes Lernen, S. 85–136.

Tausch, Annemarie und Reinhard (1979): Erziehungspsychologie. Göttingen: Hogrefe.

Tausch, Annemarie und Reinhard (1998): Gesprächspsychotherapie. Göttingen: Hogrefe.

Tausch, Reinhard (2003): Hilfen bei Stress und Belastung. Reinbek: Rowohlt.

Thiele, Johannes (Hrsg.) (2005): Die besten Definitionen der Welt. Wiesbaden: Marix.

Thies, Barbara (2005): Dyadisches Vertrauen zwischen Lehrern und Schülern. *Psychologie in Erziehung und Unterricht, 2,* S. 85–99.

Tillmann, Klaus-Jürgen (Hrsg.) (1989): Was ist eine gute Schule? Hamburg: Bergmann und Helbig.

Titze, Michael (1996): Die heilende Kraft des Lachens. München: Kösel.

Titze, Michael; Eschenröder, Christof T. (2003): Therapeutischer Humor. Grundlagen und Anwendungen. Frankfurt: Fischer.

Tonhauser, Tim; Rausch, Thomas (2003): Das Dachauer Modell: Multimodale Schmerztherapie unter ressourcenorientierter Perspektive. In: Schemmel, Heike; Schaller, Johannes (Hrsg.): Ressourcen. Ein Hand- und Lesebuch zur therapeutischen Arbeit. Tübingen: dgvt, S. 427–438.

Trapmann, Hilde; Rotthaus Wilhelm (2003): Auffälliges Verhalten im Kindes- und Jugendalter. Handbuch für Eltern und Erzieher Band 1. Dortmund: Verlag modernes Lernen.

Trenkle, Bernhard (2005): Das Aha!-Handbuch der Aphorismen und Sprüche für Therapie, Beratung und Hängematte. Heidelberg: Carl-Auer.

Van Quaquebeke, Niels; Zenker, Sebastian; Eckloff, Tilman (2009): Find out how much it means to me! The importance of interpersonal respect in work values compared to perceived organizational practices. *Journal of Business Ethics, 89,* pp. 423–431.

Van Quaquebeke, Niels; Eckloff, Tilman (2010): Defining respectful leadership: What it is, how it can be measured and another glimpse at what it is related to. *Journal of Business Ethics, 91,* pp. 343–358.

Veith, Peter (1997): Eltern machen Kindern Mut. Freiburg: Herder.

Von Salisch, Maria (2002): Emotionale Kompetenz entwickeln. Grundlagen in Kindheit und Jugend. Stuttgart: Kohlhammer.

Von Schlippe, Arist; Schweitzer, Jochen (1997): Lehrbuch der systemischen Therapie und Beratung. Göttingen: Vandenhoeck und Ruprecht.

Wagner, Jürgen (1994): Kinderfreundschaften. Berlin: Springer.

Walper, Sabine; Pekrun, Reinhard (2001): Familie und Entwicklung. Aktuelle Perspektiven der Familienpsychologie. Göttingen: Hogrefe.

Walsh, Froma (2006): Ein Modell familialer Resilienz und seine klinische Bedeutung. In: Welter-Enderlin, Rosmarie; Hildenbrand, Bruno (Hrsg.): Resilienz – Gedeihen trotz widriger Umstände. Heidelberg: Carl Auer, S. 43–79.

Walter, John L.; Peller, Jane E. (2002): Lösungs-orientierte Kurztherapie. Dortmund: Verlag modernes Lernen.

Watzlawick, Paul (1983): Anleitung zum Unglücklichsein. München: Piper.

Watzlawick, Paul (1988): Vom Schlechten des Guten. Zürich: Ex Libris.

Watzlawick, Paul; Beavin, Janet H.; Jackson, Don D. (2000): Menschliche Kommunikation. Formen, Störungen, Paradoxien. 10., unveränderte Auflage. Bern: Verlag Hans Huber.

Welter-Enderlin, Rosmarie; Hildenbrand, Bruno (Hrsg.) (2006): Resilienz – Gedeihen trotz widriger Umstände. Heidelberg: Carl Auer.

Welter-Enderlin, Rosmarie (2010): Resilienz und Krisenkompetenz. Kommentierte Fallgeschichten. Heidelberg: Carl Auer

Wengenroth, Matthias (2008): Das Leben annehmen – So hilft die Akzeptanz- und Commitmenttherapie (ACT). Bern: Verlag Hans Huber.

Werner, Emmy E. (2007 a): Entwicklung zwischen Risiko und Resilienz. In: Opp, Günther (Hrsg.): Was Kinder stärkt: Erziehung zwischen Risiko und Resilienz. München: Reinhardt, S. 20–31.

Werner, Emmy E. (2007 b): Ein Überblick über internationale Längsschnittstudien. In: Opp, Günther; Fingerle, Michael (Hrsg.): Was Kinder stärkt: Erziehung zwischen Risiko und Resilienz. 2. Auflage. München: Reinhardt, S. 311–325.

Werner, Emmy E. (2001): Unschuldige Zeugen. Der Zweite Weltkrieg in den Augen der Kinder. Wien: Europa.

Werner, Emmy E.; Smith, R. S. (1982): Vulnerable but Invincible: A Study of Resilient Children and Youth. New York: McGraw-Hill.

Westram, Jutta (2003): Therapeutische Arbeit mit Kindern, Jugendlichen und Eltern. *Zeitschrift für Individualpsychologie, 3,* S. 238–255.

Wette, Wolfram (Hrsg.) (2005): Stille Helden. Judenretter im Dreiländereck während des Zweiten Weltkrieges. Freiburg: Herder.

Wexberg, Erwin (1998): Moralität und psychische Gesundheit. Frankfurt: Fischer.

Wilkinson, Richard; Pickett, Kate (2009): Gleichheit ist Glück. Warum gerechte Gesellschaften besser für alle sind. Frankfurt: Tolkemitt Verlag bei Zweitausendeins.

Winnicott, Donald W. (2006): Vom Spiel zur Kreativität. 11. Auflage. Stuttgart: Klett-Cotta.

Wolin, Steven; Wolin, Sybil (1993): The Resilient Self. New York: Villard.

Wolters, Ursula (2000): Lösungsorientierte Beratung. Stuttgart: Rosenberger.

Wunderlich, Ursula (2004): Suizidales Verhalten im Jugendalter. Göttingen: Hogrefe.

Wustmann, Corina (2004): Resilienz. Widerstandsfähigkeit von Kindern in Tageseinrichtungen fördern. Weinheim: Beltz.

Wydler, Hans; Kolip, Petra; Abel, Thomas (Hrsg.) (2002): Salutogenese und Kohärenzgefühl. Grundlagen, Empirie und Praxis eines gesundheitlichen Konzepts. München: Juventa.

Wygotski, Lew. S. (1977): Denken und Sprechen. Frankfurt: Fischer (EA 1934).
Young, Jeffrey E.; Klosko, Janet S.; Weishaar, Marjorie E. (2005): Schematherapie. Ein praxisorientiertes Handbuch. Paderborn: Junfermann.
Zander, Margherita (Hrsg.) (2011): Handbuch der Resilienzförderung. Wiesbaden: VS Verlag für Sozialwissenschaften.

Eine kleine Auswahl lesenswerter Texte (Biografien, Autobiografien, Romane) zu Entwicklungswegen von Menschen

Anissimov, Myrjam (1999): Primo Levi. Die Tragödie eines Optimisten. Berlin: Philo.
Becher, Johannes R. (1975): Abschied. Berlin: Verlag Neues Leben.
Begert, Roland M. (2008): Lange Jahre fremd. Biographischer Roman. Bern: Edition Kirchenfeld.
Brown, Christy (1995): Mein linker Fuß. Zürich: Diogenes.
Buri, Rosmarie (1990): «Dumm und Dick». Mein langer Weg. Zürich: Der Alltag.
Camus, Albert (1998): Der erste Mensch. Roman. Reinbek: Rowohlt.
Chaplin, Charles (2003): Die Geschichte meines Lebens. Fischer: Frankfurt.
Charles, Ray; Ritz, David (2005): Ray. Die Autobiographie. München: Heyne.
Darie, Waris (2000): Wüstenblume. München: Ullstein.
Dickens, Charles (1982): Oliver Twist. Zürich: Diogenes (EA 1837–1839).
Frame, Janet (1996): Ein Engel an meiner Tafel. Der Gesandte aus der Spiegelstadt. Die vollständige Autobiographie in einem Band. München: Piper.
Frank, Leonhard (1976): Links wo das Herz ist. Frankfurt: Fischer.
Goethe, Johann Wolfgang (2008): Wilhelm Meisters Lehrjahre. Ein Entwicklungsroman. Stuttgart: Reclam (EA 1795/96).
Haiden, Christine; Rainer, Petra (2009): Trotzdem. Menschen mit besonderem Lebensmut. St. Pölten: Residenz.
Hirsi Ali, Ayaan (2006): Mein Leben, meine Freiheit. Die Autobiographie. München: Piper.
Hoffmann, Edward (1997): Alfred Adler. Ein Leben für die Individualpsychologie. München: Reinhardt.
Honegger, Arthur (1981): Der Ehemalige. Zürich: Ex Libris.
Honegger, Arthur (1982): Die Fertigmacher. München: dtv.
Honegger, Arthur (1996): Bernies Welt. Frauenfeld: Huber.
Hüttenmoser, Marco; Kleiner, Sabine (2009): Marie Meierhofer. Ein Leben im Dienste der Kinder. Baden: hier + jetzt.
Innerhofer, Franz (1980): Schöne Tage. Roman. Zürich: Ex Libris.
Jollien, Alexandre (2001): Lob der Schwachheit. Zürich: Pendo.
Kafka, Franz (1984): Brief an den Vater. Frankfurt: Fischer (Erstausgabe 1919).
Kahawatte, Saliya (2009): Mein Blind Date mit dem Leben. Frankfurt: Eichborn.

Keller, Gottfried (1975): Der grüne Heinrich. Roman. München: Goldmann (EA erste Fassung 1854/1855).

Lebert, Benjamin (2001): Crazy. München: Goldmann.

Louis, Chantal (2008): Monika Hauser – nicht aufhören, anzufangen. Eine Ärztin im Einsatz für kriegstraumatisierte Frauen. Zürich: rüffer & rub.

Lusseyran, Jacques (2004): Das wiedergefundene Licht. Die Lebensgeschichte eines Blinden im französischen Widerstand. München: dtv (amerik. EA 1963).

Moritz, Karl Philipp (1979): Anton Reiser. Ein psychologischer Roman. Stuttgart: Reclam (EA 1785–1790).

Ploetz, Dagmar (2000): Ignazio Silone. Rebell und Romancier. Köln: Kiepenheuer und Witsch.

Pu Yi (1973): Ich war Kaiser von China. Vom Himmelssohn zum Neuen Menschen. München: Hanser.

Roth, Bernhard (1988): Die Entbindung oder von einem, der spät zur Welt kam. Wuppertal: Brockhaus.

Rudolf, Gisela (1990): Gottloses Glück. Bern: Zytglogge.

Russell, Bertrand (1974/1978/1979): Autobiographie. Drei Bände. Frankfurt: Suhrkamp (EA 1967–1968).

Sartre, Jean-Paul (1968): Die Wörter. Autobiographische Schriften. Reinbek: Rowohlt.

Schreber, Daniel Paul (1973): Denkwürdigkeiten eines Nervenkranken. Autobiographische Dokumente und Materialien. Wiesbaden: Focus (EA 1903).

Semprun, Jorge (1995): Schreiben oder Leben. Frankfurt: Suhrkamp.

Silone, Ignazio (1991): Notausgang. Köln: Kiepenheuer und Witsch.

Sperber, Manès (1984): All das Vergangene … Die Wasserträger Gottes. Die vergebliche Warnung. Bis man mir Scherben auf die Augen legt. Zürich: Ex Libris.

Toller, Ernst (1978): Eine Jugend in Deutschland. Rowohlt: Reinbek (EA 1933).

Törey, Zoltan (2007): Aus der Dunkelheit. Eine Autobiographie. Wien: Kremayr & Scheriau.

Winkler, Josef (1982): Muttersprache. Roman. Frankfurt: Suhrkamp.

Zorn, Fritz (1979): Mars. Zürich: Ex Libris.

Eine kleine Auswahl empfehlenswerter Kinderbücher

Vorschulalter

Edwards, Michelle; Root, Phyllis (2002): Wenn es draußen dunkel wird. München: Boje.

Gemeinsam lernen die Brüder Ben und Alex ihre Angst im Dunkeln und in der Nacht zu bewältigen – schönes Beispiel für Geschwister als Ressourcen und Helfer!

Friedrich, Sabine; Friebel, Volker (1996): Trau dich doch! Wie Kinder Schüchternheit und Angst überwinden. Reinbek: Rowohlt.

Kurze anschauliche Darstellung von Kinderängsten, viele Anregungen und Beispiele für Eltern und VorschulpädagogInnen

Jüngling, Christine; Wienekamp, Jann (2002): Das Zaubermittel oder wie man fast alles schaffen kann, wenn man es sich nur zutraut. Wuppertal: Albarello.
Kai wird von den anderen Kindern belächelt, weil er sich kaum etwas zutraut. Mit Hilfe seines Opas, der ihm ein Mutmachmittel abgibt, wagt sich Kai nun an Dinge heran, die er sich vorher nie zugetraut hätte. Als das Mutmachfläschchen schließlich zerbricht, lernt er, dass er alles aus eigener Kraft geschafft hat – und noch erreichen wird. Ein gutes Buch – nicht nur für Kinder –, das die Bedeutung der eigenen Einstellung, der Selbstwirksamkeit und des Selber-Tuns kindgemäß beschreibt.

Mai, Manfred; Suetens (1998): Mein erstes Mutmach-Bilderbuch. Ravensburg: Ravensburger.
Diverse Mutgeschichten

Mc Brantney, Sam; Jeram, Anita (1994): Weißt du eigentlich, wie lieb ich dich hab? Aarau: Sauerländer.
Ein sehr schönes Büchlein, das die Steigerung von Liebeserklärungen im Zweierkontext wunderbar wiedergibt – auch für Erwachsene geeignet!

Ninck-Braun, Myrta (2000): So bin ich! Berg am Irchel: KiK-Verlag.
Das Entlein Blau leidet wegen seiner unscheinbare Farbe unter starken Minderwertigkeitsgefühlen – eine neue Einstellung verhilft ihm schließlich, eine neue Perspektive einzunehmen.

Portmann, Rosmarie (Hrsg.) (1996): Mut tut gut. Geschichten, Lieder und Gedichte zum Muthaben und Mutmachen. Würzburg: Arena.
Sehr empfehlenswert: Geschichten, Texte, Gedichte, Lieder

Recheis, Käthe; Laimgruber, Monika (1982): Kleiner Bruder Watomi. Wien: Herder.
Der kleine Indianerjunge Watomi leidet, weil er weniger schnell, weniger geschickt und eben kleiner als sein großer Bruder Matoja ist, bis er schließlich mit einer mutigen Tat eine Gelegenheit findet, seine Fähigkeiten unter Beweis zu stellen.

Taina, Hannu (1994): Matti und sein Krokodil. Zürich: Bohem-Press.
Matti gewinnt mit Hilfe seines Krokodils zunehmend an Selbstvertrauen.

Verboven, Agnes; Westerduin, Anne (1996): Der tapferste Hund der Welt. Freiburg: Herder.
Tom hat vor allen und allem Angst, bis er hilft, die Angst seines Hundes zu reduzieren!

Wagener, Gerd; Urberuaga, Emilio (1996): Vampirchen hat im Dunkeln Angst. Zürich: Bohem-Press.
Mutig die Angst bewältigen lernen

Walter, Gisela (1997): Ich. Kinder werden selbstbewusst und tolerant. Spiele, Lieder, Bastelsachen zur Förderung und Entwicklung des sozialen Verhaltens. Freiburg: Herder.

Walter, Gisela (1998): Ich und meine Freunde. Kinder werden selbstbewusst und tolerant. Spiele, Lieder und Erlebnisse zur Förderung des sozialen Verhaltens in der Kindergruppe. Freiburg: Herder.

Wensell, Ulises; Wensell, Paloma (1997): Hab keine Angst, kleiner Moritz! Ravensburg: Ravensburger Buchverlag.
Ein Freund und das Vertrauen auf eigene Kräfte helfen.

Schulalter

Portmann, Rosmarie (Hrsg.) (1996): Mut tut gut. Geschichten, Lieder und Gedichte zum Muthaben und Mutmachen. Würzburg: Arena.
Sehr empfehlenswert: Geschichten, Texte, Gedichte, Lieder

Recheis, Käthe; Laimgruber, Monika (1982): Kleiner Bruder Watomi. Wien: Herder.
Der kleine Indianerjunge Watomi leidet, weil er weniger schnell, weniger geschickt und eben kleiner als sein großer Bruder Matoja ist, bis er schließlich eine Gelegenheit findet, seine Fähigkeiten unter Beweis zu stellen.

Rotach, Ingeborg (1987): Lieber alter Engel. Bern: Blaukreuz.
Die Großmutter als wichtige Ressource und Hilfe in einer schwierigen Lebenssituation

Schindler, Nina; Wagendristel, Eva (1996): Mein Mutmachbuch. Niedernhausen: Falken.
Ein Mutmachbuch für die Unterstufe mit hilfreichen Anregungen und Vorschlägen

Arbeitsmaterialien für die Schule

Barrett, Paula; Webster, Hayley; Turner, Cynthia (2003): Freunde für Kinder. Arbeitsbuch für Kinder. München: Reinhardt.
Teil des Trainingsprogramms zur Prävention von Angst und Depression in Kindertherapien. Einiges davon ist – adaptiert – auch für die Schule verwendbar.

Dalgleish, Tanya (2000): Selbstwertgefühl. 1./2. Schuljahr. Praktische Unterrichtsvorschläge und Übungen zur Förderung des Selbstwertgefühls. Donauwörth: Auer.

Dalgleish, Tanya (2000): Selbstwertgefühl. 3./4. Schuljahr. Praktische Unterrichtsvorschläge und Übungen zur Förderung des Selbstwertgefühls. Donauwörth: Auer.

Dalgleish, Tanya (2000): Selbstwertgefühl. 5./6. Schuljahr. Praktische Unterrichtsvorschläge und Übungen zur Förderung des Selbstwertgefühls. Donauwörth: Auer.

Greeff, Annie (2008): Resilienz. Widerstandsfähigkeit stärken – Leistung steigern. Praktische Materialien für die Grundschule. Donauwörth: Auer.

Waters, Virginia; Schwartz, Dieter; Gravemeier, Ralf; Grünke Matthias (2003): Fritzchen Flunder und Nora Nachtigall. Sechs rational-emotive Geschichten zum Nachdenken für Kinder, mit Kommentaren und Interpretationshilfen für Eltern und Erzieher. Bern: Verlag Hans Huber.
Sechs ermutigende Geschichten für Kinder der Unterstufe auf der Basis der rational-emotiven Verhaltenstherapie – besonders die Geschichten 2 und 3 sind gut geeignet.

Furman, Ben (2005): Ich schaffs! Spielerisch und praktisch Lösungen mit Kindern finden – Das 15-Schritte-Programm für Eltern, Erzieher und Therapeuten. Heidelberg: Carl-Auer.
Trotz simplifizierenden Tendenzen einige wichtige hilfreiche Anregungen und Denkanstöße für die Schule, aber auch für das Elternhaus

Empfehlenswerter Film zum Jugendalter

Moodysson, Lukas (Regisseur) (2001): Raus aus Åmål. DVD oder Blu-ray.
Ein spannender, äußerst erfolgreicher Film über verschiedene Entwicklungsthemen des Jugendalters: die (hier besonders im Zentrum stehende sexuelle) Identitätsfindung, die Ablösung von den Eltern, die Rolle der Peers, Mobbing in der Schule, die Sinnfrage u. v. m.

Personenregister

T U V W

Sachwortregister